马方 郜宪景◎编著

用股权优化组织　用管理提升效益

股权激励与股权设计法律法规汇编

SPM
南方出版传媒
广东经济出版社
—广州—

图书在版编目（CIP）数据

股权激励与股权设计法律法规汇编／马方，郜宪景编著．—广州：广东经济出版社，2020.5

ISBN 978－7－5454－7188－5

Ⅰ．①股…　Ⅱ．①马…　②郜…　Ⅲ．①股权管理－公司法－汇编－中国　Ⅳ．①D922.291.919

中国版本图书馆 CIP 数据核字（2020）第 024325 号

责任编辑：韩文君　陈　晔
责任技编：陆俊帆
封面设计：回归线视觉传达

股权激励与股权设计法律法规汇编
GUQUAN JILI YU GUQUAN SHEJI FALÜ FAGUI HUIBIAN

出版人	李　鹏
出　版 发　行	广东经济出版社（广州市环市东路水荫路 11 号 11～12 楼）
经　销	全国新华书店
印　刷	广东鹏腾宇文化创新有限公司 （珠海市高新区唐家湾镇科技九路 88 号 10 栋）
开　本	787 毫米×1092 毫米　1/16
印　张	25.25
字　数	450 千字
版　次	2020 年 5 月第 1 版
印　次	2020 年 5 月第 1 次
书　号	ISBN 978－7－5454－7188－5
定　价	72.00 元

图书营销中心地址：广州市环市东路水荫路 11 号 11 楼
电话：（020）87393830　邮政编码：510075
如发现印装质量问题，影响阅读，请与本社联系
广东经济出版社常年法律顾问：胡志海律师

用规则保证合伙长久

——《股权激励与股权设计法律法规汇编》书序

孟子说："不以规矩，不能成方圆。"

彼时的"规矩"演化到今天就是我们通常所说的"规则"了，形式上比古时候具体很多，是以各种制度、规定、章程来表现的，而且随着社会活动、经济活动的不断丰富、分化和演变，已有的规则经历了不断的修正、完善和细化以后，表现得越来越具体，新的法规也在不断形成，比如合伙创业中的股权设计、现代企业经营中的股权激励等。

合伙创业是时代所需

时代在发展，现在的年轻人也不再像他们的父辈一样矜持和容易满足，而是更在意个性的施展、自由的空间，他们自信、孤傲，不愿意一辈子给别人打工，稍有才能的就有当老板的梦想，所以作为老板想要让员工一辈子给自己打工的大环境已经不复存在，现在是必须考虑合伙创业的时代，尤其是内部员工合伙人。

合伙创业，从能力的角度来看，每个个体都有短板，但是合伙人之间却可以取长补短，使创业团队更优秀；从人性的角度来看，能满足员工做老板的愿望，充分调动员工的积极性；从风险的角度来看，能提高创业的成功率，降低创业风险。当然，如果是刚开始创业，几个人合伙是最好的选择。

但是，生意好做，伙计难搭。合伙创业还是会面临很多问题，比如干活多少、分红多少、决策权大小，等等，这些问题如果不能很好地得到解决，优势就会变为劣势，甚至变为灾难。那么如何解决这些问题呢？合伙人之间如何才能做到共赢并合作长久呢？其实也不难，从本质上解决问题就很简单，那就是遵循规则，把兄弟情谊和利益都放在规则里，用规则去规范和约束各自的行为和利益，用共同的利益经营兄弟情谊。

规则可以保护自己

“无知者无畏”，但无畏的结果可能就是让自己遍体鳞伤。我见过很多老板，不知道用规则保护自己，只是凭着自己想当然的一些认知或者对人性的理解在做事，结果让自己面临着“家破人亡”的境遇，身心俱疲，心灰意冷。

规则意识的淡薄和对规则认知的缺乏，导致很多老板如同盲人一样，不仅把自己裸露在野兽出没的山林，还赤手空拳，没有防护能力。真正能保护老板的最好的工具就是规则，比如，小股东是不能无故伤害公司和大股东的，老板不必过于谨小慎微。所以老板们要学会运用规则保护自己，做到心中有“剑”。

另一方面，由于人类对未知的领域有本能的恐惧心理，所以在行为上就会有些保守，老板也不例外。如果老板不知道股份分配的规则，不知道如何通过规则的设计来保护公司的利益不受损失和侵害，老板就不敢贸然去分股份给别人。无论是谁，都会是胆怯的，不愿意触碰自己未知的领域，尤其是那些在其认知中认为可能会带来损失的事情。我见过很多这样的老板，他们知道股权的力量不可估量，却只是因为害怕自己吃亏，害怕未来的风险不可控，就不敢越雷池一步，结果错过了企业发展的大好时机。而实际上，只要按规则去做，风险就是可控的，足以保护自己和公司不受到伤害。

规则保护的是所有人

规则既是保护也是约束，约束也是为了保护。

“弱肉强食”的概念往往会让很多人误以为规则只是为了保护大股东的利益，其实并非如此。规则是保护所有人的，不只是大股东，也包括小股东，包括所有与之相关的方方面面。只有这样，才是真正的、合理的、有意义的规则。

公司利益最大化，是经营企业的共同追求，而公司利益最大化和相关各方的权利和利益最大化是相辅相成的。更确切一点，规则范围内相关各方的权利和利益都最大化了，公司利益才会真正最大化并长久保持。所以，不论是大股东还是小股东，只要在规则范围内，都有争取自己利益的权利，都应该被保护和尊重。同理，也都要受规则约束，任何一方都不能为所欲为，都要对规则有敬畏之心。

规则既能保护所有人，也能约束所有人，被约束其实是另一种形式的保护，所以归根结底是为了保护所有人。这样在规则的框架范围内大家才会有安全感，合作才会更长久。

规则可内化成文化

优秀的公司背后一定是有好的规则在支撑的，否则很难成为优秀的公司。现在从国家层面已经有了指导企业经营的相关法律法规，包括股权方面，但是因为每个企业情况各自不同，所以企业还需要在法律法规的框架之内制定符合自己企业实际情况的规则并落地实施。这就要求老板必须掌握国家的法律法规，才有可能制定出适合本企业的好的规则。

规则的制定，说起来容易做起来很难，需要付出大量的时间和精力，并且要不断修正和完善，最重要的是要能落地实施，不然再多的规则都只是摆设，不会有实效。而对建立规则真正有主导权的是老板，最有全局观的也是老板，所以如果老板有规则意识，并且对国家层面的法律法规有一定的了解和掌握，那么企业建立规则就会容易很多，也容易养成遵守规则的习惯。

一旦养成了遵守规则的习惯，就很容易内化成文化，这就是我们常说的规则决定文化，文化又影响规则，这是一个坚持的沉淀过程。那些建不好规则的企业，大多是因为老板还习惯于用权力解决问题，简单、直接、快速、过瘾，但是每一次都只能解决一个问题，没有可延展性和可借鉴性，老板永远要像救火队长一样去解决一个个看似突发却可能是曾经发生过的问题，慌乱而没有章法。用规则解决问题则会慢很多，甚至有时候还会让老板很无奈，但是因为规则是一种规律、原则，所以用规则解决问题的方法有延展性和可借鉴性，可以成为普适性的方法，再遇到同样的、类似的问题就知道怎么去解决，有章可循，这就是一种文化的形成。

在股权激励和股权设计方面更是如此，规则设计、制定的好坏会直接影响人心的向背。好的规则能让相关的所有人都各取所需，让合伙企业的根基稳固，既能好聚也能好散，在这样的文化氛围之下，沉淀下来的精华不能为己所用都难。

运用规则需要做好知识储备

规则在企业经营和管理中举足轻重，贯穿着大到顶层设计小到企业内部管理的一切活动。所以对老板来说，熟悉并掌握法律法规的规定和制定企业内部规章制度的原则很重要，但是老板的时间都十分宝贵，而国家的法律法规又是在不同年份颁布并经常更新的，这无疑给老板们带来很大的困扰。

需要强调的是，现代企业经营中产生的股权设计和股权激励涉及的相关问题，也受到越来越多法律法规的规范，有时候这些法规并不是单独出现的，而是体现在其他法规之内。但是很多老板还不能很好地运用或者根本不知道有这些法律法规，甚至有的律师也不知道，所以遇到问题时很多人还是会习惯性地运用传统思维，想当然地去解决问题，却发现问题越来越多，矛盾的地方也越来越多，并不能很好地去解决股权涉及的方方面面的问题。

本书将这些散落的法律法规汇编，就是为了方便老板们随时查阅和学习，领悟这些法律法规的适用性并学会运用，以避免因为不懂相关的法律法规给自己带来风险。老板要做到不仅能保护自己，还能保护合伙人，使创业走得更远。

因为市场是动态变化的，具有多样性，也因为时间比较仓促，所以并没有对本书所汇编的法律法规作深度解析，正因为没有解析，也许就不会限制思维的广度和深度，不会限制想象力。

同时，随着经济的发展和社会环境的变化，国家也会对一些法律法规作出调整——作废或者修订不合时宜的，或者颁布新的，所以在使用本书的过程中，还要注意这些法律法规的时效性。

泰山管理学院院长　马方
2019 年 2 月 26 日于吉隆坡

—目　　录—

通用法律

行政法规和法规性文件

司法解释

税收类

股权激励会计处理

通 用 法 律

中华人民共和国公司法

（根据2018年10月26日第十三届全国人民代表大会常务委员会第六次会议《关于修改〈中华人民共和国公司法〉的决定》第四次修正）

第一章　总　　则

第一条　为了规范公司的组织和行为，保护公司、股东和债权人的合法权益，维护社会经济秩序，促进社会主义市场经济的发展，制定本法。

第二条　本法所称公司是指依照本法在中国境内设立的有限责任公司和股份有限公司。

第三条　公司是企业法人，有独立的法人财产，享有法人财产权。公司以其全部财产对公司的债务承担责任。

有限责任公司的股东以其认缴的出资额为限对公司承担责任；股份有限公司的股东以其认购的股份为限对公司承担责任。

第四条　公司股东依法享有资产收益、参与重大决策和选择管理者等权利。

第五条　公司从事经营活动，必须遵守法律、行政法规，遵守社会公德、商业道德，诚实守信，接受政府和社会公众的监督，承担社会责任。

公司的合法权益受法律保护，不受侵犯。

第六条　设立公司，应当依法向公司登记机关申请设立登记。符合本法规定的设立条件的，由公司登记机关分别登记为有限责任公司或者股份有限公司；不符合本法规定的设立条件的，不得登记为有限责任公司或者股份有限公司。

法律、行政法规规定设立公司必须报经批准的，应当在公司登记前依法办理批准手续。

公众可以向公司登记机关申请查询公司登记事项，公司登记机关应当提供查询服务。

第七条　依法设立的公司，由公司登记机关发给公司营业执照。公司营业执照签发日期为公司成立日期。

公司营业执照应当载明公司的名称、住所、注册资本、经营范围、法定代表人姓名等事项。

公司营业执照记载的事项发生变更的，公司应当依法办理变更登记，由公司登记机关换发营业执照。

第八条 依照本法设立的有限责任公司，必须在公司名称中标明有限责任公司或者有限公司字样。

依照本法设立的股份有限公司，必须在公司名称中标明股份有限公司或者股份公司字样。

第九条 有限责任公司变更为股份有限公司，应当符合本法规定的股份有限公司的条件。股份有限公司变更为有限责任公司，应当符合本法规定的有限责任公司的条件。

有限责任公司变更为股份有限公司的，或者股份有限公司变更为有限责任公司的，公司变更前的债权、债务由变更后的公司承继。

第十条 公司以其主要办事机构所在地为住所。

第十一条 设立公司必须依法制定公司章程。公司章程对公司、股东、董事、监事、高级管理人员具有约束力。

第十二条 公司的经营范围由公司章程规定，并依法登记。公司可以修改公司章程，改变经营范围，但是应当办理变更登记。

公司的经营范围中属于法律、行政法规规定须经批准的项目，应当依法经过批准。

第十三条 公司法定代表人依照公司章程的规定，由董事长、执行董事或者经理担任，并依法登记。公司法定代表人变更，应当办理变更登记。

第十四条 公司可以设立分公司。设立分公司，应当向公司登记机关申请登记，领取营业执照。分公司不具有法人资格，其民事责任由公司承担。

公司可以设立子公司，子公司具有法人资格，依法独立承担民事责任。

第十五条 公司可以向其他企业投资；但是，除法律另有规定外，不得成为对所投资企业的债务承担连带责任的出资人。

第十六条 公司向其他企业投资或者为他人提供担保，依照公司章程的规定，由董事会或者股东会、股东大会决议；公司章程对投资或者担保的总额及单项投资或者担保的数额有限额规定的，不得超过规定的限额。

公司为公司股东或者实际控制人提供担保的，必须经股东会或者股东大会决议。

前款规定的股东或者受前款规定的实际控制人支配的股东，不得参加前款规定事项的表决。该项表决由出席会议的其他股东所持表决权的过半数通过。

第十七条 公司必须保护职工的合法权益，依法与职工签订劳动合同，参加社会保险，加强劳动保护，实现安全生产。

公司应当采用多种形式，加强公司职工的职业教育和岗位培训，提高职工素质。

第十八条 公司职工依照《中华人民共和国工会法》组织工会，开展工会活动，维护职工合法权益。公司应当为本公司工会提供必要的活动条件。公司工会代表职工就职工的劳动报酬、工作时间、福利、保险和劳动安全卫生等事项依法与公司签订集体合同。

公司依照宪法和有关法律的规定，通过职工代表大会或者其他形式，实行民主管理。

公司研究决定改制以及经营方面的重大问题、制定重要的规章制度时，应当听取公司工会的意见，并通过职工代表大会或者其他形式听取职工的意见和建议。

第十九条 在公司中，根据中国共产党章程的规定，设立中国共产党的组织，开展党的活动。公司应当为党组织的活动提供必要条件。

第二十条 公司股东应当遵守法律、行政法规和公司章程，依法行使股东权利，不得滥用股东权利损害公司或者其他股东的利益；不得滥用公司法人独立地位和股东有限责任损害公司债权人的利益。

公司股东滥用股东权利给公司或者其他股东造成损失的，应当依法承担赔偿责任。

公司股东滥用公司法人独立地位和股东有限责任，逃避债务，严重损害公司债权人利益的，应当对公司债务承担连带责任。

第二十一条 公司的控股股东、实际控制人、董事、监事、高级管理人员不得利用其关联关系损害公司利益。

违反前款规定，给公司造成损失的，应当承担赔偿责任。

第二十二条 公司股东会或者股东大会、董事会的决议内容违反法律、行政法规的无效。

股东会或者股东大会、董事会的会议召集程序、表决方式违反法律、行政法规或者公司章程，或者决议内容违反公司章程的，股东可以自决议作出之日起六十日内，请求人民法院撤销。

股东依照前款规定提起诉讼的，人民法院可以应公司的请求，要求股东提供相应担保。

公司根据股东会或者股东大会、董事会决议已办理变更登记的，人民法院宣告该决议无效或者撤销该决议后，公司应当向公司登记机关申请撤销变更登记。

第二章　有限责任公司的设立和组织机构

第一节　设　　立

第二十三条　设立有限责任公司，应当具备下列条件：

（一）股东符合法定人数；

（二）有符合公司章程规定的全体股东认缴的出资额；

（三）股东共同制定公司章程；

（四）有公司名称，建立符合有限责任公司要求的组织机构；

（五）有公司住所。

第二十四条　有限责任公司由五十个以下股东出资设立。

第二十五条　有限责任公司章程应当载明下列事项：

（一）公司名称和住所；

（二）公司经营范围；

（三）公司注册资本；

（四）股东的姓名或者名称；

（五）股东的出资方式、出资额和出资时间；

（六）公司的机构及其产生办法、职权、议事规则；

（七）公司法定代表人；

（八）股东会会议认为需要规定的其他事项。

股东应当在公司章程上签名、盖章。

第二十六条　有限责任公司的注册资本为在公司登记机关登记的全体股东认缴的出资额。

法律、行政法规以及国务院决定对有限责任公司注册资本实缴、注册资本最低限额另有规定的，从其规定。

第二十七条　股东可以用货币出资，也可以用实物、知识产权、土地使用权等可以用货币估价并可以依法转让的非货币财产作价出资；但是，法律、行政法规规定不得作为出资的财产除外。

对作为出资的非货币财产应当评估作价，核实财产，不得高估或者低估作价。法律、行政法规对评估作价有规定的，从其规定。

第二十八条　股东应当按期足额缴纳公司章程中规定的各自所认缴的出资额。股东以货币出资的，应当将货币出资足额存入有限责任公司在银行开设的账户；以非货币财产出资的，应当依法办理其财产权的转移手续。

股东不按照前款规定缴纳出资的，除应当向公司足额缴纳外，还应当向已按期足额缴纳出资的股东承担违约责任。

第二十九条 股东认足公司章程规定的出资后，由全体股东指定的代表或者共同委托的代理人向公司登记机关报送公司登记申请书、公司章程等文件，申请设立登记。

第三十条 有限责任公司成立后，发现作为设立公司出资的非货币财产的实际价额显著低于公司章程所定价额的，应当由交付该出资的股东补足其差额；公司设立时的其他股东承担连带责任。

第三十一条 有限责任公司成立后，应当向股东签发出资证明书。

出资证明书应当载明下列事项：

（一）公司名称；

（二）公司成立日期；

（三）公司注册资本；

（四）股东的姓名或者名称、缴纳的出资额和出资日期；

（五）出资证明书的编号和核发日期。

出资证明书由公司盖章。

第三十二条 有限责任公司应当置备股东名册，记载下列事项：

（一）股东的姓名或者名称及住所；

（二）股东的出资额；

（三）出资证明书编号。

记载于股东名册的股东，可以依股东名册主张行使股东权利。

公司应当将股东的姓名或者名称向公司登记机关登记；登记事项发生变更的，应当办理变更登记。未经登记或者变更登记的，不得对抗第三人。

第三十三条 股东有权查阅、复制公司章程、股东会会议记录、董事会会议决议、监事会会议决议和财务会计报告。

股东可以要求查阅公司会计账簿。股东要求查阅公司会计账簿的，应当向公司提出书面请求，说明目的。公司有合理根据认为股东查阅会计账簿有不正当目的，可能损害公司合法利益的，可以拒绝提供查阅，并应当自股东提出书面请求之日起十五日内书面答复股东并说明理由。公司拒绝提供查阅的，股东可以请求人民法院要求公司提供查阅。

第三十四条 股东按照实缴的出资比例分取红利；公司新增资本时，股东有权优先按照实缴的出资比例认缴出资。但是，全体股东约定不按照出资比例分取红利或者不按照出资比例优先认缴出资的除外。

第三十五条 公司成立后，股东不得抽逃出资。

第二节 组织机构

第三十六条 有限责任公司股东会由全体股东组成。股东会是公司的权力机构，依照本法行使职权。

第三十七条 股东会行使下列职权：

（一）决定公司的经营方针和投资计划；

（二）选举和更换非由职工代表担任的董事、监事，决定有关董事、监事的报酬事项；

（三）审议批准董事会的报告；

（四）审议批准监事会或者监事的报告；

（五）审议批准公司的年度财务预算方案、决算方案；

（六）审议批准公司的利润分配方案和弥补亏损方案；

（七）对公司增加或者减少注册资本作出决议；

（八）对发行公司债券作出决议；

（九）对公司合并、分立、解散、清算或者变更公司形式作出决议；

（十）修改公司章程；

（十一）公司章程规定的其他职权。

对前款所列事项股东以书面形式一致表示同意的，可以不召开股东会会议，直接作出决定，并由全体股东在决定文件上签名、盖章。

第三十八条 首次股东会会议由出资最多的股东召集和主持，依照本法规定行使职权。

第三十九条 股东会会议分为定期会议和临时会议。

定期会议应当依照公司章程的规定按时召开。代表十分之一以上表决权的股东，三分之一以上的董事，监事会或者不设监事会的公司的监事提议召开临时会议的，应当召开临时会议。

第四十条 有限责任公司设立董事会的，股东会会议由董事会召集，董事长主持；董事长不能履行职务或者不履行职务的，由副董事长主持；副董事长不能履行职务或者不履行职务的，由半数以上董事共同推举一名董事主持。

有限责任公司不设董事会的，股东会会议由执行董事召集和主持。

董事会或者执行董事不能履行或者不履行召集股东会会议职责的，由监事会或者不设监事会的公司的监事召集和主持；监事会或者监事不召集和主持的，代表十分之一以上表决权的股东可以自行召集和主持。

第四十一条 召开股东会会议，应当于会议召开十五日前通知全体股东；但是，公司章程另有规定或者全体股东另有约定的除外。

股东会应当对所议事项的决定作成会议记录，出席会议的股东应当在会议记录上签名。

第四十二条 股东会会议由股东按照出资比例行使表决权；但是，公司章程另有规定的除外。

第四十三条 股东会的议事方式和表决程序，除本法有规定的外，由公司章程规定。

股东会会议作出修改公司章程、增加或者减少注册资本的决议，以及公司合并、分立、解散或者变更公司形式的决议，必须经代表三分之二以上表决权的股东通过。

第四十四条 有限责任公司设董事会，其成员为三人至十三人；但是，本法第五十条另有规定的除外。

两个以上的国有企业或者两个以上的其他国有投资主体投资设立的有限责任公司，其董事会成员中应当有公司职工代表；其他有限责任公司董事会成员中可以有公司职工代表。董事会中的职工代表由公司职工通过职工代表大会、职工大会或者其他形式民主选举产生。

董事会设董事长一人，可以设副董事长。董事长、副董事长的产生办法由公司章程规定。

第四十五条 董事任期由公司章程规定，但每届任期不得超过三年。董事任期届满，连选可以连任。

董事任期届满未及时改选，或者董事在任期内辞职导致董事会成员低于法定人数的，在改选出的董事就任前，原董事仍应当依照法律、行政法规和公司章程的规定，履行董事职务。

第四十六条 董事会对股东会负责，行使下列职权：

（一）召集股东会会议，并向股东会报告工作；

（二）执行股东会的决议；

（三）决定公司的经营计划和投资方案；

（四）制订公司的年度财务预算方案、决算方案；

（五）制订公司的利润分配方案和弥补亏损方案；

（六）制订公司增加或者减少注册资本以及发行公司债券的方案；

（七）制订公司合并、分立、解散或者变更公司形式的方案；

（八）决定公司内部管理机构的设置；

（九）决定聘任或者解聘公司经理及其报酬事项，并根据经理的提名决定聘任或者解聘公司副经理、财务负责人及其报酬事项；

（十）制定公司的基本管理制度；

（十一）公司章程规定的其他职权。

第四十七条 董事会会议由董事长召集和主持；董事长不能履行职务或者不履行职务的，由副董事长召集和主持；副董事长不能履行职务或者不履行职务的，由半数以上董事共同推举一名董事召集和主持。

第四十八条 董事会的议事方式和表决程序，除本法有规定的外，由公司章程规定。

董事会应当对所议事项的决定作成会议记录，出席会议的董事应当在会议记录上签名。

董事会决议的表决，实行一人一票。

第四十九条 有限责任公司可以设经理，由董事会决定聘任或者解聘。经理对董事会负责，行使下列职权：

（一）主持公司的生产经营管理工作，组织实施董事会决议；

（二）组织实施公司年度经营计划和投资方案；

（三）拟订公司内部管理机构设置方案；

（四）拟订公司的基本管理制度；

（五）制定公司的具体规章；

（六）提请聘任或者解聘公司副经理、财务负责人；

（七）决定聘任或者解聘除应由董事会决定聘任或者解聘以外的负责管理人员；

（八）董事会授予的其他职权。

公司章程对经理职权另有规定的，从其规定。

经理列席董事会会议。

第五十条 股东人数较少或者规模较小的有限责任公司，可以设一名执行董事，不设董事会。执行董事可以兼任公司经理。

执行董事的职权由公司章程规定。

第五十一条 有限责任公司设监事会，其成员不得少于三人。股东人数较少或者规模较小的有限责任公司，可以设一至二名监事，不设监事会。

监事会应当包括股东代表和适当比例的公司职工代表，其中职工代表的比例不得低于三分之一，具体比例由公司章程规定。监事会中的职工代表由公司职工通过职工代表大会、职工大会或者其他形式民主选举产生。

监事会设主席一人，由全体监事过半数选举产生。监事会主席召集和主持监事会会议；监事会主席不能履行职务或者不履行职务的，由半数以上监事共同推举一名监事召集和主持监事会会议。

董事、高级管理人员不得兼任监事。

第五十二条 监事的任期每届为三年。监事任期届满，连选可以连任。

监事任期届满未及时改选，或者监事在任期内辞职导致监事会成员低于法定人数的，在改选出的监事就任前，原监事仍应当依照法律、行政法规和公司章程的规定，履行监事职务。

第五十三条 监事会、不设监事会的公司的监事行使下列职权：

（一）检查公司财务；

（二）对董事、高级管理人员执行公司职务的行为进行监督，对违反法律、行政法规、公司章程或者股东会决议的董事、高级管理人员提出罢免的建议；

（三）当董事、高级管理人员的行为损害公司的利益时，要求董事、高级管理人员予以纠正；

（四）提议召开临时股东会会议，在董事会不履行本法规定的召集和主持股东会会议职责时召集和主持股东会会议；

（五）向股东会会议提出提案；

（六）依照本法第一百五十一条的规定，对董事、高级管理人员提起诉讼；

（七）公司章程规定的其他职权。

第五十四条 监事可以列席董事会会议，并对董事会决议事项提出质询或者建议。

监事会、不设监事会的公司的监事发现公司经营情况异常，可以进行调查；必要时，可以聘请会计师事务所等协助其工作，费用由公司承担。

第五十五条 监事会每年度至少召开一次会议，监事可以提议召开临时监事会会议。

监事会的议事方式和表决程序，除本法有规定的外，由公司章程规定。

监事会决议应当经半数以上监事通过。

监事会应当对所议事项的决定作成会议记录，出席会议的监事应当在会议记录上签名。

第五十六条 监事会、不设监事会的公司的监事行使职权所必需的费用，由公司承担。

第三节 一人有限责任公司的特别规定

第五十七条 一人有限责任公司的设立和组织机构，适用本节规定；本节没有规定的，适用本章第一节、第二节的规定。

本法所称一人有限责任公司，是指只有一个自然人股东或者一个法人股东的有限责任公司。

第五十八条 一个自然人只能投资设立一个一人有限责任公司。该一人有限责任公司不能投资设立新的一人有限责任公司。

第五十九条 一人有限责任公司应当在公司登记中注明自然人独资或者法人独资，并在公司营业执照中载明。

第六十条 一人有限责任公司章程由股东制定。

第六十一条 一人有限责任公司不设股东会。股东作出本法第三十七条第一款所列决定时，应当采用书面形式，并由股东签名后置备于公司。

第六十二条 一人有限责任公司应当在每一会计年度终了时编制财务会计报告，并经会计师事务所审计。

第六十三条 一人有限责任公司的股东不能证明公司财产独立于股东自己的财产的，应当对公司债务承担连带责任。

第四节　国有独资公司的特别规定

第六十四条　国有独资公司的设立和组织机构，适用本节规定；本节没有规定的，适用本章第一节、第二节的规定。

本法所称国有独资公司，是指国家单独出资、由国务院或者地方人民政府授权本级人民政府国有资产监督管理机构履行出资人职责的有限责任公司。

第六十五条　国有独资公司章程由国有资产监督管理机构制定，或者由董事会制订报国有资产监督管理机构批准。

第六十六条　国有独资公司不设股东会，由国有资产监督管理机构行使股东会职权。国有资产监督管理机构可以授权公司董事会行使股东会的部分职权，决定公司的重大事项，但公司的合并、分立、解散、增加或者减少注册资本和发行公司债券，必须由国有资产监督管理机构决定；其中，重要的国有独资公司合并、分立、解散、申请破产的，应当由国有资产监督管理机构审核后，报本级人民政府批准。

前款所称重要的国有独资公司，按照国务院的规定确定。

第六十七条　国有独资公司设董事会，依照本法第四十六条、第六十六条的规定行使职权。董事每届任期不得超过三年。董事会成员中应当有公司职工代表。

董事会成员由国有资产监督管理机构委派；但是，董事会成员中的职工代表由公司职工代表大会选举产生。

董事会设董事长一人，可以设副董事长。董事长、副董事长由国有资产监督管理机构从董事会成员中指定。

第六十八条　国有独资公司设经理，由董事会聘任或者解聘。经理依照本法第四十九条规定行使职权。

经国有资产监督管理机构同意，董事会成员可以兼任经理。

第六十九条　国有独资公司的董事长、副董事长、董事、高级管理人员，未经国有资产监督管理机构同意，不得在其他有限责任公司、股份有限公司或者其他经济组织兼职。

第七十条　国有独资公司监事会成员不得少于五人，其中职工代表的比例不得低于三分之一，具体比例由公司章程规定。

监事会成员由国有资产监督管理机构委派；但是，监事会成员中的职工代表由公司职工代表大会选举产生。监事会主席由国有资产监督管理机构从监事会成员中指定。

监事会行使本法第五十三条第（一）项至第（三）项规定的职权和国务院规定的其他职权。

第三章　有限责任公司的股权转让

第七十一条　有限责任公司的股东之间可以相互转让其全部或者部分股权。

股东向股东以外的人转让股权，应当经其他股东过半数同意。股东应就其股权转让事项书面通知其他股东征求同意，其他股东自接到书面通知之日起满三十日未答复的，视为同意转让。其他股东半数以上不同意转让的，不同意的股东应当购买该转让的股权；不购买的，视为同意转让。

经股东同意转让的股权，在同等条件下，其他股东有优先购买权。两个以上股东主张行使优先购买权的，协商确定各自的购买比例；协商不成的，按照转让时各自的出资比例行使优先购买权。

公司章程对股权转让另有规定的，从其规定。

第七十二条　人民法院依照法律规定的强制执行程序转让股东的股权时，应当通知公司及全体股东，其他股东在同等条件下有优先购买权。其他股东自人民法院通知之日起满二十日不行使优先购买权的，视为放弃优先购买权。

第七十三条　依照本法第七十一条、第七十二条转让股权后，公司应当注销原股东的出资证明书，向新股东签发出资证明书，并相应修改公司章程和股东名册中有关股东及其出资额的记载。对公司章程的该项修改不需再由股东会表决。

第七十四条　有下列情形之一的，对股东会该项决议投反对票的股东可以请求公司按照合理的价格收购其股权：

（一）公司连续五年不向股东分配利润，而公司该五年连续盈利，并且符合本法规定的分配利润条件的；

（二）公司合并、分立、转让主要财产的；

（三）公司章程规定的营业期限届满或者章程规定的其他解散事由出现，股东会会议通过决议修改章程使公司存续的。

自股东会会议决议通过之日起六十日内，股东与公司不能达成股权收购协议的，股东可以自股东会会议决议通过之日起九十日内向人民法院提起诉讼。

第七十五条　自然人股东死亡后，其合法继承人可以继承股东资格；但是，公司章程另有规定的除外。

第四章　股份有限公司的设立和组织机构

第一节　设　　立

第七十六条　设立股份有限公司，应当具备下列条件：

（一）发起人符合法定人数；

（二）有符合公司章程规定的全体发起人认购的股本总额或者募集的实收股本总额；

（三）股份发行、筹办事项符合法律规定；

（四）发起人制订公司章程，采用募集方式设立的经创立大会通过；

（五）有公司名称，建立符合股份有限公司要求的组织机构；

（六）有公司住所。

第七十七条　股份有限公司的设立，可以采取发起设立或者募集设立的方式。

发起设立，是指由发起人认购公司应发行的全部股份而设立公司。

募集设立，是指由发起人认购公司应发行股份的一部分，其余股份向社会公开募集或者向特定对象募集而设立公司。

第七十八条　设立股份有限公司，应当有二人以上二百人以下为发起人，其中须有半数以上的发起人在中国境内有住所。

第七十九条　股份有限公司发起人承担公司筹办事务。

发起人应当签订发起人协议，明确各自在公司设立过程中的权利和义务。

第八十条　股份有限公司采取发起设立方式设立的，注册资本为在公司登记机关登记的全体发起人认购的股本总额。在发起人认购的股份缴足前，不得向他人募集股份。

股份有限公司采取募集方式设立的，注册资本为在公司登记机关登记的实收股本总额。

法律、行政法规以及国务院决定对股份有限公司注册资本实缴、注册资本最低限额另有规定的，从其规定。

第八十一条　股份有限公司章程应当载明下列事项：

（一）公司名称和住所；

（二）公司经营范围；

（三）公司设立方式；

（四）公司股份总数、每股金额和注册资本；

（五）发起人的姓名或者名称、认购的股份数、出资方式和出资时间；

（六）董事会的组成、职权和议事规则；
（七）公司法定代表人；
（八）监事会的组成、职权和议事规则；
（九）公司利润分配办法；
（十）公司的解散事由与清算办法；
（十一）公司的通知和公告办法；
（十二）股东大会会议认为需要规定的其他事项。

第八十二条 发起人的出资方式，适用本法第二十七条的规定。

第八十三条 以发起设立方式设立股份有限公司的，发起人应当书面认足公司章程规定其认购的股份，并按照公司章程规定缴纳出资。以非货币财产出资的，应当依法办理其财产权的转移手续。

发起人不依照前款规定缴纳出资的，应当按照发起人协议承担违约责任。

发起人认足公司章程规定的出资后，应当选举董事会和监事会，由董事会向公司登记机关报送公司章程以及法律、行政法规规定的其他文件，申请设立登记。

第八十四条 以募集设立方式设立股份有限公司的，发起人认购的股份不得少于公司股份总数的百分之三十五；但是，法律、行政法规另有规定的，从其规定。

第八十五条 发起人向社会公开募集股份，必须公告招股说明书，并制作认股书。认股书应当载明本法第八十六条所列事项，由认股人填写认购股数、金额、住所，并签名、盖章。认股人按照所认购股数缴纳股款。

第八十六条 招股说明书应当附有发起人制订的公司章程，并载明下列事项：

（一）发起人认购的股份数；
（二）每股的票面金额和发行价格；
（三）无记名股票的发行总数；
（四）募集资金的用途；
（五）认股人的权利、义务；
（六）本次募股的起止期限及逾期未募足时认股人可以撤回所认股份的说明。

第八十七条 发起人向社会公开募集股份，应当由依法设立的证券公司承销，签订承销协议。

第八十八条 发起人向社会公开募集股份，应当同银行签订代收股款协议。

代收股款的银行应当按照协议代收和保存股款，向缴纳股款的认股人出具收款单据，并负有向有关部门出具收款证明的义务。

第八十九条 发行股份的股款缴足后，必须经依法设立的验资机构验资并出具证明。发起人应当自股款缴足之日起三十日内主持召开公司创立大会。创立大会由发起人、认股人组成。

发行的股份超过招股说明书规定的截止期限尚未募足的，或者发行股份的股款缴足后，发起人在三十日内未召开创立大会的，认股人可以按照所缴股款并加算银行同期存款利息，要求发起人返还。

第九十条 发起人应当在创立大会召开十五日前将会议日期通知各认股人或者予以公告。创立大会应有代表股份总数过半数的发起人、认股人出席，方可举行。

创立大会行使下列职权：

（一）审议发起人关于公司筹办情况的报告；

（二）通过公司章程；

（三）选举董事会成员；

（四）选举监事会成员；

（五）对公司的设立费用进行审核；

（六）对发起人用于抵作股款的财产的作价进行审核；

（七）发生不可抗力或者经营条件发生重大变化直接影响公司设立的，可以作出不设立公司的决议。

创立大会对前款所列事项作出决议，必须经出席会议的认股人所持表决权过半数通过。

第九十一条 发起人、认股人缴纳股款或者交付抵作股款的出资后，除未按期募足股份、发起人未按期召开创立大会或者创立大会决议不设立公司的情形外，不得抽回其股本。

第九十二条 董事会应于创立大会结束后三十日内，向公司登记机关报送下列文件，申请设立登记：

（一）公司登记申请书；

（二）创立大会的会议记录；

（三）公司章程；

（四）验资证明；

（五）法定代表人、董事、监事的任职文件及其身份证明；

（六）发起人的法人资格证明或者自然人身份证明；

（七）公司住所证明。

以募集方式设立股份有限公司公开发行股票的，还应当向公司登记机关报送国务院证券监督管理机构的核准文件。

第九十三条 股份有限公司成立后，发起人未按照公司章程的规定缴足出资的，应当补缴；其他发起人承担连带责任。

股份有限公司成立后，发现作为设立公司出资的非货币财产的实际价额显著低于公司章程所定价额的，应当由交付该出资的发起人补足其差额；其他发起人承担连带责任。

第九十四条 股份有限公司的发起人应当承担下列责任：

（一）公司不能成立时，对设立行为所产生的债务和费用负连带责任；

（二）公司不能成立时，对认股人已缴纳的股款，负返还股款并加算银行同期存款利息的连带责任；

（三）在公司设立过程中，由于发起人的过失致使公司利益受到损害的，应当对公司承担赔偿责任。

第九十五条 有限责任公司变更为股份有限公司时，折合的实收股本总额不得高于公司净资产额。有限责任公司变更为股份有限公司，为增加资本公开发行股份时，应当依法办理。

第九十六条 股份有限公司应当将公司章程、股东名册、公司债券存根、股东大会会议记录、董事会会议记录、监事会会议记录、财务会计报告置备于本公司。

第九十七条 股东有权查阅公司章程、股东名册、公司债券存根、股东大会会议记录、董事会会议决议、监事会会议决议、财务会计报告，对公司的经营提出建议或者质询。

第二节 股 东 大 会

第九十八条 股份有限公司股东大会由全体股东组成。股东大会是公司的权力机构，依照本法行使职权。

第九十九条 本法第三十七条第一款关于有限责任公司股东会职权的规定，适用于股份有限公司股东大会。

第一百条 股东大会应当每年召开一次年会。有下列情形之一的，应当在两个月内召开临时股东大会：

（一）董事人数不足本法规定人数或者公司章程所定人数的三分之二时；

（二）公司未弥补的亏损达实收股本总额三分之一时；

（三）单独或者合计持有公司百分之十以上股份的股东请求时；

（四）董事会认为必要时；

（五）监事会提议召开时；

（六）公司章程规定的其他情形。

第一百零一条 股东大会会议由董事会召集，董事长主持；董事长不能履行职务或者不履行职务的，由副董事长主持；副董事长不能履行职务或者不履行职务的，由半数以上董事共同推举一名董事主持。

董事会不能履行或者不履行召集股东大会会议职责的，监事会应当及时召集和主持；监事会不召集和主持的，连续九十日以上单独或者合计持有公司百分之十以上股份的股东可以自行召集和主持。

第一百零二条 召开股东大会会议，应当将会议召开的时间、地点和审议的事项于会议召开二十日前通知各股东；临时股东大会应当于会议召开十五日前通知各股东；发行无记名股票的，应当于会议召开三十日前公告会议召开的时间、地点和审议事项。

单独或者合计持有公司百分之三以上股份的股东，可以在股东大会召开十日前提出临时提案并书面提交董事会；董事会应当在收到提案后二日内通知其他股东，并将该临时提案提交股东大会审议。临时提案的内容应当属于股东大会职权范围，并有明确议题和具体决议事项。

股东大会不得对前两款通知中未列明的事项作出决议。

无记名股票持有人出席股东大会会议的，应当于会议召开五日前至股东大会闭会时将股票交存于公司。

第一百零三条 股东出席股东大会会议，所持每一股份有一表决权。但是，公司持有的本公司股份没有表决权。

股东大会作出决议，必须经出席会议的股东所持表决权过半数通过。但是，股东大会作出修改公司章程、增加或者减少注册资本的决议，以及公司合并、分立、解散或者变更公司形式的决议，必须经出席会议的股东所持表决权的三分之二以上通过。

第一百零四条 本法和公司章程规定公司转让、受让重大资产或者对外提供担保等事项必须经股东大会作出决议的，董事会应当及时召集股东大会会议，由股东大会就上述事项进行表决。

第一百零五条 股东大会选举董事、监事，可以依照公司章程的规定或者股东大会的决议，实行累积投票制。

本法所称累积投票制，是指股东大会选举董事或者监事时，每一股份拥有与应选董事或者监事人数相同的表决权，股东拥有的表决权可以集中使用。

第一百零六条 股东可以委托代理人出席股东大会会议，代理人应当向公司提交股东授权委托书，并在授权范围内行使表决权。

第一百零七条 股东大会应当对所议事项的决定作成会议记录，主持人、出席会议的董事应当在会议记录上签名。会议记录应当与出席股东的签名册及代理出席的委托书一并保存。

第三节 董事会、经理

第一百零八条 股份有限公司设董事会，其成员为五人至十九人。

董事会成员中可以有公司职工代表。董事会中的职工代表由公司职工通过职工代表大会、职工大会或者其他形式民主选举产生。

本法第四十五条关于有限责任公司董事任期的规定，适用于股份有限公司董事。

本法第四十六条关于有限责任公司董事会职权的规定，适用于股份有限公司董事会。

第一百零九条 董事会设董事长一人，可以设副董事长。董事长和副董事长由董事会以全体董事的过半数选举产生。

董事长召集和主持董事会会议，检查董事会决议的实施情况。副董事长协助董事长工作，董事长不能履行职务或者不履行职务的，由副董事长履行职务；副董事长不能履行职务或者不履行职务的，由半数以上董事共同推举一名董事履行职务。

第一百一十条 董事会每年度至少召开两次会议，每次会议应当于会议召开十日前通知全体董事和监事。

代表十分之一以上表决权的股东、三分之一以上董事或者监事会，可以提议召开董事会临时会议。董事长应当自接到提议后十日内，召集和主持董事会会议。

董事会召开临时会议，可以另定召集董事会的通知方式和通知时限。

第一百一十一条 董事会会议应有过半数的董事出席方可举行。董事会作出决议，必须经全体董事的过半数通过。

董事会决议的表决，实行一人一票。

第一百一十二条 董事会会议，应由董事本人出席；董事因故不能出席，可以书面委托其他董事代为出席，委托书中应载明授权范围。

董事会应当对会议所议事项的决定作成会议记录，出席会议的董事应当在会议记录上签名。

董事应当对董事会的决议承担责任。董事会的决议违反法律、行政法规或者公司章程、股东大会决议，致使公司遭受严重损失的，参与决议的董事对公司负赔偿责任。但经证明在表决时曾表明异议并记载于会议记录的，该董事可以免除责任。

第一百一十三条 股份有限公司设经理，由董事会决定聘任或者解聘。

本法第四十九条关于有限责任公司经理职权的规定，适用于股份有限公司经理。

第一百一十四条 公司董事会可以决定由董事会成员兼任经理。

第一百一十五条 公司不得直接或者通过子公司向董事、监事、高级管理人员提供借款。

第一百一十六条 公司应当定期向股东披露董事、监事、高级管理人员从公司获得报酬的情况。

第四节 监 事 会

第一百一十七条 股份有限公司设监事会，其成员不得少于三人。

监事会应当包括股东代表和适当比例的公司职工代表，其中职工代表的比例不得低于三分之一，具体比例由公司章程规定。监事会中的职工代表由公司职工通过职工代表大会、职工大会或者其他形式民主选举产生。

监事会设主席一人，可以设副主席。监事会主席和副主席由全体监事过半数选举产生。监事会主席召集和主持监事会会议；监事会主席不能履行职务或者不履行职务的，由监事会副主席召集和主持监事会会议；监事会副主席不能履行职务或者不履行职务的，由半数以上监事共同推举一名监事召集和主持监事会会议。

董事、高级管理人员不得兼任监事。

本法第五十二条关于有限责任公司监事任期的规定，适用于股份有限公司监事。

第一百一十八条 本法第五十三条、第五十四条关于有限责任公司监事会职权的规定，适用于股份有限公司监事会。

监事会行使职权所必需的费用，由公司承担。

第一百一十九条 监事会每六个月至少召开一次会议。监事可以提议召开临时监事会会议。

监事会的议事方式和表决程序，除本法有规定的外，由公司章程规定。

监事会决议应当经半数以上监事通过。

监事会应当对所议事项的决定作成会议记录，出席会议的监事应当在会议记录上签名。

第五节 上市公司组织机构的特别规定

第一百二十条 本法所称上市公司，是指其股票在证券交易所上市交易的股份有限公司。

第一百二十一条 上市公司在一年内购买、出售重大资产或者担保金额超过公司资产总额百分之三十的，应当由股东大会作出决议，并经出席会议的股东所持表决权的三分之二以上通过。

第一百二十二条 上市公司设独立董事，具体办法由国务院规定。

第一百二十三条 上市公司设董事会秘书，负责公司股东大会和董事会会议的筹备、文件保管以及公司股东资料的管理，办理信息披露事务等事宜。

第一百二十四条 上市公司董事与董事会会议决议事项所涉及的企业有关联关系的，不得对该项决议行使表决权，也不得代理其他董事行使表决权。该董事会会议由过半数的无关联关系董事出席即可举行，董事会会议所作决议须经无关联关系董事过半数通过。出席董事会的无关联关系董事人数不足三人的，应将该事项提交上市公司股东大会审议。

第五章　股份有限公司的股份发行和转让

第一节　股份发行

第一百二十五条 股份有限公司的资本划分为股份，每一股的金额相等。

公司的股份采取股票的形式。股票是公司签发的证明股东所持股份的凭证。

第一百二十六条 股份的发行，实行公平、公正的原则，同种类的每一股份应当具有同等权利。

同次发行的同种类股票，每股的发行条件和价格应当相同；任何单位或者个人所认购的股份，每股应当支付相同价额。

第一百二十七条 股票发行价格可以按票面金额，也可以超过票面金额，但不得低于票面金额。

第一百二十八条 股票采用纸面形式或者国务院证券监督管理机构规定的其他形式。

股票应当载明下列主要事项：

（一）公司名称；

（二）公司成立日期；

（三）股票种类、票面金额及代表的股份数；

（四）股票的编号。

股票由法定代表人签名，公司盖章。

发起人的股票，应当标明发起人股票字样。

第一百二十九条 公司发行的股票，可以为记名股票，也可以为无记名股票。

公司向发起人、法人发行的股票，应当为记名股票，并应当记载该发起人、法人的名称或者姓名，不得另立户名或者以代表人姓名记名。

第一百三十条 公司发行记名股票的，应当置备股东名册，记载下列事项：

（一）股东的姓名或者名称及住所；
（二）各股东所持股份数；
（三）各股东所持股票的编号；
（四）各股东取得股份的日期。

发行无记名股票的，公司应当记载其股票数量、编号及发行日期。

第一百三十一条 国务院可以对公司发行本法规定以外的其他种类的股份，另行作出规定。

第一百三十二条 股份有限公司成立后，即向股东正式交付股票。公司成立前不得向股东交付股票。

第一百三十三条 公司发行新股，股东大会应当对下列事项作出决议：

（一）新股种类及数额；
（二）新股发行价格；
（三）新股发行的起止日期；
（四）向原有股东发行新股的种类及数额。

第一百三十四条 公司经国务院证券监督管理机构核准公开发行新股时，必须公告新股招股说明书和财务会计报告，并制作认股书。

本法第八十七条、第八十八条的规定适用于公司公开发行新股。

第一百三十五条 公司发行新股，可以根据公司经营情况和财务状况，确定其作价方案。

第一百三十六条 公司发行新股募足股款后，必须向公司登记机关办理变更登记，并公告。

第二节 股份转让

第一百三十七条 股东持有的股份可以依法转让。

第一百三十八条 股东转让其股份，应当在依法设立的证券交易场所进行或者按照国务院规定的其他方式进行。

第一百三十九条 记名股票，由股东以背书方式或者法律、行政法规规定的其他方式转让；转让后由公司将受让人的姓名或者名称及住所记载于股东名册。

股东大会召开前二十日内或者公司决定分配股利的基准日前五日内，不得进行前款规定的股东名册的变更登记。但是，法律对上市公司股东名册变更登记另有规定的，从其规定。

第一百四十条 无记名股票的转让，由股东将该股票交付给受让人后即发生转让的效力。

第一百四十一条 发起人持有的本公司股份，自公司成立之日起一年内不得转让。公司公开发行股份前已发行的股份，自公司股票在证券交易所上市交易之日起一年内不得转让。

公司董事、监事、高级管理人员应当向公司申报所持有的本公司的股份及其变动情况，在任职期间每年转让的股份不得超过其所持有本公司股份总数的百分之二十五；所持本公司股份自公司股票上市交易之日起一年内不得转让。上述人员离职后半年内，不得转让其所持有的本公司股份。公司章程可以对公司董事、监事、高级管理人员转让其所持有的本公司股份作出其他限制性规定。

第一百四十二条 公司不得收购本公司股份。但是，有下列情形之一的除外：

（一）减少公司注册资本；

（二）与持有本公司股份的其他公司合并；

（三）将股份用于员工持股计划或者股权激励；

（四）股东因对股东大会作出的公司合并、分立决议持异议，要求公司收购其股份；

（五）将股份用于转换上市公司发行的可转换为股票的公司债券；

（六）上市公司为维护公司价值及股东权益所必需。

公司因前款第（一）项、第（二）项规定的情形收购本公司股份的，应当经股东大会决议；公司因前款第（三）项、第（五）项、第（六）项规定的情形收购本公司股份的，可以依照公司章程的规定或者股东大会的授权，经三分之二以上董事出席的董事会会议决议。

公司依照本条第一款规定收购本公司股份后，属于第（一）项情形的，应当自收购之日起十日内注销；属于第（二）项、第（四）项情形的，应当在六个月内转让或者注销；属于第（三）项、第（五）项、第（六）项情形的，公司合计持有的本公司股份数不得超过本公司已发行股份总额的百分之十，并应当在三年内转让或者注销。

上市公司收购本公司股份的，应当依照《中华人民共和国证券法》的规定履行信息披露义务。上市公司因本条第一款第（三）项、第（五）项、第（六）项规定的情形收购本公司股份的，应当通过公开的集中交易方式进行。

公司不得接受本公司的股票作为质押权的标的。

第一百四十三条 记名股票被盗、遗失或者灭失，股东可以依照《中华人民共和国民事诉讼法》规定的公示催告程序，请求人民法院宣告该股票失效。人民法院宣告该股票失效后，股东可以向公司申请补发股票。

第一百四十四条 上市公司的股票，依照有关法律、行政法规及证券交易所交易规则上市交易。

第一百四十五条 上市公司必须依照法律、行政法规的规定，公开其财务状况、经营情况及重大诉讼，在每会计年度内半年公布一次财务会计报告。

第六章　公司董事、监事、高级管理人员的资格和义务

第一百四十六条　有下列情形之一的，不得担任公司的董事、监事、高级管理人员：

（一）无民事行为能力或者限制民事行为能力；

（二）因贪污、贿赂、侵占财产、挪用财产或者破坏社会主义市场经济秩序，被判处刑罚，执行期满未逾五年，或者因犯罪被剥夺政治权利，执行期满未逾五年；

（三）担任破产清算的公司、企业的董事或者厂长、经理，对该公司、企业的破产负有个人责任的，自该公司、企业破产清算完结之日起未逾三年；

（四）担任因违法被吊销营业执照、责令关闭的公司、企业的法定代表人，并负有个人责任的，自该公司、企业被吊销营业执照之日起未逾三年；

（五）个人所负数额较大的债务到期未清偿。

公司违反前款规定选举、委派董事、监事或者聘任高级管理人员的，该选举、委派或者聘任无效。

董事、监事、高级管理人员在任职期间出现本条第一款所列情形的，公司应当解除其职务。

第一百四十七条　董事、监事、高级管理人员应当遵守法律、行政法规和公司章程，对公司负有忠实义务和勤勉义务。

董事、监事、高级管理人员不得利用职权收受贿赂或者其他非法收入，不得侵占公司的财产。

第一百四十八条　董事、高级管理人员不得有下列行为：

（一）挪用公司资金；

（二）将公司资金以其个人名义或者以其他个人名义开立账户存储；

（三）违反公司章程的规定，未经股东会、股东大会或者董事会同意，将公司资金借贷给他人或者以公司财产为他人提供担保；

（四）违反公司章程的规定或者未经股东会、股东大会同意，与本公司订立合同或者进行交易；

（五）未经股东会或者股东大会同意，利用职务便利为自己或者他人谋取属于公司的商业机会，自营或者为他人经营与所任职公司同类的业务；

（六）接受他人与公司交易的佣金归为己有；

（七）擅自披露公司秘密；

（八）违反对公司忠实义务的其他行为。

董事、高级管理人员违反前款规定所得的收入应当归公司所有。

第一百四十九条 董事、监事、高级管理人员执行公司职务时违反法律、行政法规或者公司章程的规定，给公司造成损失的，应当承担赔偿责任。

第一百五十条 股东会或者股东大会要求董事、监事、高级管理人员列席会议的，董事、监事、高级管理人员应当列席并接受股东的质询。

董事、高级管理人员应当如实向监事会或者不设监事会的有限责任公司的监事提供有关情况和资料，不得妨碍监事会或者监事行使职权。

第一百五十一条 董事、高级管理人员有本法第一百四十九条规定的情形的，有限责任公司的股东、股份有限公司连续一百八十日以上单独或者合计持有公司百分之一以上股份的股东，可以书面请求监事会或者不设监事会的有限责任公司的监事向人民法院提起诉讼；监事有本法第一百四十九条规定的情形的，前述股东可以书面请求董事会或者不设董事会的有限责任公司的执行董事向人民法院提起诉讼。

监事会、不设监事会的有限责任公司的监事，或者董事会、执行董事收到前款规定的股东书面请求后拒绝提起诉讼，或者自收到请求之日起三十日内未提起诉讼，或者情况紧急、不立即提起诉讼将会使公司利益受到难以弥补的损害的，前款规定的股东有权为了公司的利益以自己的名义直接向人民法院提起诉讼。

他人侵犯公司合法权益，给公司造成损失的，本条第一款规定的股东可以依照前两款的规定向人民法院提起诉讼。

第一百五十二条 董事、高级管理人员违反法律、行政法规或者公司章程的规定，损害股东利益的，股东可以向人民法院提起诉讼。

第七章 公司债券

第一百五十三条 本法所称公司债券，是指公司依照法定程序发行、约定在一定期限还本付息的有价证券。

公司发行公司债券应当符合《中华人民共和国证券法》规定的发行条件。

第一百五十四条 发行公司债券的申请经国务院授权的部门核准后，应当公告公司债券募集办法。

公司债券募集办法中应当载明下列主要事项：

（一）公司名称；

（二）债券募集资金的用途；

（三）债券总额和债券的票面金额；

（四）债券利率的确定方式；

（五）还本付息的期限和方式；

（六）债券担保情况；

（七）债券的发行价格、发行的起止日期；

（八）公司净资产额；

（九）已发行的尚未到期的公司债券总额；

（十）公司债券的承销机构。

第一百五十五条 公司以实物券方式发行公司债券的，必须在债券上载明公司名称、债券票面金额、利率、偿还期限等事项，并由法定代表人签名，公司盖章。

第一百五十六条 公司债券，可以为记名债券，也可以为无记名债券。

第一百五十七条 公司发行公司债券应当置备公司债券存根簿。

发行记名公司债券的，应当在公司债券存根簿上载明下列事项：

（一）债券持有人的姓名或者名称及住所；

（二）债券持有人取得债券的日期及债券的编号；

（三）债券总额，债券的票面金额、利率、还本付息的期限和方式；

（四）债券的发行日期。

发行无记名公司债券的，应当在公司债券存根簿上载明债券总额、利率、偿还期限和方式、发行日期及债券的编号。

第一百五十八条 记名公司债券的登记结算机构应当建立债券登记、存管、付息、兑付等相关制度。

第一百五十九条 公司债券可以转让，转让价格由转让人与受让人约定。

公司债券在证券交易所上市交易的，按照证券交易所的交易规则转让。

第一百六十条 记名公司债券，由债券持有人以背书方式或者法律、行政法规规定的其他方式转让；转让后由公司将受让人的姓名或者名称及住所记载于公司债券存根簿。

无记名公司债券的转让，由债券持有人将该债券交付给受让人后即发生转让的效力。

第一百六十一条 上市公司经股东大会决议可以发行可转换为股票的公司债券，并在公司债券募集办法中规定具体的转换办法。上市公司发行可转换为股票的公司债券，应当报国务院证券监督管理机构核准。

发行可转换为股票的公司债券，应当在债券上标明可转换公司债券字样，并在公司债券存根簿上载明可转换公司债券的数额。

第一百六十二条 发行可转换为股票的公司债券的，公司应当按照其转换办法向债券持有人换发股票，但债券持有人对转换股票或者不转换股票有选择权。

第八章　公司财务、会计

第一百六十三条　公司应当依照法律、行政法规和国务院财政部门的规定建立本公司的财务、会计制度。

第一百六十四条　公司应当在每一会计年度终了时编制财务会计报告，并依法经会计师事务所审计。

财务会计报告应当依照法律、行政法规和国务院财政部门的规定制作。

第一百六十五条　有限责任公司应当依照公司章程规定的期限将财务会计报告送交各股东。

股份有限公司的财务会计报告应当在召开股东大会年会的二十日前置备于本公司，供股东查阅；公开发行股票的股份有限公司必须公告其财务会计报告。

第一百六十六条　公司分配当年税后利润时，应当提取利润的百分之十列入公司法定公积金。公司法定公积金累计额为公司注册资本的百分之五十以上的，可以不再提取。

公司的法定公积金不足以弥补以前年度亏损的，在依照前款规定提取法定公积金之前，应当先用当年利润弥补亏损。

公司从税后利润中提取法定公积金后，经股东会或者股东大会决议，还可以从税后利润中提取任意公积金。

公司弥补亏损和提取公积金后所余税后利润，有限责任公司依照本法第三十四条的规定分配；股份有限公司按照股东持有的股份比例分配，但股份有限公司章程规定不按持股比例分配的除外。

股东会、股东大会或者董事会违反前款规定，在公司弥补亏损和提取法定公积金之前向股东分配利润的，股东必须将违反规定分配的利润退还公司。

公司持有的本公司股份不得分配利润。

第一百六十七条　股份有限公司以超过股票票面金额的发行价格发行股份所得的溢价款以及国务院财政部门规定列入资本公积金的其他收入，应当列为公司资本公积金。

第一百六十八条　公司的公积金用于弥补公司的亏损、扩大公司生产经营或者转为增加公司资本。但是，资本公积金不得用于弥补公司的亏损。

法定公积金转为资本时，所留存的该项公积金不得少于转增前公司注册资本的百分之二十五。

第一百六十九条　公司聘用、解聘承办公司审计业务的会计师事务所，依照公司章程的规定，由股东会、股东大会或者董事会决定。

公司股东会、股东大会或者董事会就解聘会计师事务所进行表决时，应当允许会计师事务所陈述意见。

第一百七十条 公司应当向聘用的会计师事务所提供真实、完整的会计凭证、会计账簿、财务会计报告及其他会计资料，不得拒绝、隐匿、谎报。

第一百七十一条 公司除法定的会计账簿外，不得另立会计账簿。

对公司资产，不得以任何个人名义开立账户存储。

第九章 公司合并、分立、增资、减资

第一百七十二条 公司合并可以采取吸收合并或者新设合并。

一个公司吸收其他公司为吸收合并，被吸收的公司解散。两个以上公司合并设立一个新的公司为新设合并，合并各方解散。

第一百七十三条 公司合并，应当由合并各方签订合并协议，并编制资产负债表及财产清单。公司应当自作出合并决议之日起十日内通知债权人，并于三十日内在报纸上公告。债权人自接到通知书之日起三十日内，未接到通知书的自公告之日起四十五日内，可以要求公司清偿债务或者提供相应的担保。

第一百七十四条 公司合并时，合并各方的债权、债务，应当由合并后存续的公司或者新设的公司承继。

第一百七十五条 公司分立，其财产作相应的分割。

公司分立，应当编制资产负债表及财产清单。公司应当自作出分立决议之日起十日内通知债权人，并于三十日内在报纸上公告。

第一百七十六条 公司分立前的债务由分立后的公司承担连带责任。但是，公司在分立前与债权人就债务清偿达成的书面协议另有约定的除外。

第一百七十七条 公司需要减少注册资本时，必须编制资产负债表及财产清单。

公司应当自作出减少注册资本决议之日起十日内通知债权人，并于三十日内在报纸上公告。债权人自接到通知书之日起三十日内，未接到通知书的自公告之日起四十五日内，有权要求公司清偿债务或者提供相应的担保。

第一百七十八条 有限责任公司增加注册资本时，股东认缴新增资本的出资，依照本法设立有限责任公司缴纳出资的有关规定执行。

股份有限公司为增加注册资本发行新股时，股东认购新股，依照本法设立股份有限公司缴纳股款的有关规定执行。

第一百七十九条 公司合并或者分立，登记事项发生变更的，应当依法向公司登记机关办理变更登记；公司解散的，应当依法办理公司注销登记；设立新公司的，应当依法办理公司设立登记。

公司增加或者减少注册资本，应当依法向公司登记机关办理变更登记。

第十章　公司解散和清算

第一百八十条　公司因下列原因解散：

（一）公司章程规定的营业期限届满或者公司章程规定的其他解散事由出现；

（二）股东会或者股东大会决议解散；

（三）因公司合并或者分立需要解散；

（四）依法被吊销营业执照、责令关闭或者被撤销；

（五）人民法院依照本法第一百八十二条的规定予以解散。

第一百八十一条　公司有本法第一百八十条第（一）项情形的，可以通过修改公司章程而存续。

依照前款规定修改公司章程，有限责任公司须经持有三分之二以上表决权的股东通过，股份有限公司须经出席股东大会会议的股东所持表决权的三分之二以上通过。

第一百八十二条　公司经营管理发生严重困难，继续存续会使股东利益受到重大损失，通过其他途径不能解决的，持有公司全部股东表决权百分之十以上的股东，可以请求人民法院解散公司。

第一百八十三条　公司因本法第一百八十条第（一）项、第（二）项、第（四）项、第（五）项规定而解散的，应当在解散事由出现之日起十五日内成立清算组，开始清算。有限责任公司的清算组由股东组成，股份有限公司的清算组由董事或者股东大会确定的人员组成。逾期不成立清算组进行清算的，债权人可以申请人民法院指定有关人员组成清算组进行清算。人民法院应当受理该申请，并及时组织清算组进行清算。

第一百八十四条　清算组在清算期间行使下列职权：

（一）清理公司财产，分别编制资产负债表和财产清单；

（二）通知、公告债权人；

（三）处理与清算有关的公司未了结的业务；

（四）清缴所欠税款以及清算过程中产生的税款；

（五）清理债权、债务；

（六）处理公司清偿债务后的剩余财产；

（七）代表公司参与民事诉讼活动。

第一百八十五条　清算组应当自成立之日起十日内通知债权人，并于六十日内在报纸上公告。债权人应当自接到通知书之日起三十日内，未接到通知书的自公告之日起四十五日内，向清算组申报其债权。

债权人申报债权，应当说明债权的有关事项，并提供证明材料。清算组应当对债权进行登记。

在申报债权期间，清算组不得对债权人进行清偿。

第一百八十六条 清算组在清理公司财产、编制资产负债表和财产清单后，应当制定清算方案，并报股东会、股东大会或者人民法院确认。

公司财产在分别支付清算费用、职工的工资、社会保险费用和法定补偿金，缴纳所欠税款，清偿公司债务后的剩余财产，有限责任公司按照股东的出资比例分配，股份有限公司按照股东持有的股份比例分配。

清算期间，公司存续，但不得开展与清算无关的经营活动。公司财产在未依照前款规定清偿前，不得分配给股东。

第一百八十七条 清算组在清理公司财产、编制资产负债表和财产清单后，发现公司财产不足清偿债务的，应当依法向人民法院申请宣告破产。

公司经人民法院裁定宣告破产后，清算组应当将清算事务移交给人民法院。

第一百八十八条 公司清算结束后，清算组应当制作清算报告，报股东会、股东大会或者人民法院确认，并报送公司登记机关，申请注销公司登记，公告公司终止。

第一百八十九条 清算组成员应当忠于职守，依法履行清算义务。

清算组成员不得利用职权收受贿赂或者其他非法收入，不得侵占公司财产。

清算组成员因故意或者重大过失给公司或者债权人造成损失的，应当承担赔偿责任。

第一百九十条 公司被依法宣告破产的，依照有关企业破产的法律实施破产清算。

第十一章 外国公司的分支机构

第一百九十一条 本法所称外国公司是指依照外国法律在中国境外设立的公司。

第一百九十二条 外国公司在中国境内设立分支机构，必须向中国主管机关提出申请，并提交其公司章程、所属国的公司登记证书等有关文件，经批准后，向公司登记机关依法办理登记，领取营业执照。

外国公司分支机构的审批办法由国务院另行规定。

第一百九十三条 外国公司在中国境内设立分支机构，必须在中国境内指定负责该分支机构的代表人或者代理人，并向该分支机构拨付与其所从事的经营活动相适应的资金。

对外国公司分支机构的经营资金需要规定最低限额的，由国务院另行规定。

第一百九十四条 外国公司的分支机构应当在其名称中标明该外国公司的国籍及责任形式。

外国公司的分支机构应当在本机构中置备该外国公司章程。

第一百九十五条 外国公司在中国境内设立的分支机构不具有中国法人资格。

外国公司对其分支机构在中国境内进行经营活动承担民事责任。

第一百九十六条 经批准设立的外国公司分支机构，在中国境内从事业务活动，必须遵守中国的法律，不得损害中国的社会公共利益，其合法权益受中国法律保护。

第一百九十七条 外国公司撤销其在中国境内的分支机构时，必须依法清偿债务，依照本法有关公司清算程序的规定进行清算。未清偿债务之前，不得将其分支机构的财产移至中国境外。

第十二章 法律责任

第一百九十八条 违反本法规定，虚报注册资本、提交虚假材料或者采取其他欺诈手段隐瞒重要事实取得公司登记的，由公司登记机关责令改正，对虚报注册资本的公司，处以虚报注册资本金额百分之五以上百分之十五以下的罚款；对提交虚假材料或者采取其他欺诈手段隐瞒重要事实的公司，处以五万元以上五十万元以下的罚款；情节严重的，撤销公司登记或者吊销营业执照。

第一百九十九条 公司的发起人、股东虚假出资，未交付或者未按期交付作为出资的货币或者非货币财产的，由公司登记机关责令改正，处以虚假出资金额百分之五以上百分之十五以下的罚款。

第二百条 公司的发起人、股东在公司成立后，抽逃其出资的，由公司登记机关责令改正，处以所抽逃出资金额百分之五以上百分之十五以下的罚款。

第二百零一条 公司违反本法规定，在法定的会计账簿以外另立会计账簿的，由县级以上人民政府财政部门责令改正，处以五万元以上五十万元以下的罚款。

第二百零二条 公司在依法向有关主管部门提供的财务会计报告等材料上作虚假记载或者隐瞒重要事实的，由有关主管部门对直接负责的主管人员和其他直接责任人员处以三万元以上三十万元以下的罚款。

第二百零三条 公司不依照本法规定提取法定公积金的，由县级以上人民政府财政部门责令如数补足应当提取的金额，可以对公司处以二十万元以下的罚款。

第二百零四条 公司在合并、分立、减少注册资本或者进行清算时，不依照本法规定通知或者公告债权人的，由公司登记机关责令改正，对公司处以一万元以上十万元以下的罚款。

公司在进行清算时，隐匿财产，对资产负债表或者财产清单作虚假记载或者在未清偿债务前分配公司财产的，由公司登记机关责令改正，对公司处以隐匿财产或者未清偿债务前分配公司财产金额百分之五以上百分之十以下的罚款；对直接负责的主管人员和其他直接责任人员处以一万元以上十万元以下的罚款。

第二百零五条 公司在清算期间开展与清算无关的经营活动的，由公司登记机关予以警告，没收违法所得。

第二百零六条 清算组不依照本法规定向公司登记机关报送清算报告，或者报送清算报告隐瞒重要事实或者有重大遗漏的，由公司登记机关责令改正。

清算组成员利用职权徇私舞弊、谋取非法收入或者侵占公司财产的，由公司登记机关责令退还公司财产，没收违法所得，并可以处以违法所得一倍以上五倍以下的罚款。

第二百零七条 承担资产评估、验资或者验证的机构提供虚假材料的，由公司登记机关没收违法所得，处以违法所得一倍以上五倍以下的罚款，并可以由有关主管部门依法责令该机构停业、吊销直接责任人员的资格证书，吊销营业执照。

承担资产评估、验资或者验证的机构因过失提供有重大遗漏的报告的，由公司登记机关责令改正，情节较重的，处以所得收入一倍以上五倍以下的罚款，并可以由有关主管部门依法责令该机构停业、吊销直接责任人员的资格证书，吊销营业执照。

承担资产评估、验资或者验证的机构因其出具的评估结果、验资或者验证证明不实，给公司债权人造成损失的，除能够证明自己没有过错的外，在其评估或者证明不实的金额范围内承担赔偿责任。

第二百零八条 公司登记机关对不符合本法规定条件的登记申请予以登记，或者对符合本法规定条件的登记申请不予登记的，对直接负责的主管人员和其他直接责任人员，依法给予行政处分。

第二百零九条 公司登记机关的上级部门强令公司登记机关对不符合本法规定条件的登记申请予以登记，或者对符合本法规定条件的登记申请不予登记的，或者对违法登记进行包庇的，对直接负责的主管人员和其他直接责任人员依法给予行政处分。

第二百一十条 未依法登记为有限责任公司或者股份有限公司，而冒用有限责任公司或者股份有限公司名义的，或者未依法登记为有限责任公司或者股份有限公司的分公司，而冒用有限责任公司或者股份有限公司的分公司名义的，由公司登记机关责令改正或者予以取缔，可以并处十万元以下的罚款。

第二百一十一条 公司成立后无正当理由超过六个月未开业的，或者开业后自行停业连续六个月以上的，可以由公司登记机关吊销营业执照。

公司登记事项发生变更时，未依照本法规定办理有关变更登记的，由公司登记机关责令限期登记；逾期不登记的，处以一万元以上十万元以下的罚款。

第二百一十二条 外国公司违反本法规定，擅自在中国境内设立分支机构的，由公司登记机关责令改正或者关闭，可以并处五万元以上二十万元以下的罚款。

第二百一十三条 利用公司名义从事危害国家安全、社会公共利益的严重违法行为的，吊销营业执照。

第二百一十四条 公司违反本法规定，应当承担民事赔偿责任和缴纳罚款、罚金的，其财产不足以支付时，先承担民事赔偿责任。

第二百一十五条 违反本法规定，构成犯罪的，依法追究刑事责任。

第十三章　附　　则

第二百一十六条 本法下列用语的含义：

（一）高级管理人员，是指公司的经理、副经理、财务负责人，上市公司董事会秘书和公司章程规定的其他人员。

（二）控股股东，是指其出资额占有限责任公司资本总额百分之五十以上或者其持有的股份占股份有限公司股本总额百分之五十以上的股东；出资额或者持有股份的比例虽然不足百分之五十，但依其出资额或者持有的股份所享有的表决权已足以对股东会、股东大会的决议产生重大影响的股东。

（三）实际控制人，是指虽不是公司的股东，但通过投资关系、协议或者其他安排，能够实际支配公司行为的人。

（四）关联关系，是指公司控股股东、实际控制人、董事、监事、高级管理人员与其直接或者间接控制的企业之间的关系，以及可能导致公司利益转移的其他关系。但是，国家控股的企业之间不仅因为同受国家控股而具有关联关系。

第二百一十七条 外商投资的有限责任公司和股份有限公司适用本法；有关外商投资的法律另有规定的，适用其规定。

第二百一十八条 本法自2006年1月1日起施行。

中华人民共和国合同法

（1999年3月15日第九届全国人民代表大会第二次会议通过　1999年3月15日中华人民共和国主席令第十五号公布　自1999年10月1日起施行）

总　则

第一章　一般规定

第一条　为了保护合同当事人的合法权益，维护社会经济秩序，促进社会主义现代化建设，制定本法。

第二条　本法所称合同是平等主体的自然人、法人、其他组织之间设立、变更、终止民事权利义务关系的协议。

婚姻、收养、监护等有关身份关系的协议，适用其他法律的规定。

第三条　合同当事人的法律地位平等，一方不得将自己的意志强加给另一方。

第四条　当事人依法享有自愿订立合同的权利，任何单位和个人不得非法干预。

第五条　当事人应当遵循公平原则确定各方的权利和义务。

第六条　当事人行使权利、履行义务应当遵循诚实信用原则。

第七条　当事人订立、履行合同，应当遵守法律、行政法规，尊重社会公德，不得扰乱社会经济秩序，损害社会公共利益。

第八条　依法成立的合同，对当事人具有法律约束力。当事人应当按照约定履行自己的义务，不得擅自变更或者解除合同。

依法成立的合同，受法律保护。

第二章　合同的订立

第九条　当事人订立合同，应当具有相应的民事权利能力和民事行为能力。

当事人依法可以委托代理人订立合同。

第十条　当事人订立合同，有书面形式、口头形式和其他形式。

法律、行政法规规定采用书面形式的，应当采用书面形式。当事人约定采用书面形式的，应当采用书面形式。

第十一条　书面形式是指合同书、信件和数据电文（包括电报、电传、传真、电子数据交换和电子邮件）等可以有形地表现所载内容的形式。

第十二条　合同的内容由当事人约定，一般包括以下条款：

（一）当事人的名称或者姓名和住所；

（二）标的；

（三）数量；

（四）质量；

（五）价款或者报酬；

（六）履行期限、地点和方式；

（七）违约责任；

（八）解决争议的方法。

当事人可以参照各类合同的示范文本订立合同。

第十三条　当事人订立合同，采取要约、承诺方式。

第十四条　要约是希望和他人订立合同的意思表示，该意思表示应当符合下列规定：

（一）内容具体确定；

（二）表明经受要约人承诺，要约人即受该意思表示约束。

第十五条　要约邀请是希望他人向自己发出要约的意思表示。寄送的价目表、拍卖公告、招标公告、招股说明书、商业广告等为要约邀请。

商业广告的内容符合要约规定的，视为要约。

第十六条　要约到达受要约人时生效。

采用数据电文形式订立合同，收件人指定特定系统接收数据电文的，该数据电文进入该特定系统的时间，视为到达时间；未指定特定系统的，该数据电文进入收件人的任何系统的首次时间，视为到达时间。

第十七条　要约可以撤回。撤回要约的通知应当在要约到达受要约人之前或者与要约同时到达受要约人。

第十八条 要约可以撤销。撤销要约的通知应当在受要约人发出承诺通知之前到达受要约人。

第十九条 有下列情形之一的，要约不得撤销：

（一）要约人确定了承诺期限或者以其他形式明示要约不可撤销；

（二）受要约人有理由认为要约是不可撤销的，并已经为履行合同作了准备工作。

第二十条 有下列情形之一的，要约失效：

（一）拒绝要约的通知到达要约人；

（二）要约人依法撤销要约；

（三）承诺期限届满，受要约人未作出承诺；

（四）受要约人对要约的内容作出实质性变更。

第二十一条 承诺是受要约人同意要约的意思表示。

第二十二条 承诺应当以通知的方式作出，但根据交易习惯或者要约表明可以通过行为作出承诺的除外。

第二十三条 承诺应当在要约确定的期限内到达要约人。

要约没有确定承诺期限的，承诺应当依照下列规定到达：

（一）要约以对话方式作出的，应当即时作出承诺，但当事人另有约定的除外；

（二）要约以非对话方式作出的，承诺应当在合理期限内到达。

第二十四条 要约以信件或者电报作出的，承诺期限自信件载明的日期或者电报交发之日开始计算。信件未载明日期的，自投寄该信件的邮戳日期开始计算。要约以电话、传真等快速通讯方式作出的，承诺期限自要约到达受要约人时开始计算。

第二十五条 承诺生效时合同成立。

第二十六条 承诺通知到达要约人时生效。承诺不需要通知的，根据交易习惯或者要约的要求作出承诺的行为时生效。

采用数据电文形式订立合同的，承诺到达的时间适用本法第十六条第二款的规定。

第二十七条 承诺可以撤回。撤回承诺的通知应当在承诺通知到达要约人之前或者与承诺通知同时到达要约人。

第二十八条 受要约人超过承诺期限发出承诺的，除要约人及时通知受要约人该承诺有效的以外，为新要约。

第二十九条 受要约人在承诺期限内发出承诺，按照通常情形能够及时到达要约人，但因其他原因承诺到达要约人时超过承诺期限的，除要约人及时通知受要约人因承诺超过期限不接受该承诺的以外，该承诺有效。

第三十条 承诺的内容应当与要约的内容一致。受要约人对要约的内容作出实质性变更的，为新要约。有关合同标的、数量、质量、价款或者报酬、履行期限、履行地点和方式、违约责任和解决争议方法等的变更，是对要约内容的实质性变更。

第三十一条 承诺对要约的内容作出非实质性变更的，除要约人及时表示反对或者要约表明承诺不得对要约的内容作出任何变更的以外，该承诺有效，合同的内容以承诺的内容为准。

第三十二条 当事人采用合同书形式订立合同的，自双方当事人签字或者盖章时合同成立。

第三十三条 当事人采用信件、数据电文等形式订立合同的，可以在合同成立之前要求签订确认书。签订确认书时合同成立。

第三十四条 承诺生效的地点为合同成立的地点。

采用数据电文形式订立合同的，收件人的主营业地为合同成立的地点；没有主营业地的，其经常居住地为合同成立的地点。当事人另有约定的，按照其约定。

第三十五条 当事人采用合同书形式订立合同的，双方当事人签字或者盖章的地点为合同成立的地点。

第三十六条 法律、行政法规规定或者当事人约定采用书面形式订立合同，当事人未采用书面形式但一方已经履行主要义务，对方接受的，该合同成立。

第三十七条 采用合同书形式订立合同，在签字或者盖章之前，当事人一方已经履行主要义务，对方接受的，该合同成立。

第三十八条 国家根据需要下达指令性任务或者国家订货任务的，有关法人、其他组织之间应当依照有关法律、行政法规规定的权利和义务订立合同。

第三十九条 采用格式条款订立合同的，提供格式条款的一方应当遵循公平原则确定当事人之间的权利和义务，并采取合理的方式提请对方注意免除或者限制其责任的条款，按照对方的要求，对该条款予以说明。

格式条款是当事人为了重复使用而预先拟定，并在订立合同时未与对方协商的条款。

第四十条 格式条款具有本法第五十二条和第五十三条规定情形的，或者提供格式条款一方免除其责任、加重对方责任、排除对方主要权利的，该条款无效。

第四十一条 对格式条款的理解发生争议的，应当按照通常理解予以解释。对格式条款有两种以上解释的，应当作出不利于提供格式条款一方的解释。格式条款和非格式条款不一致的，应当采用非格式条款。

第四十二条 当事人在订立合同过程中有下列情形之一，给对方造成损失的，应当承担损害赔偿责任：

（一）假借订立合同，恶意进行磋商；

（二）故意隐瞒与订立合同有关的重要事实或者提供虚假情况；

（三）有其他违背诚实信用原则的行为。

第四十三条 当事人在订立合同过程中知悉的商业秘密，无论合同是否成立，不得泄露或者不正当地使用。泄露或者不正当地使用该商业秘密给对方造成损失的，应当承担损害赔偿责任。

第三章 合同的效力

第四十四条 依法成立的合同，自成立时生效。

法律、行政法规规定应当办理批准、登记等手续生效的，依照其规定。

第四十五条 当事人对合同的效力可以约定附条件。附生效条件的合同，自条件成就时生效。附解除条件的合同，自条件成就时失效。

当事人为自己的利益不正当地阻止条件成就的，视为条件已成就；不正当地促成条件成就的，视为条件不成就。

第四十六条 当事人对合同的效力可以约定附期限。附生效期限的合同，自期限届至时生效。附终止期限的合同，自期限届满时失效。

第四十七条 限制民事行为能力人订立的合同，经法定代理人追认后，该合同有效，但纯获利益的合同或者与其年龄、智力、精神健康状况相适应而订立的合同，不必经法定代理人追认。

相对人可以催告法定代理人在一个月内予以追认。法定代理人未作表示的，视为拒绝追认。合同被追认之前，善意相对人有撤销的权利。撤销应当以通知的方式作出。

第四十八条 行为人没有代理权、超越代理权或者代理权终止后以被代理人名义订立的合同，未经被代理人追认，对被代理人不发生效力，由行为人承担责任。

相对人可以催告被代理人在一个月内予以追认。被代理人未作表示的，视为拒绝追认。合同被追认之前，善意相对人有撤销的权利。撤销应当以通知的方式作出。

第四十九条 行为人没有代理权、超越代理权或者代理权终止后以被代理人名义订立合同，相对人有理由相信行为人有代理权的，该代理行为有效。

第五十条 法人或者其他组织的法定代表人、负责人超越权限订立的合同，除相对人知道或者应当知道其超越权限的以外，该代表行为有效。

第五十一条 无处分权的人处分他人财产，经权利人追认或者无处分权的人订立合同后取得处分权的，该合同有效。

第五十二条 有下列情形之一的，合同无效：

（一）一方以欺诈、胁迫的手段订立合同，损害国家利益；

（二）恶意串通，损害国家、集体或者第三人利益；

（三）以合法形式掩盖非法目的；

（四）损害社会公共利益；

（五）违反法律、行政法规的强制性规定。

第五十三条 合同中的下列免责条款无效：

（一）造成对方人身伤害的；

（二）因故意或者重大过失造成对方财产损失的。

第五十四条 下列合同，当事人一方有权请求人民法院或者仲裁机构变更或者撤销：

（一）因重大误解订立的；

（二）在订立合同时显失公平的。

一方以欺诈、胁迫的手段或者乘人之危，使对方在违背真实意思的情况下订立的合同，受损害方有权请求人民法院或者仲裁机构变更或者撤销。

当事人请求变更的，人民法院或者仲裁机构不得撤销。

第五十五条 有下列情形之一的，撤销权消灭：

（一）具有撤销权的当事人自知道或者应当知道撤销事由之日起一年内没有行使撤销权；

（二）具有撤销权的当事人知道撤销事由后明确表示或者以自己的行为放弃撤销权。

第五十六条 无效的合同或者被撤销的合同自始没有法律约束力。合同部分无效，不影响其他部分效力的，其他部分仍然有效。

第五十七条 合同无效、被撤销或者终止的，不影响合同中独立存在的有关解决争议方法的条款的效力。

第五十八条 合同无效或者被撤销后，因该合同取得的财产，应当予以返还；不能返还或者没有必要返还的，应当折价补偿。有过错的一方应当赔偿对方因此所受到的损失，双方都有过错的，应当各自承担相应的责任。

第五十九条 当事人恶意串通，损害国家、集体或者第三人利益的，因此取得的财产收归国家所有或者返还集体、第三人。

第四章 合同的履行

第六十条 当事人应当按照约定全面履行自己的义务。

当事人应当遵循诚实信用原则，根据合同的性质、目的和交易习惯履行通知、协助、保密等义务。

第六十一条 合同生效后，当事人就质量、价款或者报酬、履行地点等内容没有约定或者约定不明确的，可以协议补充；不能达成补充协议的，按照合同有关条款或者交易习惯确定。

第六十二条 当事人就有关合同内容约定不明确，依照本法第六十一条的规定仍不能确定的，适用下列规定：

（一）质量要求不明确的，按照国家标准、行业标准履行；没有国家标准、行业标准的，按照通常标准或者符合合同目的的特定标准履行。

（二）价款或者报酬不明确的，按照订立合同时履行地的市场价格履行；依法应当执行政府定价或者政府指导价的，按照规定履行。

（三）履行地点不明确，给付货币的，在接受货币一方所在地履行；交付不动产的，在不动产所在地履行；其他标的，在履行义务一方所在地履行。

（四）履行期限不明确的，债务人可以随时履行，债权人也可以随时要求履行，但应当给对方必要的准备时间。

（五）履行方式不明确的，按照有利于实现合同目的的方式履行。

（六）履行费用的负担不明确的，由履行义务一方负担。

第六十三条 执行政府定价或者政府指导价的，在合同约定的交付期限内政府价格调整时，按照交付时的价格计价。逾期交付标的物的，遇价格上涨时，按照原价格执行；价格下降时，按照新价格执行。逾期提取标的物或者逾期付款的，遇价格上涨时，按照新价格执行；价格下降时，按照原价格执行。

第六十四条 当事人约定由债务人向第三人履行债务的，债务人未向第三人履行债务或者履行债务不符合约定，应当向债权人承担违约责任。

第六十五条 当事人约定由第三人向债权人履行债务的，第三人不履行债务或者履行债务不符合约定，债务人应当向债权人承担违约责任。

第六十六条 当事人互负债务，没有先后履行顺序的，应当同时履行。一方在对方履行之前有权拒绝其履行要求。一方在对方履行债务不符合约定时，有权拒绝其相应的履行要求。

第六十七条 当事人互负债务，有先后履行顺序，先履行一方未履行的，后履行一方有权拒绝其履行要求。先履行一方履行债务不符合约定的，后履行一方有权拒绝其相应的履行要求。

第六十八条 应当先履行债务的当事人，有确切证据证明对方有下列情形之一的，可以中止履行：

（一）经营状况严重恶化；

（二）转移财产、抽逃资金，以逃避债务；

（三）丧失商业信誉；

（四）有丧失或者可能丧失履行债务能力的其他情形。

当事人没有确切证据中止履行的，应当承担违约责任。

第六十九条 当事人依照本法第六十八条的规定中止履行的，应当及时通知对方。对方提供适当担保时，应当恢复履行。中止履行后，对方在合理期限内未恢复履行能力并且未提供适当担保的，中止履行的一方可以解除合同。

第七十条 债权人分立、合并或者变更住所没有通知债务人，致使履行债务发生困难的，债务人可以中止履行或者将标的物提存。

第七十一条 债权人可以拒绝债务人提前履行债务，但提前履行不损害债权人利益的除外。

债务人提前履行债务给债权人增加的费用，由债务人负担。

第七十二条 债权人可以拒绝债务人部分履行债务，但部分履行不损害债权人利益的除外。

债务人部分履行债务给债权人增加的费用，由债务人负担。

第七十三条 因债务人怠于行使其到期债权，对债权人造成损害的，债权人可以向人民法院请求以自己的名义代位行使债务人的债权，但该债权专属于债务人自身的除外。

代位权的行使范围以债权人的债权为限。债权人行使代位权的必要费用，由债务人负担。

第七十四条 因债务人放弃其到期债权或者无偿转让财产，对债权人造成损害的，债权人可以请求人民法院撤销债务人的行为。债务人以明显不合理的低价转让财产，对债权人造成损害，并且受让人知道该情形的，债权人也可以请求人民法院撤销债务人的行为。

撤销权的行使范围以债权人的债权为限。债权人行使撤销权的必要费用，由债务人负担。

第七十五条 撤销权自债权人知道或者应当知道撤销事由之日起一年内行使。自债务人的行为发生之日起五年内没有行使撤销权的，该撤销权消灭。

第七十六条 合同生效后，当事人不得因姓名、名称的变更或者法定代表人、负责人、承办人的变动而不履行合同义务。

第五章 合同的变更和转让

第七十七条 当事人协商一致，可以变更合同。

法律、行政法规规定变更合同应当办理批准、登记等手续的，依照其规定。

第七十八条 当事人对合同变更的内容约定不明确的，推定为未变更。

第七十九条 债权人可以将合同的权利全部或者部分转让给第三人，但有下列情形之一的除外：

（一）根据合同性质不得转让；

（二）按照当事人约定不得转让；

（三）依照法律规定不得转让。

第八十条 债权人转让权利的，应当通知债务人。未经通知，该转让对债务人不发生效力。

债权人转让权利的通知不得撤销，但经受让人同意的除外。

第八十一条 债权人转让权利的，受让人取得与债权有关的从权利，但该从权利专属于债权人自身的除外。

第八十二条 债务人接到债权转让通知后，债务人对让与人的抗辩，可以向受让人主张。

第八十三条 债务人接到债权转让通知时，债务人对让与人享有债权，并且债务人的债权先于转让的债权到期或者同时到期的，债务人可以向受让人主张抵销。

第八十四条 债务人将合同的义务全部或者部分转移给第三人的，应当经债权人同意。

第八十五条 债务人转移义务的，新债务人可以主张原债务人对债权人的抗辩。

第八十六条 债务人转移义务的，新债务人应当承担与主债务有关的从债务，但该从债务专属于原债务人自身的除外。

第八十七条 法律、行政法规规定转让权利或者转移义务应当办理批准、登记等手续的，依照其规定。

第八十八条 当事人一方经对方同意，可以将自己在合同中的权利和义务一并转让给第三人。

第八十九条 权利和义务一并转让的，适用本法第七十九条、第八十一条至第八十三条、第八十五条至第八十七条的规定。

第九十条 当事人订立合同后合并的，由合并后的法人或者其他组织行使合同权利，履行合同义务。当事人订立合同后分立的，除债权人和债务人另有约定的以外，由分立的法人或者其他组织对合同的权利和义务享有连带债权，承担连带债务。

第六章 合同的权利义务终止

第九十一条 有下列情形之一的，合同的权利义务终止：

（一）债务已经按照约定履行；

（二）合同解除；

（三）债务相互抵销；
（四）债务人依法将标的物提存；
（五）债权人免除债务；
（六）债权债务同归于一人；
（七）法律规定或者当事人约定终止的其他情形。

第九十二条 合同的权利义务终止后，当事人应当遵循诚实信用原则，根据交易习惯履行通知、协助、保密等义务。

第九十三条 当事人协商一致，可以解除合同。

当事人可以约定一方解除合同的条件。解除合同的条件成就时，解除权人可以解除合同。

第九十四条 有下列情形之一的，当事人可以解除合同：

（一）因不可抗力致使不能实现合同目的；
（二）在履行期限届满之前，当事人一方明确表示或者以自己的行为表明不履行主要债务；
（三）当事人一方迟延履行主要债务，经催告后在合理期限内仍未履行；
（四）当事人一方迟延履行债务或者有其他违约行为致使不能实现合同目的；
（五）法律规定的其他情形。

第九十五条 法律规定或者当事人约定解除权行使期限，期限届满当事人不行使的，该权利消灭。

法律没有规定或者当事人没有约定解除权行使期限，经对方催告后在合理期限内不行使的，该权利消灭。

第九十六条 当事人一方依照本法第九十三条第二款、第九十四条的规定主张解除合同的，应当通知对方。合同自通知到达对方时解除。对方有异议的，可以请求人民法院或者仲裁机构确认解除合同的效力。

法律、行政法规规定解除合同应当办理批准、登记等手续的，依照其规定。

第九十七条 合同解除后，尚未履行的，终止履行；已经履行的，根据履行情况和合同性质，当事人可以要求恢复原状、采取其他补救措施，并有权要求赔偿损失。

第九十八条 合同的权利义务终止，不影响合同中结算和清理条款的效力。

第九十九条 当事人互负到期债务，该债务的标的物种类、品质相同的，任何一方可以将自己的债务与对方的债务抵销，但依照法律规定或者按照合同性质不得抵销的除外。

当事人主张抵销的，应当通知对方。通知自到达对方时生效。抵销不得附条件或者附期限。

第一百条 当事人互负债务，标的物种类、品质不相同的，经双方协商一致，也可以抵销。

第一百零一条 有下列情形之一，难以履行债务的，债务人可以将标的物提存：

（一）债权人无正当理由拒绝受领；

（二）债权人下落不明；

（三）债权人死亡未确定继承人或者丧失民事行为能力未确定监护人；

（四）法律规定的其他情形。

标的物不适于提存或者提存费用过高的，债务人依法可以拍卖或者变卖标的物，提存所得的价款。

第一百零二条 标的物提存后，除债权人下落不明的以外，债务人应当及时通知债权人或者债权人的继承人、监护人。

第一百零三条 标的物提存后，毁损、灭失的风险由债权人承担。提存期间，标的物的孳息归债权人所有。提存费用由债权人负担。

第一百零四条 债权人可以随时领取提存物，但债权人对债务人负有到期债务的，在债权人未履行债务或者提供担保之前，提存部门根据债务人的要求应当拒绝其领取提存物。

债权人领取提存物的权利，自提存之日起五年内不行使而消灭，提存物扣除提存费用后归国家所有。

第一百零五条 债权人免除债务人部分或者全部债务的，合同的权利义务部分或者全部终止。

第一百零六条 债权和债务同归于一人的，合同的权利义务终止，但涉及第三人利益的除外。

第七章 违约责任

第一百零七条 当事人一方不履行合同义务或者履行合同义务不符合约定的，应当承担继续履行、采取补救措施或者赔偿损失等违约责任。

第一百零八条 当事人一方明确表示或者以自己的行为表明不履行合同义务的，对方可以在履行期限届满之前要求其承担违约责任。

第一百零九条 当事人一方未支付价款或者报酬的，对方可以要求其支付价款或者报酬。

第一百一十条 当事人一方不履行非金钱债务或者履行非金钱债务不符合约定的，对方可以要求履行，但有下列情形之一的除外：

（一）法律上或者事实上不能履行；

（二）债务的标的不适于强制履行或者履行费用过高；

（三）债权人在合理期限内未要求履行。

第一百一十一条 质量不符合约定的，应当按照当事人的约定承担违约责任。对违约责任没有约定或者约定不明确，依照本法第六十一条的规定仍不能确定的，受损害方根据标的的性质以及损失的大小，可以合理选择要求对方承担修理、更换、重作、退货、减少价款或者报酬等违约责任。

第一百一十二条 当事人一方不履行合同义务或者履行合同义务不符合约定的，在履行义务或者采取补救措施后，对方还有其他损失的，应当赔偿损失。

第一百一十三条 当事人一方不履行合同义务或者履行合同义务不符合约定，给对方造成损失的，损失赔偿额应当相当于因违约所造成的损失，包括合同履行后可以获得的利益，但不得超过违反合同一方订立合同时预见到或者应当预见到的因违反合同可能造成的损失。

经营者对消费者提供商品或者服务有欺诈行为的，依照《中华人民共和国消费者权益保护法》的规定承担损害赔偿责任。

第一百一十四条 当事人可以约定一方违约时应当根据违约情况向对方支付一定数额的违约金，也可以约定因违约产生的损失赔偿额的计算方法。

约定的违约金低于造成的损失的，当事人可以请求人民法院或者仲裁机构予以增加；约定的违约金过分高于造成的损失的，当事人可以请求人民法院或者仲裁机构予以适当减少。

当事人就迟延履行约定违约金的，违约方支付违约金后，还应当履行债务。

第一百一十五条 当事人可以依照《中华人民共和国担保法》约定一方向对方给付定金作为债权的担保。债务人履行债务后，定金应当抵作价款或者收回。给付定金的一方不履行约定的债务的，无权要求返还定金；收受定金的一方不履行约定的债务的，应当双倍返还定金。

第一百一十六条 当事人既约定违约金，又约定定金的，一方违约时，对方可以选择适用违约金或者定金条款。

第一百一十七条 因不可抗力不能履行合同的，根据不可抗力的影响，部分或者全部免除责任，但法律另有规定的除外。当事人迟延履行后发生不可抗力的，不能免除责任。

本法所称不可抗力，是指不能预见、不能避免并不能克服的客观情况。

第一百一十八条 当事人一方因不可抗力不能履行合同的，应当及时通知对方，以减轻可能给对方造成的损失，并应当在合理期限内提供证明。

第一百一十九条 当事人一方违约后，对方应当采取适当措施防止损失的扩大；没有采取适当措施致使损失扩大的，不得就扩大的损失要求赔偿。

当事人因防止损失扩大而支出的合理费用，由违约方承担。

第一百二十条 当事人双方都违反合同的，应当各自承担相应的责任。

第一百二十一条 当事人一方因第三人的原因造成违约的，应当向对方承担违约责任。当事人一方和第三人之间的纠纷，依照法律规定或者按照约定解决。

第一百二十二条 因当事人一方的违约行为，侵害对方人身、财产权益的，受损害方有权选择依照本法要求其承担违约责任或者依照其他法律要求其承担侵权责任。

第八章 其他规定

第一百二十三条 其他法律对合同另有规定的，依照其规定。

第一百二十四条 本法分则或者其他法律没有明文规定的合同，适用本法总则的规定，并可以参照本法分则或者其他法律最相类似的规定。

第一百二十五条 当事人对合同条款的理解有争议的，应当按照合同所使用的词句、合同的有关条款、合同的目的、交易习惯以及诚实信用原则，确定该条款的真实意思。

合同文本采用两种以上文字订立并约定具有同等效力的，对各文本使用的词句推定具有相同含义。各文本使用的词句不一致的，应当根据合同的目的予以解释。

第一百二十六条 涉外合同的当事人可以选择处理合同争议所适用的法律，但法律另有规定的除外。涉外合同的当事人没有选择的，适用与合同有最密切联系的国家的法律。

在中华人民共和国境内履行的中外合资经营企业合同、中外合作经营企业合同、中外合作勘探开发自然资源合同，适用中华人民共和国法律。

第一百二十七条 工商行政管理部门和其他有关行政主管部门在各自的职权范围内，依照法律、行政法规的规定，对利用合同危害国家利益、社会公共利益的违法行为，负责监督处理；构成犯罪的，依法追究刑事责任。

第一百二十八条 当事人可以通过和解或者调解解决合同争议。

当事人不愿和解、调解或者和解、调解不成的，可以根据仲裁协议向仲裁机构申请仲裁。涉外合同的当事人可以根据仲裁协议向中国仲裁机构或者其他仲裁机构申请仲裁。当事人没有订立仲裁协议或者仲裁协议无效的，可以向人民法院起诉。当事人应当履行发生法律效力的判决、仲裁裁决、调解书；拒不履行的，对方可以请求人民法院执行。

第一百二十九条 因国际货物买卖合同和技术进出口合同争议提起诉讼或者申请仲裁的期限为四年，自当事人知道或者应当知道其权利受到侵害之日起计算。因其他合同争议提起诉讼或者申请仲裁的期限，依照有关法律的规定。

分　则

第九章　买卖合同

第一百三十条　买卖合同是出卖人转移标的物的所有权于买受人，买受人支付价款的合同。

第一百三十一条　买卖合同的内容除依照本法第十二条的规定以外，还可以包括包装方式、检验标准和方法、结算方式、合同使用的文字及其效力等条款。

第一百三十二条　出卖的标的物，应当属于出卖人所有或者出卖人有权处分。

法律、行政法规禁止或者限制转让的标的物，依照其规定。

第一百三十三条　标的物的所有权自标的物交付时起转移，但法律另有规定或者当事人另有约定的除外。

第一百三十四条　当事人可以在买卖合同中约定买受人未履行支付价款或者其他义务的，标的物的所有权属于出卖人。

第一百三十五条　出卖人应当履行向买受人交付标的物或者交付提取标的物的单证，并转移标的物所有权的义务。

第一百三十六条　出卖人应当按照约定或者交易习惯向买受人交付提取标的物单证以外的有关单证和资料。

第一百三十七条　出卖具有知识产权的计算机软件等标的物的，除法律另有规定或者当事人另有约定的以外，该标的物的知识产权不属于买受人。

第一百三十八条　出卖人应当按照约定的期限交付标的物。约定交付期间的，出卖人可以在该交付期间内的任何时间交付。

第一百三十九条　当事人没有约定标的物的交付期限或者约定不明确的，适用本法第六十一条、第六十二条第四项的规定。

第一百四十条　标的物在订立合同之前已为买受人占有的，合同生效的时间为交付时间。

第一百四十一条　出卖人应当按照约定的地点交付标的物。

当事人没有约定交付地点或者约定不明确，依照本法第六十一条的规定仍不能确定的，适用下列规定：

（一）标的物需要运输的，出卖人应当将标的物交付给第一承运人以运交给买受人；

（二）标的物不需要运输，出卖人和买受人订立合同时知道标的物在某一地点的，出卖人应当在该地点交付标的物；不知道标的物在某一地点的，应当在出卖人订立合同时的营业地交付标的物。

第一百四十二条 标的物毁损、灭失的风险，在标的物交付之前由出卖人承担，交付之后由买受人承担，但法律另有规定或者当事人另有约定的除外。

第一百四十三条 因买受人的原因致使标的物不能按照约定的期限交付的，买受人应当自违反约定之日起承担标的物毁损、灭失的风险。

第一百四十四条 出卖人出卖交由承运人运输的在途标的物，除当事人另有约定的以外，毁损、灭失的风险自合同成立时起由买受人承担。

第一百四十五条 当事人没有约定交付地点或者约定不明确，依照本法第一百四十一条第二款第一项的规定标的物需要运输的，出卖人将标的物交付给第一承运人后，标的物毁损、灭失的风险由买受人承担。

第一百四十六条 出卖人按照约定或者依照本法第一百四十一条第二款第二项的规定将标的物置于交付地点，买受人违反约定没有收取的，标的物毁损、灭失的风险自违反约定之日起由买受人承担。

第一百四十七条 出卖人按照约定未交付有关标的物的单证和资料的，不影响标的物毁损、灭失风险的转移。

第一百四十八条 因标的物质量不符合质量要求，致使不能实现合同目的的，买受人可以拒绝接受标的物或者解除合同。买受人拒绝接受标的物或者解除合同的，标的物毁损、灭失的风险由出卖人承担。

第一百四十九条 标的物毁损、灭失的风险由买受人承担的，不影响因出卖人履行债务不符合约定，买受人要求其承担违约责任的权利。

第一百五十条 出卖人就交付的标的物，负有保证第三人不得向买受人主张任何权利的义务，但法律另有规定的除外。

第一百五十一条 买受人订立合同时知道或者应当知道第三人对买卖的标的物享有权利的，出卖人不承担本法第一百五十条规定的义务。

第一百五十二条 买受人有确切证据证明第三人可能就标的物主张权利的，可以中止支付相应的价款，但出卖人提供适当担保的除外。

第一百五十三条 出卖人应当按照约定的质量要求交付标的物。出卖人提供有关标的物质量说明的，交付的标的物应当符合该说明的质量要求。

第一百五十四条 当事人对标的物的质量要求没有约定或者约定不明确，依照本法第六十一条的规定仍不能确定的，适用本法第六十二条第一项的规定。

第一百五十五条 出卖人交付的标的物不符合质量要求的，买受人可以依照本法第一百一十一条的规定要求承担违约责任。

第一百五十六条 出卖人应当按照约定的包装方式交付标的物。对包装方式没有约定或者约定不明确，依照本法第六十一条的规定仍不能确定的，应当按照通用的方式包装，没有通用方式的，应当采取足以保护标的物的包装方式。

第一百五十七条 买受人收到标的物时应当在约定的检验期间内检验。没有约定检验期间的，应当及时检验。

第一百五十八条 当事人约定检验期间的，买受人应当在检验期间内将标的物的数量或者质量不符合约定的情形通知出卖人。买受人怠于通知的，视为标的物的数量或者质量符合约定。

当事人没有约定检验期间的，买受人应当在发现或者应当发现标的物的数量或者质量不符合约定的合理期间内通知出卖人。买受人在合理期间内未通知或者自标的物收到之日起两年内未通知出卖人的，视为标的物的数量或者质量符合约定，但对标的物有质量保证期的，适用质量保证期，不适用该两年的规定。

出卖人知道或者应当知道提供的标的物不符合约定的，买受人不受前两款规定的通知时间的限制。

第一百五十九条 买受人应当按照约定的数额支付价款。对价款没有约定或者约定不明确的，适用本法第六十一条、第六十二条第二项的规定。

第一百六十条 买受人应当按照约定的地点支付价款。对支付地点没有约定或者约定不明确，依照本法第六十一条的规定仍不能确定的，买受人应当在出卖人的营业地支付，但约定支付价款以交付标的物或者交付提取标的物单证为条件的，在交付标的物或者交付提取标的物单证的所在地支付。

第一百六十一条 买受人应当按照约定的时间支付价款。对支付时间没有约定或者约定不明确，依照本法第六十一条的规定仍不能确定的，买受人应当在收到标的物或者提取标的物单证的同时支付。

第一百六十二条 出卖人多交标的物的，买受人可以接收或者拒绝接收多交的部分。买受人接收多交部分的，按照合同的价格支付价款；买受人拒绝接收多交部分的，应当及时通知出卖人。

第一百六十三条 标的物在交付之前产生的孳息，归出卖人所有，交付之后产生的孳息，归买受人所有。

第一百六十四条 因标的物的主物不符合约定而解除合同的，解除合同的效力及于从物。因标的物的从物不符合约定被解除的，解除的效力不及于主物。

第一百六十五条 标的物为数物，其中一物不符合约定的，买受人可以就该物解除，但该物与他物分离使标的物的价值显受损害的，当事人可以就数物解除合同。

第一百六十六条 出卖人分批交付标的物的，出卖人对其中一批标的物不交付或者交付不符合约定，致使该批标的物不能实现合同目的的，买受人可以就该批标的物解除。

出卖人不交付其中一批标的物或者交付不符合约定，致使今后其他各批标的物的交付不能实现合同目的的，买受人可以就该批以及今后其他各批标的物解除。

买受人如果就其中一批标的物解除，该批标的物与其他各批标的物相互依存的，可以就已经交付和未交付的各批标的物解除。

第一百六十七条 分期付款的买受人未支付到期价款的金额达到全部价款的五分之一的，出卖人可以要求买受人支付全部价款或者解除合同。

出卖人解除合同的，可以向买受人要求支付该标的物的使用费。

第一百六十八条 凭样品买卖的当事人应当封存样品，并可以对样品质量予以说明。出卖人交付的标的物应当与样品及其说明的质量相同。

第一百六十九条 凭样品买卖的买受人不知道样品有隐蔽瑕疵的，即使交付的标的物与样品相同，出卖人交付的标的物的质量仍然应当符合同种物的通常标准。

第一百七十条 试用买卖的当事人可以约定标的物的试用期间。对试用期间没有约定或者约定不明确，依照本法第六十一条的规定仍不能确定的，由出卖人确定。

第一百七十一条 试用买卖的买受人在试用期内可以购买标的物，也可以拒绝购买。试用期间届满，买受人对是否购买标的物未作表示的，视为购买。

第一百七十二条 招标投标买卖的当事人的权利和义务以及招标投标程序等，依照有关法律、行政法规的规定。

第一百七十三条 拍卖的当事人的权利和义务以及拍卖程序等，依照有关法律、行政法规的规定。

第一百七十四条 法律对其他有偿合同有规定的，依照其规定；没有规定的，参照买卖合同的有关规定。

第一百七十五条 当事人约定易货交易，转移标的物的所有权的，参照买卖合同的有关规定。

第十章　供用电、水、气、热力合同

第一百七十六条 供用电合同是供电人向用电人供电，用电人支付电费的合同。

第一百七十七条 供用电合同的内容包括供电的方式、质量、时间，用电容量、地址、性质，计量方式，电价、电费的结算方式，供用电设施的维护责任等条款。

第一百七十八条 供用电合同的履行地点，按照当事人约定；当事人没有约定或者约定不明确的，供电设施的产权分界处为履行地点。

第一百七十九条 供电人应当按照国家规定的供电质量标准和约定安全供电。供电人未按照国家规定的供电质量标准和约定安全供电，造成用电人损失的，应当承担损害赔偿责任。

第一百八十条 供电人因供电设施计划检修、临时检修、依法限电或者用电人违法用电等原因，需要中断供电时，应当按照国家有关规定事先通知用电人。未事先通知用电人中断供电，造成用电人损失的，应当承担损害赔偿责任。

第一百八十一条 因自然灾害等原因断电，供电人应当按照国家有关规定及时抢修。未及时抢修，造成用电人损失的，应当承担损害赔偿责任。

第一百八十二条 用电人应当按照国家有关规定和当事人的约定及时交付电费。用电人逾期不交付电费的，应当按照约定支付违约金。经催告用电人在合理期限内仍不交付电费和违约金的，供电人可以按照国家规定的程序中止供电。

第一百八十三条 用电人应当按照国家有关规定和当事人的约定安全用电。用电人未按照国家有关规定和当事人的约定安全用电，造成供电人损失的，应当承担损害赔偿责任。

第一百八十四条 供用水、供用气、供用热力合同，参照供用电合同的有关规定。

第十一章 赠与合同

第一百八十五条 赠与合同是赠与人将自己的财产无偿给予受赠人，受赠人表示接受赠与的合同。

第一百八十六条 赠与人在赠与财产的权利转移之前可以撤销赠与。

具有救灾、扶贫等社会公益、道德义务性质的赠与合同或者经过公证的赠与合同，不适用前款规定。

第一百八十七条 赠与的财产依法需要办理登记等手续的，应当办理有关手续。

第一百八十八条 具有救灾、扶贫等社会公益、道德义务性质的赠与合同或者经过公证的赠与合同，赠与人不交付赠与的财产的，受赠人可以要求交付。

第一百八十九条 因赠与人故意或者重大过失致使赠与的财产毁损、灭失的，赠与人应当承担损害赔偿责任。

第一百九十条 赠与可以附义务。

赠与附义务的，受赠人应当按照约定履行义务。

第一百九十一条 赠与的财产有瑕疵的，赠与人不承担责任。附义务的赠与，赠与的财产有瑕疵的，赠与人在附义务的限度内承担与出卖人相同的责任。

赠与人故意不告知瑕疵或者保证无瑕疵，造成受赠人损失的，应当承担损害赔偿责任。

第一百九十二条 受赠人有下列情形之一的，赠与人可以撤销赠与：

（一）严重侵害赠与人或者赠与人的近亲属；

（二）对赠与人有扶养义务而不履行；

（三）不履行赠与合同约定的义务。

赠与人的撤销权，自知道或者应当知道撤销原因之日起一年内行使。

第一百九十三条 因受赠人的违法行为致使赠与人死亡或者丧失民事行为能力的，赠与人的继承人或者法定代理人可以撤销赠与。

赠与人的继承人或者法定代理人的撤销权，自知道或者应当知道撤销原因之日起六个月内行使。

第一百九十四条 撤销权人撤销赠与的，可以向受赠人要求返还赠与的财产。

第一百九十五条 赠与人的经济状况显著恶化，严重影响其生产经营或者家庭生活的，可以不再履行赠与义务。

第十二章 借 款 合 同

第一百九十六条 借款合同是借款人向贷款人借款，到期返还借款并支付利息的合同。

第一百九十七条 借款合同采用书面形式，但自然人之间借款另有约定的除外。

借款合同的内容包括借款种类、币种、用途、数额、利率、期限和还款方式等条款。

第一百九十八条 订立借款合同，贷款人可以要求借款人提供担保。担保依照《中华人民共和国担保法》的规定。

第一百九十九条 订立借款合同，借款人应当按照贷款人的要求提供与借款有关的业务活动和财务状况的真实情况。

第二百条 借款的利息不得预先在本金中扣除。利息预先在本金中扣除的，应当按照实际借款数额返还借款并计算利息。

第二百零一条 贷款人未按照约定的日期、数额提供借款，造成借款人损失的，应当赔偿损失。

借款人未按照约定的日期、数额收取借款的，应当按照约定的日期、数额支付利息。

第二百零二条 贷款人按照约定可以检查、监督借款的使用情况。借款人应当按照约定向贷款人定期提供有关财务会计报表等资料。

第二百零三条 借款人未按照约定的借款用途使用借款的，贷款人可以停止发放借款、提前收回借款或者解除合同。

第二百零四条 办理贷款业务的金融机构贷款的利率，应当按照中国人民银行规定的贷款利率的上下限确定。

第二百零五条 借款人应当按照约定的期限支付利息。对支付利息的期限没有约定或者约定不明确，依照本法第六十一条的规定仍不能确定，借款期间不满一年的，应当在返还借款时一并支付；借款期间一年以上的，应当在每届满一年时支付，剩余期间不满一年的，应当在返还借款时一并支付。

第二百零六条 借款人应当按照约定的期限返还借款。对借款期限没有约定或者约定不明确，依照本法第六十一条的规定仍不能确定的，借款人可以随时返还；贷款人可以催告借款人在合理期限内返还。

第二百零七条 借款人未按照约定的期限返还借款的，应当按照约定或者国家有关规定支付逾期利息。

第二百零八条 借款人提前偿还借款的，除当事人另有约定的以外，应当按照实际借款的期间计算利息。

第二百零九条 借款人可以在还款期限届满之前向贷款人申请展期。贷款人同意的，可以展期。

第二百一十条 自然人之间的借款合同，自贷款人提供借款时生效。

第二百一十一条 自然人之间的借款合同对支付利息没有约定或者约定不明确的，视为不支付利息。

自然人之间的借款合同约定支付利息的，借款的利率不得违反国家有关限制借款利率的规定。

第十三章 租赁合同

第二百一十二条 租赁合同是出租人将租赁物交付承租人使用、收益，承租人支付租金的合同。

第二百一十三条 租赁合同的内容包括租赁物的名称、数量、用途、租赁期限、租金及其支付期限和方式、租赁物维修等条款。

第二百一十四条 租赁期限不得超过二十年。超过二十年的，超过部分无效。

租赁期间届满，当事人可以续订租赁合同，但约定的租赁期限自续订之日起不得超过二十年。

第二百一十五条 租赁期限六个月以上的，应当采用书面形式。当事人未采用书面形式的，视为不定期租赁。

第二百一十六条 出租人应当按照约定将租赁物交付承租人，并在租赁期间保持租赁物符合约定的用途。

第二百一十七条 承租人应当按照约定的方法使用租赁物。对租赁物的使用方法没有约定或者约定不明确，依照本法第六十一条的规定仍不能确定的，应当按照租赁物的性质使用。

第二百一十八条 承租人按照约定的方法或者租赁物的性质使用租赁物，致使租赁物受到损耗的，不承担损害赔偿责任。

第二百一十九条 承租人未按照约定的方法或者租赁物的性质使用租赁物，致使租赁物受到损失的，出租人可以解除合同并要求赔偿损失。

第二百二十条 出租人应当履行租赁物的维修义务，但当事人另有约定的除外。

第二百二十一条 承租人在租赁物需要维修时可以要求出租人在合理期限内维修。出租人未履行维修义务的，承租人可以自行维修，维修费用由出租人负担。因维修租赁物影响承租人使用的，应当相应减少租金或者延长租期。

第二百二十二条 承租人应当妥善保管租赁物，因保管不善造成租赁物毁损、灭失的，应当承担损害赔偿责任。

第二百二十三条 承租人经出租人同意，可以对租赁物进行改善或者增设他物。

承租人未经出租人同意，对租赁物进行改善或者增设他物的，出租人可以要求承租人恢复原状或者赔偿损失。

第二百二十四条 承租人经出租人同意，可以将租赁物转租给第三人。承租人转租的，承租人与出租人之间的租赁合同继续有效，第三人对租赁物造成损失的，承租人应当赔偿损失。

承租人未经出租人同意转租的，出租人可以解除合同。

第二百二十五条 在租赁期间因占有、使用租赁物获得的收益，归承租人所有，但当事人另有约定的除外。

第二百二十六条 承租人应当按照约定的期限支付租金。对支付期限没有约定或者约定不明确，依照本法第六十一条的规定仍不能确定，租赁期间不满一年的，应当在租赁期间届满时支付；租赁期间一年以上的，应当在每届满一年时支付，剩余期间不满一年的，应当在租赁期间届满时支付。

第二百二十七条 承租人无正当理由未支付或者迟延支付租金的，出租人可以要求承租人在合理期限内支付。承租人逾期不支付的，出租人可以解除合同。

第二百二十八条 因第三人主张权利，致使承租人不能对租赁物使用、收益的，承租人可以要求减少租金或者不支付租金。

第三人主张权利的，承租人应当及时通知出租人。

第二百二十九条 租赁物在租赁期间发生所有权变动的，不影响租赁合同的效力。

第二百三十条 出租人出卖租赁房屋的，应当在出卖之前的合理期限内通知承租人，承租人享有以同等条件优先购买的权利。

第二百三十一条 因不可归责于承租人的事由，致使租赁物部分或者全部毁损、灭失的，承租人可以要求减少租金或者不支付租金；因租赁物部分或者全部毁损、灭失，致使不能实现合同目的的，承租人可以解除合同。

第二百三十二条 当事人对租赁期限没有约定或者约定不明确，依照本法第六十一条的规定仍不能确定的，视为不定期租赁。当事人可以随时解除合同，但出租人解除合同应当在合理期限之前通知承租人。

第二百三十三条 租赁物危及承租人的安全或者健康的，即使承租人订立合同时明知该租赁物质量不合格，承租人仍然可以随时解除合同。

第二百三十四条 承租人在房屋租赁期间死亡的，与其生前共同居住的人可以按照原租赁合同租赁该房屋。

第二百三十五条 租赁期间届满，承租人应当返还租赁物。返还的租赁物应当符合按照约定或者租赁物的性质使用后的状态。

第二百三十六条 租赁期间届满，承租人继续使用租赁物，出租人没有提出异议的，原租赁合同继续有效，但租赁期限为不定期。

第十四章 融资租赁合同

第二百三十七条 融资租赁合同是出租人根据承租人对出卖人、租赁物的选择，向出卖人购买租赁物，提供给承租人使用，承租人支付租金的合同。

第二百三十八条 融资租赁合同的内容包括租赁物名称、数量、规格、技术性能、检验方法、租赁期限、租金构成及其支付期限和方式、币种、租赁期间届满租赁物的归属等条款。

融资租赁合同应当采用书面形式。

第二百三十九条 出租人根据承租人对出卖人、租赁物的选择订立的买卖合同，出卖人应当按照约定向承租人交付标的物，承租人享有与受领标的物有关的买受人的权利。

第二百四十条 出租人、出卖人、承租人可以约定，出卖人不履行买卖合同义务的，由承租人行使索赔的权利。承租人行使索赔权利的，出租人应当协助。

第二百四十一条 出租人根据承租人对出卖人、租赁物的选择订立的买卖合同，未经承租人同意，出租人不得变更与承租人有关的合同内容。

第二百四十二条 出租人享有租赁物的所有权。承租人破产的，租赁物不属于破产财产。

第二百四十三条 融资租赁合同的租金，除当事人另有约定的以外，应当根据购买租赁物的大部分或者全部成本以及出租人的合理利润确定。

第二百四十四条 租赁物不符合约定或者不符合使用目的的，出租人不承担责任，但承租人依赖出租人的技能确定租赁物或者出租人干预选择租赁物的除外。

第二百四十五条 出租人应当保证承租人对租赁物的占有和使用。

第二百四十六条 承租人占有租赁物期间，租赁物造成第三人的人身伤害或者财产损害的，出租人不承担责任。

第二百四十七条 承租人应当妥善保管、使用租赁物。

承租人应当履行占有租赁物期间的维修义务。

第二百四十八条 承租人应当按照约定支付租金。承租人经催告后在合理期限内仍不支付租金的，出租人可以要求支付全部租金；也可以解除合同，收回租赁物。

第二百四十九条 当事人约定租赁期间届满租赁物归承租人所有，承租人已经支付大部分租金，但无力支付剩余租金，出租人因此解除合同收回租赁物的，收回的租赁物的价值超过承租人欠付的租金以及其他费用的，承租人可以要求部分返还。

第二百五十条 出租人和承租人可以约定租赁期间届满租赁物的归属。对租赁物的归属没有约定或者约定不明确，依照本法第六十一条的规定仍不能确定的，租赁物的所有权归出租人。

第十五章 承揽合同

第二百五十一条 承揽合同是承揽人按照定作人的要求完成工作，交付工作成果，定作人给付报酬的合同。

承揽包括加工、定作、修理、复制、测试、检验等工作。

第二百五十二条 承揽合同的内容包括承揽的标的、数量、质量、报酬、承揽方式、材料的提供、履行期限、验收标准和方法等条款。

第二百五十三条 承揽人应当以自己的设备、技术和劳力，完成主要工作，但当事人另有约定的除外。

承揽人将其承揽的主要工作交由第三人完成的，应当就该第三人完成的工作成果向定作人负责；未经定作人同意的，定作人也可以解除合同。

第二百五十四条 承揽人可以将其承揽的辅助工作交由第三人完成。承揽人将其承揽的辅助工作交由第三人完成的，应当就该第三人完成的工作成果向定作人负责。

第二百五十五条 承揽人提供材料的，承揽人应当按照约定选用材料，并接受定作人检验。

第二百五十六条 定作人提供材料的，定作人应当按照约定提供材料。承揽人对定作人提供的材料，应当及时检验，发现不符合约定时，应当及时通知定作人更换、补齐或者采取其他补救措施。

承揽人不得擅自更换定作人提供的材料，不得更换不需要修理的零部件。

第二百五十七条 承揽人发现定作人提供的图纸或者技术要求不合理的，应当及时通知定作人。因定作人怠于答复等原因造成承揽人损失的，应当赔偿损失。

第二百五十八条 定作人中途变更承揽工作的要求，造成承揽人损失的，应当赔偿损失。

第二百五十九条 承揽工作需要定作人协助的，定作人有协助的义务。定作人不履行协助义务致使承揽工作不能完成的，承揽人可以催告定作人在合理期限内履行义务，并可以顺延履行期限；定作人逾期不履行的，承揽人可以解除合同。

第二百六十条 承揽人在工作期间，应当接受定作人必要的监督检验。定作人不得因监督检验妨碍承揽人的正常工作。

第二百六十一条 承揽人完成工作的，应当向定作人交付工作成果，并提交必要的技术资料和有关质量证明。定作人应当验收该工作成果。

第二百六十二条 承揽人交付的工作成果不符合质量要求的，定作人可以要求承揽人承担修理、重作、减少报酬、赔偿损失等违约责任。

第二百六十三条 定作人应当按照约定的期限支付报酬。对支付报酬的期限没有约定或者约定不明确，依照本法第六十一条的规定仍不能确定的，定作人应当在承揽人交付工作成果时支付；工作成果部分交付的，定作人应当相应支付。

第二百六十四条 定作人未向承揽人支付报酬或者材料费等价款的，承揽人对完成的工作成果享有留置权，但当事人另有约定的除外。

第二百六十五条 承揽人应当妥善保管定作人提供的材料以及完成的工作成果，因保管不善造成毁损、灭失的，应当承担损害赔偿责任。

第二百六十六条 承揽人应当按照定作人的要求保守秘密，未经定作人许可不得留存复制品或者技术资料。

第二百六十七条 共同承揽人对定作人承担连带责任，但当事人另有约定的除外。

第二百六十八条 定作人可以随时解除承揽合同，造成承揽人损失的，应当赔偿损失。

第十六章 建设工程合同

第二百六十九条 建设工程合同是承包人进行工程建设，发包人支付价款的合同。

建设工程合同包括工程勘察、设计、施工合同。

第二百七十条 建设工程合同应当采用书面形式。

第二百七十一条 建设工程的招标投标活动，应当依照有关法律的规定公开、公平、公正进行。

第二百七十二条 发包人可以与总承包人订立建设工程合同，也可以分别与勘察人、设计人、施工人订立勘察、设计、施工承包合同。发包人不得将应当由一个承包人完成的建设工程肢解成若干部分发包给几个承包人。

总承包人或者勘察、设计、施工承包人经发包人同意，可以将自己承包的部分工作交由第三人完成。第三人就其完成的工作成果与总承包人或者勘察、设计、施工承包人向发包人承担连带责任。承包人不得将其承包的全部建设工程转包给第三人或者将其承包的全部建设工程肢解以后以分包的名义分别转包给第三人。

禁止承包人将工程分包给不具备相应资质条件的单位。禁止分包单位将其承包的工程再分包。建设工程主体结构的施工必须由承包人自行完成。

第二百七十三条 国家重大建设工程合同，应当按照国家规定的程序和国家批准的投资计划、可行性研究报告等文件订立。

第二百七十四条 勘察、设计合同的内容包括提交有关基础资料和文件（包括概预算）的期限、质量要求、费用以及其他协作条件等条款。

第二百七十五条 施工合同的内容包括工程范围、建设工期、中间交工工程的开工和竣工时间、工程质量、工程造价、技术资料交付时间、材料和设备供应责任、拨款和结算、竣工验收、质量保修范围和质量保证期、双方相互协作等条款。

第二百七十六条 建设工程实行监理的，发包人应当与监理人采用书面形式订立委托监理合同。发包人与监理人的权利和义务以及法律责任，应当依照本法委托合同以及其他有关法律、行政法规的规定。

第二百七十七条 发包人在不妨碍承包人正常作业的情况下，可以随时对作业进度、质量进行检查。

第二百七十八条 隐蔽工程在隐蔽以前，承包人应当通知发包人检查。发包人没有及时检查的，承包人可以顺延工程日期，并有权要求赔偿停工、窝工等损失。

第二百七十九条 建设工程竣工后，发包人应当根据施工图纸及说明书、国家颁发的施工验收规范和质量检验标准及时进行验收。验收合格的，发包人应当按照约定支付价款，并接收该建设工程。建设工程竣工经验收合格后，方可交付使用；未经验收或者验收不合格的，不得交付使用。

第二百八十条 勘察、设计的质量不符合要求或者未按照期限提交勘察、设计文件拖延工期，造成发包人损失的，勘察人、设计人应当继续完善勘察、设计，减收或者免收勘察、设计费并赔偿损失。

第二百八十一条 因施工人的原因致使建设工程质量不符合约定的，发包人有权要求施工人在合理期限内无偿修理或者返工、改建。经过修理或者返工、改建后，造成逾期交付的，施工人应当承担违约责任。

第二百八十二条 因承包人的原因致使建设工程在合理使用期限内造成人身和财产损害的，承包人应当承担损害赔偿责任。

第二百八十三条 发包人未按照约定的时间和要求提供原材料、设备、场地、资金、技术资料的，承包人可以顺延工程日期，并有权要求赔偿停工、窝工等损失。

第二百八十四条 因发包人的原因致使工程中途停建、缓建的，发包人应当采取措施弥补或者减少损失，赔偿承包人因此造成的停工、窝工、倒运、机械设备调迁、材料和构件积压等损失和实际费用。

第二百八十五条 因发包人变更计划，提供的资料不准确，或者未按照期限提供必需的勘察、设计工作条件而造成勘察、设计的返工、停工或者修改设计，发包人应当按照勘察人、设计人实际消耗的工作量增付费用。

第二百八十六条 发包人未按照约定支付价款的，承包人可以催告发包人在合理期限内支付价款。发包人逾期不支付的，除按照建设工程的性质不宜折价、拍卖的以外，承包人可以与发包人协议将该工程折价，也可以申请人民法院将该工程依法拍卖。建设工程的价款就该工程折价或者拍卖的价款优先受偿。

第二百八十七条 本章没有规定的，适用承揽合同的有关规定。

第十七章 运输合同

第一节 一般规定

第二百八十八条 运输合同是承运人将旅客或者货物从起运地点运输到约定地点，旅客、托运人或者收货人支付票款或者运输费用的合同。

第二百八十九条 从事公共运输的承运人不得拒绝旅客、托运人通常、合理的运输要求。

第二百九十条 承运人应当在约定期间或者合理期间内将旅客、货物安全运输到约定地点。

第二百九十一条 承运人应当按照约定的或者通常的运输路线将旅客、货物运输到约定地点。

第二百九十二条 旅客、托运人或者收货人应当支付票款或者运输费用。承运人未按照约定路线或者通常路线运输增加票款或者运输费用的，旅客、托运人或者收货人可以拒绝支付增加部分的票款或者运输费用。

第二节 客运合同

第二百九十三条 客运合同自承运人向旅客交付客票时成立，但当事人另有约定或者另有交易习惯的除外。

第二百九十四条 旅客应当持有效客票乘运。旅客无票乘运、超程乘运、越级乘运或者持失效客票乘运的，应当补交票款，承运人可以按照规定加收票款。旅客不交付票款的，承运人可以拒绝运输。

第二百九十五条 旅客因自己的原因不能按照客票记载的时间乘坐的，应当在约定的时间内办理退票或者变更手续。逾期办理的，承运人可以不退票款，并不再承担运输义务。

第二百九十六条 旅客在运输中应当按照约定的限量携带行李。超过限量携带行李的，应当办理托运手续。

第二百九十七条 旅客不得随身携带或者在行李中夹带易燃、易爆、有毒、有腐蚀性、有放射性以及有可能危及运输工具上人身和财产安全的危险物品或者其他违禁物品。

旅客违反前款规定的，承运人可以将违禁物品卸下、销毁或者送交有关部门。旅客坚持携带或者夹带违禁物品的，承运人应当拒绝运输。

第二百九十八条 承运人应当向旅客及时告知有关不能正常运输的重要事由和安全运输应当注意的事项。

第二百九十九条 承运人应当按照客票载明的时间和班次运输旅客。承运人迟延运输的，应当根据旅客的要求安排改乘其他班次或者退票。

第三百条 承运人擅自变更运输工具而降低服务标准的，应当根据旅客的要求退票或者减收票款；提高服务标准的，不应当加收票款。

第三百零一条 承运人在运输过程中，应当尽力救助患有急病、分娩、遇险的旅客。

第三百零二条 承运人应当对运输过程中旅客的伤亡承担损害赔偿责任，但伤亡是旅客自身健康原因造成的或者承运人证明伤亡是旅客故意、重大过失造成的除外。

前款规定适用于按照规定免票、持优待票或者经承运人许可搭乘的无票旅客。

第三百零三条 在运输过程中旅客自带物品毁损、灭失，承运人有过错的，应当承担损害赔偿责任。

旅客托运的行李毁损、灭失的，适用货物运输的有关规定。

第三节 货运合同

第三百零四条 托运人办理货物运输，应当向承运人准确表明收货人的名称或者姓名或者凭指示的收货人，货物的名称、性质、重量、数量，收货地点等有关货物运输的必要情况。

因托运人申报不实或者遗漏重要情况，造成承运人损失的，托运人应当承担损害赔偿责任。

第三百零五条 货物运输需要办理审批、检验等手续的，托运人应当将办理完有关手续的文件提交承运人。

第三百零六条 托运人应当按照约定的方式包装货物。对包装方式没有约定或者约定不明确的，适用本法第一百五十六条的规定。

托运人违反前款规定的，承运人可以拒绝运输。

第三百零七条 托运人托运易燃、易爆、有毒、有腐蚀性、有放射性等危险物品的，应当按照国家有关危险物品运输的规定对危险物品妥善包装，作出危险物标志和标签，并将有关危险物品的名称、性质和防范措施的书面材料提交承运人。

托运人违反前款规定的，承运人可以拒绝运输，也可以采取相应措施以避免损失的发生，因此产生的费用由托运人承担。

第三百零八条 在承运人将货物交付收货人之前，托运人可以要求承运人中止运输、返还货物、变更到达地或者将货物交给其他收货人，但应当赔偿承运人因此受到的损失。

第三百零九条 货物运输到达后，承运人知道收货人的，应当及时通知收货人，收货人应当及时提货。收货人逾期提货的，应当向承运人支付保管费等费用。

第三百一十条 收货人提货时应当按照约定的期限检验货物。对检验货物的期限没有约定或者约定不明确，依照本法第六十一条的规定仍不能确定的，应当在合理期限内检验货物。收货人在约定的期限或者合理期限内对货物的数量、毁损等未提出异议的，视为承运人已经按照运输单证的记载交付的初步证据。

第三百一十一条 承运人对运输过程中货物的毁损、灭失承担损害赔偿责任，但承运人证明货物的毁损、灭失是因不可抗力、货物本身的自然性质或者合理损耗以及托运人、收货人的过错造成的，不承担损害赔偿责任。

第三百一十二条 货物的毁损、灭失的赔偿额，当事人有约定的，按照其约定；没有约定或者约定不明确，依照本法第六十一条的规定仍不能确定的，按照交付或者应当交付时货物到达地的市场价格计算。法律、行政法规对赔偿额的计算方法和赔偿限额另有规定的，依照其规定。

第三百一十三条 两个以上承运人以同一运输方式联运的，与托运人订立合同的承运人应当对全程运输承担责任。损失发生在某一运输区段的，与托运人订立合同的承运人和该区段的承运人承担连带责任。

第三百一十四条 货物在运输过程中因不可抗力灭失，未收取运费的，承运人不得要求支付运费；已收取运费的，托运人可以要求返还。

第三百一十五条 托运人或者收货人不支付运费、保管费以及其他运输费用的，承运人对相应的运输货物享有留置权，但当事人另有约定的除外。

第三百一十六条 收货人不明或者收货人无正当理由拒绝受领货物的，依照本法第一百零一条的规定，承运人可以提存货物。

第四节 多式联运合同

第三百一十七条 多式联运经营人负责履行或者组织履行多式联运合同，对全程运输享有承运人的权利，承担承运人的义务。

第三百一十八条 多式联运经营人可以与参加多式联运的各区段承运人就多式联运合同的各区段运输约定相互之间的责任，但该约定不影响多式联运经营人对全程运输承担的义务。

第三百一十九条 多式联运经营人收到托运人交付的货物时，应当签发多式联运单据。按照托运人的要求，多式联运单据可以是可转让单据，也可以是不可转让单据。

第三百二十条 因托运人托运货物时的过错造成多式联运经营人损失的，

即使托运人已经转让多式联运单据，托运人仍然应当承担损害赔偿责任。

第三百二十一条 货物的毁损、灭失发生于多式联运的某一运输区段的，多式联运经营人的赔偿责任和责任限额，适用调整该区段运输方式的有关法律规定。货物毁损、灭失发生的运输区段不能确定的，依照本章规定承担损害赔偿责任。

第十八章 技 术 合 同

第一节 一 般 规 定

第三百二十二条 技术合同是当事人就技术开发、转让、咨询或者服务订立的确立相互之间权利和义务的合同。

第三百二十三条 订立技术合同，应当有利于科学技术的进步，加速科学技术成果的转化、应用和推广。

第三百二十四条 技术合同的内容由当事人约定，一般包括以下条款：

（一）项目名称；

（二）标的的内容、范围和要求；

（三）履行的计划、进度、期限、地点、地域和方式；

（四）技术情报和资料的保密；

（五）风险责任的承担；

（六）技术成果的归属和收益的分成办法；

（七）验收标准和方法；

（八）价款、报酬或者使用费及其支付方式；

（九）违约金或者损失赔偿的计算方法；

（十）解决争议的方法；

（十一）名词和术语的解释。

与履行合同有关的技术背景资料、可行性论证和技术评价报告、项目任务书和计划书、技术标准、技术规范、原始设计和工艺文件，以及其他技术文档，按照当事人的约定可以作为合同的组成部分。

技术合同涉及专利的，应当注明发明创造的名称、专利申请人和专利权人、申请日期、申请号、专利号以及专利权的有效期限。

第三百二十五条 技术合同价款、报酬或者使用费的支付方式由当事人约定，可以采取一次总算、一次总付或者一次总算、分期支付，也可以采取提成支付或者提成支付附加预付入门费的方式。

约定提成支付的，可以按照产品价格、实施专利和使用技术秘密后新增的产值、利润或者产品销售额的一定比例提成，也可以按照约定的其他方式计算。提成支付的比例可以采取固定比例、逐年递增比例或者逐年递减比例。

约定提成支付的，当事人应当在合同中约定查阅有关会计账目的办法。

第三百二十六条 职务技术成果的使用权、转让权属于法人或者其他组织的，法人或者其他组织可以就该项职务技术成果订立技术合同。法人或者其他组织应当从使用和转让该项职务技术成果所取得的收益中提取一定比例，对完成该项职务技术成果的个人给予奖励或者报酬。法人或者其他组织订立技术合同转让职务技术成果时，职务技术成果的完成人享有以同等条件优先受让的权利。

职务技术成果是执行法人或者其他组织的工作任务，或者主要是利用法人或者其他组织的物质技术条件所完成的技术成果。

第三百二十七条 非职务技术成果的使用权、转让权属于完成技术成果的个人，完成技术成果的个人可以就该项非职务技术成果订立技术合同。

第三百二十八条 完成技术成果的个人有在有关技术成果文件上写明自己是技术成果完成者的权利和取得荣誉证书、奖励的权利。

第三百二十九条 非法垄断技术、妨碍技术进步或者侵害他人技术成果的技术合同无效。

第二节　技术开发合同

第三百三十条 技术开发合同是指当事人之间就新技术、新产品、新工艺或者新材料及其系统的研究开发所订立的合同。

技术开发合同包括委托开发合同和合作开发合同。

技术开发合同应当采用书面形式。

当事人之间就具有产业应用价值的科技成果实施转化订立的合同，参照技术开发合同的规定。

第三百三十一条 委托开发合同的委托人应当按照约定支付研究开发经费和报酬；提供技术资料、原始数据；完成协作事项；接受研究开发成果。

第三百三十二条 委托开发合同的研究开发人应当按照约定制定和实施研究开发计划；合理使用研究开发经费；按期完成研究开发工作，交付研究开发成果，提供有关的技术资料和必要的技术指导，帮助委托人掌握研究开发成果。

第三百三十三条 委托人违反约定造成研究开发工作停滞、延误或者失败的，应当承担违约责任。

第三百三十四条 研究开发人违反约定造成研究开发工作停滞、延误或者失败的，应当承担违约责任。

第三百三十五条 合作开发合同的当事人应当按照约定进行投资，包括以技术进行投资；分工参与研究开发工作；协作配合研究开发工作。

第三百三十六条 合作开发合同的当事人违反约定造成研究开发工作停滞、延误或者失败的，应当承担违约责任。

第三百三十七条 因作为技术开发合同标的的技术已经由他人公开，致使技术开发合同的履行没有意义的，当事人可以解除合同。

第三百三十八条 在技术开发合同履行过程中，因出现无法克服的技术困难，致使研究开发失败或者部分失败的，该风险责任由当事人约定。没有约定或者约定不明确，依照本法第六十一条的规定仍不能确定的，风险责任由当事人合理分担。

当事人一方发现前款规定的可能致使研究开发失败或者部分失败的情形时，应当及时通知另一方并采取适当措施减少损失。没有及时通知并采取适当措施，致使损失扩大的，应当就扩大的损失承担责任。

第三百三十九条 委托开发完成的发明创造，除当事人另有约定的以外，申请专利的权利属于研究开发人。研究开发人取得专利权的，委托人可以免费实施该专利。

研究开发人转让专利申请权的，委托人享有以同等条件优先受让的权利。

第三百四十条 合作开发完成的发明创造，除当事人另有约定的以外，申请专利的权利属于合作开发的当事人共有。当事人一方转让其共有的专利申请权的，其他各方享有以同等条件优先受让的权利。

合作开发的当事人一方声明放弃其共有的专利申请权的，可以由另一方单独申请或者由其他各方共同申请。申请人取得专利权的，放弃专利申请权的一方可以免费实施该专利。

合作开发的当事人一方不同意申请专利的，另一方或者其他各方不得申请专利。

第三百四十一条 委托开发或者合作开发完成的技术秘密成果的使用权、转让权以及利益的分配办法，由当事人约定。没有约定或者约定不明确，依照本法第六十一条的规定仍不能确定的，当事人均有使用和转让的权利，但委托开发的研究开发人不得在向委托人交付研究开发成果之前，将研究开发成果转让给第三人。

第三节 技术转让合同

第三百四十二条 技术转让合同包括专利权转让、专利申请权转让、技术秘密转让、专利实施许可合同。

技术转让合同应当采用书面形式。

第三百四十三条 技术转让合同可以约定让与人和受让人实施专利或者使

用技术秘密的范围，但不得限制技术竞争和技术发展。

第三百四十四条 专利实施许可合同只在该专利权的存续期间内有效。专利权有效期限届满或者专利权被宣布无效的，专利权人不得就该专利与他人订立专利实施许可合同。

第三百四十五条 专利实施许可合同的让与人应当按照约定许可受让人实施专利，交付实施专利有关的技术资料，提供必要的技术指导。

第三百四十六条 专利实施许可合同的受让人应当按照约定实施专利，不得许可约定以外的第三人实施该专利；并按照约定支付使用费。

第三百四十七条 技术秘密转让合同的让与人应当按照约定提供技术资料，进行技术指导，保证技术的实用性、可靠性，承担保密义务。

第三百四十八条 技术秘密转让合同的受让人应当按照约定使用技术，支付使用费，承担保密义务。

第三百四十九条 技术转让合同的让与人应当保证自己是所提供的技术的合法拥有者，并保证所提供的技术完整、无误、有效，能够达到约定的目标。

第三百五十条 技术转让合同的受让人应当按照约定的范围和期限，对让与人提供的技术中尚未公开的秘密部分，承担保密义务。

第三百五十一条 让与人未按照约定转让技术的，应当返还部分或者全部使用费，并应当承担违约责任；实施专利或者使用技术秘密超越约定的范围的，违反约定擅自许可第三人实施该项专利或者使用该项技术秘密的，应当停止违约行为，承担违约责任；违反约定的保密义务的，应当承担违约责任。

第三百五十二条 受让人未按照约定支付使用费的，应当补交使用费并按照约定支付违约金；不补交使用费或者支付违约金的，应当停止实施专利或者使用技术秘密，交还技术资料，承担违约责任；实施专利或者使用技术秘密超越约定的范围的，未经让与人同意擅自许可第三人实施该专利或者使用该技术秘密的，应当停止违约行为，承担违约责任；违反约定的保密义务的，应当承担违约责任。

第三百五十三条 受让人按照约定实施专利、使用技术秘密侵害他人合法权益的，由让与人承担责任，但当事人另有约定的除外。

第三百五十四条 当事人可以按照互利的原则，在技术转让合同中约定实施专利、使用技术秘密后续改进的技术成果的分享办法。没有约定或者约定不明确，依照本法第六十一条的规定仍不能确定的，一方后续改进的技术成果，其他各方无权分享。

第三百五十五条 法律、行政法规对技术进出口合同或者专利、专利申请合同另有规定的，依照其规定。

第四节　技术咨询合同和技术服务合同

第三百五十六条　技术咨询合同包括就特定技术项目提供可行性论证、技术预测、专题技术调查、分析评价报告等合同。

技术服务合同是指当事人一方以技术知识为另一方解决特定技术问题所订立的合同，不包括建设工程合同和承揽合同。

第三百五十七条　技术咨询合同的委托人应当按照约定阐明咨询的问题，提供技术背景材料及有关技术资料、数据；接受受托人的工作成果，支付报酬。

第三百五十八条　技术咨询合同的受托人应当按照约定的期限完成咨询报告或者解答问题；提出的咨询报告应当达到约定的要求。

第三百五十九条　技术咨询合同的委托人未按照约定提供必要的资料和数据，影响工作进度和质量，不接受或者逾期接受工作成果的，支付的报酬不得追回，未支付的报酬应当支付。

技术咨询合同的受托人未按期提出咨询报告或者提出的咨询报告不符合约定的，应当承担减收或者免收报酬等违约责任。

技术咨询合同的委托人按照受托人符合约定要求的咨询报告和意见作出决策所造成的损失，由委托人承担，但当事人另有约定的除外。

第三百六十条　技术服务合同的委托人应当按照约定提供工作条件，完成配合事项；接受工作成果并支付报酬。

第三百六十一条　技术服务合同的受托人应当按照约定完成服务项目，解决技术问题，保证工作质量，并传授解决技术问题的知识。

第三百六十二条　技术服务合同的委托人不履行合同义务或者履行合同义务不符合约定，影响工作进度和质量，不接受或者逾期接受工作成果的，支付的报酬不得追回，未支付的报酬应当支付。

技术服务合同的受托人未按照合同约定完成服务工作的，应当承担免收报酬等违约责任。

第三百六十三条　在技术咨询合同、技术服务合同履行过程中，受托人利用委托人提供的技术资料和工作条件完成的新的技术成果，属于受托人。委托人利用受托人的工作成果完成的新的技术成果，属于委托人。当事人另有约定的，按照其约定。

第三百六十四条　法律、行政法规对技术中介合同、技术培训合同另有规定的，依照其规定。

第十九章　保 管 合 同

第三百六十五条　保管合同是保管人保管寄存人交付的保管物，并返还该物的合同。

第三百六十六条 寄存人应当按照约定向保管人支付保管费。

当事人对保管费没有约定或者约定不明确，依照本法第六十一条的规定仍不能确定的，保管是无偿的。

第三百六十七条 保管合同自保管物交付时成立，但当事人另有约定的除外。

第三百六十八条 寄存人向保管人交付保管物的，保管人应当给付保管凭证，但另有交易习惯的除外。

第三百六十九条 保管人应当妥善保管保管物。

当事人可以约定保管场所或者方法。除紧急情况或者为了维护寄存人利益的以外，不得擅自改变保管场所或者方法。

第三百七十条 寄存人交付的保管物有瑕疵或者按照保管物的性质需要采取特殊保管措施的，寄存人应当将有关情况告知保管人。寄存人未告知，致使保管物受损失的，保管人不承担损害赔偿责任；保管人因此受损失的，除保管人知道或者应当知道并且未采取补救措施的以外，寄存人应当承担损害赔偿责任。

第三百七十一条 保管人不得将保管物转交第三人保管，但当事人另有约定的除外。

保管人违反前款规定，将保管物转交第三人保管，对保管物造成损失的，应当承担损害赔偿责任。

第三百七十二条 保管人不得使用或者许可第三人使用保管物，但当事人另有约定的除外。

第三百七十三条 第三人对保管物主张权利的，除依法对保管物采取保全或者执行的以外，保管人应当履行向寄存人返还保管物的义务。

第三人对保管人提起诉讼或者对保管物申请扣押的，保管人应当及时通知寄存人。

第三百七十四条 保管期间，因保管人保管不善造成保管物毁损、灭失的，保管人应当承担损害赔偿责任，但保管是无偿的，保管人证明自己没有重大过失的，不承担损害赔偿责任。

第三百七十五条 寄存人寄存货币、有价证券或者其他贵重物品的，应当向保管人声明，由保管人验收或者封存。寄存人未声明的，该物品毁损、灭失后，保管人可以按照一般物品予以赔偿。

第三百七十六条 寄存人可以随时领取保管物。

当事人对保管期间没有约定或者约定不明确的，保管人可以随时要求寄存人领取保管物；约定保管期间的，保管人无特别事由，不得要求寄存人提前领取保管物。

第三百七十七条 保管期间届满或者寄存人提前领取保管物的，保管人应当将原物及其孳息归还寄存人。

第三百七十八条 保管人保管货币的，可以返还相同种类、数量的货币。保管其他可替代物的，可以按照约定返还相同种类、品质、数量的物品。

第三百七十九条 有偿的保管合同，寄存人应当按照约定的期限向保管人支付保管费。

当事人对支付期限没有约定或者约定不明确，依照本法第六十一条的规定仍不能确定的，应当在领取保管物的同时支付。

第三百八十条 寄存人未按照约定支付保管费以及其他费用的，保管人对保管物享有留置权，但当事人另有约定的除外。

第二十章 仓储合同

第三百八十一条 仓储合同是保管人储存存货人交付的仓储物，存货人支付仓储费的合同。

第三百八十二条 仓储合同自成立时生效。

第三百八十三条 储存易燃、易爆、有毒、有腐蚀性、有放射性等危险物品或者易变质物品，存货人应当说明该物品的性质，提供有关资料。

存货人违反前款规定的，保管人可以拒收仓储物，也可以采取相应措施以避免损失的发生，因此产生的费用由存货人承担。

保管人储存易燃、易爆、有毒、有腐蚀性、有放射性等危险物品的，应当具备相应的保管条件。

第三百八十四条 保管人应当按照约定对入库仓储物进行验收。保管人验收时发现入库仓储物与约定不符合的，应当及时通知存货人。保管人验收后，发生仓储物的品种、数量、质量不符合约定的，保管人应当承担损害赔偿责任。

第三百八十五条 存货人交付仓储物的，保管人应当给付仓单。

第三百八十六条 保管人应当在仓单上签字或者盖章。仓单包括下列事项：

（一）存货人的名称或者姓名和住所；

（二）仓储物的品种、数量、质量、包装、件数和标记；

（三）仓储物的损耗标准；

（四）储存场所；

（五）储存期间；

（六）仓储费；

（七）仓储物已经办理保险的，其保险金额、期间以及保险人的名称；

（八）填发人、填发地和填发日期。

第三百八十七条 仓单是提取仓储物的凭证。存货人或者仓单持有人在仓单上背书并经保管人签字或者盖章的，可以转让提取仓储物的权利。

第三百八十八条 保管人根据存货人或者仓单持有人的要求，应当同意其检查仓储物或者提取样品。

第三百八十九条 保管人对入库仓储物发现有变质或者其他损坏的，应当及时通知存货人或者仓单持有人。

第三百九十条 保管人对入库仓储物发现有变质或者其他损坏，危及其他仓储物的安全和正常保管的，应当催告存货人或者仓单持有人作出必要的处置。因情况紧急，保管人可以作出必要的处置，但事后应当将该情况及时通知存货人或者仓单持有人。

第三百九十一条 当事人对储存期间没有约定或者约定不明确的，存货人或者仓单持有人可以随时提取仓储物，保管人也可以随时要求存货人或者仓单持有人提取仓储物，但应当给予必要的准备时间。

第三百九十二条 储存期间届满，存货人或者仓单持有人应当凭仓单提取仓储物。存货人或者仓单持有人逾期提取的，应当加收仓储费；提前提取的，不减收仓储费。

第三百九十三条 储存期间届满，存货人或者仓单持有人不提取仓储物的，保管人可以催告其在合理期限内提取，逾期不提取的，保管人可以提存仓储物。

第三百九十四条 储存期间，因保管人保管不善造成仓储物毁损、灭失的，保管人应当承担损害赔偿责任。因仓储物的性质、包装不符合约定或者超过有效储存期造成仓储物变质、损坏的，保管人不承担损害赔偿责任。

第三百九十五条 本章没有规定的，适用保管合同的有关规定。

第二十一章 委托合同

第三百九十六条 委托合同是委托人和受托人约定，由受托人处理委托人事务的合同。

第三百九十七条 委托人可以特别委托受托人处理一项或者数项事务，也可以概括委托受托人处理一切事务。

第三百九十八条 委托人应当预付处理委托事务的费用。受托人为处理委托事务垫付的必要费用，委托人应当偿还该费用及其利息。

第三百九十九条 受托人应当按照委托人的指示处理委托事务。需要变更委托人指示的，应当经委托人同意；因情况紧急，难以和委托人取得联系的，受托人应当妥善处理委托事务，但事后应当将该情况及时报告委托人。

第四百条 受托人应当亲自处理委托事务。经委托人同意，受托人可以转委托。转委托经同意的，委托人可以就委托事务直接指示转委托的第三人，受托人仅就第三人的选任及其对第三人的指示承担责任。转委托未经同意的，受托人应当对转委托的第三人的行为承担责任，但在紧急情况下受托人为维护委托人的利益需要转委托的除外。

第四百零一条 受托人应当按照委托人的要求，报告委托事务的处理情况。委托合同终止时，受托人应当报告委托事务的结果。

第四百零二条 受托人以自己的名义，在委托人的授权范围内与第三人订立的合同，第三人在订立合同时知道受托人与委托人之间的代理关系的，该合同直接约束委托人和第三人，但有确切证据证明该合同只约束受托人和第三人的除外。

第四百零三条 受托人以自己的名义与第三人订立合同时，第三人不知道受托人与委托人之间的代理关系的，受托人因第三人的原因对委托人不履行义务，受托人应当向委托人披露第三人，委托人因此可以行使受托人对第三人的权利，但第三人与受托人订立合同时如果知道该委托人就不会订立合同的除外。

受托人因委托人的原因对第三人不履行义务，受托人应当向第三人披露委托人，第三人因此可以选择受托人或者委托人作为相对人主张其权利，但第三人不得变更选定的相对人。

委托人行使受托人对第三人的权利的，第三人可以向委托人主张其对受托人的抗辩。第三人选定委托人作为其相对人的，委托人可以向第三人主张其对受托人的抗辩以及受托人对第三人的抗辩。

第四百零四条 受托人处理委托事务取得的财产，应当转交给委托人。

第四百零五条 受托人完成委托事务的，委托人应当向其支付报酬。因不可归责于受托人的事由，委托合同解除或者委托事务不能完成的，委托人应当向受托人支付相应的报酬。当事人另有约定的，按照其约定。

第四百零六条 有偿的委托合同，因受托人的过错给委托人造成损失的，委托人可以要求赔偿损失。无偿的委托合同，因受托人的故意或者重大过失给委托人造成损失的，委托人可以要求赔偿损失。

受托人超越权限给委托人造成损失的，应当赔偿损失。

第四百零七条 受托人处理委托事务时，因不可归责于自己的事由受到损失的，可以向委托人要求赔偿损失。

第四百零八条 委托人经受托人同意，可以在受托人之外委托第三人处理委托事务。因此给受托人造成损失的，受托人可以向委托人要求赔偿损失。

第四百零九条 两个以上的受托人共同处理委托事务的，对委托人承担连带责任。

第四百一十条 委托人或者受托人可以随时解除委托合同。因解除合同给对方造成损失的，除不可归责于该当事人的事由以外，应当赔偿损失。

第四百一十一条 委托人或者受托人死亡、丧失民事行为能力或者破产的，委托合同终止，但当事人另有约定或者根据委托事务的性质不宜终止的除外。

第四百一十二条 因委托人死亡、丧失民事行为能力或者破产，致使委托合同终止将损害委托人利益的，在委托人的继承人、法定代理人或者清算组织承受委托事务之前，受托人应当继续处理委托事务。

第四百一十三条 因受托人死亡、丧失民事行为能力或者破产，致使委托合同终止的，受托人的继承人、法定代理人或者清算组织应当及时通知委托人。因委托合同终止将损害委托人利益的，在委托人作出善后处理之前，受托人的继承人、法定代理人或者清算组织应当采取必要措施。

第二十二章 行纪合同

第四百一十四条 行纪合同是行纪人以自己的名义为委托人从事贸易活动，委托人支付报酬的合同。

第四百一十五条 行纪人处理委托事务支出的费用，由行纪人负担，但当事人另有约定的除外。

第四百一十六条 行纪人占有委托物的，应当妥善保管委托物。

第四百一十七条 委托物交付给行纪人时有瑕疵或者容易腐烂、变质的，经委托人同意，行纪人可以处分该物；和委托人不能及时取得联系的，行纪人可以合理处分。

第四百一十八条 行纪人低于委托人指定的价格卖出或者高于委托人指定的价格买入的，应当经委托人同意。未经委托人同意，行纪人补偿其差额的，该买卖对委托人发生效力。

行纪人高于委托人指定的价格卖出或者低于委托人指定的价格买入的，可以按照约定增加报酬。没有约定或者约定不明确，依照本法第六十一条的规定仍不能确定的，该利益属于委托人。

委托人对价格有特别指示的，行纪人不得违背该指示卖出或者买入。

第四百一十九条 行纪人卖出或者买入具有市场定价的商品，除委托人有相反的意思表示的以外，行纪人自己可以作为买受人或者出卖人。

行纪人有前款规定情形的，仍然可以要求委托人支付报酬。

第四百二十条 行纪人按照约定买入委托物，委托人应当及时受领。经行纪人催告，委托人无正当理由拒绝受领的，行纪人依照本法第一百零一条的规定可以提存委托物。

委托物不能卖出或者委托人撤回出卖，经行纪人催告，委托人不取回或者不处分该物的，行纪人依照本法第一百零一条的规定可以提存委托物。

第四百二十一条 行纪人与第三人订立合同的，行纪人对该合同直接享有权利、承担义务。

第三人不履行义务致使委托人受到损害的，行纪人应当承担损害赔偿责任，但行纪人与委托人另有约定的除外。

第四百二十二条 行纪人完成或者部分完成委托事务的，委托人应当向其支付相应的报酬。委托人逾期不支付报酬的，行纪人对委托物享有留置权，但当事人另有约定的除外。

第四百二十三条 本章没有规定的，适用委托合同的有关规定。

第二十三章 居 间 合 同

第四百二十四条 居间合同是居间人向委托人报告订立合同的机会或者提供订立合同的媒介服务，委托人支付报酬的合同。

第四百二十五条 居间人应当就有关订立合同的事项向委托人如实报告。

居间人故意隐瞒与订立合同有关的重要事实或者提供虚假情况，损害委托人利益的，不得要求支付报酬并应当承担损害赔偿责任。

第四百二十六条 居间人促成合同成立的，委托人应当按照约定支付报酬。对居间人的报酬没有约定或者约定不明确，依照本法第六十一条的规定仍不能确定的，根据居间人的劳务合理确定。因居间人提供订立合同的媒介服务而促成合同成立的，由该合同的当事人平均负担居间人的报酬。

居间人促成合同成立的，居间活动的费用，由居间人负担。

第四百二十七条 居间人未促成合同成立的，不得要求支付报酬，但可以要求委托人支付从事居间活动支出的必要费用。

附 则

第四百二十八条 本法自 1999 年 10 月 1 日起施行，《中华人民共和国经济合同法》《中华人民共和国涉外经济合同法》《中华人民共和国技术合同法》同时废止。

中华人民共和国婚姻法（节选）

（1980年9月10日第五届全国人民代表大会第三次会议通过　根据2001年4月28日第九届全国人民代表大会常务委员会第二十一次会议《关于修改〈中华人民共和国婚姻法〉的决定》修正）

第十七条　夫妻在婚姻关系存续期间所得的下列财产，归夫妻共同所有：

（一）工资、奖金；

（二）生产、经营的收益；

（三）知识产权的收益；

（四）继承或赠与所得的财产，但本法第十八条第三项规定的除外；

（五）其他应当归共同所有的财产。

夫妻对共同所有的财产，有平等的处理权。

第十八条　有下列情形之一的，为夫妻一方的财产：

（一）一方的婚前财产；

（二）一方因身体受到伤害获得的医疗费、残疾人生活补助费等费用；

（三）遗嘱或赠与合同中确定只归夫或妻一方的财产；

（四）一方专用的生活用品；

（五）其他应当归一方的财产。

第十九条　夫妻可以约定婚姻关系存续期间所得的财产以及婚前财产归各自所有、共同所有或部分各自所有、部分共同所有。约定应当采用书面形式。没有约定或约定不明确的，适用本法第十七条、第十八条的规定。

夫妻对婚姻关系存续期间所得的财产以及婚前财产的约定，对双方具有约束力。

夫妻对婚姻关系存续期间所得的财产约定归各自所有的，夫或妻一方对外所负的债务，第三人知道该约定的，以夫或妻一方所有的财产清偿。

第二十四条　夫妻有相互继承遗产的权利。

父母和子女有相互继承遗产的权利。

第三十九条　离婚时，夫妻的共同财产由双方协议处理；协议不成时，由人民法院根据财产的具体情况，照顾子女和女方权益的原则判决。

夫或妻在家庭土地承包经营中享有的权益等，应当依法予以保护。

第四十条 夫妻书面约定婚姻关系存续期间所得的财产归各自所有，一方因抚育子女、照料老人、协助另一方工作等付出较多义务的，离婚时有权向另一方请求补偿，另一方应当予以补偿。

第四十一条 离婚时，原为夫妻共同生活所负的债务，应当共同偿还。共同财产不足清偿的，或财产归各自所有的，由双方协议清偿；协议不成时，由人民法院判决。

第四十二条 离婚时，如一方生活困难，另一方应从其住房等个人财产中给予适当帮助。具体办法由双方协议；协议不成时，由人民法院判决。

第四十七条 离婚时，一方隐藏、转移、变卖、毁损夫妻共同财产，或伪造债务企图侵占另一方财产的，分割夫妻共同财产时，对隐藏、转移、变卖、毁损夫妻共同财产或伪造债务的一方，可以少分或不分。离婚后，另一方发现有上述行为的，可以向人民法院提起诉讼，请求再次分割夫妻共同财产。人民法院对前款规定的妨害民事诉讼的行为，依照民事诉讼法的规定予以制裁。

中华人民共和国继承法

（1985年4月10日第六届全国人民代表大会第三次会议通过　1985年4月10日中华人民共和国主席令第二十四号公布　自1985年10月1日起施行）

第一章　总　　则

第一条　根据《中华人民共和国宪法》规定，为保护公民的私有财产的继承权，制定本法。

第二条　继承从被继承人死亡时开始。

第三条　遗产是公民死亡时遗留的个人合法财产，包括：

（一）公民的收入；

（二）公民的房屋、储蓄和生活用品；

（三）公民的林木、牲畜和家禽；

（四）公民的文物、图书资料；

（五）法律允许公民所有的生产资料；

（六）公民的著作权、专利权中的财产权利；

（七）公民的其他合法财产。

第四条　个人承包应得的个人收益，依照本法规定继承。个人承包，依照法律允许由继承人继续承包的，按照承包合同办理。

第五条　继承开始后，按照法定继承办理；有遗嘱的，按照遗嘱继承或者遗赠办理；有遗赠扶养协议的，按照协议办理。

第六条　无行为能力人的继承权、受遗赠权，由他的法定代理人代为行使。

限制行为能力人的继承权、受遗赠权，由他的法定代理人代为行使，或者征得法定代理人同意后行使。

第七条　继承人有下列行为之一的，丧失继承权：

（一）故意杀害被继承人的；

（二）为争夺遗产而杀害其他继承人的；

（三）遗弃被继承人的，或者虐待被继承人情节严重的；

（四）伪造、篡改或者销毁遗嘱，情节严重的。

第八条 继承权纠纷提起诉讼的期限为二年，自继承人知道或者应当知道其权利被侵犯之日起计算。但是，自继承开始之日起超过二十年的，不得再提起诉讼。

第二章 法定继承

第九条 继承权男女平等。

第十条 遗产按照下列顺序继承：

第一顺序：配偶、子女、父母。

第二顺序：兄弟姐妹、祖父母、外祖父母。

继承开始后，由第一顺序继承人继承，第二顺序继承人不继承。没有第一顺序继承人继承的，由第二顺序继承人继承。

本法所说的子女，包括婚生子女、非婚生子女、养子女和有扶养关系的继子女。

本法所说的父母，包括生父母、养父母和有扶养关系的继父母。

本法所说的兄弟姐妹，包括同父母的兄弟姐妹、同父异母或者同母异父的兄弟姐妹、养兄弟姐妹、有扶养关系的继兄弟姐妹。

第十一条 被继承人的子女先于被继承人死亡的，由被继承人的子女的晚辈直系血亲代位继承。代位继承人一般只能继承他的父亲或者母亲有权继承的遗产份额。

第十二条 丧偶儿媳对公、婆，丧偶女婿对岳父、岳母，尽了主要赡养义务的，作为第一顺序继承人。

第十三条 同一顺序继承人继承遗产的份额，一般应当均等。

对生活有特殊困难的缺乏劳动能力的继承人，分配遗产时，应当予以照顾。

对被继承人尽了主要扶养义务或者与被继承人共同生活的继承人，分配遗产时，可以多分。

有扶养能力和有扶养条件的继承人，不尽扶养义务的，分配遗产时，应当不分或者少分。

继承人协商同意的，也可以不均等。

第十四条 对继承人以外的依靠被继承人扶养的缺乏劳动能力又没有生活来源的人，或者继承人以外的对被继承人扶养较多的人，可以分配给他们适当的遗产。

第十五条 继承人应当本着互谅互让、和睦团结的精神，协商处理继承问题。遗产分割的时间、办法和份额，由继承人协商确定。协商不成的，可以由人民调解委员会调解或者向人民法院提起诉讼。

第三章 遗嘱继承和遗赠

第十六条 公民可以依照本法规定立遗嘱处分个人财产，并可以指定遗嘱执行人。

公民可以立遗嘱将个人财产指定由法定继承人的一人或者数人继承。

公民可以立遗嘱将个人财产赠给国家、集体或者法定继承人以外的人。

第十七条 公证遗嘱由遗嘱人经公证机关办理。

自书遗嘱由遗嘱人亲笔书写，签名，注明年、月、日。

代书遗嘱应当有两个以上见证人在场见证，由其中一人代书，注明年、月、日，并由代书人、其他见证人和遗嘱人签名。

以录音形式立的遗嘱，应当有两个以上见证人在场见证。

遗嘱人在危急情况下，可以立口头遗嘱。口头遗嘱应当有两个以上见证人在场见证。危急情况解除后，遗嘱人能够用书面或者录音形式立遗嘱的，所立的口头遗嘱无效。

第十八条 下列人员不能作为遗嘱见证人：

（一）无行为能力人、限制行为能力人；

（二）继承人、受遗赠人；

（三）与继承人、受遗赠人有利害关系的人。

第十九条 遗嘱应当对缺乏劳动能力又没有生活来源的继承人保留必要的遗产份额。

第二十条 遗嘱人可以撤销、变更自己所立的遗嘱。

立有数份遗嘱，内容相抵触的，以最后的遗嘱为准。

自书、代书、录音、口头遗嘱，不得撤销、变更公证遗嘱。

第二十一条 遗嘱继承或者遗赠附有义务的，继承人或者受遗赠人应当履行义务。没有正当理由不履行义务的，经有关单位或者个人请求，人民法院可以取消他接受遗产的权利。

第二十二条 无行为能力人或者限制行为能力人所立的遗嘱无效。

遗嘱必须表示遗嘱人的真实意思，受胁迫、欺骗所立的遗嘱无效。

伪造的遗嘱无效。

遗嘱被篡改的，篡改的内容无效。

第四章　遗产的处理

第二十三条　继承开始后，知道被继承人死亡的继承人应当及时通知其他继承人和遗嘱执行人。继承人中无人知道被继承人死亡或者知道被继承人死亡而不能通知的，由被继承人生前所在单位或者住所地的居民委员会、村民委员会负责通知。

第二十四条　存有遗产的人，应当妥善保管遗产，任何人不得侵吞或者争抢。

第二十五条　继承开始后，继承人放弃继承的，应当在遗产处理前，作出放弃继承的表示。没有表示的，视为接受继承。

受遗赠人应当在知道受遗赠后两个月内，作出接受或者放弃受遗赠的表示。到期没有表示的，视为放弃受遗赠。

第二十六条　夫妻在婚姻关系存续期间所得的共同所有的财产，除有约定的以外，如果分割遗产，应当先将共同所有的财产的一半分出为配偶所有，其余的为被继承人的遗产。

遗产在家庭共有财产之中的，遗产分割时，应当先分出他人的财产。

第二十七条　有下列情形之一的，遗产中的有关部分按照法定继承办理：

（一）遗嘱继承人放弃继承或者受遗赠人放弃受遗赠的；

（二）遗嘱继承人丧失继承权的；

（三）遗嘱继承人、受遗赠人先于遗嘱人死亡的；

（四）遗嘱无效部分所涉及的遗产；

（五）遗嘱未处分的遗产。

第二十八条　遗产分割时，应当保留胎儿的继承份额。胎儿出生时是死体的，保留的份额按照法定继承办理。

第二十九条　遗产分割应当有利于生产和生活需要，不损害遗产的效用。

不宜分割的遗产，可以采取折价、适当补偿或者共有等方法处理。

第三十条　夫妻一方死亡后另一方再婚的，有权处分所继承的财产，任何人不得干涉。

第三十一条　公民可以与扶养人签订遗赠扶养协议。按照协议，扶养人承担该公民生养死葬的义务，享有受遗赠的权利。

公民可以与集体所有制组织签订遗赠扶养协议。按照协议，集体所有制组织承担该公民生养死葬的义务，享有受遗赠的权利。

第三十二条　无人继承又无人受遗赠的遗产，归国家所有；死者生前是集体所有制组织成员的，归所在集体所有制组织所有。

第三十三条 继承遗产应当清偿被继承人依法应当缴纳的税款和债务，缴纳税款和清偿债务以他的遗产实际价值为限。超过遗产实际价值部分，继承人自愿偿还的不在此限。

继承人放弃继承的，对被继承人依法应当缴纳的税款和债务可以不负偿还责任。

第三十四条 执行遗赠不得妨碍清偿遗赠人依法应当缴纳的税款和债务。

第五章 附 则

第三十五条 民族自治地方的人民代表大会可以根据本法的原则，结合当地民族财产继承的具体情况，制定变通的或者补充的规定。自治区的规定，报全国人民代表大会常务委员会备案。自治州、自治县的规定，报省或者自治区的人民代表大会常务委员会批准后生效，并报全国人民代表大会常务委员会备案。

第三十六条 中国公民继承在中华人民共和国境外的遗产或者继承在中华人民共和国境内的外国人的遗产，动产适用被继承人住所地法律，不动产适用不动产所在地法律。

外国人继承在中华人民共和国境内的遗产或者继承在中华人民共和国境外的中国公民的遗产，动产适用被继承人住所地法律，不动产适用不动产所在地法律。

中华人民共和国与外国订有条约、协定的，按照条约、协定办理。

第三十七条 本法自 1985 年 10 月 1 日起施行。

中华人民共和国合伙企业法

（1997年2月23日第八届全国人民代表大会常务委员会第二十四次会议通过　2006年8月27日第十届全国人民代表大会常务委员会第二十三次会议修订）

第一章　总　　则

第一条　为了规范合伙企业的行为，保护合伙企业及其合伙人、债权人的合法权益，维护社会经济秩序，促进社会主义市场经济的发展，制定本法。

第二条　本法所称合伙企业，是指自然人、法人和其他组织依照本法在中国境内设立的普通合伙企业和有限合伙企业。

普通合伙企业由普通合伙人组成，合伙人对合伙企业债务承担无限连带责任。本法对普通合伙人承担责任的形式有特别规定的，从其规定。

有限合伙企业由普通合伙人和有限合伙人组成，普通合伙人对合伙企业债务承担无限连带责任，有限合伙人以其认缴的出资额为限对合伙企业债务承担责任。

第三条　国有独资公司、国有企业、上市公司以及公益性的事业单位、社会团体不得成为普通合伙人。

第四条　合伙协议依法由全体合伙人协商一致、以书面形式订立。

第五条　订立合伙协议、设立合伙企业，应当遵循自愿、平等、公平、诚实信用原则。

第六条　合伙企业的生产经营所得和其他所得，按照国家有关税收规定，由合伙人分别缴纳所得税。

第七条　合伙企业及其合伙人必须遵守法律、行政法规，遵守社会公德、商业道德，承担社会责任。

第八条　合伙企业及其合伙人的合法财产及其权益受法律保护。

第九条　申请设立合伙企业，应当向企业登记机关提交登记申请书、合伙协议书、合伙人身份证明等文件。

合伙企业的经营范围中有属于法律、行政法规规定在登记前须经批准的项目的，该项经营业务应当依法经过批准，并在登记时提交批准文件。

第十条 申请人提交的登记申请材料齐全、符合法定形式，企业登记机关能够当场登记的，应予当场登记，发给营业执照。

除前款规定情形外，企业登记机关应当自受理申请之日起二十日内，作出是否登记的决定。予以登记的，发给营业执照；不予登记的，应当给予书面答复，并说明理由。

第十一条 合伙企业的营业执照签发日期，为合伙企业成立日期。

合伙企业领取营业执照前，合伙人不得以合伙企业名义从事合伙业务。

第十二条 合伙企业设立分支机构，应当向分支机构所在地的企业登记机关申请登记，领取营业执照。

第十三条 合伙企业登记事项发生变更的，执行合伙事务的合伙人应当自作出变更决定或者发生变更事由之日起十五日内，向企业登记机关申请办理变更登记。

第二章 普通合伙企业

第一节 合伙企业设立

第十四条 设立合伙企业，应当具备下列条件：

（一）有二个以上合伙人。合伙人为自然人的，应当具有完全民事行为能力；

（二）有书面合伙协议；

（三）有合伙人认缴或者实际缴付的出资；

（四）有合伙企业的名称和生产经营场所；

（五）法律、行政法规规定的其他条件。

第十五条 合伙企业名称中应当标明“普通合伙”字样。

第十六条 合伙人可以用货币、实物、知识产权、土地使用权或者其他财产权利出资，也可以用劳务出资。

合伙人以实物、知识产权、土地使用权或者其他财产权利出资，需要评估作价的，可以由全体合伙人协商确定，也可以由全体合伙人委托法定评估机构评估。

合伙人以劳务出资的，其评估办法由全体合伙人协商确定，并在合伙协议中载明。

第十七条 合伙人应当按照合伙协议约定的出资方式、数额和缴付期限，履行出资义务。

以非货币财产出资的，依照法律、行政法规的规定，需要办理财产权转移手续的，应当依法办理。

第十八条 合伙协议应当载明下列事项：

（一）合伙企业的名称和主要经营场所的地点；

（二）合伙目的和合伙经营范围；

（三）合伙人的姓名或者名称、住所；

（四）合伙人的出资方式、数额和缴付期限；

（五）利润分配、亏损分担方式；

（六）合伙事务的执行；

（七）入伙与退伙；

（八）争议解决办法；

（九）合伙企业的解散与清算；

（十）违约责任。

第十九条 合伙协议经全体合伙人签名、盖章后生效。合伙人按照合伙协议享有权利，履行义务。

修改或者补充合伙协议，应当经全体合伙人一致同意；但是，合伙协议另有约定的除外。

合伙协议未约定或者约定不明确的事项，由合伙人协商决定；协商不成的，依照本法和其他有关法律、行政法规的规定处理。

第二节 合伙企业财产

第二十条 合伙人的出资、以合伙企业名义取得的收益和依法取得的其他财产，均为合伙企业的财产。

第二十一条 合伙人在合伙企业清算前，不得请求分割合伙企业的财产；但是，本法另有规定的除外。

合伙人在合伙企业清算前私自转移或者处分合伙企业财产的，合伙企业不得以此对抗善意第三人。

第二十二条 除合伙协议另有约定外，合伙人向合伙人以外的人转让其在合伙企业中的全部或者部分财产份额时，须经其他合伙人一致同意。

合伙人之间转让在合伙企业中的全部或者部分财产份额时，应当通知其他合伙人。

第二十三条 合伙人向合伙人以外的人转让其在合伙企业中的财产份额的，在同等条件下，其他合伙人有优先购买权；但是，合伙协议另有约定的除外。

第二十四条 合伙人以外的人依法受让合伙人在合伙企业中的财产份额的，经修改合伙协议即成为合伙企业的合伙人，依照本法和修改后的合伙协议享有权利，履行义务。

第二十五条 合伙人以其在合伙企业中的财产份额出质的，须经其他合伙人一致同意；未经其他合伙人一致同意，其行为无效，由此给善意第三人造成损失的，由行为人依法承担赔偿责任。

第三节 合伙事务执行

第二十六条 合伙人对执行合伙事务享有同等的权利。

按照合伙协议的约定或者经全体合伙人决定，可以委托一个或者数个合伙人对外代表合伙企业，执行合伙事务。

作为合伙人的法人、其他组织执行合伙事务的，由其委派的代表执行。

第二十七条 依照本法第二十六条第二款规定委托一个或者数个合伙人执行合伙事务的，其他合伙人不再执行合伙事务。

不执行合伙事务的合伙人有权监督执行事务合伙人执行合伙事务的情况。

第二十八条 由一个或者数个合伙人执行合伙事务的，执行事务合伙人应当定期向其他合伙人报告事务执行情况以及合伙企业的经营和财务状况，其执行合伙事务所产生的收益归合伙企业，所产生的费用和亏损由合伙企业承担。

合伙人为了解合伙企业的经营状况和财务状况，有权查阅合伙企业会计账簿等财务资料。

第二十九条 合伙人分别执行合伙事务的，执行事务合伙人可以对其他合伙人执行的事务提出异议。提出异议时，应当暂停该项事务的执行。如果发生争议，依照本法第三十条规定作出决定。

受委托执行合伙事务的合伙人不按照合伙协议或者全体合伙人的决定执行事务的，其他合伙人可以决定撤销该委托。

第三十条 合伙人对合伙企业有关事项作出决议，按照合伙协议约定的表决办法办理。合伙协议未约定或者约定不明确的，实行合伙人一人一票并经全体合伙人过半数通过的表决办法。

本法对合伙企业的表决办法另有规定的，从其规定。

第三十一条 除合伙协议另有约定外，合伙企业的下列事项应当经全体合伙人一致同意：

（一）改变合伙企业的名称；

（二）改变合伙企业的经营范围、主要经营场所的地点；

（三）处分合伙企业的不动产；

（四）转让或者处分合伙企业的知识产权和其他财产权利；

（五）以合伙企业名义为他人提供担保；

（六）聘任合伙人以外的人担任合伙企业的经营管理人员。

第三十二条 合伙人不得自营或者同他人合作经营与本合伙企业相竞争的业务。

除合伙协议另有约定或者经全体合伙人一致同意外，合伙人不得同本合伙企业进行交易。

合伙人不得从事损害本合伙企业利益的活动。

第三十三条 合伙企业的利润分配、亏损分担，按照合伙协议的约定办理；合伙协议未约定或者约定不明确的，由合伙人协商决定；协商不成的，由合伙人按照实缴出资比例分配、分担；无法确定出资比例的，由合伙人平均分配、分担。

合伙协议不得约定将全部利润分配给部分合伙人或者由部分合伙人承担全部亏损。

第三十四条 合伙人按照合伙协议的约定或者经全体合伙人决定，可以增加或者减少对合伙企业的出资。

第三十五条 被聘任的合伙企业的经营管理人员应当在合伙企业授权范围内履行职务。

被聘任的合伙企业的经营管理人员，超越合伙企业授权范围履行职务，或者在履行职务过程中因故意或者重大过失给合伙企业造成损失的，依法承担赔偿责任。

第三十六条 合伙企业应当依照法律、行政法规的规定建立企业财务、会计制度。

第四节 合伙企业与第三人关系

第三十七条 合伙企业对合伙人执行合伙事务以及对外代表合伙企业权利的限制，不得对抗善意第三人。

第三十八条 合伙企业对其债务，应先以其全部财产进行清偿。

第三十九条 合伙企业不能清偿到期债务的，合伙人承担无限连带责任。

第四十条 合伙人由于承担无限连带责任，清偿数额超过本法第三十三条第一款规定的其亏损分担比例的，有权向其他合伙人追偿。

第四十一条 合伙人发生与合伙企业无关的债务，相关债权人不得以其债权抵销其对合伙企业的债务；也不得代位行使合伙人在合伙企业中的权利。

第四十二条 合伙人的自有财产不足清偿其与合伙企业无关的债务的，该合伙人可以以其从合伙企业中分取的收益用于清偿；债权人也可以依法请求人民法院强制执行该合伙人在合伙企业中的财产份额用于清偿。

人民法院强制执行合伙人的财产份额时，应当通知全体合伙人，其他合伙人有优先购买权；其他合伙人未购买，又不同意将该财产份额转让给他人的，依照本法第五十一条的规定为该合伙人办理退伙结算，或者办理削减该合伙人相应财产份额的结算。

第五节 入伙、退伙

第四十三条 新合伙人入伙，除合伙协议另有约定外，应当经全体合伙人一致同意，并依法订立书面入伙协议。

订立入伙协议时，原合伙人应当向新合伙人如实告知原合伙企业的经营状况和财务状况。

第四十四条 入伙的新合伙人与原合伙人享有同等权利，承担同等责任。入伙协议另有约定的，从其约定。

新合伙人对入伙前合伙企业的债务承担无限连带责任。

第四十五条 合伙协议约定合伙期限的，在合伙企业存续期间，有下列情形之一的，合伙人可以退伙：

（一）合伙协议约定的退伙事由出现；

（二）经全体合伙人一致同意；

（三）发生合伙人难以继续参加合伙的事由；

（四）其他合伙人严重违反合伙协议约定的义务。

第四十六条 合伙协议未约定合伙期限的，合伙人在不给合伙企业事务执行造成不利影响的情况下，可以退伙，但应当提前三十日通知其他合伙人。

第四十七条 合伙人违反本法第四十五条、第四十六条的规定退伙的，应当赔偿由此给合伙企业造成的损失。

第四十八条 合伙人有下列情形之一的，当然退伙：

（一）作为合伙人的自然人死亡或者被依法宣告死亡；

（二）个人丧失偿债能力；

（三）作为合伙人的法人或者其他组织依法被吊销营业执照、责令关闭、撤销，或者被宣告破产；

（四）法律规定或者合伙协议约定合伙人必须具有相关资格而丧失该资格；

（五）合伙人在合伙企业中的全部财产份额被人民法院强制执行。

合伙人被依法认定为无民事行为能力人或者限制民事行为能力人的，经其他合伙人一致同意，可以依法转为有限合伙人，普通合伙企业依法转为有限合伙企业。其他合伙人未能一致同意的，该无民事行为能力或者限制民事行为能力的合伙人退伙。

退伙事由实际发生之日为退伙生效日。

第四十九条 合伙人有下列情形之一的，经其他合伙人一致同意，可以决议将其除名：

（一）未履行出资义务；

（二）因故意或者重大过失给合伙企业造成损失；

（三）执行合伙事务时有不正当行为；

（四）发生合伙协议约定的事由。

对合伙人的除名决议应当书面通知被除名人。被除名人接到除名通知之日，除名生效，被除名人退伙。

被除名人对除名决议有异议的，可以自接到除名通知之日起三十日内，向人民法院起诉。

第五十条 合伙人死亡或者被依法宣告死亡的，对该合伙人在合伙企业中的财产份额享有合法继承权的继承人，按照合伙协议的约定或者经全体合伙人一致同意，从继承开始之日起，取得该合伙企业的合伙人资格。

有下列情形之一的，合伙企业应当向合伙人的继承人退还被继承合伙人的财产份额：

（一）继承人不愿意成为合伙人；

（二）法律规定或者合伙协议约定合伙人必须具有相关资格，而该继承人未取得该资格；

（三）合伙协议约定不能成为合伙人的其他情形。

合伙人的继承人为无民事行为能力人或者限制民事行为能力人的，经全体合伙人一致同意，可以依法成为有限合伙人，普通合伙企业依法转为有限合伙企业。全体合伙人未能一致同意的，合伙企业应当将被继承合伙人的财产份额退还该继承人。

第五十一条 合伙人退伙，其他合伙人应当与该退伙人按照退伙时的合伙企业财产状况进行结算，退还退伙人的财产份额。退伙人对给合伙企业造成的损失负有赔偿责任的，相应扣减其应当赔偿的数额。

退伙时有未了结的合伙企业事务的，待该事务了结后进行结算。

第五十二条 退伙人在合伙企业中财产份额的退还办法，由合伙协议约定或者由全体合伙人决定，可以退还货币，也可以退还实物。

第五十三条 退伙人对基于其退伙前的原因发生的合伙企业债务，承担无限连带责任。

第五十四条 合伙人退伙时，合伙企业财产少于合伙企业债务的，退伙人应当依照本法第三十三条第一款的规定分担亏损。

第六节 特殊的普通合伙企业

第五十五条 以专业知识和专门技能为客户提供有偿服务的专业服务机构，可以设立为特殊的普通合伙企业。

特殊的普通合伙企业是指合伙人依照本法第五十七条的规定承担责任的普通合伙企业。

特殊的普通合伙企业适用本节规定；本节未作规定的，适用本章第一节至第五节的规定。

第五十六条 特殊的普通合伙企业名称中应当标明“特殊普通合伙”字样。

第五十七条 一个合伙人或者数个合伙人在执业活动中因故意或者重大过失造成合伙企业债务的，应当承担无限责任或者无限连带责任，其他合伙人以其在合伙企业中的财产份额为限承担责任。

合伙人在执业活动中非因故意或者重大过失造成的合伙企业债务以及合伙企业的其他债务，由全体合伙人承担无限连带责任。

第五十八条 合伙人执业活动中因故意或者重大过失造成的合伙企业债务，以合伙企业财产对外承担责任后，该合伙人应当按照合伙协议的约定对给合伙企业造成的损失承担赔偿责任。

第五十九条 特殊的普通合伙企业应当建立执业风险基金、办理职业保险。

执业风险基金用于偿付合伙人执业活动造成的债务。执业风险基金应当单独立户管理。具体管理办法由国务院规定。

第三章 有限合伙企业

第六十条 有限合伙企业及其合伙人适用本章规定；本章未作规定的，适用本法第二章第一节至第五节关于普通合伙企业及其合伙人的规定。

第六十一条 有限合伙企业由二个以上五十个以下合伙人设立；但是，法律另有规定的除外。

有限合伙企业至少应当有一个普通合伙人。

第六十二条 有限合伙企业名称中应当标明“有限合伙”字样。

第六十三条 合伙协议除符合本法第十八条的规定外，还应当载明下列事项：

（一）普通合伙人和有限合伙人的姓名或者名称、住所；

（二）执行事务合伙人应具备的条件和选择程序；

（三）执行事务合伙人权限与违约处理办法；

（四）执行事务合伙人的除名条件和更换程序；

（五）有限合伙人入伙、退伙的条件、程序以及相关责任；

（六）有限合伙人和普通合伙人相互转变程序。

第六十四条 有限合伙人可以用货币、实物、知识产权、土地使用权或者其他财产权利作价出资。

有限合伙人不得以劳务出资。

第六十五条 有限合伙人应当按照合伙协议的约定按期足额缴纳出资；未按期足额缴纳的，应当承担补缴义务，并对其他合伙人承担违约责任。

第六十六条 有限合伙企业登记事项中应当载明有限合伙人的姓名或者名称及认缴的出资数额。

第六十七条 有限合伙企业由普通合伙人执行合伙事务。执行事务合伙人可以要求在合伙协议中确定执行事务的报酬及报酬提取方式。

第六十八条 有限合伙人不执行合伙事务，不得对外代表有限合伙企业。

有限合伙人的下列行为，不视为执行合伙事务：

（一）参与决定普通合伙人入伙、退伙；

（二）对企业的经营管理提出建议；

（三）参与选择承办有限合伙企业审计业务的会计师事务所；

（四）获取经审计的有限合伙企业财务会计报告；

（五）对涉及自身利益的情况，查阅有限合伙企业财务会计账簿等财务资料；

（六）在有限合伙企业中的利益受到侵害时，向有责任的合伙人主张权利或者提起诉讼；

（七）执行事务合伙人怠于行使权利时，督促其行使权利或者为了该企业的利益以自己的名义提起诉讼；

（八）依法为该企业提供担保。

第六十九条 有限合伙企业不得将全部利润分配给部分合伙人；但是，合伙协议另有约定的除外。

第七十条 有限合伙人可以同本有限合伙企业进行交易；但是，合伙协议另有约定的除外。

第七十一条 有限合伙人可以自营或者同他人合作经营与本有限合伙企业相竞争的业务；但是，合伙协议另有约定的除外。

第七十二条 有限合伙人可以将其在有限合伙企业中的财产份额出质；但是，合伙协议另有约定的除外。

第七十三条 有限合伙人可以按照合伙协议的约定向合伙人以外的人转让其在有限合伙企业中的财产份额，但应当提前三十日通知其他合伙人。

第七十四条 有限合伙人的自有财产不足清偿其与合伙企业无关的债务的，该合伙人可以以其从有限合伙企业中分取的收益用于清偿；债权人也可以依法请求人民法院强制执行该合伙人在有限合伙企业中的财产份额用于清偿。

人民法院强制执行有限合伙人的财产份额时，应当通知全体合伙人。在同等条件下，其他合伙人有优先购买权。

第七十五条 有限合伙企业仅剩有限合伙人的，应当解散；有限合伙企业仅剩普通合伙人的，转为普通合伙企业。

第七十六条 第三人有理由相信有限合伙人为普通合伙人并与其交易的，该有限合伙人对该笔交易承担与普通合伙人同样的责任。

有限合伙人未经授权以有限合伙企业名义与他人进行交易，给有限合伙企业或者其他合伙人造成损失的，该有限合伙人应当承担赔偿责任。

第七十七条 新入伙的有限合伙人对入伙前有限合伙企业的债务，以其认缴的出资额为限承担责任。

第七十八条 有限合伙人有本法第四十八条第一款第一项、第三项至第五项所列情形之一的，当然退伙。

第七十九条 作为有限合伙人的自然人在有限合伙企业存续期间丧失民事行为能力的，其他合伙人不得因此要求其退伙。

第八十条 作为有限合伙人的自然人死亡、被依法宣告死亡或者作为有限合伙人的法人及其他组织终止时，其继承人或者权利承受人可以依法取得该有限合伙人在有限合伙企业中的资格。

第八十一条 有限合伙人退伙后，对基于其退伙前的原因发生的有限合伙企业债务，以其退伙时从有限合伙企业中取回的财产承担责任。

第八十二条 除合伙协议另有约定外，普通合伙人转变为有限合伙人，或者有限合伙人转变为普通合伙人，应当经全体合伙人一致同意。

第八十三条 有限合伙人转变为普通合伙人的，对其作为有限合伙人期间有限合伙企业发生的债务承担无限连带责任。

第八十四条 普通合伙人转变为有限合伙人的，对其作为普通合伙人期间合伙企业发生的债务承担无限连带责任。

第四章 合伙企业解散、清算

第八十五条 合伙企业有下列情形之一的，应当解散：

（一）合伙期限届满，合伙人决定不再经营；

（二）合伙协议约定的解散事由出现；

（三）全体合伙人决定解散；

（四）合伙人已不具备法定人数满三十天；

（五）合伙协议约定的合伙目的已经实现或者无法实现；

（六）依法被吊销营业执照、责令关闭或者被撤销；

（七）法律、行政法规规定的其他原因。

第八十六条 合伙企业解散，应当由清算人进行清算。

清算人由全体合伙人担任；经全体合伙人过半数同意，可以自合伙企业解散事由出现后十五日内指定一个或者数个合伙人，或者委托第三人，担任清算人。

自合伙企业解散事由出现之日起十五日内未确定清算人的，合伙人或者其他利害关系人可以申请人民法院指定清算人。

第八十七条 清算人在清算期间执行下列事务：

（一）清理合伙企业财产，分别编制资产负债表和财产清单；

（二）处理与清算有关的合伙企业未了结事务；

（三）清缴所欠税款；

（四）清理债权、债务；

（五）处理合伙企业清偿债务后的剩余财产；

（六）代表合伙企业参加诉讼或者仲裁活动。

第八十八条 清算人自被确定之日起十日内将合伙企业解散事项通知债权人，并于六十日内在报纸上公告。债权人应当自接到通知书之日起三十日内，未接到通知书的自公告之日起四十五日内，向清算人申报债权。

债权人申报债权，应当说明债权的有关事项，并提供证明材料。清算人应当对债权进行登记。

清算期间，合伙企业存续，但不得开展与清算无关的经营活动。

第八十九条 合伙企业财产在支付清算费用和职工工资、社会保险费用、法定补偿金以及缴纳所欠税款、清偿债务后的剩余财产，依照本法第三十三条第一款的规定进行分配。

第九十条 清算结束，清算人应当编制清算报告，经全体合伙人签名、盖章后，在十五日内向企业登记机关报送清算报告，申请办理合伙企业注销登记。

第九十一条 合伙企业注销后，原普通合伙人对合伙企业存续期间的债务仍应承担无限连带责任。

第九十二条 合伙企业不能清偿到期债务的，债权人可以依法向人民法院提出破产清算申请，也可以要求普通合伙人清偿。

合伙企业依法被宣告破产的，普通合伙人对合伙企业债务仍应承担无限连带责任。

第五章 法律责任

第九十三条 违反本法规定，提交虚假文件或者采取其他欺骗手段，取得合伙企业登记的，由企业登记机关责令改正，处以五千元以上五万元以下的罚款；情节严重的，撤销企业登记，并处以五万元以上二十万元以下的罚款。

第九十四条 违反本法规定，合伙企业未在其名称中标明“普通合伙”

“特殊普通合伙”或者“有限合伙”字样的，由企业登记机关责令限期改正，处以二千元以上一万元以下的罚款。

第九十五条 违反本法规定，未领取营业执照，而以合伙企业或者合伙企业分支机构名义从事合伙业务的，由企业登记机关责令停止，处以五千元以上五万元以下的罚款。

合伙企业登记事项发生变更时，未依照本法规定办理变更登记的，由企业登记机关责令限期登记；逾期不登记的，处以二千元以上二万元以下的罚款。

合伙企业登记事项发生变更，执行合伙事务的合伙人未按期申请办理变更登记的，应当赔偿由此给合伙企业、其他合伙人或者善意第三人造成的损失。

第九十六条 合伙人执行合伙事务，或者合伙企业从业人员利用职务上的便利，将应当归合伙企业的利益据为己有的，或者采取其他手段侵占合伙企业财产的，应当将该利益和财产退还合伙企业；给合伙企业或者其他合伙人造成损失的，依法承担赔偿责任。

第九十七条 合伙人对本法规定或者合伙协议约定必须经全体合伙人一致同意始得执行的事务擅自处理，给合伙企业或者其他合伙人造成损失的，依法承担赔偿责任。

第九十八条 不具有事务执行权的合伙人擅自执行合伙事务，给合伙企业或者其他合伙人造成损失的，依法承担赔偿责任。

第九十九条 合伙人违反本法规定或者合伙协议的约定，从事与本合伙企业相竞争的业务或者与本合伙企业进行交易的，该收益归合伙企业所有；给合伙企业或者其他合伙人造成损失的，依法承担赔偿责任。

第一百条 清算人未依照本法规定向企业登记机关报送清算报告，或者报送清算报告隐瞒重要事实，或者有重大遗漏的，由企业登记机关责令改正。由此产生的费用和损失，由清算人承担和赔偿。

第一百零一条 清算人执行清算事务，牟取非法收入或者侵占合伙企业财产的，应当将该收入和侵占的财产退还合伙企业；给合伙企业或者其他合伙人造成损失的，依法承担赔偿责任。

第一百零二条 清算人违反本法规定，隐匿、转移合伙企业财产，对资产负债表或者财产清单作虚假记载，或者在未清偿债务前分配财产，损害债权人利益的，依法承担赔偿责任。

第一百零三条 合伙人违反合伙协议的，应当依法承担违约责任。

合伙人履行合伙协议发生争议的，合伙人可以通过协商或者调解解决。不愿通过协商、调解解决或者协商、调解不成的，可以按照合伙协议约定的仲裁条款或者事后达成的书面仲裁协议，向仲裁机构申请仲裁。合伙协议中未订立仲裁条款，事后又没有达成书面仲裁协议的，可以向人民法院起诉。

第一百零四条 有关行政管理机关的工作人员违反本法规定，滥用职权、徇私舞弊、收受贿赂、侵害合伙企业合法权益的，依法给予行政处分。

第一百零五条 违反本法规定，构成犯罪的，依法追究刑事责任。

第一百零六条 违反本法规定，应当承担民事赔偿责任和缴纳罚款、罚金，其财产不足以同时支付的，先承担民事赔偿责任。

第六章 附 则

第一百零七条 非企业专业服务机构依据有关法律采取合伙制的，其合伙人承担责任的形式可以适用本法关于特殊的普通合伙企业合伙人承担责任的规定。

第一百零八条 外国企业或者个人在中国境内设立合伙企业的管理办法由国务院规定。

第一百零九条 本法自 2007 年 6 月 1 日起施行。

中华人民共和国个人独资企业法

（1999年8月30日第九届全国人民代表大会常务委员会第十一次会议通过　1999年8月30日中华人民共和国主席令第20号公布　自2000年1月1日起施行）

第一章　总　　则

第一条　为了规范个人独资企业的行为，保护个人独资企业投资人和债权人的合法权益，维护社会经济秩序，促进社会主义市场经济的发展，根据宪法，制定本法。

第二条　本法所称个人独资企业，是指依照本法在中国境内设立，由一个自然人投资，财产为投资人个人所有，投资人以其个人财产对企业债务承担无限责任的经营实体。

第三条　个人独资企业以其主要办事机构所在地为住所。

第四条　个人独资企业从事经营活动必须遵守法律、行政法规，遵守诚实信用原则，不得损害社会公共利益。

个人独资企业应当依法履行纳税义务。

第五条　国家依法保护个人独资企业的财产和其他合法权益。

第六条　个人独资企业应当依法招用职工。职工的合法权益受法律保护。

个人独资企业职工依法建立工会，工会依法开展活动。

第七条　在个人独资企业中的中国共产党党员依照中国共产党章程进行活动。

第二章　个人独资企业的设立

第八条　设立个人独资企业应当具备下列条件：

（一）投资人为一个自然人；

（二）有合法的企业名称；

（三）有投资人申报的出资；

（四）有固定的生产经营场所和必要的生产经营条件；

（五）有必要的从业人员。

第九条 申请设立个人独资企业，应当由投资人或者其委托的代理人向个人独资企业所在地的登记机关提交设立申请书、投资人身份证明、生产经营场所使用证明等文件。委托代理人申请设立登记时，应当出具投资人的委托书和代理人的合法证明。

个人独资企业不得从事法律、行政法规禁止经营的业务；从事法律、行政法规规定须报经有关部门审批的业务，应当在申请设立登记时提交有关部门的批准文件。

第十条 个人独资企业设立申请书应当载明下列事项：

（一）企业的名称和住所；

（二）投资人的姓名和居所；

（三）投资人的出资额和出资方式；

（四）经营范围。

第十一条 个人独资企业的名称应当与其责任形式及从事的营业相符合。

第十二条 登记机关应当在收到设立申请文件之日起十五日内，对符合本法规定条件的，予以登记，发给营业执照；对不符合本法规定条件的，不予登记，并应当给予书面答复，说明理由。

第十三条 个人独资企业的营业执照的签发日期，为个人独资企业成立日期。

在领取个人独资企业营业执照前，投资人不得以个人独资企业名义从事经营活动。

第十四条 个人独资企业设立分支机构，应当由投资人或者其委托的代理人向分支机构所在地的登记机关申请登记，领取营业执照。

分支机构经核准登记后，应将登记情况报该分支机构隶属的个人独资企业的登记机关备案。

分支机构的民事责任由设立该分支机构的个人独资企业承担。

第十五条 个人独资企业存续期间登记事项发生变更的，应当在作出变更决定之日起的十五日内依法向登记机关申请办理变更登记。

第三章　个人独资企业的投资人及事务管理

第十六条 法律、行政法规禁止从事营利性活动的人，不得作为投资人申请设立个人独资企业。

第十七条 个人独资企业投资人对本企业的财产依法享有所有权，其有关权利可以依法进行转让或继承。

第十八条 个人独资企业投资人在申请企业设立登记时明确以其家庭共有财产作为个人出资的，应当依法以家庭共有财产对企业债务承担无限责任。

第十九条 个人独资企业投资人可以自行管理企业事务，也可以委托或者聘用其他具有民事行为能力的人负责企业的事务管理。

投资人委托或者聘用他人管理个人独资企业事务，应当与受托人或者被聘用的人签订书面合同，明确委托的具体内容和授予的权利范围。

受托人或者被聘用的人员应当履行诚信、勤勉义务，按照与投资人签订的合同负责个人独资企业的事务管理。

投资人对受托人或者被聘用的人员职权的限制，不得对抗善意第三人。

第二十条 投资人委托或者聘用的管理个人独资企业事务的人员不得有下列行为：

（一）利用职务上的便利，索取或者收受贿赂；

（二）利用职务或者工作上的便利侵占企业财产；

（三）挪用企业的资金归个人使用或者借贷给他人；

（四）擅自将企业资金以个人名义或者以他人名义开立账户储存；

（五）擅自以企业财产提供担保；

（六）未经投资人同意，从事与本企业相竞争的业务；

（七）未经投资人同意，同本企业订立合同或者进行交易；

（八）未经投资人同意，擅自将企业商标或者其他知识产权转让给他人使用；

（九）泄露本企业的商业秘密；

（十）法律、行政法规禁止的其他行为。

第二十一条 个人独资企业应当依法设置会计账簿，进行会计核算。

第二十二条 个人独资企业招用职工的，应当依法与职工签订劳动合同，保障职工的劳动安全，按时、足额发放职工工资。

第二十三条 个人独资企业应当按照国家规定参加社会保险，为职工缴纳社会保险费。

第二十四条 个人独资企业可以依法申请贷款、取得土地使用权，并享有法律、行政法规规定的其他权利。

第二十五条 任何单位和个人不得违反法律、行政法规的规定，以任何方式强制个人独资企业提供财力、物力、人力；对于违法强制提供财力、物力、人力的行为，个人独资企业有权拒绝。

第四章　个人独资企业的解散和清算

第二十六条　个人独资企业有下列情形之一时，应当解散：

（一）投资人决定解散；

（二）投资人死亡或者被宣告死亡，无继承人或者继承人决定放弃继承；

（三）被依法吊销营业执照；

（四）法律、行政法规规定的其他情形。

第二十七条　个人独资企业解散，由投资人自行清算或者由债权人申请人民法院指定清算人进行清算。

投资人自行清算的，应当在清算前十五日内书面通知债权人，无法通知的，应当予以公告。债权人应当在接到通知之日起三十日内，未接到通知的应当在公告之日起六十日内，向投资人申报其债权。

第二十八条　个人独资企业解散后，原投资人对个人独资企业存续期间的债务仍应承担偿还责任，但债权人在五年内未向债务人提出偿债请求的，该责任消灭。

第二十九条　个人独资企业解散的，财产应当按照下列顺序清偿：

（一）所欠职工工资和社会保险费用；

（二）所欠税款；

（三）其他债务。

第三十条　清算期间，个人独资企业不得开展与清算目的无关的经营活动。在按前条规定清偿债务前，投资人不得转移、隐匿财产。

第三十一条　个人独资企业财产不足以清偿债务的，投资人应当以其个人的其他财产予以清偿。

第三十二条　个人独资企业清算结束后，投资人或者人民法院指定的清算人应当编制清算报告，并于十五日内到登记机关办理注销登记。

第五章　法 律 责 任

第三十三条　违反本法规定，提交虚假文件或采取其他欺骗手段，取得企业登记的，责令改正，处以五千元以下的罚款；情节严重的，并处吊销营业执照。

第三十四条　违反本法规定，个人独资企业使用的名称与其在登记机关登记的名称不相符合的，责令限期改正，处以二千元以下的罚款。

第三十五条　涂改、出租、转让营业执照的，责令改正，没收违法所得，处以三千元以下的罚款；情节严重的，吊销营业执照。

伪造营业执照的，责令停业，没收违法所得，处以五千元以下的罚款。构成犯罪的，依法追究刑事责任。

第三十六条 个人独资企业成立后无正当理由超过六个月未开业的，或者开业后自行停业连续六个月以上的，吊销营业执照。

第三十七条 违反本法规定，未领取营业执照，以个人独资企业名义从事经营活动的，责令停止经营活动，处以三千元以下的罚款。

个人独资企业登记事项发生变更时，未按本法规定办理有关变更登记的，责令限期办理变更登记；逾期不办理的，处以二千元以下的罚款。

第三十八条 投资人委托或者聘用的人员管理个人独资企业事务时违反双方订立的合同，给投资人造成损害的，承担民事赔偿责任。

第三十九条 个人独资企业违反本法规定，侵犯职工合法权益，未保障职工劳动安全，不缴纳社会保险费用的，按照有关法律、行政法规予以处罚，并追究有关责任人员的责任。

第四十条 投资人委托或者聘用的人员违反本法第二十条规定，侵犯个人独资企业财产权益的，责令退还侵占的财产；给企业造成损失的，依法承担赔偿责任；有违法所得的，没收违法所得；构成犯罪的，依法追究刑事责任。

第四十一条 违反法律、行政法规的规定强制个人独资企业提供财力、物力、人力的，按照有关法律、行政法规予以处罚，并追究有关责任人员的责任。

第四十二条 个人独资企业及其投资人在清算前或清算期间隐匿或转移财产，逃避债务的，依法追回其财产，并按照有关规定予以处罚；构成犯罪的，依法追究刑事责任。

第四十三条 投资人违反本法规定，应当承担民事赔偿责任和缴纳罚款、罚金，其财产不足以支付的，或者被判处没收财产的，应当先承担民事赔偿责任。

第四十四条 登记机关对不符合本法规定条件的个人独资企业予以登记，或者对符合本法规定条件的企业不予登记的，对直接责任人员依法给予行政处分；构成犯罪的，依法追究刑事责任。

第四十五条 登记机关的上级部门的有关主管人员强令登记机关对不符合本法规定条件的企业予以登记，或者对符合本法规定条件的企业不予登记的，或者对登记机关的违法登记行为进行包庇的，对直接责任人员依法给予行政处分；构成犯罪的，依法追究刑事责任。

第四十六条 登记机关对符合法定条件的申请不予登记或者超过法定时限不予答复的，当事人可依法申请行政复议或提起行政诉讼。

第六章 附 则

第四十七条 外商独资企业不适用本法。

第四十八条 本法自2000年1月1日起施行。

2018年个体工商户管理条例

（根据2016年2月6日国务院令第666号《国务院关于修改部分行政法规的决定》修正）

第一条 为了保护个体工商户的合法权益，鼓励、支持和引导个体工商户健康发展，加强对个体工商户的监督、管理，发挥其在经济社会发展和扩大就业中的重要作用，制定本条例。

第二条 有经营能力的公民，依照本条例规定经工商行政管理部门登记，从事工商业经营的，为个体工商户。

个体工商户可以个人经营，也可以家庭经营。

个体工商户的合法权益受法律保护，任何单位和个人不得侵害。

第三条 县、自治县、不设区的市、市辖区工商行政管理部门为个体工商户的登记机关（以下简称登记机关）。登记机关按照国务院工商行政管理部门的规定，可以委托其下属工商行政管理所办理个体工商户登记。

第四条 国家对个体工商户实行市场平等准入、公平待遇的原则。

申请办理个体工商户登记，申请登记的经营范围不属于法律、行政法规禁止进入的行业的，登记机关应当依法予以登记。

第五条 工商行政管理部门和县级以上人民政府其他有关部门应当依法对个体工商户实行监督和管理。

个体工商户从事经营活动，应当遵守法律、法规，遵守社会公德、商业道德，诚实守信，接受政府及其有关部门依法实施的监督。

第六条 地方各级人民政府和县级以上人民政府有关部门应当采取措施，在经营场所、创业和职业技能培训、职业技能鉴定、技术创新、参加社会保险等方面，为个体工商户提供支持、便利和信息咨询等服务。

第七条 依法成立的个体劳动者协会在工商行政管理部门指导下，为个体工商户提供服务，维护个体工商户合法权益，引导个体工商户诚信自律。

个体工商户自愿加入个体劳动者协会。

第八条 申请登记为个体工商户，应当向经营场所所在地登记机关申请注册登记。申请人应当提交登记申请书、身份证明和经营场所证明。

个体工商户登记事项包括经营者姓名和住所、组成形式、经营范围、经营场所。个体工商户使用名称的，名称作为登记事项。

第九条 登记机关对申请材料依法审查后，按照下列规定办理：

（一）申请材料齐全、符合法定形式的，当场予以登记；申请材料不齐全或者不符合法定形式要求的，当场告知申请人需要补正的全部内容；

（二）需要对申请材料的实质性内容进行核实的，依法进行核查，并自受理申请之日起15日内作出是否予以登记的决定；

（三）不符合个体工商户登记条件的，不予登记并书面告知申请人，说明理由，告知申请人有权依法申请行政复议、提起行政诉讼。

予以注册登记的，登记机关应当自登记之日起10日内发给营业执照。

国家推行电子营业执照。电子营业执照与纸质营业执照具有同等法律效力。

第十条 个体工商户登记事项变更的，应当向登记机关申请办理变更登记。

个体工商户变更经营者的，应当在办理注销登记后，由新的经营者重新申请办理注册登记。家庭经营的个体工商户在家庭成员间变更经营者的，依照前款规定办理变更手续。

第十一条 申请注册登记或者变更登记的登记事项属于依法须取得行政许可的，应当向登记机关提交许可证明。

第十二条 个体工商户不再从事经营活动的，应当到登记机关办理注销登记。

第十三条 个体工商户应当于每年1月1日至6月30日，向登记机关报送年度报告。

个体工商户应当对其年度报告的真实性、合法性负责。

个体工商户年度报告办法由国务院工商行政管理部门制定。

第十四条 登记机关将未按照规定履行年度报告义务的个体工商户载入经营异常名录，并在企业信用信息公示系统上向社会公示。

第十五条 登记机关接收个体工商户年度报告和抽查不得收取任何费用。

第十六条 登记机关和有关行政机关应当在其政府网站和办公场所，以便于公众知晓的方式公布个体工商户申请登记和行政许可的条件、程序、期限、需要提交的全部材料目录和收费标准等事项。

登记机关和有关行政机关应当为申请人申请行政许可和办理登记提供指导和查询服务。

第十七条 个体工商户在领取营业执照后，应当依法办理税务登记。

个体工商户税务登记内容发生变化的，应当依法办理变更或者注销税务登记。

第十八条 任何部门和单位不得向个体工商户集资、摊派，不得强行要求个体工商户提供赞助或者接受有偿服务。

第十九条 地方各级人民政府应当将个体工商户所需生产经营场地纳入城乡建设规划，统筹安排。

个体工商户经批准使用的经营场地，任何单位和个人不得侵占。

第二十条 个体工商户可以凭营业执照及税务登记证明，依法在银行或者其他金融机构开立账户，申请贷款。

金融机构应当改进和完善金融服务，为个体工商户申请贷款提供便利。

第二十一条 个体工商户可以根据经营需要招用从业人员。

个体工商户应当依法与招用的从业人员订立劳动合同，履行法律、行政法规规定和合同约定的义务，不得侵害从业人员的合法权益。

第二十二条 个体工商户提交虚假材料骗取注册登记，或者伪造、涂改、出租、出借、转让营业执照的，由登记机关责令改正，处4000元以下的罚款；情节严重的，撤销注册登记或者吊销营业执照。

第二十三条 个体工商户登记事项变更，未办理变更登记的，由登记机关责令改正，处1500元以下的罚款；情节严重的，吊销营业执照。

个体工商户未办理税务登记的，由税务机关责令限期改正；逾期未改正的，经税务机关提请，由登记机关吊销营业执照。

第二十四条 在个体工商户营业执照有效期内，有关行政机关依法吊销、撤销个体工商户的行政许可，或者行政许可有效期届满的，应当自吊销、撤销行政许可或者行政许可有效期届满之日起5个工作日内通知登记机关，由登记机关撤销注册登记或者吊销营业执照，或者责令当事人依法办理变更登记。

第二十五条 工商行政管理部门以及其他有关部门应当加强个体工商户管理工作的信息交流，逐步建立个体工商户管理信息系统。

第二十六条 工商行政管理部门以及其他有关部门的工作人员，滥用职权、徇私舞弊、收受贿赂或者侵害个体工商户合法权益的，依法给予处分；构成犯罪的，依法追究刑事责任。

第二十七条 香港特别行政区、澳门特别行政区永久性居民中的中国公民，台湾地区居民可以按照国家有关规定，申请登记为个体工商户。

第二十八条 个体工商户申请转变为企业组织形式，符合法定条件的，登记机关和有关行政机关应当为其提供便利。

第二十九条 无固定经营场所摊贩的管理办法，由省、自治区、直辖市人民政府根据当地实际情况规定。

第三十条 本条例自2011年11月1日起施行。1987年8月5日国务院发布的《城乡个体工商户管理暂行条例》同时废止。

中华人民共和国促进科技成果转化法（节选）

（根据2015年8月29日第十二届全国人民代表大会常务委员会第十六次会议《关于修改〈中华人民共和国促进科技成果转化法〉的决定》修正）

第十六条 科技成果持有者可以采用下列方式进行科技成果转化：

（一）自行投资实施转化；

（二）向他人转让该科技成果；

（三）许可他人使用该科技成果；

（四）以该科技成果作为合作条件，与他人共同实施转化；

（五）以该科技成果作价投资，折算股份或者出资比例；

（六）其他协商确定的方式。

第十七条 国家鼓励研究开发机构、高等院校采取转让、许可或者作价投资等方式，向企业或者其他组织转移科技成果。

国家设立的研究开发机构、高等院校应当加强对科技成果转化的管理、组织和协调，促进科技成果转化队伍建设，优化科技成果转化流程，通过本单位负责技术转移工作的机构或者委托独立的科技成果转化服务机构开展技术转移。

第十八条 国家设立的研究开发机构、高等院校对其持有的科技成果，可以自主决定转让、许可或者作价投资，但应当通过协议定价、在技术交易市场挂牌交易、拍卖等方式确定价格。通过协议定价的，应当在本单位公示科技成果名称和拟交易价格。

第十九条 国家设立的研究开发机构、高等院校所取得的职务科技成果，完成人和参加人在不变更职务科技成果权属的前提下，可以根据与本单位的协议进行该项科技成果的转化，并享有协议规定的权益。该单位对上述科技成果转化活动应当予以支持。

科技成果完成人或者课题负责人，不得阻碍职务科技成果的转化，不得将职务科技成果及其技术资料和数据占为己有，侵犯单位的合法权益。

第二十条 研究开发机构、高等院校的主管部门以及财政、科学技术等相关行政部门应当建立有利于促进科技成果转化的绩效考核评价体系，将科技成果转化情况作为对相关单位及人员评价、科研资金支持的重要内容和依据之一，并对科技成果转化绩效突出的相关单位及人员加大科研资金支持。

国家设立的研究开发机构、高等院校应当建立符合科技成果转化工作特点的职称评定、岗位管理和考核评价制度，完善收入分配激励约束机制。

第二十一条 国家设立的研究开发机构、高等院校应当向其主管部门提交科技成果转化情况年度报告，说明本单位依法取得的科技成果数量、实施转化情况以及相关收入分配情况，该主管部门应当按照规定将科技成果转化情况年度报告报送财政、科学技术等相关行政部门。

第二十二条 企业为采用新技术、新工艺、新材料和生产新产品，可以自行发布信息或者委托科技中介服务机构征集其所需的科技成果，或者征寻科技成果转化的合作者。

县级以上地方各级人民政府科学技术行政部门和其他有关部门应当根据职责分工，为企业获取所需的科技成果提供帮助和支持。

第二十三条 企业依法有权独立或者与境内外企业、事业单位和其他合作者联合实施科技成果转化。

企业可以通过公平竞争，独立或者与其他单位联合承担政府组织实施的科技研究开发和科技成果转化项目。

第二十四条 对利用财政资金设立的具有市场应用前景、产业目标明确的科技项目，政府有关部门、管理机构应当发挥企业在研究开发方向选择、项目实施和成果应用中的主导作用，鼓励企业、研究开发机构、高等院校及其他组织共同实施。

第二十五条 国家鼓励研究开发机构、高等院校与企业相结合，联合实施科技成果转化。

研究开发机构、高等院校可以参与政府有关部门或者企业实施科技成果转化的招标投标活动。

第二十六条 国家鼓励企业与研究开发机构、高等院校及其他组织采取联合建立研究开发平台、技术转移机构或者技术创新联盟等产学研合作方式，共同开展研究开发、成果应用与推广、标准研究与制定等活动。

合作各方应当签订协议，依法约定合作的组织形式、任务分工、资金投入、知识产权归属、权益分配、风险分担和违约责任等事项。

第三十三条 科技成果转化财政经费，主要用于科技成果转化的引导资金、贷款贴息、补助资金和风险投资以及其他促进科技成果转化的资金用途。

第三十四条 国家依照有关税收法律、行政法规规定对科技成果转化活动实行税收优惠。

第三十五条 国家鼓励银行业金融机构在组织形式、管理机制、金融产品和服务等方面进行创新，鼓励开展知识产权质押贷款、股权质押贷款等贷款业务，为科技成果转化提供金融支持。

国家鼓励政策性金融机构采取措施，加大对科技成果转化的金融支持。

第三十六条 国家鼓励保险机构开发符合科技成果转化特点的保险品种，为科技成果转化提供保险服务。

第三十七条 国家完善多层次资本市场，支持企业通过股权交易、依法发行股票和债券等直接融资方式为科技成果转化项目进行融资。

第三十八条 国家鼓励创业投资机构投资科技成果转化项目。

国家设立的创业投资引导基金，应当引导和支持创业投资机构投资初创期科技型中小企业。

第三十九条 国家鼓励设立科技成果转化基金或者风险基金，其资金来源由国家、地方、企业、事业单位以及其他组织或者个人提供，用于支持高投人、高风险、高产出的科技成果的转化，加速重大科技成果的产业化。

科技成果转化基金和风险基金的设立及其资金使用，依照国家有关规定执行。

第四十三条 国家设立的研究开发机构、高等院校转化科技成果所获得的收入全部留归本单位，在对完成、转化职务科技成果做出重要贡献的人员给予奖励和报酬后，主要用于科学技术研究开发与成果转化等相关工作。

第四十四条 职务科技成果转化后，由科技成果完成单位对完成、转化该项科技成果做出重要贡献的人员给予奖励和报酬。

科技成果完成单位可以规定或者与科技人员约定奖励和报酬的方式、数额和时限。单位制定相关规定，应当充分听取本单位科技人员的意见，并在本单位公开相关规定。

第四十五条 科技成果完成单位未规定、也未与科技人员约定奖励和报酬的方式和数额的，按照下列标准对完成、转化职务科技成果做出重要贡献的人员给予奖励和报酬：

（一）将该项职务科技成果转让、许可给他人实施的，从该项科技成果转让净收入或者许可净收入中提取不低于百分之五十的比例；

（二）利用该项职务科技成果作价投资的，从该项科技成果形成的股份或者出资比例中提取不低于百分之五十的比例；

（三）将该项职务科技成果自行实施或者与他人合作实施的，应当在实施转化成功投产后连续三至五年，每年从实施该项科技成果的营业利润中提取不低于百分之五的比例。

国家设立的研究开发机构、高等院校规定或者与科技人员约定奖励和报酬的方式和数额应当符合前款第一项至第三项规定的标准。

国有企业、事业单位依照本法规定对完成、转化职务科技成果做出重要贡献的人员给予奖励和报酬的支出计入当年本单位工资总额，但不受当年本单位工资总额限制、不纳入本单位工资总额基数。

第四十七条 违反本法规定，在科技成果转化活动中弄虚作假，采取欺骗手段，骗取奖励和荣誉称号、诈骗钱财、非法牟利的，由政府有关部门依照管理职责责令改正，取消该奖励和荣誉称号，没收违法所得，并处以罚款。给他人造成经济损失的，依法承担民事赔偿责任。构成犯罪的，依法追究刑事责任。

第四十八条 科技服务机构及其从业人员违反本法规定，故意提供虚假的信息、实验结果或者评估意见等欺骗当事人，或者与当事人一方串通欺骗另一方当事人的，由政府有关部门依照管理职责责令改正，没收违法所得，并处以罚款；情节严重的，由工商行政管理部门依法吊销营业执照。给他人造成经济损失的，依法承担民事赔偿责任；构成犯罪的，依法追究刑事责任。

科技中介服务机构及其从业人员违反本法规定泄露国家秘密或者当事人的商业秘密的，依照有关法律、行政法规的规定承担相应的法律责任。

第四十九条 科学技术行政部门和其他有关部门及其工作人员在科技成果转化中滥用职权、玩忽职守、徇私舞弊的，由任免机关或者监察机关对直接负责的主管人员和其他直接责任人员依法给予处分；构成犯罪的，依法追究刑事责任。

第五十条 违反本法规定，以唆使窃取、利诱胁迫等手段侵占他人的科技成果，侵犯他人合法权益的，依法承担民事赔偿责任，可以处以罚款；构成犯罪的，依法追究刑事责任。

第五十一条 违反本法规定，职工未经单位允许，泄露本单位的技术秘密，或者擅自转让、变相转让职务科技成果的，参加科技成果转化的有关人员违反与本单位的协议，在离职、离休、退休后约定的期限内从事与原单位相同的科技成果转化活动，给本单位造成经济损失的，依法承担民事赔偿责任；构成犯罪的，依法追究刑事责任。

中华人民共和国外商投资法

（2019 年 3 月 15 日第十三届全国人民代表大会第二次会议通过）

第一章　总　　则

第一条　为了进一步扩大对外开放，积极促进外商投资，保护外商投资合法权益，规范外商投资管理，推动形成全面开放新格局，促进社会主义市场经济健康发展，根据宪法，制定本法。

第二条　在中华人民共和国境内（以下简称中国境内）的外商投资，适用本法。

本法所称外商投资，是指外国的自然人、企业或者其他组织（以下称外国投资者）直接或者间接在中国境内进行的投资活动，包括下列情形：

（一）外国投资者单独或者与其他投资者共同在中国境内设立外商投资企业；

（二）外国投资者取得中国境内企业的股份、股权、财产份额或者其他类似权益；

（三）外国投资者单独或者与其他投资者共同在中国境内投资新建项目；

（四）法律、行政法规或者国务院规定的其他方式的投资。

本法所称外商投资企业，是指全部或者部分由外国投资者投资，依照中国法律在中国境内经登记注册设立的企业。

第三条　国家坚持对外开放的基本国策，鼓励外国投资者依法在中国境内投资。

国家实行高水平投资自由化便利化政策，建立和完善外商投资促进机制，营造稳定、透明、可预期和公平竞争的市场环境。

第四条　国家对外商投资实行准入前国民待遇加负面清单管理制度。

前款所称准入前国民待遇，是指在投资准入阶段给予外国投资者及其投资不低于本国投资者及其投资的待遇；所称负面清单，是指国家规定在特定领域对外商投资实施的准入特别管理措施。国家对负面清单之外的外商投资，给予国民待遇。

负面清单由国务院发布或者批准发布。

中华人民共和国缔结或者参加的国际条约、协定对外国投资者准入待遇有更优惠规定的，可以按照相关规定执行。

第五条 国家依法保护外国投资者在中国境内的投资、收益和其他合法权益。

第六条 在中国境内进行投资活动的外国投资者、外商投资企业，应当遵守中国法律法规，不得危害中国国家安全、损害社会公共利益。

第七条 国务院商务主管部门、投资主管部门按照职责分工，开展外商投资促进、保护和管理工作；国务院其他有关部门在各自职责范围内，负责外商投资促进、保护和管理的相关工作。

县级以上地方人民政府有关部门依照法律法规和本级人民政府确定的职责分工，开展外商投资促进、保护和管理工作。

第八条 外商投资企业职工依法建立工会组织，开展工会活动，维护职工的合法权益。外商投资企业应当为本企业工会提供必要的活动条件。

第二章 投资促进

第九条 外商投资企业依法平等适用国家支持企业发展的各项政策。

第十条 制定与外商投资有关的法律、法规、规章，应当采取适当方式征求外商投资企业的意见和建议。

与外商投资有关的规范性文件、裁判文书等，应当依法及时公布。

第十一条 国家建立健全外商投资服务体系，为外国投资者和外商投资企业提供法律法规、政策措施、投资项目信息等方面的咨询和服务。

第十二条 国家与其他国家和地区、国际组织建立多边、双边投资促进合作机制，加强投资领域的国际交流与合作。

第十三条 国家根据需要，设立特殊经济区域，或者在部分地区实行外商投资试验性政策措施，促进外商投资，扩大对外开放。

第十四条 国家根据国民经济和社会发展需要，鼓励和引导外国投资者在特定行业、领域、地区投资。外国投资者、外商投资企业可以依照法律、行政法规或者国务院的规定享受优惠待遇。

第十五条 国家保障外商投资企业依法平等参与标准制定工作，强化标准制定的信息公开和社会监督。

国家制定的强制性标准平等适用于外商投资企业。

第十六条 国家保障外商投资企业依法通过公平竞争参与政府采购活动。政府采购依法对外商投资企业在中国境内生产的产品、提供的服务平等对待。

第十七条 外商投资企业可以依法通过公开发行股票、公司债券等证券和其他方式进行融资。

第十八条 县级以上地方人民政府可以根据法律、行政法规、地方性法规的规定，在法定权限内制定外商投资促进和便利化政策措施。

第十九条 各级人民政府及其有关部门应当按照便利、高效、透明的原则，简化办事程序，提高办事效率，优化政务服务，进一步提高外商投资服务水平。

有关主管部门应当编制和公布外商投资指引，为外国投资者和外商投资企业提供服务和便利。

第三章 投资保护

第二十条 国家对外国投资者的投资不实行征收。

在特殊情况下，国家为了公共利益的需要，可以依照法律规定对外国投资者的投资实行征收或者征用。征收、征用应当依照法定程序进行，并及时给予公平、合理的补偿。

第二十一条 外国投资者在中国境内的出资、利润、资本收益、资产处置所得、知识产权许可使用费、依法获得的补偿或者赔偿、清算所得等，可以依法以人民币或者外汇自由汇入、汇出。

第二十二条 国家保护外国投资者和外商投资企业的知识产权，保护知识产权权利人和相关权利人的合法权益；对知识产权侵权行为，严格依法追究法律责任。

国家鼓励在外商投资过程中基于自愿原则和商业规则开展技术合作。技术合作的条件由投资各方遵循公平原则平等协商确定。行政机关及其工作人员不得利用行政手段强制转让技术。

第二十三条 行政机关及其工作人员对于履行职责过程中知悉的外国投资者、外商投资企业的商业秘密，应当依法予以保密，不得泄露或者非法向他人提供。

第二十四条 各级人民政府及其有关部门制定涉及外商投资的规范性文件，应当符合法律法规的规定；没有法律、行政法规依据的，不得减损外商投资企业的合法权益或者增加其义务，不得设置市场准入和退出条件，不得干预外商投资企业的正常生产经营活动。

第二十五条 地方各级人民政府及其有关部门应当履行向外国投资者、外商投资企业依法作出的政策承诺以及依法订立的各类合同。

因国家利益、社会公共利益需要改变政策承诺、合同约定的，应当依照法定权限和程序进行，并依法对外国投资者、外商投资企业因此受到的损失予以补偿。

第二十六条 国家建立外商投资企业投诉工作机制，及时处理外商投资企业或者其投资者反映的问题，协调完善相关政策措施。

外商投资企业或者其投资者认为行政机关及其工作人员的行政行为侵犯其合法权益的，可以通过外商投资企业投诉工作机制申请协调解决。

外商投资企业或者其投资者认为行政机关及其工作人员的行政行为侵犯其合法权益的，除依照前款规定通过外商投资企业投诉工作机制申请协调解决外，还可以依法申请行政复议、提起行政诉讼。

第二十七条 外商投资企业可以依法成立和自愿参加商会、协会。商会、协会依照法律法规和章程的规定开展相关活动，维护会员的合法权益。

第四章　投资管理

第二十八条 外商投资准入负面清单规定禁止投资的领域，外国投资者不得投资。

外商投资准入负面清单规定限制投资的领域，外国投资者进行投资应当符合负面清单规定的条件。

外商投资准入负面清单以外的领域，按照内外资一致的原则实施管理。

第二十九条 外商投资需要办理投资项目核准、备案的，按照国家有关规定执行。

第三十条 外国投资者在依法需要取得许可的行业、领域进行投资的，应当依法办理相关许可手续。

有关主管部门应当按照与内资一致的条件和程序，审核外国投资者的许可申请，法律、行政法规另有规定的除外。

第三十一条 外商投资企业的组织形式、组织机构及其活动准则，适用《中华人民共和国公司法》《中华人民共和国合伙企业法》等法律的规定。

第三十二条 外商投资企业开展生产经营活动，应当遵守法律、行政法规有关劳动保护、社会保险的规定，依照法律、行政法规和国家有关规定办理税收、会计、外汇等事宜，并接受相关主管部门依法实施的监督检查。

第三十三条 外国投资者并购中国境内企业或者以其他方式参与经营者集中的，应当依照《中华人民共和国反垄断法》的规定接受经营者集中审查。

第三十四条 国家建立外商投资信息报告制度。外国投资者或者外商投资企业应当通过企业登记系统以及企业信用信息公示系统向商务主管部门报送投资信息。

外商投资信息报告的内容和范围按照确有必要的原则确定；通过部门信息共享能够获得的投资信息，不得再行要求报送。

第三十五条 国家建立外商投资安全审查制度，对影响或者可能影响国家安全的外商投资进行安全审查。

依法作出的安全审查决定为最终决定。

第五章 法律责任

第三十六条 外国投资者投资外商投资准入负面清单规定禁止投资的领域的，由有关主管部门责令停止投资活动，限期处分股份、资产或者采取其他必要措施，恢复到实施投资前的状态；有违法所得的，没收违法所得。

外国投资者的投资活动违反外商投资准入负面清单规定的限制性准入特别管理措施的，由有关主管部门责令限期改正，采取必要措施满足准入特别管理措施的要求；逾期不改正的，依照前款规定处理。

外国投资者的投资活动违反外商投资准入负面清单规定的，除依照前两款规定处理外，还应当依法承担相应的法律责任。

第三十七条 外国投资者、外商投资企业违反本法规定，未按照外商投资信息报告制度的要求报送投资信息的，由商务主管部门责令限期改正；逾期不改正的，处十万元以上五十万元以下的罚款。

第三十八条 对外国投资者、外商投资企业违反法律、法规的行为，由有关部门依法查处，并按照国家有关规定纳入信用信息系统。

第三十九条 行政机关工作人员在外商投资促进、保护和管理工作中滥用职权、玩忽职守、徇私舞弊的，或者泄露、非法向他人提供履行职责过程中知悉的商业秘密的，依法给予处分；构成犯罪的，依法追究刑事责任。

第六章 附 则

第四十条 任何国家或者地区在投资方面对中华人民共和国采取歧视性的禁止、限制或者其他类似措施的，中华人民共和国可以根据实际情况对该国家或者该地区采取相应的措施。

第四十一条 对外国投资者在中国境内投资银行业、证券业、保险业等金融行业，或者在证券市场、外汇市场等金融市场进行投资的管理，国家另有规定的，依照其规定。

第四十二条 本法自2020年1月1日起施行。《中华人民共和国中外合资经营企业法》《中华人民共和国外资企业法》《中华人民共和国中外合作经营企业法》同时废止。

本法施行前依照《中华人民共和国中外合资经营企业法》《中华人民共和国外资企业法》《中华人民共和国中外合作经营企业法》设立的外商投资企业，在本法施行后五年内可以继续保留原企业组织形式等。具体实施办法由国务院规定。

行政法规和法规性文件

非上市公司

关于试点创新企业实施员工持股计划和期权激励的指引

（中国证券监督管理委员会公告〔2018〕17号）

为服务国家创新驱动发展战略，做好创新企业试点工作，支持纳入试点的创新企业（以下简称试点企业）实施员工持股计划和期权激励，发挥资本市场服务实体经济的作用，制定本指引。

一、关于上市前实施的员工持股计划

（一）试点企业首发上市前实施员工持股计划的应当体现增强公司凝聚力、维护公司长期稳定发展的导向，建立健全激励约束长效机制，有利于兼顾员工与公司长远利益，为公司持续发展夯实基础。原则上符合下列要求：

1. 试点企业实施员工持股计划，应当严格按照法律、法规、规章及规范性文件要求履行决策程序，并遵循公司自主决定，员工自愿参加的原则，不得以摊派、强行分配等方式强制实施员工持股计划。

2. 参与持股计划的员工，与其他投资者权益平等，盈亏自负，风险自担，不得利用知悉公司相关信息的优势，侵害其他投资者合法权益。

员工入股应主要以货币出资，并按约定及时足额缴纳。按照国家有关法律法规，员工以科技成果出资入股的，应提供所有权属证明并依法评估作价，及时办理财产权转移手续。

3. 试点企业实施员工持股计划，可以通过公司制企业、合伙制企业、资产管理计划等持股平台间接持股，并建立健全持股在平台内部的流转、退出机制，以及股权管理机制。

参与持股计划的员工因离职、退休、死亡等原因离开公司的，其间接所持股份权益应当按照员工持股计划的章程或相关协议约定的方式处置。

（二）员工持股计划符合以下要求之一的，在计算公司股东人数时，按一名股东计算；不符合下列要求的，在计算公司股东人数时，穿透计算持股计划的权益持有人数：

1．员工持股计划遵循“闭环原则”。员工持股计划不在公司首次公开发行股票时转让股份，并承诺自上市之日起至少36个月的锁定期。试点企业上市前及上市后的锁定期内，员工所持相关权益拟转让退出的，只能向员工持股计划内员工或其他符合条件的员工转让。锁定期后，员工所持相关权益拟转让退出的，按照员工持股计划章程或有关协议的约定处理。

2．员工持股计划未按照“闭环原则”运行的，员工持股计划应由公司员工组成，依法设立、规范运行，且已经在基金业协会依法依规备案。

（三）试点企业应当在招股说明书中，充分披露员工持股计划的人员构成，是否遵循“闭环原则”，是否履行登记备案程序、股份锁定期等。保荐机构、发行人律师应当对员工持股计划是否遵循“闭环原则”，具体人员构成，员工减持承诺情况，规范运行情况及备案情况进行充分核查并发表明确意见。

二、关于上市前制定、上市后实施的期权激励计划

试点企业存在上市前制定、上市后实施的期权激励计划的，应体现增强公司凝聚力、维护公司长期稳定发展的导向。原则上符合下列要求：

（一）有关激励对象条件，激励计划的必备内容与基本要求，激励工具的定义与权利限制，行权安排，回购或终止行权，实施程序，信息披露等内容参考《上市公司股权激励管理办法》的相关规定执行。

（二）期权的行权价格由股东自行商定确定，但原则上不应低于最近一年经审计的净资产或评估值。

（三）试点企业全部在有效期内的期权激励计划所对应股票数量占上市前总股本比例原则上不得超过15%。

（四）试点企业在审核期间，不应新增期权激励计划。

（五）试点企业在制定期权激励计划时应充分考虑实际控制人稳定，避免上市后期权行权导致实际控制人发生变化。

（六）激励对象在试点企业上市后行权认购的股票，应承诺自行权日起三年内不减持，同时承诺上述期限届满后比照董事、监事及高级管理人员的相关减持规定执行。

（七）试点企业应当充分披露期权激励计划的相关信息，揭示期权激励计划对公司经营状况、财务状况、控制权变化等方面的影响。

本指引自公布之日起施行。《非上市公众公司监管指引第4号——股东人数超过200人的未上市股份有限公司申请行政许可有关问题的审核指引》与本指引不一致的，按本指引执行。

中国证监会
2018年6月6日

非上市公众公司监督管理办法

（根据2013年12月26日中国证券监督管理委员会《关于修改〈非上市公众公司监督管理办法〉的决定》修订）

第一章 总 则

第一条 为了规范非上市公众公司股票转让和发行行为，保护投资者合法权益，维护社会公共利益，根据《证券法》《公司法》及相关法律法规的规定，制定本办法。

第二条 本办法所称非上市公众公司（以下简称公众公司）是指有下列情形之一且其股票未在证券交易所上市交易的股份有限公司：

（一）股票向特定对象发行或者转让导致股东累计超过200人；

（二）股票公开转让。

第三条 公众公司应当按照法律、行政法规、本办法和公司章程的规定，做到股权明晰，合法规范经营，公司治理机制健全，履行信息披露义务。

第四条 公众公司公开转让股票应当在全国中小企业股份转让系统进行，公开转让的公众公司股票应当在中国证券登记结算公司集中登记存管。

第五条 公众公司可以依法进行股权融资、债权融资、资产重组等。

公众公司发行优先股等证券品种，应当遵守法律、行政法规和中国证券监督管理委员会（以下简称中国证监会）的相关规定。

第六条 为公司出具专项文件的证券公司、律师事务所、会计师事务所及其他证券服务机构，应当勤勉尽责、诚实守信，认真履行审慎核查义务，按照依法制定的业务规则、行业执业规范和职业道德准则发表专业意见，保证所出具文件的真实性、准确性和完整性，并接受中国证监会的监管。

第二章 公司治理

第七条 公众公司应当依法制定公司章程。

中国证监会依法对公众公司章程必备条款作出具体规定，规范公司章程的制定和修改。

第八条 公众公司应当建立兼顾公司特点和公司治理机制基本要求的股东大会、董事会、监事会制度，明晰职责和议事规则。

第九条 公众公司的治理结构应当确保所有股东，特别是中小股东充分行使法律、行政法规和公司章程规定的合法权利。

股东对法律、行政法规和公司章程规定的公司重大事项，享有知情权和参与权。

公众公司应当建立健全投资者关系管理，保护投资者的合法权益。

第十条 公众公司股东大会、董事会、监事会的召集、提案审议、通知时间、召开程序、授权委托、表决和决议等应当符合法律、行政法规和公司章程的规定；会议记录应当完整并安全保存。

股东大会的提案审议应当符合程序，保障股东的知情权、参与权、质询权和表决权；董事会应当在职权范围和股东大会授权范围内对审议事项作出决议，不得代替股东大会对超出董事会职权范围和授权范围的事项进行决议。

第十一条 公众公司董事会应当对公司的治理机制是否给所有的股东提供合适的保护和平等权利等情况进行充分讨论、评估。

第十二条 公众公司应当强化内部管理，按照相关规定建立会计核算体系、财务管理和风险控制等制度，确保公司财务报告真实可靠及行为合法合规。

第十三条 公众公司进行关联交易应当遵循平等、自愿、等价、有偿的原则，保证交易公平、公允，维护公司的合法权益，根据法律、行政法规、中国证监会的规定和公司章程，履行相应的审议程序。

第十四条 公众公司应当采取有效措施防止股东及其关联方以各种形式占用或者转移公司的资金、资产及其他资源。

第十五条 公众公司实施并购重组行为，应当按照法律、行政法规、中国证监会的规定和公司章程，履行相应的决策程序并聘请证券公司和相关证券服务机构出具专业意见。

任何单位和个人不得利用并购重组损害公众公司及其股东的合法权益。

第十六条 进行公众公司收购，收购人或者其实际控制人应当具有健全的公司治理机制和良好的诚信记录。收购人不得以任何形式从被收购公司获得财务资助，不得利用收购活动损害被收购公司及其股东的合法权益。

在公众公司收购中，收购人持有的被收购公司的股份，在收购完成后 12 个月内不得转让。

第十七条 公众公司实施重大资产重组，重组的相关资产应当权属清晰、定价公允，重组后的公众公司治理机制健全，不得损害公众公司和股东的合法权益。

第十八条 公众公司应当按照法律的规定，同时结合公司的实际情况在章程中约定建立表决权回避制度。

第十九条 公众公司应当在章程中约定纠纷解决机制。股东有权按照法律、行政法规和公司章程的规定，通过仲裁、民事诉讼或者其他法律手段保护其合法权益。

第三章 信息披露

第二十条 公司及其他信息披露义务人应当按照法律、行政法规和中国证监会的规定，真实、准确、完整、及时地披露信息，不得有虚假记载、误导性陈述或者重大遗漏。公司及其他信息披露义务人应当向所有投资者同时公开披露信息。

公司的董事、监事、高级管理人员应当忠实、勤勉地履行职责，保证公司披露信息的真实、准确、完整、及时。

第二十一条 信息披露文件主要包括公开转让说明书、定向转让说明书、定向发行说明书、发行情况报告书、定期报告和临时报告等。具体的内容与格式、编制规则及披露要求，由中国证监会另行制定。

第二十二条 股票公开转让与定向发行的公众公司应当披露半年度报告、年度报告。年度报告中的财务会计报告应当经具有证券期货相关业务资格的会计师事务所审计。

股票向特定对象转让导致股东累计超过200人的公众公司，应当披露年度报告。年度报告中的财务会计报告应当经会计师事务所审计。

第二十三条 公众公司董事、高级管理人员应当对定期报告签署书面确认意见；对报告内容有异议的，应当单独陈述理由，并与定期报告同时披露。公众公司不得以董事、高级管理人员对定期报告内容有异议为由不按时披露定期报告。

公众公司监事会应当对董事会编制的定期报告进行审核并提出书面审核意见，说明董事会对定期报告的编制和审核程序是否符合法律、行政法规、中国证监会的规定和公司章程，报告的内容是否能够真实、准确、完整地反映公司实际情况。

第二十四条 证券公司、律师事务所、会计师事务所及其他证券服务机构出具的文件和其他有关的重要文件应当作为备查文件，予以披露。

第二十五条 发生可能对股票价格产生较大影响的重大事件，投资者尚未得知时，公众公司应当立即将有关该重大事件的情况报送临时报告，并予以公告，说明事件的起因、目前的状态和可能产生的后果。

第二十六条 公众公司实施并购重组的，相关信息披露义务人应当依法严格履行公告义务，并及时准确地向公众公司通报有关信息，配合公众公司及时、准确、完整地进行披露。

参与并购重组的相关单位和人员，在并购重组的信息依法披露前负有保密义务，禁止利用该信息进行内幕交易。

第二十七条 公众公司应当制定信息披露事务管理制度并指定具有相关专业知识的人员负责信息披露事务。

第二十八条 除监事会公告外，公众公司披露的信息应当以董事会公告的形式发布。董事、监事、高级管理人员非经董事会书面授权，不得对外发布未披露的信息。

第二十九条 公司及其他信息披露义务人依法披露的信息，应当在中国证监会指定的信息披露平台公布。公司及其他信息披露义务人可在公司网站或者其他公众媒体上刊登依本办法必须披露的信息，但披露的内容应当完全一致，且不得早于在中国证监会指定的信息披露平台披露的时间。

股票向特定对象转让导致股东累计超过 200 人的公众公司可以在公司章程中约定其他信息披露方式；在中国证监会指定的信息披露平台披露相关信息的，应当符合本条第一款的要求。

第三十条 公司及其他信息披露义务人应当将信息披露公告文稿和相关备查文件置备于公司住所供社会公众查阅。

第三十一条 公司应当配合为其提供服务的证券公司及律师事务所、会计师事务所等证券服务机构的工作，按要求提供所需资料，不得要求证券公司、证券服务机构出具与客观事实不符的文件或者阻碍其工作。

第四章 股票转让

第三十二条 股票向特定对象转让导致股东累计超过 200 人的股份有限公司，应当自上述行为发生之日起 3 个月内，按照中国证监会有关规定制作申请文件，申请文件应当包括但不限于：定向转让说明书、律师事务所出具的法律意见书、会计师事务所出具的审计报告。股份有限公司持申请文件向中国证监会申请核准。在提交申请文件前，股份有限公司应当将相关情况通知所有股东。

在 3 个月内股东人数降至 200 人以内的，可以不提出申请。

股票向特定对象转让应当以非公开方式协议转让。申请股票公开转让的，按照本办法第三十三条、第三十四条的规定办理。

第三十三条 公司申请其股票公开转让的，董事会应当依法就股票公开转让的具体方案作出决议，并提请股东大会批准，股东大会决议必须经出席会议的股东所持表决权的2/3以上通过。

董事会和股东大会决议中还应当包括以下内容：

（一）按照中国证监会的相关规定修改公司章程；

（二）按照法律、行政法规和公司章程的规定建立健全公司治理机制；

（三）履行信息披露义务，按照相关规定披露公开转让说明书、年度报告、半年度报告及其他信息披露内容。

第三十四条 股东人数超过200人的公司申请其股票公开转让，应当按照中国证监会有关规定制作公开转让的申请文件，申请文件应当包括但不限于：公开转让说明书、律师事务所出具的法律意见书、具有证券期货相关业务资格的会计师事务所出具的审计报告、证券公司出具的推荐文件。公司持申请文件向中国证监会申请核准。

公开转让说明书应当在公开转让前披露。

第三十五条 中国证监会受理申请文件后，依法对公司治理和信息披露进行审核，在20个工作日内作出核准、中止审核、终止审核、不予核准的决定。

第三十六条 股东人数未超过200人的公司申请其股票公开转让，中国证监会豁免核准，由全国中小企业股份转让系统进行审查。

第三十七条 公司及其董事、监事、高级管理人员，应当对公开转让说明书、定向转让说明书签署书面确认意见，保证所披露的信息真实、准确、完整。

第三十八条 本办法施行前股东人数超过200人的股份有限公司，符合条件的，可以申请在全国中小企业股份转让系统挂牌公开转让股票、首次公开发行并在证券交易所上市。

第五章 定向发行

第三十九条 本办法所称定向发行包括向特定对象发行股票导致股东累计超过200人，以及股东人数超过200人的公众公司向特定对象发行股票两种情形。

前款所称特定对象的范围包括下列机构或者自然人：

（一）公司股东；

（二）公司的董事、监事、高级管理人员、核心员工；

（三）符合投资者适当性管理规定的自然人投资者、法人投资者及其他经济组织。

公司确定发行对象时，符合本条第二款第（二）项、第（三）项规定的投资者合计不得超过35名。

核心员工的认定，应当由公司董事会提名，并向全体员工公示和征求意见，由监事会发表明确意见后，经股东大会审议批准。

投资者适当性管理规定由中国证监会另行制定。

第四十条 公司应当对发行对象的身份进行确认，有充分理由确信发行对象符合本办法和公司的相关规定。

公司应当与发行对象签订包含风险揭示条款的认购协议。

第四十一条 公司董事会应当依法就本次股票发行的具体方案作出决议，并提请股东大会批准，股东大会决议必须经出席会议的股东所持表决权的2/3以上通过。

申请向特定对象发行股票导致股东累计超过200人的股份有限公司，董事会和股东大会决议中还应当包括以下内容：

（一）按照中国证监会的相关规定修改公司章程；

（二）按照法律、行政法规和公司章程的规定建立健全公司治理机制；

（三）履行信息披露义务，按照相关规定披露定向发行说明书、发行情况报告书、年度报告、半年度报告及其他信息披露内容。

第四十二条 公司应当按照中国证监会有关规定制作定向发行的申请文件，申请文件应当包括但不限于：定向发行说明书、律师事务所出具的法律意见书、具有证券期货相关业务资格的会计师事务所出具的审计报告、证券公司出具的推荐文件。公司持申请文件向中国证监会申请核准。

第四十三条 中国证监会受理申请文件后，依法对公司治理和信息披露以及发行对象情况进行审核，在20个工作日内作出核准、中止审核、终止审核、不予核准的决定。

第四十四条 公司申请定向发行股票，可申请一次核准，分期发行。自中国证监会予以核准之日起，公司应当在3个月内首期发行，剩余数量应当在12个月内发行完毕。超过核准文件限定的有效期未发行的，须重新经中国证监会核准后方可发行。首期发行数量应当不少于总发行数量的50%，剩余各期发行的数量由公司自行确定，每期发行后5个工作日内将发行情况报中国证监会备案。

第四十五条 在全国中小企业股份转让系统挂牌公开转让股票的公众公司向特定对象发行股票后股东累计不超过200人的，中国证监会豁免核准，由全国中小企业股份转让系统自律管理，但发行对象应当符合本办法第三十九条的规定。

第四十六条 股票发行结束后，公众公司应当按照中国证监会的有关要求编制并披露发行情况报告书。申请分期发行的公众公司应在每期发行后按照中国证监会的有关要求进行披露，并在全部发行结束或者超过核准文件有效期后按照中国证监会的有关要求编制并披露发行情况报告书。

豁免向中国证监会申请核准定向发行的公众公司，应当在发行结束后按照中国证监会的有关要求编制并披露发行情况报告书。

第四十七条 公司及其董事、监事、高级管理人员，应当对定向发行说明书、发行情况报告书签署书面确认意见，保证所披露的信息真实、准确、完整。

第四十八条 公众公司定向发行股份购买资产的，按照本章有关规定办理。

第六章 监督管理

第四十九条 中国证监会会同国务院有关部门、地方人民政府，依照法律法规和国务院有关规定，各司其职，分工协作，对公众公司进行持续监管，防范风险，维护证券市场秩序。

第五十条 中国证监会依法履行对公司股票转让、定向发行、信息披露的监管职责，有权对公司、证券公司、证券服务机构采取《证券法》第一百八十条规定的措施。

第五十一条 全国中小企业股份转让系统应当发挥自律管理作用，对在全国中小企业股份转让系统公开转让股票的公众公司及相关信息披露义务人披露信息进行监督，督促其依法及时、准确地披露信息。发现公开转让股票的公众公司及相关信息披露义务人有违反法律、行政法规和中国证监会相关规定的行为，应当向中国证监会报告，并采取自律管理措施。

第五十二条 中国证券业协会应当发挥自律管理作用，对从事公司股票转让和定向发行业务的证券公司进行监督，督促其勤勉尽责地履行尽职调查和督导职责。发现证券公司有违反法律、行政法规和中国证监会相关规定的行为，应当向中国证监会报告，并采取自律管理措施。

第五十三条 中国证监会可以要求公司及其他信息披露义务人或者其董事、监事、高级管理人员对有关信息披露问题作出解释、说明或者提供相关资料，并要求公司提供证券公司或者证券服务机构的专业意见。

中国证监会对证券公司和证券服务机构出具文件的真实性、准确性、完整性有疑义的，可以要求相关机构作出解释、补充，并调阅其工作底稿。

第五十四条 证券公司在从事股票转让、定向发行等业务活动中，应当按照中国证监会的有关规定勤勉尽责地进行尽职调查，规范履行内核程序，认真编制相关文件，并持续督导所推荐公司及时履行信息披露义务、完善公司治理。

第五十五条 证券服务机构为公司的股票转让、定向发行等活动出具审计报告、资产评估报告或者法律意见书等文件的，应当严格履行法定职责，遵循勤勉尽责和诚实信用原则，对公司的主体资格、股本情况、规范运作、财务状况、公司治理、信息披露等内容的真实性、准确性、完整性进行充分的核查和验证，并保证其出具的文件不存在虚假记载、误导性陈述或者重大遗漏。

第五十六条 中国证监会依法对公司进行监督检查或者调查，公司有义务提供相关文件资料。对于发现问题的公司，中国证监会可以采取责令改正、监管谈话、责令公开说明、出具警示函等监管措施，并记入诚信档案；涉嫌违法、犯罪的，应当立案调查或者移送司法机关。

第七章 法律责任

第五十七条 公司以欺骗手段骗取核准的，公司报送的报告有虚假记载、误导性陈述或者重大遗漏的，除依照《证券法》有关规定进行处罚外，中国证监会可以采取终止审核并自确认之日起在36个月内不受理公司的股票转让和定向发行申请的监管措施。

第五十八条 公司未按照本办法第三十二条、第三十四条、第四十二条规定，擅自转让或者发行股票的，按照《证券法》第一百八十八条的规定进行处罚。

第五十九条 证券公司、证券服务机构出具的文件有虚假记载、误导性陈述或者重大遗漏的，除依照《证券法》及相关法律法规的规定处罚外，中国证监会可视情节轻重，自确认之日起采取3个月至12个月内不接受该机构出具的相关专项文件，36个月内不接受相关签字人员出具的专项文件的监管措施。

第六十条 公司及其他信息披露义务人未按照规定披露信息，或者所披露的信息有虚假记载、误导性陈述或者重大遗漏的，依照《证券法》第一百九十三条的规定进行处罚。

第六十一条 公司向不符合本办法规定条件的投资者发行股票的，中国证监会可以责令改正，并可以自确认之日起在36个月内不受理其申请。

第六十二条 信息披露义务人及其董事、监事、高级管理人员，公司控股股东、实际控制人，为信息披露义务人出具专项文件的证券公司、证券服务机构及其工作人员，违反《证券法》、行政法规和中国证监会相关规定的，中国证监会可以采取责令改正、监管谈话、出具警示函、认定为不适当人选等监管措施，并记入诚信档案；情节严重的，中国证监会可以对有关责任人员采取证券市场禁入的措施。

第六十三条 公众公司内幕信息知情人或非法获取内幕信息的人，在对公众公司股票价格有重大影响的信息公开前，泄露该信息、买卖或者建议他人买卖该股票的，依照《证券法》第二百零二条的规定进行处罚。

第八章　附　　则

第六十四条　公众公司向不特定对象公开发行股票的，应当遵守《证券法》和中国证监会的相关规定。

公众公司申请在证券交易所上市的，应当遵守中国证监会和证券交易所的相关规定。

第六十五条　本办法施行前股东人数超过 200 人的股份有限公司，不在全国中小企业股份转让系统挂牌公开转让股票或证券交易所上市的，应当按相关要求规范后申请纳入非上市公众公司监管。

第六十六条　本办法所称股份有限公司是指首次申请股票转让或定向发行的股份有限公司；所称公司包括非上市公众公司和首次申请股票转让或定向发行的股份有限公司。

第六十七条　本办法自 2013 年 1 月 1 日起施行。

新三板公司

全国中小企业股份转让系统股票发行业务细则（试行）

（2013 年 12 月 30 日发布）

第一章　总　　则

第一条　为了规范挂牌公司的股票发行行为，保护投资者合法权益，根据《非上市公众公司监督管理办法》（以下简称《管理办法》）、《全国中小企业股份转让系统有限责任公司管理暂行办法》、《全国中小企业股份转让系统业务规则（试行）》（以下简称《业务规则》）等有关规定，制定本细则。

第二条　本细则规定的股票发行，是指挂牌公司向符合规定的投资者发行股票，发行后股东人数累计不超过 200 人的行为。

实施本细则规定的股票发行，应当按照规定向全国中小企业股份转让系统有限责任公司（以下简称“全国股份转让系统公司”）履行备案程序。

第三条　挂牌公司股票发行，必须真实、准确、完整、及时、公平地披露信息，不得有虚假记载、误导性陈述或者重大遗漏。

挂牌公司的控股股东、实际控制人、股票发行对象及其他信息披露义务人，应当按照有关规定及时向公司提供信息，配合公司履行信息披露义务。

第四条　挂牌公司的董事、监事、高级管理人员、控股股东及实际控制人，主办券商、会计师事务所、律师事务所等证券服务机构及其相关人员，应当遵守有关法律法规、规章、规范性文件及业务规定，勤勉尽责，不得利用挂牌公司股票发行谋取不正当利益，禁止泄露内幕信息和利用内幕信息进行股票转让或者操纵股票转让价格。

第五条　挂牌公司、主办券商选择发行对象、确定发行价格或者发行价格区间，应当遵循公平、公正原则，维护公司及其股东的合法权益。

第六条　发行股票导致挂牌公司的控股股东或者实际控制人发生变化的，相关规定另行制定。

发行股票购买资产导致重大资产重组，且发行后股东人数累计不超过200人的，相关规定另行制定。

第二章　发行要求与认购规定

第七条　挂牌公司股票发行应当满足《管理办法》规定的公司治理、信息披露及发行对象的要求。

第八条　挂牌公司股票发行以现金认购的，公司现有股东在同等条件下对发行的股票有权优先认购。每一股东可优先认购的股份数量上限为股权登记日其在公司的持股比例与本次发行股份数量上限的乘积。

公司章程对优先认购另有规定的，从其规定。

第九条　发行对象承诺对其认购股票进行转让限制的，应当遵守其承诺，并予以披露。

第十条　发行对象可用现金或者非现金资产认购发行股票。

第三章　董事会与股东大会决议

第十一条　挂牌公司董事会应当就股票发行有关事项作出决议。

第十二条　挂牌公司董事会作出股票发行决议，应当符合下列规定：

（一）董事会决议确定具体发行对象的，董事会决议应当明确具体发行对象（是否为关联方）及其认购价格、认购数量或数量上限、现有股东优先认购办法等事项。认购办法中应当明确现有股东放弃优先认购股票份额的认购安排。

已确定的发行对象（现有股东除外）与公司签署的附生效条件的股票认购合同应当经董事会批准。

（二）董事会决议未确定具体发行对象的，董事会决议应当明确发行对象的范围、发行价格区间、发行价格确定办法、发行数量上限、现有股东优先认购办法等事项。

（三）发行对象用非现金资产认购发行股票的，董事会决议应当明确交易对手（应当说明是否为关联方）、标的资产、作价原则及审计、评估等事项。

（四）董事会应当说明本次发行募集资金的用途。

第十三条　董事会决议确定具体发行对象的，挂牌公司应当与相关发行对象签订附生效条件的股票认购合同。

前款所述认购合同应当载明该发行对象拟认购股票的数量或数量区间、认购价格、限售期，同时约定本次发行经公司董事会、股东大会批准后，该合同即生效。

第十四条 挂牌公司股东大会应当就股票发行等事项作出决议。

第十五条 挂牌公司股东大会审议通过股票发行方案后，董事会决议作出重大调整的，公司应当重新召开股东大会并按照第十四条的规定进行审议。

第四章 发行与备案

第十六条 董事会决议确定具体发行对象的，挂牌公司应当按照本细则及有关要求，依据股票认购合同的约定发行股票；有优先认购安排的，应当办理现有股东优先认购手续。

第十七条 董事会决议未确定具体发行对象的，挂牌公司及主办券商可以向包括挂牌公司股东、主办券商经纪业务客户、机构投资者、集合信托计划、证券投资基金、证券公司资产管理计划以及其他个人投资者在内的询价对象进行询价，询价对象应当符合投资者适当性的规定。

第十八条 挂牌公司及主办券商应当在确定的询价对象范围内接收询价对象的申购报价；主办券商应根据询价对象的申购报价情况，按照价格优先的原则，并考虑认购数量或其他因素，与挂牌公司协商确定发行对象、发行价格和发行股数。

现有股东优先认购的，在相同认购价格下应优先满足现有股东的认购需求。

第十九条 依据第十八条规定确定发行价格后，挂牌公司应当与发行对象签订正式认购合同，发行对象应当按照合同约定缴款。

第二十条 挂牌公司应当在股票发行认购结束后及时办理验资手续，验资报告应当由具有证券、期货相关业务资格的会计师事务所出具。

第二十一条 主办券商和律师事务所应当在尽职调查基础上，分别对本次股票发行出具书面意见。

第二十二条 挂牌公司在验资完成后十个转让日内，按照规定向全国股份转让系统公司报送材料，履行备案程序。

第二十三条 全国股份转让系统公司对材料进行审查，并根据审查结果出具股份登记函，送达挂牌公司并送交中国证券登记结算有限责任公司（以下简称“中国结算”）和主办券商。

以非现金资产认购股票的情形，尚未完成相关资产权属过户或相关资产存在重大法律瑕疵的，全国股份转让系统公司不予出具股份登记函。

第二十四条 挂牌公司按照中国结算相关规定，向中国结算申请办理股份登记，并取得股份登记证明文件。

主办券商应当协助挂牌公司持股份登记函向中国结算办理股份登记手续。

挂牌公司完成股份登记的办理后，新增股票按照挂牌转让公告中安排的时间在全国中小企业股份转让系统挂牌转让。

第五章　信 息 披 露

第二十五条　挂牌公司应当分别在董事会和股东大会通过股票发行决议之日起两个转让日内披露董事会、股东大会决议公告。

第二十六条　以非现金资产认购股票涉及资产审计、评估的，资产审计结果、评估结果应当最晚和召开股东大会的通知同时公告。

第二十七条　挂牌公司应当在披露董事会决议的同时，披露经董事会批准的股票发行方案。

第二十八条　挂牌公司应当在缴款期前披露股票发行认购公告，其中应当披露缴款的股权登记日、投资者参与询价、定价情况，股票配售的原则和方式及现有股东优先认购安排（如有），并明确现有股东及新增投资者的缴款安排。

第二十九条　挂牌公司应当按照要求披露股票发行情况报告书、股票发行法律意见书、主办券商关于股票发行合法合规性意见和股票挂牌转让公告。

第六章　监管措施和违规处分

第三十条　挂牌公司及其董事、监事、高级管理人员、股东、实际控制人及其他相关信息披露义务人，主办券商、会计师事务所、律师事务所及其他证券服务机构，违反本细则及有关规定的，全国股份转让系统公司依据《业务规则》等有关规定采取相应监管措施及纪律处分。

第七章　附　　则

第三十一条　申请挂牌同时股票发行，应当在《公开转让说明书》中披露董事会、股东大会决议等内容，并遵守全国股份转让系统公司相关业务规则。

第三十二条　经中国证监会核准的股票发行，公司应当在取得中国证监会的核准文件后，按照全国股份转让系统公司的规定办理股票挂牌手续。

第三十三条　挂牌公司发行优先股的具体业务规则由全国股份转让系统公司另行制定。

第三十四条　本细则由全国股份转让系统公司负责解释。

第三十五条　本细则自发布之日起施行。

全国中小企业股份转让系统业务规则（试行）

（2013年2月8日发布，2013年12月30日修改）

第一章 总 则

1.1 为规范全国中小企业股份转让系统（以下简称“全国股份转让系统”）运行，维护市场正常秩序，保护投资者合法权益，根据《中华人民共和国公司法》（以下简称《公司法》）、《中华人民共和国证券法》、《国务院关于全国中小企业股份转让系统有关问题的决定》以及《非上市公众公司监督管理办法》（以下简称《管理办法》）、《全国中小企业股份转让系统有限责任公司管理暂行办法》等法律、行政法规、部门规章，制定本业务规则。

1.2 在全国股份转让系统挂牌的股票、可转换公司债券及其他证券品种，适用本业务规则。本业务规则未作规定的，适用全国中小企业股份转让系统有限责任公司（以下简称“全国股份转让系统公司”）的其他有关规定。

1.3 全国股份转让系统的证券公开转让及相关活动，实行公开、公平、公正的原则，禁止证券欺诈、内幕交易、操纵市场等违法违规行为。

市场参与人应当遵循自愿、有偿、诚实信用的原则。

1.4 申请挂牌公司、挂牌公司及其董事、监事、高级管理人员、股东、实际控制人，主办券商、会计师事务所、律师事务所、其他证券服务机构及其相关人员，投资者应当遵守法律、行政法规、部门规章、本业务规则及全国股份转让系统公司其他业务规定。

1.5 申请挂牌公司、挂牌公司及其他信息披露义务人、主办券商应当真实、准确、完整、及时地披露信息，不得有虚假记载、误导性陈述或者重大遗漏。

申请挂牌公司、挂牌公司的董事、监事、高级管理人员应当忠实、勤勉地履行职责，保证公司披露信息的真实、准确、完整、及时、公平。

申请挂牌公司、挂牌公司及其他信息披露义务人、主办券商依法披露的信息，应当第一时间在全国股份转让系统指定信息披露平台（www. neeq. com. cn 或 www. neeq. cc）公布。

1.6　全国股份转让系统实行主办券商制度。主办券商应当对所推荐的挂牌公司履行持续督导义务。

1.7　主办券商、会计师事务所、律师事务所、其他证券服务机构及其相关人员在全国股份转让系统从事相关业务，应严格履行法定职责，遵守行业规范，勤勉尽责，诚实守信，并对出具文件的真实性、准确性、完整性负责。

1.8　全国股份转让系统实行投资者适当性管理制度。投资者应当具备一定的证券投资经验和相应的风险识别和承担能力，知悉相关业务规则，自行承担投资风险。

1.9　挂牌公司、主办券商、投资者等市场参与人，应当按照规定交纳相关税费。

1.10　挂牌公司是纳入中国证监会监管的非上市公众公司，股东人数可以超过200人。

股东人数未超过200人的股份有限公司，直接向全国股份转让系统公司申请挂牌。

股东人数超过200人的股份有限公司，公开转让申请经中国证监会核准后，可以按照本业务规则的规定向全国股份转让系统公司申请挂牌。

1.11　全国股份转让系统公司依法对申请挂牌公司、挂牌公司及其他信息披露义务人、主办券商等市场参与人进行自律监管。

第二章　股票挂牌

2.1　股份有限公司申请股票在全国股份转让系统挂牌，不受股东所有制性质的限制，不限于高新技术企业，应当符合下列条件：

（一）依法设立且存续满两年，有限责任公司按原账面净资产值折股整体变更为股份有限公司的，存续时间可以从有限责任公司成立之日起计算；

（二）业务明确，具有持续经营能力；

（三）公司治理机制健全，合法规范经营；

（四）股权明晰，股票发行和转让行为合法合规；

（五）主办券商推荐并持续督导；

（六）全国股份转让系统公司要求的其他条件。

2.2　申请挂牌公司应当与主办券商签订推荐挂牌并持续督导协议，按照全国股份转让系统公司的有关规定编制申请文件，并向全国股份转让系统公司申报。

2.3　全国股份转让系统公司对挂牌申请文件审查后，出具是否同意挂牌的审查意见。

2.4 申请挂牌公司取得全国股份转让系统公司同意挂牌的审查意见后，按照全国股份转让系统公司规定的有关程序办理挂牌手续。

申请挂牌公司应当在其股票挂牌前与全国股份转让系统公司签署挂牌协议，明确双方的权利、义务和有关事项。

2.5 申请挂牌公司应当在其股票挂牌前依照全国股份转让系统公司的规定披露公开转让说明书等文件。

2.6 申请挂牌公司在其股票挂牌前实施限制性股票或股票期权等股权激励计划且尚未行权完毕的，应当在公开转让说明书中披露股权激励计划等情况。

2.7 申请挂牌公司在其股票挂牌前，应当与中国证券登记结算有限责任公司（以下简称“中国结算”）签订证券登记及服务协议，办理全部股票的集中登记。

2.8 挂牌公司控股股东及实际控制人在挂牌前直接或间接持有的股票分三批解除转让限制，每批解除转让限制的数量均为其挂牌前所持股票的三分之一，解除转让限制的时间分别为挂牌之日、挂牌期满一年和两年。

挂牌前十二个月以内控股股东及实际控制人直接或间接持有的股票进行过转让的，该股票的管理按照前款规定执行，主办券商为开展做市业务取得的做市初始库存股票除外。

因司法裁决、继承等原因导致有限售期的股票持有人发生变更的，后续持有人应继续执行股票限售规定。

2.9 股票解除转让限制，应由挂牌公司向主办券商提出，由主办券商报全国股份转让系统公司备案。全国股份转让系统公司备案确认后，通知中国结算办理解除限售登记。

第三章 股票转让

第一节 一般规定

3.1.1 股票转让采用无纸化的公开转让形式，或经中国证监会批准的其他转让形式。

3.1.2 股票转让可以采取协议方式、做市方式、竞价方式或其他中国证监会批准的转让方式。经全国股份转让系统公司同意，挂牌股票可以转换转让方式。

3.1.3 挂牌股票采取协议转让方式的，全国股份转让系统公司同时提供集合竞价转让安排。

3.1.4 挂牌股票采取做市转让方式的，须有2家以上从事做市业务的主办券商（以下简称“做市商”）为其提供做市报价服务。

做市商应当在全国股份转让系统持续发布买卖双向报价，并在报价价位和数量范围内履行与投资者的成交义务。做市转让方式下，投资者之间不能成交。全国股份转让系统公司另有规定的除外。

3.1.5　全国股份转让系统为证券转让提供相关设施，包括交易主机、交易单元、报盘系统及相关通信系统等。

3.1.6　主办券商进入全国股份转让系统进行证券转让，应当先向全国股份转让系统公司申请取得转让权限，成为转让参与人。

3.1.7　股票转让时间为每周一至周五上午9：15至11：30，下午13：00至15：00。转让时间内因故停市，转让时间不作顺延。

遇法定节假日和全国股份转让系统公司公告的休市日，全国股份转让系统休市。

3.1.8　全国股份转让系统对股票转让不设涨跌幅限制。全国股份转让系统公司另有规定的除外。

3.1.9　投资者买卖挂牌公司股票，应当开立证券账户和资金账户，并与主办券商签订证券买卖委托代理协议。

投资者开立证券账户，应当按照中国结算的相关规定办理。

3.1.10　主办券商接受投资者的买卖委托后，应当确认投资者具备相应股票或资金，并按照投资者委托的时间先后顺序向全国股份转让系统申报。

3.1.11　买卖挂牌公司股票，申报数量应当为1000股或其整数倍。

卖出挂牌公司股票时，余额不足1000股部分，应当一次性申报卖出。

3.1.12　股票转让的计价单位为“每股价格”。股票转让的申报价格最小变动单位为0.01元人民币。

3.1.13　全国股份转让系统公司可以根据市场需要，调整股票单笔买卖申报数量和申报价格的最小变动单位。

3.1.14　申报当日有效。投资者可以撤销委托申报的未成交部分。

3.1.15　买卖申报经交易主机成交确认后，转让即告成立，买卖双方必须承认转让结果，履行清算交收义务，本规则另有规定的除外。

3.1.16　中国结算作为共同对手方，为股票转让提供清算和多边净额担保交收服务；或不作为共同对手方，提供其他清算、交收等服务。

3.1.17　投资者卖出股票，须委托代理其买入该股票的主办券商办理。如需委托另一家主办券商卖出该股票，须办理股票转托管手续。

3.1.18　投资者因司法裁决、继承等特殊原因需要办理股票过户的，依照中国结算的规定办理。

第二节 转让信息

3.2.1 全国股份转让系统公司每个转让日发布股票转让即时行情、股票转让公开信息等转让信息，及时编制反映市场转让情况的各类报表，并通过全国股份转让系统指定信息披露平台或其他媒体予以公布。

3.2.2 全国股份转让系统公司负责全国股份转让系统信息的统一管理和发布。未经全国股份转让系统公司许可，任何机构和个人不得发布、使用和传播转让信息。经全国股份转让系统公司许可使用转让信息的机构和个人，未经同意不得将转让信息提供给其他机构和个人使用或予以传播。

3.2.3 全国股份转让系统公司可以根据市场发展需要，编制综合指数、成份指数、分类指数等证券指数，随即时行情发布。

证券指数的设置和编制方法，由全国股份转让系统公司另行规定。

第三节 监控与异常情况处理

3.3.1 全国股份转让系统公司对股票转让中出现的异常转让行为进行重点监控，并可以视情况采取盘中临时停止股票转让等措施。

3.3.2 发生下列转让异常情况之一，导致部分或全部转让不能正常进行的，全国股份转让系统公司可以决定单独或同时采取暂缓进入清算交收程序、技术性停牌或临时停市等措施：

（一）不可抗力；

（二）意外事件；

（三）技术故障；

（四）全国股份转让系统公司认定的其他异常情况。

3.3.3 全国股份转让系统公司对暂缓进入清算交收程序、技术性停牌或临时停市决定予以公告。技术性停牌或临时停市原因消除后，全国股份转让系统公司可以决定恢复转让，并予以公告。

因转让异常情况及全国股份转让系统公司采取的相应措施造成损失的，全国股份转让系统公司不承担赔偿责任。

3.3.4 转让异常情况处理的具体规定，由全国股份转让系统公司另行制定并报中国证监会批准。

第四章 挂牌公司

第一节 公司治理

4.1.1 挂牌公司应当按照法律、行政法规、部门规章、全国股份转让系统公司相关业务规定完善公司治理，确保所有股东，特别是中小股东享有平等地位，充分行使合法权利。

4.1.2　挂牌公司应当依据《公司法》及有关非上市公众公司章程必备条款的规定制定公司章程并披露。

挂牌公司应当依照公司章程的规定，规范重大事项的内部决策程序。

4.1.3　挂牌公司与控股股东、实际控制人及其控制的其他企业应实行人员、资产、财务分开，各自独立核算、独立承担责任和风险。

4.1.4　控股股东、实际控制人及其控制的其他企业应切实保证挂牌公司的独立性，不得利用其股东权利或者实际控制能力，通过关联交易、垫付费用、提供担保及其他方式直接或者间接侵占挂牌公司资金、资产，损害挂牌公司及其他股东的利益。

4.1.5　挂牌公司董事会做出的对公司治理机制的讨论评估应当在年度报告中披露。

4.1.6　挂牌公司可以实施股权激励，具体办法另行规定。

第二节　信 息 披 露

4.2.1　挂牌公司应当按照全国股份转让系统公司相关规定编制并披露定期报告和临时报告；上述文件披露前，挂牌公司应当依据公司章程履行内部程序。

挂牌公司应当按照《企业会计准则》的要求编制财务报告，全国股份转让系统公司另有规定的除外。

挂牌公司发生的或者与之有关的事件没有达到全国股份转让系统公司规定的披露标准，或者全国股份转让系统公司没有具体规定，但公司董事会认为该事件对公司股票转让价格可能产生较大影响的，公司应当及时披露。

4.2.2　若挂牌公司有充分依据证明其拟披露的信息属于国家机密、商业秘密，可能导致其违反国家有关保密法律、行政法规规定或者严重损害挂牌公司利益的，可以向全国股份转让系统公司申请豁免披露或履行相关义务。

4.2.3　挂牌公司应当制定并执行信息披露事务管理制度。

挂牌公司设有董事会秘书的，由董事会秘书负责信息披露管理事务，未设董事会秘书的，挂牌公司应指定一名具有相关专业知识的人员负责信息披露管理事务，并向全国股份转让系统公司报备。负责信息披露管理事务的人员应列席公司的董事会和股东大会。

4.2.4　挂牌公司及其他信息披露义务人应当对其披露信息内容的真实性、准确性、完整性承担责任。

4.2.5　挂牌公司、相关信息披露义务人和其他知情人不得泄露内幕信息。

4.2.6　主办券商应对挂牌公司拟披露的信息披露文件进行审查，履行持续督导职责。

4.2.7　全国股份转让系统公司对挂牌公司及其他信息披露义务人已披露的信息进行审查。

4.2.8　挂牌公司出现下列情形之一的，全国股份转让系统公司对股票转让实行风险警示，在公司股票简称前加注标识并公告：

（一）最近一个会计年度的财务会计报告被出具否定意见或者无法表示意见的审计报告；

（二）最近一个会计年度经审计的期末净资产为负值；

（三）全国股份转让系统公司规定的其他情形。

第三节　股票发行

4.3.1　本业务规则规定的股票发行，是指申请挂牌公司、挂牌公司向符合全国股份转让系统投资者适当性管理要求的对象发行股票的行为。

股票发行可以采取路演、询价等方式选定投资者。

4.3.2　申请挂牌公司、挂牌公司股票发行应当符合全国股份转让系统公司有关投资者适当性管理、信息披露等规定。

4.3.3　按照《管理办法》应申请核准的股票发行，挂牌公司在取得中国证监会核准文件后，按照全国股份转让系统公司的规定办理股票发行新增股份的挂牌手续。

4.3.4　按照《管理办法》豁免申请核准的股票发行，主办券商应履行持续督导职责并发表意见，挂牌公司在发行验资完毕后填报备案登记表，办理新增股份的登记及挂牌手续。

4.3.5　申请挂牌公司申请股票在全国股份转让系统挂牌的同时股票发行的，应在公开转让说明书中披露。

第四节　暂停与恢复转让

4.4.1　挂牌公司发生下列事项，应当向全国股份转让系统公司申请暂停转让，直至按规定披露或相关情形消除后恢复转让：

（一）预计应披露的重大信息在披露前已难以保密或已经泄露，或公共媒体出现与公司有关传闻，可能或已经对股票转让价格产生较大影响的；

（二）涉及需要向有关部门进行政策咨询、方案论证的无先例或存在重大不确定性的重大事项，或挂牌公司有合理理由需要申请暂停股票转让的其他事项；

（三）向中国证监会申请公开发行股票并在证券交易所上市，或向证券交易所申请股票上市；

（四）向全国股份转让系统公司主动申请终止挂牌；

（五）未在规定期限内披露年度报告或者半年度报告；

（六）主办券商与挂牌公司解除持续督导协议；

（七）出现依《公司法》第一百八十一条规定解散的情形，或法院依法受理公司重整、和解或者破产清算申请。

挂牌公司未按规定向全国股份转让系统公司申请暂停股票转让的，主办券商应当及时向全国股份转让系统公司报告并提出处理建议。

4.4.2　全国股份转让系统公司可以根据中国证监会的要求或者基于维护市场秩序的需要，决定挂牌公司股票的暂停与恢复转让事宜。

第五节　终止与重新挂牌

4.5.1　挂牌公司出现下列情形之一的，全国股份转让系统公司终止其股票挂牌：

（一）中国证监会核准其公开发行股票并在证券交易所上市，或证券交易所同意其股票上市；

（二）终止挂牌申请获得全国股份转让系统公司同意；

（三）未在规定期限内披露年度报告或者半年度报告的，自期满之日起两个月内仍未披露年度报告或半年度报告；

（四）主办券商与挂牌公司解除持续督导协议，挂牌公司能在股票暂停转让之日起三个月内与其他主办券商签署持续督导协议的；

（五）挂牌公司经清算组或管理人清算并注销公司登记的；

（六）全国股份转让系统公司规定的其他情形。

4.5.2　全国股份转让系统公司在作出股票终止挂牌决定后发布公告，并报中国证监会备案。

挂牌公司应当在收到全国股份转让系统公司的股票终止挂牌决定后及时披露股票终止挂牌公告。

4.5.3　对因本业务规则4.5.1条第（三）、（四）项情形终止挂牌的公司，全国股份转让系统公司可以为其提供股票非公开转让服务。

4.5.4　导致公司终止挂牌的情形消除后，经公司申请、主办券商推荐及全国股份转让系统公司同意，公司股票可以重新挂牌。

第五章　主 办 券 商

5.1　主办券商是指在全国股份转让系统从事下列部分或全部业务的证券公司：

（一）推荐业务：推荐申请挂牌公司股票挂牌，持续督导挂牌公司，为挂牌公司股票发行、并购重组等提供相关服务；

（二）经纪业务：代理开立证券账户、代理买卖股票等业务；

（三）做市业务；

（四）全国股份转让系统公司规定的其他业务。

从事前款第一项业务的，应当具有证券承销与保荐业务资格；从事前款第二项业务的，应当具有证券经纪业务资格；从事前款第三项业务的，应当具有证券自营业务资格。

5.2　证券公司在全国股份转让系统开展相关业务前，应向全国股份转让系统公司申请备案。

全国股份转让系统公司同意备案的，与其签订协议，出具备案函并公告。

5.3　主办券商应在取得全国股份转让系统公司备案函后五个转让日内，在全国股份转让系统指定信息披露平台披露公司基本情况、主要业务人员情况及全国股份转让系统公司要求披露的其他信息。

主办券商在全国股份转让系统开展业务期间，应按全国股份转让系统公司要求报送并披露相关执业情况等信息。

主办券商所披露信息内容发生变更的，应按规定及时报告全国股份转让系统公司并进行更新。

5.4　主办券商在全国股份转让系统开展业务，应当建立健全各项业务管理制度和业务操作流程，建立健全风险管理制度和合规管理制度，保障业务依法合规进行，严格防范和控制业务风险。

5.5　主办券商应当实现推荐业务、经纪业务、做市业务以及其他业务之间的有效隔离，防范内幕交易，避免利益冲突。

5.6　主办券商开展推荐业务，应勤勉尽责地进行尽职调查和内核，并承担相应责任。

5.7　主办券商应持续督导所推荐挂牌公司诚实守信、规范履行信息披露义务、完善公司治理机制。

主办券商与挂牌公司解除持续督导协议前，应当报告全国股份转让系统公司并说明理由。

5.8　主办券商应当建立健全投资者适当性管理工作制度和业务流程，严格执行全国股份转让系统投资者适当性管理各项要求。

5.9　主办券商发现投资者存在异常交易行为，应提醒投资者；对可能严重影响正常交易秩序的异常交易行为，应及时报告全国股份转让系统公司。

5.10　主办券商开展做市业务不得利用信息优势和资金优势，通过单独或者合谋，以串通报价或相互买卖操纵股票转让价格，损害投资者利益。

5.11　全国股份转让系统公司对主办券商及其从业人员的执业行为进行持续管理，开展现场检查和非现场检查，记录其执业情况、违规行为等信息。

第六章　监管措施与违规处分

6.1　全国股份转让系统公司可以对本业务规则1.4条规定的监管对象采取下列自律监管措施：

（一）要求申请挂牌公司、挂牌公司及其他信息披露义务人或者其董事（会）、监事（会）和高级管理人员、主办券商、证券服务机构及其相关人员对有关问题作出解释、说明和披露；

（二）要求申请挂牌公司、挂牌公司聘请中介机构对公司存在的问题进行核查并发表意见；

（三）约见谈话；

（四）要求提交书面承诺；

（五）出具警示函；

（六）责令改正；

（七）暂不受理相关主办券商、证券服务机构或其相关人员出具的文件；

（八）暂停解除挂牌公司控股股东、实际控制人的股票限售；

（九）限制证券账户交易；

（十）向中国证监会报告有关违法违规行为；

（十一）其他自律监管措施。

监管对象应当积极配合全国股份转让系统公司的日常监管，在规定期限内回答问询，按照全国股份转让系统公司的要求提交说明，或者披露相应的更正或补充公告。

6.2　申请挂牌公司、挂牌公司、相关信息披露义务人违反本业务规则、全国股份转让系统公司其他相关业务规定的，全国股份转让系统公司视情节轻重给予以下处分，并记入证券期货市场诚信档案数据库（以下简称“诚信档案”）：

（一）通报批评；

（二）公开谴责。

6.3　申请挂牌公司、挂牌公司的董事、监事、高级管理人员违反本业务规则、全国股份转让系统公司其他相关业务规定的，全国股份转让系统公司视情节轻重给予以下处分，并记入诚信档案：

（一）通报批评；

（二）公开谴责；

（三）认定其不适合担任公司董事、监事、高级管理人员。

6.4　主办券商违反本业务规则、全国股份转让系统公司其他相关业务规定的，全国股份转让系统公司视情节轻重给予以下处分，并记入诚信档案：

（一）通报批评；

（二）公开谴责；

（三）限制、暂停直至终止其从事相关业务。

6.5 主办券商的相关业务人员违反本业务规则、全国股份转让系统公司其他相关业务规定的，全国股份转让系统公司视情节轻重给予以下处分，并记入诚信档案：

（一）通报批评；

（二）公开谴责。

6.6 会计师事务所、律师事务所、其他证券服务机构及其工作人员违反本业务规则、全国股份转让系统公司其他相关业务规定的，全国股份转让系统公司视情节轻重给予以下处分，记入诚信档案并向相关行业自律组织通报：

（一）通报批评；

（二）公开谴责。

6.7 全国股份转让系统公司设立纪律处分委员会对本业务规则规定的纪律处分事项进行审核，作出独立的专业判断并形成审核意见。全国股份转让系统公司根据纪律处分委员会的审核意见，作出是否给予纪律处分的决定。

监管对象不服全国股份转让系统公司作出的纪律处分决定的，可自收到处分通知之日起15个工作日内向全国股份转让系统公司申请复核，复核期间该处分决定不停止执行。

第七章　附　　则

7.1 原证券公司代办股份转让系统挂牌的STAQ、NET系统公司和退市公司的股票转让、信息披露等事项另行规定。

7.2 本业务规则所称“以上”、“以内”含本数，“超过”不含本数。

7.3 本业务规则由全国股份转让系统公司负责解释。

7.4 本业务规则经中国证监会批准后生效，自发布之日起实施。

上市公司

国务院关于开展优先股试点的指导意见

（国发〔2013〕46号）

各省、自治区、直辖市人民政府，国务院各部委、各直属机构：

为贯彻落实党的十八大、十八届三中全会精神，深化金融体制改革，支持实体经济发展，依照公司法、证券法相关规定，国务院决定开展优先股试点。开展优先股试点，有利于进一步深化企业股份制改革，为发行人提供灵活的直接融资工具，优化企业财务结构，推动企业兼并重组；有利于丰富证券品种，为投资者提供多元化的投资渠道，提高直接融资比重，促进资本市场稳定发展。为稳妥有序开展优先股试点，现提出如下指导意见。

一、优先股股东的权利与义务

（一）优先股的含义。优先股是指依照公司法，在一般规定的普通种类股份之外，另行规定的其他种类股份，其股份持有人优先于普通股股东分配公司利润和剩余财产，但参与公司决策管理等权利受到限制。

除本指导意见另有规定以外，优先股股东的权利、义务以及优先股股份的管理应当符合公司法的规定。试点期间不允许发行在股息分配和剩余财产分配上具有不同优先顺序的优先股，但允许发行在其他条款上具有不同设置的优先股。

（二）优先分配利润。优先股股东按照约定的票面股息率，优先于普通股股东分配公司利润。公司应当以现金的形式向优先股股东支付股息，在完全支付约定的股息之前，不得向普通股股东分配利润。

公司应当在公司章程中明确以下事项：（1）优先股股息率是采用固定股息率还是浮动股息率，并相应明确固定股息率水平或浮动股息率计算方法。（2）公司在有可分配税后利润的情况下是否必须分配利润。（3）如果公司因本会计年度可分配利润不足而未向优先股股东足额派发股息，差额部分是否累积到下一会计年度。（4）优先股股东按照约定的股息率分配股息后，是否有权同普通股股东一起参加剩余利润分配。（5）优先股利润分配涉及的其他事项。

（三）优先分配剩余财产。公司因解散、破产等原因进行清算时，公司财产在按照公司法和破产法有关规定进行清偿后的剩余财产，应当优先向优先股股东支付未派发的股息和公司章程约定的清算金额，不足以支付的按照优先股股东持股比例分配。

（四）优先股转换和回购。公司可以在公司章程中规定优先股转换为普通股、发行人回购优先股的条件、价格和比例。转换选择权或回购选择权可规定由发行人或优先股股东行使。发行人要求回购优先股的，必须完全支付所欠股息，但商业银行发行优先股补充资本的除外。优先股回购后相应减记发行在外的优先股股份总数。

（五）表决权限制。除以下情况外，优先股股东不出席股东大会会议，所持股份没有表决权：（1）修改公司章程中与优先股相关的内容；（2）一次或累计减少公司注册资本超过百分之十；（3）公司合并、分立、解散或变更公司形式；（4）发行优先股；（5）公司章程规定的其他情形。上述事项的决议，除须经出席会议的普通股股东（含表决权恢复的优先股股东）所持表决权的三分之二以上通过之外，还须经出席会议的优先股股东（不含表决权恢复的优先股股东）所持表决权的三分之二以上通过。

（六）表决权恢复。公司累计 3 个会计年度或连续 2 个会计年度未按约定支付优先股股息的，优先股股东有权出席股东大会，每股优先股股份享有公司章程规定的表决权。对于股息可累积到下一会计年度的优先股，表决权恢复直至公司全额支付所欠股息。对于股息不可累积的优先股，表决权恢复直至公司全额支付当年股息。公司章程可规定优先股表决权恢复的其他情形。

（七）与股份种类相关的计算。以下事项计算持股比例时，仅计算普通股和表决权恢复的优先股：（1）根据公司法第一百零一条，请求召开临时股东大会；（2）根据公司法第一百零二条，召集和主持股东大会；（3）根据公司法第一百零三条，提交股东大会临时提案；（4）根据公司法第二百一十七条，认定控股股东。

二、优先股发行与交易

（八）发行人范围。公开发行优先股的发行人限于证监会规定的上市公司，非公开发行优先股的发行人限于上市公司（含注册地在境内的境外上市公司）和非上市公众公司。

（九）发行条件。公司已发行的优先股不得超过公司普通股股份总数的百分之五十，且筹资金额不得超过发行前净资产的百分之五十，已回购、转换的优先股不纳入计算。公司公开发行优先股以及上市公司非公开发行优先股的其他条件适用证券法的规定。非上市公众公司非公开发行优先股的条件由证监会另行规定。

（十）公开发行。公司公开发行优先股的，应当在公司章程中规定以下事项：（1）采取固定股息率；（2）在有可分配税后利润的情况下必须向优先股股东分配股息；（3）未向优先股股东足额派发股息的差额部分应当累积到下一会计年度；（4）优先股股东按照约定的股息率分配股息后，不再同普通股股东一起参加剩余利润分配。商业银行发行优先股补充资本的，可就第（2）项和第（3）项事项另行规定。

（十一）交易转让及登记存管。优先股应当在证券交易所、全国中小企业股份转让系统或者在国务院批准的其他证券交易场所交易或转让。优先股应当在中国证券登记结算公司集中登记存管。优先股交易或转让环节的投资者适当性标准应当与发行环节一致。

（十二）信息披露。公司应当在发行文件中详尽说明优先股股东的权利义务，充分揭示风险。同时，应按规定真实、准确、完整、及时、公平地披露或者提供信息，不得有虚假记载、误导性陈述或重大遗漏。

（十三）公司收购。优先股可以作为并购重组支付手段。上市公司收购要约适用于被收购公司的所有股东，但可以针对优先股股东和普通股股东提出不同的收购条件。根据证券法第八十六条计算收购人持有上市公司已发行股份比例，以及根据证券法第八十八条和第九十六条计算触发要约收购义务时，表决权未恢复的优先股不计入持股数额和股本总额。

（十四）与持股数额相关的计算。以下事项计算持股数额时，仅计算普通股和表决权恢复的优先股：（1）根据证券法第五十四条和第六十六条，认定持有公司股份最多的前十名股东的名单和持股数额；（2）根据证券法第四十七条、第六十七条和第七十四条，认定持有公司百分之五以上股份的股东。

三、组织管理和配套政策

（十五）加强组织管理。证监会应加强与有关部门的协调配合，积极稳妥地组织开展优先股试点工作。证监会应当根据公司法、证券法和本指导意见，制定并发布优先股试点的具体规定，指导证券自律组织完善相关业务规则。

证监会应当加强市场监管，督促公司认真履行信息披露义务，督促中介机构诚实守信、勤勉尽责，依法查处违法违规行为，切实保护投资者合法权益。

（十六）完善配套政策。优先股相关会计处理和财务报告，应当遵循财政部发布的企业会计准则及其他相关会计标准。企业投资优先股获得的股息、红利等投资收益，符合税法规定条件的，可以作为企业所得税免税收入。全国社会保障基金、企业年金投资优先股的比例不受现行证券品种投资比例的限制，具体政策由国务院主管部门制定。外资行业准入管理中外资持股比例优先股与普通股合并计算。试点中需要配套制定的其他政策事项，由证监会根据试点进展情况提出，商有关部门办理，重大事项报告国务院。

国务院

2013 年 11 月 30 日

上市公司股权激励管理办法

（2016年5月4日中国证券监督管理委员会2016年第6次主席办公会议审议通过　根据2018年8月15日中国证券监督管理委员会第148号令《关于修改〈上市公司股权激励管理办法〉的决定》修正）

第一章　总　　则

第一条　为进一步促进上市公司建立健全激励与约束机制，依据《中华人民共和国公司法》（以下简称《公司法》）、《中华人民共和国证券法》（以下简称《证券法》）及其他法律、行政法规的规定，制定本办法。

第二条　本办法所称股权激励是指上市公司以本公司股票为标的，对其董事、高级管理人员及其他员工进行的长期性激励。

上市公司以限制性股票、股票期权实行股权激励的，适用本办法；以法律、行政法规允许的其他方式实行股权激励的，参照本办法有关规定执行。

第三条　上市公司实行股权激励，应当符合法律、行政法规、本办法和公司章程的规定，有利于上市公司的持续发展，不得损害上市公司利益。

上市公司的董事、监事和高级管理人员在实行股权激励中应当诚实守信，勤勉尽责，维护公司和全体股东的利益。

第四条　上市公司实行股权激励，应当严格按照本办法和其他相关规定的要求履行信息披露义务。

第五条　为上市公司股权激励计划出具意见的证券中介机构和人员，应当诚实守信、勤勉尽责，保证所出具的文件真实、准确、完整。

第六条　任何人不得利用股权激励进行内幕交易、操纵证券市场等违法活动。

第二章　一般规定

第七条　上市公司具有下列情形之一的，不得实行股权激励：

（一）最近一个会计年度财务会计报告被注册会计师出具否定意见或者无

法表示意见的审计报告；

（二）最近一个会计年度财务报告内部控制被注册会计师出具否定意见或无法表示意见的审计报告；

（三）上市后最近36个月内出现过未按法律法规、公司章程、公开承诺进行利润分配的情形；

（四）法律法规规定不得实行股权激励的；

（五）中国证监会认定的其他情形。

第八条 激励对象可以包括上市公司的董事、高级管理人员、核心技术人员或者核心业务人员，以及公司认为应当激励的对公司经营业绩和未来发展有直接影响的其他员工，但不应当包括独立董事和监事。外籍员工任职上市公司董事、高级管理人员、核心技术人员或者核心业务人员的，可以成为激励对象。

单独或合计持有上市公司5%以上股份的股东或实际控制人及其配偶、父母、子女，不得成为激励对象。下列人员也不得成为激励对象：

（一）最近12个月内被证券交易所认定为不适当人选；

（二）最近12个月内被中国证监会及其派出机构认定为不适当人选；

（三）最近12个月内因重大违法违规行为被中国证监会及其派出机构行政处罚或者采取市场禁入措施；

（四）具有《公司法》规定的不得担任公司董事、高级管理人员情形的；

（五）法律法规规定不得参与上市公司股权激励的；

（六）中国证监会认定的其他情形。

第九条 上市公司依照本办法制定股权激励计划的，应当在股权激励计划中载明下列事项：

（一）股权激励的目的；

（二）激励对象的确定依据和范围；

（三）拟授出的权益数量，拟授出权益涉及的标的股票种类、来源、数量及占上市公司股本总额的百分比；分次授出的，每次拟授出的权益数量、涉及的标的股票数量及占股权激励计划涉及的标的股票总额的百分比、占上市公司股本总额的百分比；设置预留权益的，拟预留权益的数量、涉及标的股票数量及占股权激励计划的标的股票总额的百分比；

（四）激励对象为董事、高级管理人员的，其各自可获授的权益数量、占股权激励计划拟授出权益总量的百分比；其他激励对象（各自或者按适当分类）的姓名、职务、可获授的权益数量及占股权激励计划拟授出权益总量的百分比；

（五）股权激励计划的有效期，限制性股票的授予日、限售期和解除限售安排，股票期权的授权日、可行权日、行权有效期和行权安排；

（六）限制性股票的授予价格或者授予价格的确定方法，股票期权的行权价格或者行权价格的确定方法；

（七）激励对象获授权益、行使权益的条件；

（八）上市公司授出权益、激励对象行使权益的程序；

（九）调整权益数量、标的股票数量、授予价格或者行权价格的方法和程序；

（十）股权激励会计处理方法、限制性股票或股票期权公允价值的确定方法、涉及估值模型重要参数取值合理性、实施股权激励应当计提费用及对上市公司经营业绩的影响；

（十一）股权激励计划的变更、终止；

（十二）上市公司发生控制权变更、合并、分立以及激励对象发生职务变更、离职、死亡等事项时股权激励计划的执行；

（十三）上市公司与激励对象之间相关纠纷或争端解决机制；

（十四）上市公司与激励对象的其他权利义务。

第十条 上市公司应当设立激励对象获授权益、行使权益的条件。拟分次授出权益的，应当就每次激励对象获授权益分别设立条件；分期行权的，应当就每次激励对象行使权益分别设立条件。

激励对象为董事、高级管理人员的，上市公司应当设立绩效考核指标作为激励对象行使权益的条件。

第十一条 绩效考核指标应当包括公司业绩指标和激励对象个人绩效指标。相关指标应当客观公开、清晰透明，符合公司的实际情况，有利于促进公司竞争力的提升。

上市公司可以将公司历史业绩或同行业可比公司相关指标作为公司业绩指标对照依据，公司选取的业绩指标可以包括净资产收益率、每股收益、每股分红等能够反映股东回报和公司价值创造的综合性指标，以及净利润增长率、主营业务收入增长率等能够反映公司盈利能力和市场价值的成长性指标。以同行业可比公司相关指标作为对照依据，选取的对照公司不少于3家。

激励对象个人绩效指标由上市公司自行确定。

上市公司应当在公告股权激励计划草案的同时披露所设定指标的科学性和合理性。

第十二条 拟实行股权激励的上市公司，可以下列方式作为标的股票来源：

（一）向激励对象发行股份；

（二）回购本公司股份；

（三）法律、行政法规允许的其他方式。

第十三条 股权激励计划的有效期从首次授予权益日起不得超过10年。

第十四条 上市公司可以同时实行多期股权激励计划。同时实行多期股权激励计划的，各期激励计划设立的公司业绩指标应当保持可比性，后期激励计划的公司业绩指标低于前期激励计划的，上市公司应当充分说明其原因与合理性。

上市公司全部在有效期内的股权激励计划所涉及的标的股票总数累计不得超过公司股本总额的10%。非经股东大会特别决议批准，任何一名激励对象通过全部在有效期内的股权激励计划获授的本公司股票，累计不得超过公司股本总额的1%。

本条第二款所称股本总额是指股东大会批准最近一次股权激励计划时公司已发行的股本总额。

第十五条 上市公司在推出股权激励计划时，可以设置预留权益，预留比例不得超过本次股权激励计划拟授予权益数量的20%。

上市公司应当在股权激励计划经股东大会审议通过后12个月内明确预留权益的授予对象；超过12个月未明确激励对象的，预留权益失效。

第十六条 相关法律、行政法规、部门规章对上市公司董事、高级管理人员买卖本公司股票的期间有限制的，上市公司不得在相关限制期间内向激励对象授出限制性股票，激励对象也不得行使权益。

第十七条 上市公司启动及实施增发新股、并购重组、资产注入、发行可转债、发行公司债券等重大事项期间，可以实行股权激励计划。

第十八条 上市公司发生本办法第七条规定的情形之一的，应当终止实施股权激励计划，不得向激励对象继续授予新的权益，激励对象根据股权激励计划已获授但尚未行使的权益应当终止行使。

在股权激励计划实施过程中，出现本办法第八条规定的不得成为激励对象情形的，上市公司不得继续授予其权益，其已获授但尚未行使的权益应当终止行使。

第十九条 激励对象在获授限制性股票或者对获授的股票期权行使权益前后买卖股票的行为，应当遵守《证券法》《公司法》等相关规定。

上市公司应当在本办法第二十条规定的协议中，就前述义务向激励对象作出特别提示。

第二十条 上市公司应当与激励对象签订协议，确认股权激励计划的内容，并依照本办法约定双方的其他权利义务。

上市公司应当承诺，股权激励计划相关信息披露文件不存在虚假记载、误导性陈述或者重大遗漏。

所有激励对象应当承诺，上市公司因信息披露文件中有虚假记载、误导性陈述或者重大遗漏，导致不符合授予权益或行使权益安排的，激励对象应当自相关信息披露文件被确认存在虚假记载、误导性陈述或者重大遗漏后，将由股权激励计划所获得的全部利益返还公司。

第二十一条 激励对象参与股权激励计划的资金来源应当合法合规，不得违反法律、行政法规及中国证监会的相关规定。

上市公司不得为激励对象依股权激励计划获取有关权益提供贷款以及其他任何形式的财务资助，包括为其贷款提供担保。

第三章 限制性股票

第二十二条 本办法所称限制性股票是指激励对象按照股权激励计划规定的条件，获得的转让等部分权利受到限制的本公司股票。

限制性股票在解除限售前不得转让、用于担保或偿还债务。

第二十三条 上市公司在授予激励对象限制性股票时，应当确定授予价格或授予价格的确定方法。授予价格不得低于股票票面金额，且原则上不得低于下列价格较高者：

（一）股权激励计划草案公布前 1 个交易日的公司股票交易均价的 50%；

（二）股权激励计划草案公布前 20 个交易日、60 个交易日或者 120 个交易日的公司股票交易均价之一的 50%。

上市公司采用其他方法确定限制性股票授予价格的，应当在股权激励计划中对定价依据及定价方式作出说明。

第二十四条 限制性股票授予日与首次解除限售日之间的间隔不得少于 12 个月。

第二十五条 在限制性股票有效期内，上市公司应当规定分期解除限售，每期时限不得少于 12 个月，各期解除限售的比例不得超过激励对象获授限制性股票总额的 50%。

当期解除限售的条件未成就的，限制性股票不得解除限售或递延至下期解除限售，应当按照本办法第二十六条规定处理。

第二十六条 出现本办法第十八条、第二十五条规定情形，或者其他终止实施股权激励计划的情形或激励对象未达到解除限售条件的，上市公司应当回购尚未解除限售的限制性股票，并按照《公司法》的规定进行处理。

对出现本办法第十八条第一款情形负有个人责任的，或出现本办法第十八条第二款情形的，回购价格不得高于授予价格；出现其他情形的，回购价格不得高于授予价格加上银行同期存款利息之和。

第二十七条 上市公司应当在本办法第二十六条规定的情形出现后及时召开董事会审议回购股份方案，并依法将回购股份方案提交股东大会批准。回购股份方案包括但不限于以下内容：

（一）回购股份的原因；

（二）回购股份的价格及定价依据；

（三）拟回购股份的种类、数量及占股权激励计划所涉及的标的股票的比例、占总股本的比例；

（四）拟用于回购的资金总额及资金来源；

（五）回购后公司股本结构的变动情况及对公司业绩的影响。

律师事务所应当就回购股份方案是否符合法律、行政法规、本办法的规定和股权激励计划的安排出具专业意见。

第四章 股票期权

第二十八条 本办法所称股票期权是指上市公司授予激励对象在未来一定期限内以预先确定的条件购买本公司一定数量股份的权利。

激励对象获授的股票期权不得转让、用于担保或偿还债务。

第二十九条 上市公司在授予激励对象股票期权时，应当确定行权价格或者行权价格的确定方法。行权价格不得低于股票票面金额，且原则上不得低于下列价格较高者：

（一）股权激励计划草案公布前1个交易日的公司股票交易均价；

（二）股权激励计划草案公布前20个交易日、60个交易日或者120个交易日的公司股票交易均价之一。

上市公司采用其他方法确定行权价格的，应当在股权激励计划中对定价依据及定价方式作出说明。

第三十条 股票期权授权日与获授股票期权首次可行权日之间的间隔不得少于12个月。

第三十一条 在股票期权有效期内，上市公司应当规定激励对象分期行权，每期时限不得少于12个月，后一行权期的起算日不得早于前一行权期的届满日。每期可行权的股票期权比例不得超过激励对象获授股票期权总额的50%。

当期行权条件未成就的，股票期权不得行权或递延至下期行权，并应当按照本办法第三十二条第二款规定处理。

第三十二条 股票期权各行权期结束后，激励对象未行权的当期股票期权应当终止行权，上市公司应当及时注销。

出现本办法第十八条、第三十一条规定情形，或者其他终止实施股权激励计划的情形或激励对象不符合行权条件的，上市公司应当注销对应的股票期权。

第五章　实 施 程 序

第三十三条　上市公司董事会下设的薪酬与考核委员会负责拟订股权激励计划草案。

第三十四条　上市公司实行股权激励，董事会应当依法对股权激励计划草案作出决议，拟作为激励对象的董事或与其存在关联关系的董事应当回避表决。

董事会审议本办法第四十六条、第四十七条、第四十八条、第四十九条、第五十条、第五十一条规定中有关股权激励计划实施的事项时，拟作为激励对象的董事或与其存在关联关系的董事应当回避表决。

董事会应当在依照本办法第三十七条、第五十四条的规定履行公示、公告程序后，将股权激励计划提交股东大会审议。

第三十五条　独立董事及监事会应当就股权激励计划草案是否有利于上市公司的持续发展，是否存在明显损害上市公司及全体股东利益的情形发表意见。

独立董事或监事会认为有必要的，可以建议上市公司聘请独立财务顾问，对股权激励计划的可行性、是否有利于上市公司的持续发展、是否损害上市公司利益以及对股东利益的影响发表专业意见。上市公司未按照建议聘请独立财务顾问的，应当就此事项作特别说明。

第三十六条　上市公司未按照本办法第二十三条、第二十九条定价原则，而采用其他方法确定限制性股票授予价格或股票期权行权价格的，应当聘请独立财务顾问，对股权激励计划的可行性、是否有利于上市公司的持续发展、相关定价依据和定价方法的合理性、是否损害上市公司利益以及对股东利益的影响发表专业意见。

第三十七条　上市公司应当在召开股东大会前，通过公司网站或者其他途径，在公司内部公示激励对象的姓名和职务，公示期不少于 10 天。

监事会应当对股权激励名单进行审核，充分听取公示意见。上市公司应当在股东大会审议股权激励计划前 5 日披露监事会对激励名单审核及公示情况的说明。

第三十八条　上市公司应当对内幕信息知情人在股权激励计划草案公告前 6 个月内买卖本公司股票及其衍生品种的情况进行自查，说明是否存在内幕交易行为。

知悉内幕信息而买卖本公司股票的，不得成为激励对象，法律、行政法规及相关司法解释规定不属于内幕交易的情形除外。

泄露内幕信息而导致内幕交易发生的，不得成为激励对象。

第三十九条　上市公司应当聘请律师事务所对股权激励计划出具法律意见

书，至少对以下事项发表专业意见：

（一）上市公司是否符合本办法规定的实行股权激励的条件；

（二）股权激励计划的内容是否符合本办法的规定；

（三）股权激励计划的拟订、审议、公示等程序是否符合本办法的规定；

（四）股权激励对象的确定是否符合本办法及相关法律法规的规定；

（五）上市公司是否已按照中国证监会的相关要求履行信息披露义务；

（六）上市公司是否为激励对象提供财务资助；

（七）股权激励计划是否存在明显损害上市公司及全体股东利益和违反有关法律、行政法规的情形；

（八）拟作为激励对象的董事或与其存在关联关系的董事是否根据本办法的规定进行了回避；

（九）其他应当说明的事项。

第四十条 上市公司召开股东大会审议股权激励计划时，独立董事应当就股权激励计划向所有的股东征集委托投票权。

第四十一条 股东大会应当对本办法第九条规定的股权激励计划内容进行表决，并经出席会议的股东所持表决权的2/3以上通过。除上市公司董事、监事、高级管理人员、单独或合计持有上市公司5%以上股份的股东以外，其他股东的投票情况应当单独统计并予以披露。

上市公司股东大会审议股权激励计划时，拟为激励对象的股东或者与激励对象存在关联关系的股东，应当回避表决。

第四十二条 上市公司董事会应当根据股东大会决议，负责实施限制性股票的授予、解除限售和回购以及股票期权的授权、行权和注销。

上市公司监事会应当对限制性股票授予日及期权授予日激励对象名单进行核实并发表意见。

第四十三条 上市公司授予权益与回购限制性股票、激励对象行使权益前，上市公司应当向证券交易所提出申请，经证券交易所确认后，由证券登记结算机构办理登记结算事宜。

第四十四条 股权激励计划经股东大会审议通过后，上市公司应当在60日内授予权益并完成公告、登记；有获授权益条件的，应当在条件成就后60日内授出权益并完成公告、登记。上市公司未能在60日内完成上述工作的，应当及时披露未完成的原因，并宣告终止实施股权激励，自公告之日起3个月内不得再次审议股权激励计划。根据本办法规定上市公司不得授出权益的期间不计算在60日内。

第四十五条 上市公司应当按照证券登记结算机构的业务规则，在证券登记结算机构开设证券账户，用于股权激励的实施。

激励对象为境内工作的外籍员工的，可以向证券登记结算机构申请开立证券账户，用于持有或卖出因股权激励获得的权益，但不得使用该证券账户从事其他证券交易活动。

尚未行权的股票期权，以及不得转让的标的股票，应当予以锁定。

第四十六条 上市公司在向激励对象授出权益前，董事会应当就股权激励计划设定的激励对象获授权益的条件是否成就进行审议，独立董事及监事会应当同时发表明确意见。律师事务所应当对激励对象获授权益的条件是否成就出具法律意见。

上市公司向激励对象授出权益与股权激励计划的安排存在差异时，独立董事、监事会（当激励对象发生变化时）、律师事务所、独立财务顾问（如有）应当同时发表明确意见。

第四十七条 激励对象在行使权益前，董事会应当就股权激励计划设定的激励对象行使权益的条件是否成就进行审议，独立董事及监事会应当同时发表明确意见。律师事务所应当对激励对象行使权益的条件是否成就出具法律意见。

第四十八条 因标的股票除权、除息或者其他原因需要调整权益价格或者数量的，上市公司董事会应当按照股权激励计划规定的原则、方式和程序进行调整。

律师事务所应当就上述调整是否符合本办法、公司章程的规定和股权激励计划的安排出具专业意见。

第四十九条 分次授出权益的，在每次授出权益前，上市公司应当召开董事会，按照股权激励计划的内容及首次授出权益时确定的原则，决定授出的权益价格、行使权益安排等内容。

当次授予权益的条件未成就时，上市公司不得向激励对象授予权益，未授予的权益也不得递延下期授予。

第五十条 上市公司在股东大会审议通过股权激励方案之前可对其进行变更。变更需经董事会审议通过。

上市公司对已通过股东大会审议的股权激励方案进行变更的，应当及时公告并提交股东大会审议，且不得包括下列情形：

（一）导致加速行权或提前解除限售的情形；

（二）降低行权价格或授予价格的情形。

独立董事、监事会应当就变更后的方案是否有利于上市公司的持续发展，是否存在明显损害上市公司及全体股东利益的情形发表独立意见。律师事务所应当就变更后的方案是否符合本办法及相关法律法规的规定、是否存在明显损害上市公司及全体股东利益的情形发表专业意见。

第五十一条 上市公司在股东大会审议股权激励计划之前拟终止实施股权

激励的，需经董事会审议通过。

上市公司在股东大会审议通过股权激励计划之后终止实施股权激励的，应当由股东大会审议决定。

律师事务所应当就上市公司终止实施激励是否符合本办法及相关法律法规的规定、是否存在明显损害上市公司及全体股东利益的情形发表专业意见。

第五十二条 上市公司股东大会或董事会审议通过终止实施股权激励计划决议，或者股东大会审议未通过股权激励计划的，自决议公告之日起3个月内，上市公司不得再次审议股权激励计划。

第六章 信 息 披 露

第五十三条 上市公司实行股权激励，应当真实、准确、完整、及时、公平地披露或者提供信息，不得有虚假记载、误导性陈述或者重大遗漏。

第五十四条 上市公司应当在董事会审议通过股权激励计划草案后，及时公告董事会决议、股权激励计划草案、独立董事意见及监事会意见。

上市公司实行股权激励计划依照规定需要取得有关部门批准的，应当在取得有关批复文件后的2个交易日内进行公告。

第五十五条 股东大会审议股权激励计划前，上市公司拟对股权激励方案进行变更的，变更议案经董事会审议通过后，上市公司应当及时披露董事会决议公告，同时披露变更原因、变更内容及独立董事、监事会、律师事务所意见。

第五十六条 上市公司在发出召开股东大会审议股权激励计划的通知时，应当同时公告法律意见书；聘请独立财务顾问的，还应当同时公告独立财务顾问报告。

第五十七条 股东大会审议通过股权激励计划及相关议案后，上市公司应当及时披露股东大会决议公告、经股东大会审议通过的股权激励计划，以及内幕信息知情人买卖本公司股票情况的自查报告。股东大会决议公告中应当包括中小投资者单独计票结果。

第五十八条 上市公司分次授出权益的，分次授出权益的议案经董事会审议通过后，上市公司应当及时披露董事会决议公告，对拟授出的权益价格、行使权益安排、是否符合股权激励计划的安排等内容进行说明。

第五十九条 因标的股票除权、除息或者其他原因调整权益价格或者数量的，调整议案经董事会审议通过后，上市公司应当及时披露董事会决议公告，同时公告律师事务所意见。

第六十条 上市公司董事会应当在授予权益及股票期权行权登记完成后、限制性股票解除限售前，及时披露相关实施情况的公告。

第六十一条 上市公司向激励对象授出权益时，应当按照本办法第四十四条规定履行信息披露义务，并再次披露股权激励会计处理方法、公允价值确定方法、涉及估值模型重要参数取值的合理性、实施股权激励应当计提的费用及对上市公司业绩的影响。

第六十二条 上市公司董事会按照本办法第四十六条、第四十七条规定对激励对象获授权益、行使权益的条件是否成就进行审议的，上市公司应当及时披露董事会决议公告，同时公告独立董事、监事会、律师事务所意见以及独立财务顾问意见（如有）。

第六十三条 上市公司董事会按照本办法第二十七条规定审议限制性股票回购方案的，应当及时公告回购股份方案及律师事务所意见。回购股份方案经股东大会批准后，上市公司应当及时公告股东大会决议。

第六十四条 上市公司终止实施股权激励的，终止实施议案经股东大会或董事会审议通过后，上市公司应当及时披露股东大会决议公告或董事会决议公告，并对终止实施股权激励的原因、股权激励已筹划及实施进展、终止实施股权激励对上市公司的可能影响等作出说明，并披露律师事务所意见。

第六十五条 上市公司应当在定期报告中披露报告期内股权激励的实施情况，包括：

（一）报告期内激励对象的范围；

（二）报告期内授出、行使和失效的权益总额；

（三）至报告期末累计已授出但尚未行使的权益总额；

（四）报告期内权益价格、权益数量历次调整的情况以及经调整后的最新权益价格与权益数量；

（五）董事、高级管理人员各自的姓名、职务以及在报告期内历次获授、行使权益的情况和失效的权益数量；

（六）因激励对象行使权益所引起的股本变动情况；

（七）股权激励的会计处理方法及股权激励费用对公司业绩的影响；

（八）报告期内激励对象获授权益、行使权益的条件是否成就的说明；

（九）报告期内终止实施股权激励的情况及原因。

第七章 监督管理

第六十六条 上市公司股权激励不符合法律、行政法规和本办法规定，或者上市公司未按照本办法、股权激励计划的规定实施股权激励的，上市公司应当终止实施股权激励，中国证监会及其派出机构责令改正，并书面通报证券交易所和证券登记结算机构。

第六十七条 上市公司未按照本办法及其他相关规定披露股权激励相关信息或者所披露的信息有虚假记载、误导性陈述或者重大遗漏的，中国证监会及其派出机构对公司及相关责任人员采取责令改正、监管谈话、出具警示函等监管措施；情节严重的，依照《证券法》予以处罚；涉嫌犯罪的，依法移交司法机关追究刑事责任。

第六十八条 上市公司因信息披露文件有虚假记载、误导性陈述或者重大遗漏，导致不符合授予权益或行使权益安排的，未行使权益应当统一回购注销，已经行使权益的，所有激励对象应当返还已获授权益。对上述事宜不负有责任的激励对象因返还已获授权益而遭受损失的，可按照股权激励计划相关安排，向上市公司或负有责任的对象进行追偿。

董事会应当按照前款规定和股权激励计划相关安排收回激励对象所得收益。

第六十九条 上市公司实施股权激励过程中，上市公司独立董事及监事未按照本办法及相关规定履行勤勉尽责义务的，中国证监会及其派出机构采取责令改正、监管谈话、出具警示函、认定为不适当人选等措施；情节严重的，依照《证券法》予以处罚；涉嫌犯罪的，依法移交司法机关追究刑事责任。

第七十条 利用股权激励进行内幕交易或者操纵证券市场的，中国证监会及其派出机构依照《证券法》予以处罚；情节严重的，对相关责任人员实施市场禁入等措施；涉嫌犯罪的，依法移交司法机关追究刑事责任。

第七十一条 为上市公司股权激励计划出具专业意见的证券服务机构和人员未履行勤勉尽责义务，所发表的专业意见存在虚假记载、误导性陈述或者重大遗漏的，中国证监会及其派出机构对相关机构及签字人员采取责令改正、监管谈话、出具警示函等措施；情节严重的，依照《证券法》予以处罚；涉嫌犯罪的，依法移交司法机关追究刑事责任。

第八章 附　　则

第七十二条 本办法下列用语具有如下含义：

标的股票：指根据股权激励计划，激励对象有权获授或者购买的上市公司股票。

权益：指激励对象根据股权激励计划获得的上市公司股票、股票期权。

授出权益（授予权益、授权）：指上市公司根据股权激励计划的安排，授予激励对象限制性股票、股票期权的行为。

行使权益（行权）：指激励对象根据股权激励计划的规定，解除限制性股票的限售、行使股票期权购买上市公司股份的行为。

分次授出权益（分次授权）：指上市公司根据股权激励计划的安排，向已确定的激励对象分次授予限制性股票、股票期权的行为。

分期行使权益（分期行权）：指根据股权激励计划的安排，激励对象已获授的限制性股票分期解除限售、已获授的股票期权分期行权的行为。

预留权益：指股权激励计划推出时未明确激励对象、股权激励计划实施过程中确定激励对象的权益。

授予日或者授权日：指上市公司向激励对象授予限制性股票、股票期权的日期。授予日、授权日必须为交易日。

限售期：指股权激励计划设定的激励对象行使权益的条件尚未成就，限制性股票不得转让、用于担保或偿还债务的期间，自激励对象获授限制性股票完成登记之日起算。

可行权日：指激励对象可以开始行权的日期。可行权日必须为交易日。

授予价格：上市公司向激励对象授予限制性股票时所确定的、激励对象获得上市公司股份的价格。

行权价格：上市公司向激励对象授予股票期权时所确定的、激励对象购买上市公司股份的价格。

标的股票交易均价：标的股票交易总额/标的股票交易总量。

本办法所称的“以上”“以下”含本数，“超过”“低于”“少于”不含本数。

第七十三条 国有控股上市公司实施股权激励，国家有关部门对其有特别规定的，应当同时遵守其规定。

第七十四条 本办法适用于股票在上海、深圳证券交易所上市的公司。

第七十五条 本办法自2016年8月13日起施行。原《上市公司股权激励管理办法（试行）》（证监公司字〔2005〕151号）及相关配套制度同时废止。

关于上市公司实施员工持股计划试点的指导意见

（中国证券监督管理委员会公告〔2014〕33号）

为了贯彻《中共中央关于全面深化改革若干重大问题的决定》中关于“允许混合所有制经济实行企业员工持股，形成资本所有者和劳动者利益共同体”的精神，落实《国务院关于进一步促进资本市场健康发展的若干意见》（国发〔2014〕17号）中关于“允许上市公司按规定通过多种形式开展员工持股计划”的要求，经国务院同意，中国证监会依照《公司法》《证券法》相关规定，在上市公司中开展员工持股计划实施试点。上市公司实施员工持股计划试点，有利于建立和完善劳动者与所有者的利益共享机制，改善公司治理水平，提高职工的凝聚力和公司竞争力，使社会资金通过资本市场实现优化配置。为稳妥有序开展员工持股计划试点，现提出以下指导意见。

一、员工持股计划基本原则

（一）依法合规原则。

上市公司实施员工持股计划，应当严格按照法律、行政法规的规定履行程序，真实、准确、完整、及时地实施信息披露。任何人不得利用员工持股计划进行内幕交易、操纵证券市场等证券欺诈行为。

（二）自愿参与原则。

上市公司实施员工持股计划应当遵循公司自主决定，员工自愿参加，上市公司不得以摊派、强行分配等方式强制员工参加本公司的员工持股计划。

（三）风险自担原则。

员工持股计划参与人盈亏自负，风险自担，与其他投资者权益平等。

二、员工持股计划的主要内容

（四）员工持股计划是指上市公司根据员工意愿，通过合法方式使员工获得本公司股票并长期持有，股份权益按约定分配给员工的制度安排。员工持股计划的参加对象为公司员工，包括管理层人员。

（五）员工持股计划的资金和股票来源。

1. 员工持股计划可以通过以下方式解决所需资金：

（1）员工的合法薪酬；（2）法律、行政法规允许的其他方式。

2. 员工持股计划可以通过以下方式解决股票来源：

（1）上市公司回购本公司股票；（2）二级市场购买；（3）认购非公开发行股票；（4）股东自愿赠与；（5）法律、行政法规允许的其他方式。

（六）员工持股计划的持股期限和持股计划的规模。

1. 每期员工持股计划的持股期限不得低于12个月，以非公开发行方式实施员工持股计划的，持股期限不得低于36个月，自上市公司公告标的股票过户至本期持股计划名下时起算；上市公司应当在员工持股计划届满前6个月公告到期计划持有的股票数量。

2. 上市公司全部有效的员工持股计划所持有的股票总数累计不得超过公司股本总额的10%，单个员工所获股份权益对应的股票总数累计不得超过公司股本总额的1%。员工持股计划持有的股票总数不包括员工在公司首次公开发行股票上市前获得的股份、通过二级市场自行购买的股份及通过股权激励获得的股份。

（七）员工持股计划的管理。

1. 参加员工持股计划的员工应当通过员工持股计划持有人会议选出代表或设立相应机构，监督员工持股计划的日常管理，代表员工持股计划持有人行使股东权利或者授权资产管理机构行使股东权利。

2. 上市公司可以自行管理本公司的员工持股计划，也可以将本公司员工持股计划委托给下列具有资产管理资质的机构管理：（1）信托公司；（2）保险资产管理公司；（3）证券公司；（4）基金管理公司；（5）其他符合条件的资产管理机构。

3. 上市公司自行管理本公司员工持股计划的，应当明确持股计划的管理方，制定相应的管理规则，切实维护员工持股计划持有人的合法权益，避免产生上市公司其他股东与员工持股计划持有人之间潜在的利益冲突。

4. 员工享有标的股票的权益；在符合员工持股计划约定的情况下，该权益可由员工自身享有，也可以转让、继承。员工通过持股计划获得的股份权益的占有、使用、收益和处分的权利，可以依据员工持股计划的约定行使；参加员工持股计划的员工离职、退休、死亡以及发生不再适合参加持股计划事由等情况时，其所持股份权益依照员工持股计划约定方式处置。

5. 上市公司委托资产管理机构管理本公司员工持股计划的，应当与资产管理机构签订资产管理协议。资产管理协议应当明确当事人的权利义务，切实维护员工持股计划持有人的合法权益，确保员工持股计划的财产安全。资产管理机构应当根据协议约定管理员工持股计划，同时应当遵守资产管理业务相关规则。

6. 员工持股计划管理机构应当为员工持股计划持有人的最大利益行事，不得与员工持股计划持有人存在利益冲突，不得泄露员工持股计划持有人的个人信息。

7. 员工持股计划管理机构应当以员工持股计划的名义开立证券交易账户。员工持股计划持有的股票、资金为委托财产，员工持股计划管理机构不得将委托财产归入其固有财产。员工持股计划管理机构因依法解散、被依法撤销或者被依法宣告破产等原因进行清算的，委托财产不属于其清算财产。

三、员工持股计划的实施程序及信息披露

（八）上市公司实施员工持股计划前，应当通过职工代表大会等组织充分征求员工意见。

（九）上市公司董事会提出员工持股计划草案并提交股东大会表决，员工持股计划草案至少应包含如下内容：

1. 员工持股计划的参加对象及确定标准、资金、股票来源；
2. 员工持股计划的存续期限、管理模式、持有人会议的召集及表决程序；
3. 公司融资时员工持股计划的参与方式；
4. 员工持股计划的变更、终止，员工发生不适合参加持股计划情况时所持股份权益的处置办法；
5. 员工持股计划持有人代表或机构的选任程序；
6. 员工持股计划管理机构的选任、管理协议的主要条款、管理费用的计提及支付方式；
7. 员工持股计划期满后员工所持有股份的处置办法；
8. 其他重要事项。

非金融类国有控股上市公司实施员工持股计划应当符合相关国有资产监督管理机构关于混合所有制企业员工持股的有关要求。

金融类国有控股上市公司实施员工持股计划应当符合财政部关于金融类国有控股上市公司员工持股的规定。

（十）独立董事和监事会应当就员工持股计划是否有利于上市公司的持续发展，是否损害上市公司及全体股东利益，公司是否以摊派、强行分配等方式强制员工参加本公司持股计划发表意见。上市公司应当在董事会审议通过员工持股计划草案后的 2 个交易日内，公告董事会决议、员工持股计划草案摘要、独立董事及监事会意见及与资产管理机构签订的资产管理协议。

（十一）上市公司应当聘请律师事务所对员工持股计划出具法律意见书，并在召开关于审议员工持股计划的股东大会前公告法律意见书。员工持股计划拟选任的资产管理机构为公司股东或股东关联方的，相关主体应当在股东大会表决时回避；员工持股计划涉及相关董事、股东的，相关董事、股东应当回避

表决；公司股东大会对员工持股计划作出决议的，应当经出席会议的股东所持表决权的半数以上通过。

（十二）股东大会审议通过员工持股计划后2个交易日内，上市公司应当披露员工持股计划的主要条款。

（十三）采取二级市场购买方式实施员工持股计划的，员工持股计划管理机构应当在股东大会审议通过员工持股计划后6个月内，根据员工持股计划的安排，完成标的股票的购买。上市公司应当每月公告一次购买股票的时间、数量、价格、方式等具体情况。

上市公司实施员工持股计划的，在完成标的股票的购买或将标的股票过户至员工持股计划名下的2个交易日内，以临时公告形式披露获得标的股票的时间、数量等情况。

（十四）员工因参加员工持股计划，其股份权益发生变动，依据法律应当履行相应义务的，应当依据法律履行；员工持股计划持有公司股票达到公司已发行股份总数的5%时，应当依据法律规定履行相应义务。

（十五）上市公司至少应当在定期报告中披露报告期内下列员工持股计划实施情况：

1. 报告期内持股员工的范围、人数；
2. 实施员工持股计划的资金来源；
3. 报告期内员工持股计划持有的股票总额及占上市公司股本总额的比例；
4. 因员工持股计划持有人处分权利引起的计划股份权益变动情况；
5. 资产管理机构的变更情况；
6. 其他应当予以披露的事项。

四、员工持股计划的监管

（十六）除非公开发行方式外，中国证监会对员工持股计划的实施不设行政许可，由上市公司根据自身实际情况决定实施。

（十七）上市公司公布、实施员工持股计划时，必须严格遵守市场交易规则，遵守中国证监会关于信息敏感期不得买卖股票的规定，严厉禁止利用任何内幕信息进行交易。

（十八）中国证监会对上市公司实施员工持股计划进行监管，对利用员工持股计划进行虚假陈述、操纵证券市场、内幕交易等违法行为的，中国证监会将依法予以处罚。

（十九）法律禁止特定行业公司员工持有、买卖股票的，不得以员工持股计划的名义持有、买卖股票。

（二十）证券交易所在其业务规则中明确员工持股计划的信息披露要求；证券登记结算机构在其业务规则中明确员工持股计划登记结算业务的办理要求。

《关于上市公司实施员工持股计划试点的指导意见》的起草说明

为了贯彻落实党的十八届三中全会和《国务院关于进一步促进资本市场健康发展的若干意见》（国发〔2014〕17号）精神，中国证监会起草了《关于上市公司实施员工持股计划试点的指导意见》（以下简称《指导意见》），经国务院同意，现予以发布。《指导意见》分为员工持股计划的基本原则、主要内容、实施程序及信息披露要求和员工持股计划的监管等四部分，共计二十条。现将有关情况说明如下：

一、起草背景

作为企业鼓励其员工持有本公司股票的一种有效方式，员工持股计划在境外成熟市场相当普遍。上市公司实施员工持股计划试点，有利于建立和完善劳动者与所有者的利益共享机制，改善公司治理水平，提高职工凝聚力和公司竞争力。

十八届三中全会决定明确提出“允许混合所有制经济实行企业员工持股，形成资本所有者和劳动者利益共同体”，为实施员工持股计划提供了明确的政策依据。当前上市公司员工持股的现象比较普遍，持股来源多样，在上市公司实施员工持股试点具备了相应的市场基础。目前尚无专门法规规章规范管理上市公司员工持股，需要及时出台规则，强化信息披露，防范风险，促使上市公司员工持股计划更加公开、透明、规范。

二、员工持股计划的性质和基本原则

《指导意见》中所说的员工持股计划是指上市公司根据员工意愿，通过合法方式使员工获得本公司股票并长期持有，股份权益按约定分配给员工的制度安排。员工持股计划的持有人既是设立持股计划的委托人，也是持股计划的受益人。员工持股计划的持有人根据出资额享有标的股票对应的份额权益。员工持股计划持有的股票、资金为委托财产，员工持股计划管理机构不得将委托财产归入其固有财产。

《指导意见》要求员工持股计划符合三条原则：一是依法合规原则，二是自愿参与原则，三是风险自担原则。

三、《指导意见》的主要内容

（一）资金、股票来源和持股数量、期限

员工持股计划资金来源于员工的合法薪酬以及法律、行政法规允许的其他方式。员工持股计划可以通过以下方式解决股票来源：（1）上市公司回购本公司股票；（2）二级市场购买；（3）认购非公开发行股票；（4）股东自愿赠与；（5）法律、行政法规允许的其他方式。

员工持股计划所持有的股票总数累计不得超过公司股本总额的10%，单个员工所获股份权益对应的股票总数累计不得超过公司股本总额的1%。每期员工持股计划的最短持股期限为不低于12个月。

（二）员工持股计划的管理

员工可以通过员工持股计划持有人会议选出代表或设立相应机构，监督员工持股计划的日常管理、代表员工持股计划持有人行使股东权利或者授权资产管理机构行使股东权利。

上市公司可以自行管理本公司的员工持股计划，也可以选任独立第三方机构，将员工持股计划委托给合格的资产管理机构管理。无论采取哪种管理方式，都应切实维护员工持股计划持有人的合法权益。

（三）实施程序和信息披露要求

上市公司实施员工持股计划，要根据《指导意见》的规定充分履行相应程序，并做好信息披露工作，及时向市场披露持股计划的实施情况，接受市场监督。员工持股计划及参与员工，依据法律应当履行相应义务的，应依法履行。

（四）员工持股计划的监管

中国证监会对员工持股计划实施监管，对存在虚假陈述、操纵证券市场、内幕交易等违法行为的，中国证监会将依法予以处罚。

为便于员工持股计划的信息披露及账户管理，《指导意见》规定证券交易所和证券登记结算机构应当在其业务规则中明确员工持股计划的信息披露要求和登记结算业务的办理要求。

四、需要说明的几个问题

（一）自愿参与原则

自愿参与是指是否参加员工持股计划由员工自愿选择。上市公司实施员工持股计划，应当充分征求员工意见，履行相应程序。上市公司不得以摊派、强行分配等方式强制员工参加本公司的员工持股计划。

（二）关于资金和股票来源

关于上市公司实施员工持股计划的资金和股票来源，《指导意见》作了相应的规定，支持企业在法律、行政法规允许的范围内通过不同方式解决资金和股票来源，增强了员工持股计划的可操作性。

（三）股东自愿赠与及公司回购股票奖励员工

股东自愿赠与作为解决股票来源的一种方式，需股东自愿采取且需要履行相应的股东内部审批程序。股东自愿赠与是员工获得股份的方式，员工通过此种方式取得公司股份后，与其他投资者享受平等股东权益。

公司采取回购本公司股票奖励员工的方式解决员工持股计划股票来源时，员工自愿参与且机会平等，通过股东大会、职工代表大会等决策程序，最大限度地保障公平性。

（四）员工持股计划期限与标的股票锁定期限

员工持股计划长期持续有效。每期员工持股计划持有股票的锁定期为不低于12个月，公司可以自行规定更长的持股期限。以非公开发行方式实施员工持股计划，根据《上市公司证券发行管理办法》《上市公司非公开发行股票实施细则》的规定，持股期限确定为36个月。

（五）《指导意见》与相关政策的衔接

《指导意见》对所有类型的上市公司都具有直接的指导和规范作用。上市公司实施员工持股计划应依据《指导意见》的规定。此外，非金融类国有控股上市公司实施员工持股计划应当符合相关国有资产监督管理机构关于混合所有制企业员工持股的有关要求，金融类国有控股上市公司实施员工持股计划应当符合财政部关于金融类国有控股上市公司员工持股的规定。

（六）实施员工持股计划是否需要行政许可

上市公司可以根据《指导意见》采取不同的方式实施员工持股计划。除非公开发行方式外，中国证监会对员工持股计划的实施不设行政许可。

特此说明。

上市公司信息披露管理办法

第一章 总 则

第一条 为了规范发行人、上市公司及其他信息披露义务人的信息披露行为，加强信息披露事务管理，保护投资者合法权益，根据《公司法》、《证券法》等法律、行政法规，制定本办法。

第二条 信息披露义务人应当真实、准确、完整、及时地披露信息，不得有虚假记载、误导性陈述或者重大遗漏。

信息披露义务人应当同时向所有投资者公开披露信息。

在境内、外市场发行证券及其衍生品种并上市的公司在境外市场披露的信息，应当同时在境内市场披露。

第三条 发行人、上市公司的董事、监事、高级管理人员应当忠实、勤勉地履行职责，保证披露信息的真实、准确、完整、及时、公平。

第四条 在内幕信息依法披露前，任何知情人不得公开或者泄露该信息，不得利用该信息进行内幕交易。

第五条 信息披露文件主要包括招股说明书、募集说明书、上市公告书、定期报告和临时报告等。

第六条 上市公司及其他信息披露义务人依法披露信息，应当将公告文稿和相关备查文件报送证券交易所登记，并在中国证券监督管理委员会（以下简称中国证监会）指定的媒体发布。

信息披露义务人在公司网站及其他媒体发布信息的时间不得先于指定媒体，不得以新闻发布或者答记者问等任何形式代替应当履行的报告、公告义务，不得以定期报告形式代替应当履行的临时报告义务。

第七条 信息披露义务人应当将信息披露公告文稿和相关备查文件报送上市公司注册地证监局，并置备于公司住所供社会公众查阅。

第八条 信息披露文件应当采用中文文本。同时采用外文文本的，信息披露义务人应当保证两种文本的内容一致。两种文本发生歧义时，以中文文本为准。

第九条 中国证监会依法对信息披露文件及公告的情况、信息披露事务管理活动进行监督，对上市公司控股股东、实际控制人和信息披露义务人的行为进行监督。

证券交易所应当对上市公司及其他信息披露义务人披露信息进行监督，督促其依法及时、准确地披露信息，对证券及其衍生品种交易实行实时监控。证券交易所制订的上市规则和其他信息披露规则应当报中国证监会批准。

第十条 中国证监会可以对金融、房地产等特殊行业上市公司的信息披露作出特别规定。

第二章 招股说明书、募集说明书与上市公告书

第十一条 发行人编制招股说明书应当符合中国证监会的相关规定。凡是对投资者作出投资决策有重大影响的信息，均应当在招股说明书中披露。

公开发行证券的申请经中国证监会核准后，发行人应当在证券发行前公告招股说明书。

第十二条 发行人的董事、监事、高级管理人员，应当对招股说明书签署书面确认意见，保证所披露的信息真实、准确、完整。

招股说明书应当加盖发行人公章。

第十三条 发行人申请首次公开发行股票的，中国证监会受理申请文件后，发行审核委员会审核前，发行人应当将招股说明书申报稿在中国证监会网站预先披露。

预先披露的招股说明书申报稿不是发行人发行股票的正式文件，不能含有价格信息，发行人不得据此发行股票。

第十四条 证券发行申请经中国证监会核准后至发行结束前，发生重要事项的，发行人应当向中国证监会书面说明，并经中国证监会同意后，修改招股说明书或者作相应的补充公告。

第十五条 申请证券上市交易，应当按照证券交易所的规定编制上市公告书，并经证券交易所审核同意后公告。

发行人的董事、监事、高级管理人员，应当对上市公告书签署书面确认意见，保证所披露的信息真实、准确、完整。

上市公告书应当加盖发行人公章。

第十六条 招股说明书、上市公告书引用保荐人、证券服务机构的专业意见或者报告的，相关内容应当与保荐人、证券服务机构出具的文件内容一致，确保引用保荐人、证券服务机构的意见不会产生误导。

第十七条 本办法第十一条至第十六条有关招股说明书的规定，适用于公司债券募集说明书。

第十八条 上市公司在非公开发行新股后，应当依法披露发行情况报告书。

第三章 定期报告

第十九条 上市公司应当披露的定期报告包括年度报告、中期报告和季度报告。凡是对投资者作出投资决策有重大影响的信息，均应当披露。

年度报告中的财务会计报告应当经具有证券、期货相关业务资格的会计师事务所审计。

第二十条 年度报告应当在每个会计年度结束之日起 4 个月内，中期报告应当在每个会计年度的上半年结束之日起 2 个月内，季度报告应当在每个会计年度第 3 个月、第 9 个月结束后的 1 个月内编制完成并披露。

第一季度季度报告的披露时间不得早于上一年度年度报告的披露时间。

第二十一条 年度报告应当记载以下内容：

（一）公司基本情况；

（二）主要会计数据和财务指标；

（三）公司股票、债券发行及变动情况，报告期末股票、债券总额、股东总数，公司前 10 大股东持股情况；

（四）持股 5% 以上股东、控股股东及实际控制人情况；

（五）董事、监事、高级管理人员的任职情况、持股变动情况、年度报酬情况；

（六）董事会报告；

（七）管理层讨论与分析；

（八）报告期内重大事件及对公司的影响；

（九）财务会计报告和审计报告全文；

（十）中国证监会规定的其他事项。

第二十二条 中期报告应当记载以下内容：

（一）公司基本情况；

（二）主要会计数据和财务指标；

（三）公司股票、债券发行及变动情况、股东总数、公司前 10 大股东持股情况，控股股东及实际控制人发生变化的情况；

（四）管理层讨论与分析；

（五）报告期内重大诉讼、仲裁等重大事件及对公司的影响；

（六）财务会计报告；

（七）中国证监会规定的其他事项。

第二十三条 季度报告应当记载以下内容：

（一）公司基本情况；

（二）主要会计数据和财务指标；

（三）中国证监会规定的其他事项。

第二十四条 公司董事、高级管理人员应当对定期报告签署书面确认意见，监事会应当提出书面审核意见，说明董事会的编制和审核程序是否符合法律、行政法规和中国证监会的规定，报告的内容是否能够真实、准确、完整地反映上市公司的实际情况。

董事、监事、高级管理人员对定期报告内容的真实性、准确性、完整性无法保证或者存在异议的，应当陈述理由和发表意见，并予以披露。

第二十五条 上市公司预计经营业绩发生亏损或者发生大幅变动的，应当及时进行业绩预告。

第二十六条 定期报告披露前出现业绩泄露，或者出现业绩传闻且公司证券及其衍生品种交易出现异常波动的，上市公司应当及时披露本报告期相关财务数据。

第二十七条 定期报告中财务会计报告被出具非标准审计报告的，上市公司董事会应当针对该审计意见涉及事项作出专项说明。

定期报告中财务会计报告被出具非标准审计意见，证券交易所认为涉嫌违法的，应当提请中国证监会立案调查。

第二十八条 上市公司未在规定期限内披露年度报告和中期报告的，中国证监会应当立即立案稽查，证券交易所应当按照股票上市规则予以处理。

第二十九条 年度报告、中期报告和季度报告的格式及编制规则，由中国证监会另行制定。

第四章 临时报告

第三十条 发生可能对上市公司证券及其衍生品种交易价格产生较大影响的重大事件，投资者尚未得知时，上市公司应当立即披露，说明事件的起因、目前的状态和可能产生的影响。

前款所称重大事件包括：

（一）公司的经营方针和经营范围的重大变化。

（二）公司的重大投资行为和重大的购置财产的决定。

（三）公司订立重要合同，可能对公司的资产、负债、权益和经营成果产生重要影响。

（四）公司发生重大债务和未能清偿到期重大债务的违约情况，或者发生大额赔偿责任。

（五）公司发生重大亏损或者重大损失。

（六）公司生产经营的外部条件发生的重大变化。

（七）公司的董事、1/3 以上监事或者经理发生变动；董事长或者经理无法履行职责。

（八）持有公司 5% 以上股份的股东或者实际控制人，其持有股份或者控制公司的情况发生较大变化。

（九）公司减资、合并、分立、解散及申请破产的决定；或者依法进入破产程序、被责令关闭。

（十）涉及公司的重大诉讼、仲裁，股东大会、董事会决议被依法撤销或者宣告无效。

（十一）公司涉嫌违法违规被有权机关调查，或者受到刑事处罚、重大行政处罚；公司董事、监事、高级管理人员涉嫌违法违纪被有权机关调查或者采取强制措施。

（十二）新公布的法律、法规、规章、行业政策可能对公司产生重大影响。

（十三）董事会就发行新股或者其他再融资方案、股权激励方案形成相关决议。

（十四）法院裁决禁止控股股东转让其所持股份；任一股东所持公司 5% 以上股份被质押、冻结、司法拍卖、托管、设定信托或者被依法限制表决权。

（十五）主要资产被查封、扣押、冻结或者被抵押、质押。

（十六）主要或者全部业务陷入停顿。

（十七）对外提供重大担保。

（十八）获得大额政府补贴等可能对公司资产、负债、权益或者经营成果产生重大影响的额外收益。

（十九）变更会计政策、会计估计。

（二十）因前期已披露的信息存在差错、未按规定披露或者虚假记载，被有关机关责令改正或者经董事会决定进行更正。

（二十一）中国证监会规定的其他情形。

第三十一条　上市公司应当在最先发生的以下任一时点，及时履行重大事件的信息披露义务：

（一）董事会或者监事会就该重大事件形成决议时；

（二）有关各方就该重大事件签署意向书或者协议时；

（三）董事、监事或者高级管理人员知悉该重大事件发生并报告时。

在前款规定的时点之前出现下列情形之一的，上市公司应当及时披露相关事项的现状、可能影响事件进展的风险因素：

（一）该重大事件难以保密；

（二）该重大事件已经泄露或者市场出现传闻；

（三）公司证券及其衍生品种出现异常交易情况。

第三十二条 上市公司披露重大事件后，已披露的重大事件出现可能对上市公司证券及其衍生品种交易价格产生较大影响的进展或者变化的，应当及时披露进展或者变化情况、可能产生的影响。

第三十三条 上市公司控股子公司发生本办法第三十条规定的重大事件，可能对上市公司证券及其衍生品种交易价格产生较大影响的，上市公司应当履行信息披露义务。

上市公司参股公司发生可能对上市公司证券及其衍生品种交易价格产生较大影响的事件的，上市公司应当履行信息披露义务。

第三十四条 涉及上市公司的收购、合并、分立、发行股份、回购股份等行为导致上市公司股本总额、股东、实际控制人等发生重大变化的，信息披露义务人应当依法履行报告、公告义务，披露权益变动情况。

第三十五条 上市公司应当关注本公司证券及其衍生品种的异常交易情况及媒体关于本公司的报道。

证券及其衍生品种发生异常交易或者在媒体中出现的消息可能对公司证券及其衍生品种的交易产生重大影响时，上市公司应当及时向相关各方了解真实情况，必要时应当以书面方式问询。

上市公司控股股东、实际控制人及其一致行动人应当及时、准确地告知上市公司是否存在拟发生的股权转让、资产重组或者其他重大事件，并配合上市公司做好信息披露工作。

第三十六条 公司证券及其衍生品种交易被中国证监会或者证券交易所认定为异常交易的，上市公司应当及时了解造成证券及其衍生品种交易异常波动的影响因素，并及时披露。

第五章 信息披露事务管理

第三十七条 上市公司应当制定信息披露事务管理制度。信息披露事务管理制度应当包括：

（一）明确上市公司应当披露的信息，确定披露标准。

（二）未公开信息的传递、审核、披露流程。

（三）信息披露事务管理部门及其负责人在信息披露中的职责。

（四）董事和董事会、监事和监事会、高级管理人员等的报告、审议和披露的职责。

（五）董事、监事、高级管理人员履行职责的记录和保管制度。

（六）未公开信息的保密措施，内幕信息知情人的范围和保密责任。

（七）财务管理和会计核算的内部控制及监督机制。

（八）对外发布信息的申请、审核、发布流程；与投资者、证券服务机构、媒体等的信息沟通与制度。

（九）信息披露相关文件、资料的档案管理。

（十）涉及子公司的信息披露事务管理和报告制度。

（十一）未按规定披露信息的责任追究机制，对违反规定人员的处理措施。

上市公司信息披露事务管理制度应当经公司董事会审议通过，报注册地证监局和证券交易所备案。

第三十八条　上市公司董事、监事、高级管理人员应当勤勉尽责，关注信息披露文件的编制情况，保证定期报告、临时报告在规定期限内披露，配合上市公司及其他信息披露义务人履行信息披露义务。

第三十九条　上市公司应当制定定期报告的编制、审议、披露程序。经理、财务负责人、董事会秘书等高级管理人员应当及时编制定期报告草案，提请董事会审议；董事会秘书负责送达董事审阅；董事长负责召集和主持董事会会议审议定期报告；监事会负责审核董事会编制的定期报告；董事会秘书负责组织定期报告的披露工作。

第四十条　上市公司应当制定重大事件的报告、传递、审核、披露程序。董事、监事、高级管理人员知悉重大事件发生时，应当按照公司规定立即履行报告义务；董事长在接到报告后，应当立即向董事会报告，并敦促董事会秘书组织临时报告的披露工作。

第四十一条　上市公司通过业绩说明会、分析师会议、路演、接受投资者调研等形式就公司的经营情况、财务状况及其他事件与任何机构和个人进行沟通的，不得提供内幕信息。

第四十二条　董事应当了解并持续关注公司生产经营情况、财务状况和公司已经发生的或者可能发生的重大事件及其影响，主动调查、获取决策所需要的资料。

第四十三条　监事应当对公司董事、高级管理人员履行信息披露职责的行为进行监督；关注公司信息披露情况，发现信息披露存在违法违规问题的，应当进行调查并提出处理建议。

监事会对定期报告出具的书面审核意见，应当说明编制和审核的程序是否符合法律、行政法规、中国证监会的规定，报告的内容是否能够真实、准确、完整地反映上市公司的实际情况。

第四十四条 高级管理人员应当及时向董事会报告有关公司经营或者财务方面出现的重大事件、已披露的事件的进展或者变化情况及其他相关信息。

第四十五条 董事会秘书负责组织和协调公司信息披露事务，汇集上市公司应予披露的信息并报告董事会，持续关注媒体对公司的报道并主动求证报道的真实情况。董事会秘书有权参加股东大会、董事会会议、监事会会议和高级管理人员相关会议，有权了解公司的财务和经营情况，查阅涉及信息披露事宜的所有文件。

董事会秘书负责办理上市公司信息对外公布等相关事宜。除监事会公告外，上市公司披露的信息应当以董事会公告的形式发布。董事、监事、高级管理人员非经董事会书面授权，不得对外发布上市公司未披露信息。

上市公司应当为董事会秘书履行职责提供便利条件，财务负责人应当配合董事会秘书在财务信息披露方面的相关工作。

第四十六条 上市公司的股东、实际控制人发生以下事件时，应当主动告知上市公司董事会，并配合上市公司履行信息披露义务。

（一）持有公司 5% 以上股份的股东或者实际控制人，其持有股份或者控制公司的情况发生较大变化；

（二）法院裁决禁止控股股东转让其所持股份，任一股东所持公司 5% 以上股份被质押、冻结、司法拍卖、托管、设定信托或者被依法限制表决权；

（三）拟对上市公司进行重大资产或者业务重组；

（四）中国证监会规定的其他情形。

应当披露的信息依法披露前，相关信息已在媒体上传播或者公司证券及其衍生品种出现交易异常情况的，股东或者实际控制人应当及时、准确地向上市公司作出书面报告，并配合上市公司及时、准确地公告。

上市公司的股东、实际控制人不得滥用其股东权利、支配地位，不得要求上市公司向其提供内幕信息。

第四十七条 上市公司非公开发行股票时，其控股股东、实际控制人和发行对象应当及时向上市公司提供相关信息，配合上市公司履行信息披露义务。

第四十八条 上市公司董事、监事、高级管理人员、持股 5% 以上的股东及其一致行动人、实际控制人应当及时向上市公司董事会报送上市公司关联人名单及关联关系的说明。上市公司应当履行关联交易的审议程序，并严格执行关联交易回避表决制度。交易各方不得通过隐瞒关联关系或者采取其他手段，规避上市公司的关联交易审议程序和信息披露义务。

第四十九条 通过接受委托或者信托等方式持有上市公司 5% 以上股份的股东或者实际控制人，应当及时将委托人情况告知上市公司，配合上市公司履行信息披露义务。

第五十条 信息披露义务人应当向其聘用的保荐人、证券服务机构提供与执业相关的所有资料，并确保资料的真实、准确、完整，不得拒绝、隐匿、谎报。

保荐人、证券服务机构在为信息披露出具专项文件时，发现上市公司及其他信息披露义务人提供的材料有虚假记载、误导性陈述、重大遗漏或者其他重大违法行为的，应当要求其补充、纠正。信息披露义务人不予补充、纠正的，保荐人、证券服务机构应当及时向公司注册地证监局和证券交易所报告。

第五十一条 上市公司解聘会计师事务所的，应当在董事会决议后及时通知会计师事务所，公司股东大会就解聘会计师事务所进行表决时，应当允许会计师事务所陈述意见。股东大会作出解聘、更换会计师事务所决议的，上市公司应当在披露时说明更换的具体原因和会计师事务所的陈述意见。

第五十二条 为信息披露义务人履行信息披露义务出具专项文件的保荐人、证券服务机构，应当勤勉尽责、诚实守信，按照依法制定的业务规则、行业执业规范和道德准则发表专业意见，保证所出具文件的真实性、准确性和完整性。

第五十三条 注册会计师应当秉承风险导向审计理念，严格执行注册会计师执业准则及相关规定，完善鉴证程序，科学选用鉴证方法和技术，充分了解被鉴证单位及其环境，审慎关注重大错报风险，获取充分、适当的证据，合理发表鉴证结论。

第五十四条 资产评估机构应当恪守职业道德，严格遵守评估准则或者其他评估规范，恰当选择评估方法，评估中提出的假设条件应当符合实际情况，对评估对象所涉及交易、收入、支出、投资等业务的合法性、未来预测的可靠性取得充分证据，充分考虑未来各种可能性发生的概率及其影响，形成合理的评估结论。

第五十五条 任何机构和个人不得非法获取、提供、传播上市公司的内幕信息，不得利用所获取的内幕信息买卖或者建议他人买卖公司证券及其衍生品种，不得在投资价值分析报告、研究报告等文件中使用内幕信息。

第五十六条 媒体应当客观、真实地报道涉及上市公司的情况，发挥舆论监督作用。

任何机构和个人不得提供、传播虚假或者误导投资者的上市公司信息。

违反前两款规定，给投资者造成损失的，依法承担赔偿责任。

第六章 监督管理与法律责任

第五十七条 中国证监会可以要求上市公司及其他信息披露义务人或者其董事、监事、高级管理人员对有关信息披露问题作出解释、说明或者提供相关资料，并要求上市公司提供保荐人或者证券服务机构的专业意见。

中国证监会对保荐人和证券服务机构出具的文件的真实性、准确性、完整性有疑义的，可以要求相关机构作出解释、补充，并调阅其工作底稿。

上市公司及其他信息披露义务人、保荐人和证券服务机构应当及时作出回复，并配合中国证监会的检查、调查。

第五十八条 上市公司董事、监事、高级管理人员应当对公司信息披露的真实性、准确性、完整性、及时性、公平性负责，但有充分证据表明其已经履行勤勉尽责义务的除外。

上市公司董事长、经理、董事会秘书，应当对公司临时报告信息披露的真实性、准确性、完整性、及时性、公平性承担主要责任。

上市公司董事长、经理、财务负责人应对公司财务报告的真实性、准确性、完整性、及时性、公平性承担主要责任。

第五十九条 信息披露义务人及其董事、监事、高级管理人员，上市公司的股东、实际控制人、收购人及其董事、监事、高级管理人员违反本办法的，中国证监会可以采取以下监管措施：

（一）责令改正；

（二）监管谈话；

（三）出具警示函；

（四）将其违法违规、不履行公开承诺等情况记入诚信档案并公布；

（五）认定为不适当人选；

（六）依法可以采取的其他监管措施。

第六十条 上市公司未按本办法规定制定上市公司信息披露事务管理制度的，中国证监会责令改正。拒不改正的，中国证监会给予警告、罚款。

第六十一条 信息披露义务人未在规定期限内履行信息披露义务，或者所披露的信息有虚假记载、误导性陈述或者重大遗漏的，中国证监会按照《证券法》第一百九十三条处罚。

第六十二条 信息披露义务人未在规定期限内报送有关报告，或者报送的报告有虚假记载、误导性陈述或者重大遗漏的，中国证监会按照《证券法》第一百九十三条处罚。

第六十三条 上市公司通过隐瞒关联关系或者采取其他手段，规避信息披露、报告义务的，中国证监会按照《证券法》第一百九十三条处罚。

第六十四条 上市公司股东、实际控制人未依法配合上市公司履行信息披露义务的，或者非法要求上市公司提供内幕信息的，中国证监会责令改正，给予警告、罚款。

第六十五条 为信息披露义务人履行信息披露义务出具专项文件的保荐人、

证券服务机构及其人员，违反《证券法》、行政法规和中国证监会的规定，由中国证监会依法采取责令改正、监管谈话、出具警示函、记入诚信档案等监管措施；应当给予行政处罚的，中国证监会依法处罚。

第六十六条 任何机构和个人泄露上市公司内幕信息，或者利用内幕信息买卖证券及其衍生品种，中国证监会按照《证券法》第二百零一条、第二百零二条处罚。

第六十七条 任何机构和个人编制、传播虚假信息扰乱证券市场；媒体传播上市公司信息不真实、不客观的，中国证监会按照《证券法》第二百零六条处罚。

在证券及其衍生品种交易活动中作出虚假陈述或者信息误导的，中国证监会按照《证券法》第二百零七条处罚。

第六十八条 涉嫌利用新闻报道以及其他传播方式对上市公司进行敲诈勒索的，中国证监会责令改正，向有关部门发出监管建议函，由有关部门依法追究法律责任。

第六十九条 上市公司及其他信息披露义务人违反本办法的规定，情节严重的，中国证监会可以对有关责任人员采取证券市场禁入的措施。

第七十条 违反本办法，涉嫌犯罪的，依法移送司法机关，追究刑事责任。

第七章 附　　则

第七十一条 本办法下列用语的含义：

（一）为信息披露义务人履行信息披露义务出具专项文件的保荐人、证券服务机构，是指为证券发行、上市、交易等证券业务活动制作、出具保荐书、审计报告、资产评估报告、法律意见书、财务顾问报告、资信评级报告等文件的保荐人、会计师事务所、资产评估机构、律师事务所、财务顾问机构、资信评级机构。

（二）及时，是指自起算日起或者触及披露时点的2个交易日内。

（三）上市公司的关联交易，是指上市公司或者其控股子公司与上市公司关联人之间发生的转移资源或者义务的事项。

关联人包括关联法人和关联自然人。

具有以下情形之一的法人，为上市公司的关联法人：

1. 直接或者间接地控制上市公司的法人；

2. 由前项所述法人直接或者间接控制的除上市公司及其控股子公司以外的法人；

3. 关联自然人直接或者间接控制的、或者担任董事、高级管理人员的，除上市公司及其控股子公司以外的法人；

4. 持有上市公司5%以上股份的法人或者一致行动人；

5. 在过去12个月内或者根据相关协议安排在未来12月内，存在上述情形之一的；

6. 中国证监会、证券交易所或者上市公司根据实质重于形式的原则认定的其他与上市公司有特殊关系，可能或者已经造成上市公司对其利益倾斜的法人。

具有以下情形之一的自然人，为上市公司的关联自然人：

1. 直接或者间接持有上市公司5%以上股份的自然人；

2. 上市公司董事、监事及高级管理人员；

3. 直接或者间接地控制上市公司的法人的董事、监事及高级管理人员；

4. 上述第1、2项所述人士的关系密切的家庭成员，包括配偶、父母、年满18周岁的子女及其配偶、兄弟姐妹及其配偶，配偶的父母、兄弟姐妹，子女配偶的父母；

5. 在过去12个月内或者根据相关协议安排在未来12个月内，存在上述情形之一的；

6. 中国证监会、证券交易所或者上市公司根据实质重于形式的原则认定的其他与上市公司有特殊关系，可能或者已经造成上市公司对其利益倾斜的自然人。

（四）指定媒体，是指中国证监会指定的报刊和网站。

第七十二条 本办法自公布之日起施行。《公开发行股票公司信息披露实施细则》（试行）（证监上字〔1993〕43号）、《关于股票公开发行与上市公司信息披露有关事项的通知》（证监研字〔1993〕19号）、《关于加强对上市公司临时报告审查的通知》（证监上字〔1996〕26号）、《关于上市公司发布澄清公告若干问题的通知》（证监上字〔1996〕28号）、《上市公司披露信息电子存档事宜的通知》（证监信字〔1998〕50号）、《关于进一步加强ST、PT公司信息披露监管工作的通知》（证监公司字〔2000〕63号）、《关于拟发行新股的上市公司中期报告有关问题的通知》（证监公司字〔2001〕69号）、《关于上市公司临时公告及相关附件报送中国证监会派出机构备案的通知》（证监公司字〔2003〕7号）同时废止。

证监会：股权激励有关事项备忘录1—3号

股权激励有关事项备忘录1号

（中国证监会上市公司监管部 2008年）

一、提取激励基金问题

1. 如果标的股票的来源是存量，即从二级市场购入股票，则按照《公司法》关于回购股票的相关规定执行；

2. 如果标的股票的来源是增量，即定向增发方式取得股票，则

（1）提取激励基金应符合现行法律法规、会计准则，并遵守公司章程及相关议事规程。

（2）提取的激励基金不得用于资助激励对象购买限制性股票或者行使股票期权。

二、主要股东、实际控制人成为激励对象问题

持股5%以上的主要股东或实际控制人原则上不得成为激励对象。除非经股东大会表决通过，且股东大会对该事项进行投票表决时，关联股东须回避表决。

持股5%以上的主要股东或实际控制人的配偶及直系近亲属若符合成为激励对象的条件，可以成为激励对象，但其所获授权益应关注是否与其所任职务相匹配。同时股东大会对该事项进行投票表决时，关联股东须回避表决。

三、限制性股票授予价格的折扣问题

1. 如果标的股票的来源是存量，即从二级市场购入股票，则按照《公司法》关于回购股票的相关规定执行；

2. 如果标的股票的来源是增量，即通过定向增发方式取得股票，其实质属

于定向发行，则参照现行《上市公司证券发行管理办法》中有关定向增发的定价原则和锁定期要求确定价格和锁定期，同时考虑股权激励的激励效应。

（1）发行价格不低于定价基准日前20个交易日公司股票均价的50%；

（2）自股票授予日起12个月内不得转让，激励对象为控股股东、实际控制人的，自股票授予日起36个月内不得转让。

若低于上述标准，则需由公司在股权激励草案中充分分析和披露其对股东权益的摊薄影响，我部提交重组审核委员会讨论决定。

四、分期授予问题

若股权激励计划的授予方式为一次授予，则授予数量应与其股本规模、激励对象人数等因素相匹配，不宜一次性授予太多，以充分体现长期激励的效应。

若股权激励计划的授予方式为分期授予，则须在每次授权前召开董事会，确定本次授权的权益数量、激励对象名单、授予价格等相关事宜，并披露本次授权情况的摘要。授予价格的定价基础以该次召开董事会并披露摘要情况前的市价为基准。其中，区分不同的股权激励计划方式按以下原则确定：

1. 如股权激励计划的方式是股票期权，授予价格按照《上市公司股权激励管理办法（试行）》第24条规定确定。

2. 如股权激励计划的方式是限制性股票，授予价格定价原则遵循首次授予价格原则，若以后各期的授予价格定价原则与首次不一致的，则应重新履行申报程序。

预留股份的处理办法参照上述要求。

五、行权指标设定问题

公司设定的行权指标须考虑公司的业绩情况，原则上实行股权激励后的业绩指标（如：每股收益、加权净资产收益率和净利润增长率等）不低于历史水平。此外，鼓励公司同时采用下列指标：

（1）市值指标：如公司各考核期内的平均市值水平不低于同期市场综合指数或成份股指数；

（2）行业比较指标：如公司业绩指标不低于同行业平均水平。

六、授予日问题

公司的股权激励计划中须明确股票期权或者限制性股票的具体授予日期或授予日的确定方式、等待期或锁定期的起止日。若激励计划有授予条件，则授予日须确定在授权条件成就之后。

七、激励对象资格问题

激励对象不能同时参加两个或以上上市公司的股权激励计划。

八、股东大会投票方式问题

公司股东大会在对股权激励计划进行投票表决时，须在提供现场投票方式的同时，提供网络投票方式。

股权激励有关事项备忘录2号

（中国证监会上市公司监管部　2008年3月17日）

一、激励对象问题

1. 上市公司监事会应当对激励对象名单予以核实，并将核实情况在股东大会上予以说明。为确保上市公司监事独立性，充分发挥其监督作用，上市公司监事不得成为股权激励对象。

2. 为充分发挥市场和社会监督作用，公司对外披露股权激励计划草案时，除预留部分外，激励对象为董事、高管人员的，须披露其姓名、职务、获授数量。除董事、高管人员外的其他激励对象，须通过证券交易所网站披露其姓名、职务。同时，公司须发布公告，提示投资者关注证券交易所网站披露内容。预留股份激励对象经董事会确认后，须参照上述要求进行披露。

二、股权激励与重大事件间隔期问题

1. 上市公司发生《上市公司信息披露管理办法》第三十条规定的重大事件，应当履行信息披露义务，在履行信息披露义务期间及履行信息披露义务完毕后30日内，不得推出股权激励计划草案。

2. 上市公司提出增发新股、资产注入、发行可转债等重大事项动议至上述事项实施完毕后30日内，上市公司不得提出股权激励计划草案。增发新股、发行可转债实施完毕指所募集资金已经到位；资产注入实施完毕指相关产权过户手续办理完毕。

3. 公司披露股权激励计划草案至股权激励计划经股东大会审议通过后30日内，上市公司不得进行增发新股、资产注入、发行可转债等重大事项。

三、股份来源问题

股东不得直接向激励对象赠予（或转让）股份。股东拟提供股份的，应当先将股份赠予（或转让）上市公司，并视为上市公司以零价格（或特定价格）向这部分股东定向回购股份。然后，按照经我会备案无异议的股权激励计划，由上市公司将股份授予激励对象。上市公司对回购股份的授予应符合《公司法》第一百四十三条规定，即必须在一年内将回购股份授予激励对象。

四、其他问题

1. 公司根据自身情况，可设定适合于本公司的绩效考核指标。绩效考核指标应包含财务指标和非财务指标。绩效考核指标如涉及会计利润，应采用按新会计准则计算、扣除非经常性损益后的净利润。同时，期权成本应在经常性损益中列支。

2. 董事会表决股权激励计划草案时，关联董事应予回避。

3. 公司如无特殊原因，原则上不得预留股份。确有需要预留股份的，预留比例不得超过本次股权激励计划拟授予权益数量的百分之十。

4. 上市公司应当在股权激励计划中明确规定，自公司股东大会审议通过股权激励计划之日起30日内，公司应当按相关规定召开董事会对激励对象进行授权，并完成登记、公告等相关程序。

股权激励有关事项备忘录3号

（中国证监会上市公司监管部　2008年9月16日）

一、股权激励计划的变更与撤销

1. 为确保股权激励计划备案工作的严肃性，股权激励计划备案过程中，上市公司不可随意提出修改权益价格或激励方式。上市公司如拟修改权益价格或激励方式，应由董事会审议通过并公告撤销原股权激励计划的决议，同时上市公司应向中国证监会提交终止原股权激励计划备案的申请。

2. 上市公司董事会审议通过撤销实施股权激励计划决议或股东大会审议未通过股权激励计划的，自决议公告之日起6个月内，上市公司董事会不得再次审议和披露股权激励计划草案。

二、股权激励会计处理

上市公司应根据股权激励计划设定的条件，采用恰当的估值技术，分别计算各期期权的单位公允价值；在每个资产负债表日，根据最新取得的可行权人数变动、业绩指标完成情况等后续信息，修正预计可行权的股票期权数量，并以此为依据确认各期应分摊的费用。

上市公司应在股权激励计划中明确说明股权激励会计处理方法，测算并列明实施股权激励计划对各期业绩的影响。

三、行权或解锁条件问题

上市公司股权激励计划应明确，股票期权等待期或限制性股票锁定期内，各年度归属于上市公司股东的净利润及归属于上市公司股东的扣除非经常性损益的净利润均不得低于授予日前最近三个会计年度的平均水平且不得为负。

四、行权安排问题

股权激励计划中不得设置上市公司发生控制权变更、合并、分立等情况下激励对象可以加速行权或提前解锁的条款。

五、同时采用两种激励方式问题

同时采用股票期权和限制性股票两种激励方式的上市公司，应当聘请独立财务顾问对其方案发表意见。

六、附条件授予权益问题

股权激励计划中明确规定授予权益条件的，上市公司应当在授予条件成就后 30 日内完成权益授权、登记、公告等相关程序。

七、激励对象范围合理性问题

董事、高级管理人员、核心技术（业务）人员以外人员成为激励对象的，上市公司应在股权激励计划备案材料中逐一分析其与上市公司业务或业绩的关联程度，说明其作为激励对象的合理性。

国有控股

国有科技型企业股权和分红激励暂行办法

（财资〔2016〕4号）

第一章　总　　则

第一条　为加快实施创新驱动发展战略，建立国有科技型企业自主创新和科技成果转化的激励分配机制，调动技术和管理人员的积极性和创造性，推动高新技术产业化和科技成果转化，依据《中华人民共和国促进科技成果转化法》《中华人民共和国公司法》《中华人民共和国企业国有资产法》等国家法律法规，制定本办法。

第二条　本办法所称国有科技型企业，是指中国境内具有公司法人资格的国有及国有控股未上市科技企业（含全国中小企业股份转让系统挂牌的国有企业、国有控股上市公司所出资的各级未上市科技子企业），具体包括：

（一）转制院所企业、国家认定的高新技术企业。

（二）高等院校和科研院所投资的科技企业。

（三）国家和省级认定的科技服务机构。

第三条　本办法所称股权激励，是指国有科技型企业以本企业股权为标的，采取股权出售、股权奖励、股权期权等方式，对企业重要技术人员和经营管理人员实施激励的行为。

分红激励，是指国有科技型企业以科技成果转化收益为标的，采取项目收益分红方式；或者以企业经营收益为标的，采取岗位分红方式，对企业重要技术人员和经营管理人员实施激励的行为。

第四条　国有科技型企业实施股权和分红激励应当遵循以下原则：

（一）依法依规，公正透明。严格遵守国家法律法规和本办法的规定，有序开展激励工作，操作过程公开、公平、公正，坚决杜绝利益输送，防止国有资产流失。

（二）因企制宜，多措并举。统筹考虑企业规模、行业特点和发展阶段，采取一种或者多种激励方式，科学制定激励方案。建立合理激励、有序流转、动态调整的机制。

（三）利益共享，风险共担。激励对象按照自愿原则，获得股权和分红激励，应当诚实守信，勤勉尽责，自觉维护企业和全体股东利益，共享改革发展成果，共担市场竞争风险。

（四）落实责任，强化监督。建立健全企业内部监督机制，依法维护企业股东和员工的权益。履行国有资产监管职责单位及同级财政、科技部门要加强监管，依法追责。

第五条 国有科技型企业负责拟订股权和分红激励方案，履行内部审议和决策程序，报经履行出资人职责或国有资产监管职责的部门、机构、企业审核后，对符合条件的激励对象实施激励。

第二章 实施条件

第六条 实施股权和分红激励的国有科技型企业应当产权明晰、发展战略明确、管理规范、内部治理结构健全并有效运转，同时具备以下条件：

（一）企业建立了规范的内部财务管理制度和员工绩效考核评价制度。年度财务会计报告经过中介机构依法审计，且激励方案制定近3年（以下简称近3年）没有因财务、税收等违法违规行为受到行政、刑事处罚。成立不满3年的企业，以实际经营年限计算。

（二）对于本办法第二条中的（一）、（二）类企业，近3年研发费用占当年企业营业收入均在3%以上，激励方案制定的上一年度企业研发人员占职工总数10%以上。成立不满3年的企业，以实际经营年限计算。

（三）对于本办法第二条中的（三）类企业，近3年科技服务性收入不低于当年企业营业收入的60%。

上款所称科技服务性收入是指国有科技服务机构营业收入中属于研究开发及其服务、技术转移服务、检验检测认证服务、创业孵化服务、知识产权服务、科技咨询服务、科技金融服务、科学技术普及服务等收入。

企业成立不满3年的，不得采取股权奖励和岗位分红的激励方式。

第七条 激励对象为与本企业签订劳动合同的重要技术人员和经营管理人员，具体包括：

（一）关键职务科技成果的主要完成人，重大开发项目的负责人，对主导产品或者核心技术、工艺流程做出重大创新或者改进的主要技术人员。

（二）主持企业全面生产经营工作的高级管理人员，负责企业主要产品

（服务）生产经营的中、高级经营管理人员。

（三）通过省、部级及以上人才计划引进的重要技术人才和经营管理人才。

企业不得面向全体员工实施股权或者分红激励。

企业监事、独立董事不得参与企业股权或者分红激励。

第三章　股 权 激 励

第八条　企业可以通过以下方式解决激励标的股权来源：

（一）向激励对象增发股份。

（二）向现有股东回购股份。

（三）现有股东依法向激励对象转让其持有的股权。

第九条　企业可以采取股权出售、股权奖励、股权期权等一种或多种方式对激励对象实施股权激励。

大、中型企业不得采取股权期权的激励方式。

企业的划型标准，按照国家统计局《关于印发统计上大中小微型企业划分办法的通知》（国统字〔2011〕75 号）等有关规定执行。

第十条　大型企业的股权激励总额不超过企业总股本的 5%；中型企业的股权激励总额不超过企业总股本的 10%；小、微型企业的股权激励总额不超过企业总股本的 30%，且单个激励对象获得的激励股权不得超过企业总股本的 3%。

企业不能因实施股权激励而改变国有控股地位。

第十一条　企业实施股权出售，应按不低于资产评估结果的价格，以协议方式将企业股权有偿出售给激励对象。资产评估结果，应当根据国有资产评估的管理规定，报相关部门、机构或者企业核准或者备案。

第十二条　企业实施股权奖励，除满足本办法第六条规定外，近 3 年税后利润累计形成的净资产增值额应当占近 3 年年初净资产总额的 20% 以上，实施激励当年年初未分配利润为正数。

近 3 年税后利润累计形成的净资产增值额，是指激励方案制定上年末账面净资产相对于近 3 年首年初账面净资产的增加值，不包括财政及企业股东以各种方式投资或补助形成的净资产和已经向股东分配的利润。

第十三条　企业用于股权奖励的激励额不超过近 3 年税后利润累计形成的净资产增值额的 15%。企业实施股权奖励，必须与股权出售相结合。

股权奖励的激励对象，仅限于在本企业连续工作 3 年以上的重要技术人员。单个获得股权奖励的激励对象，必须以不低于 1:1 的比例购买企业股权，且获得的股权奖励按激励实施时的评估价值折算，累计不超过 300 万元。

第十四条 企业用于股权奖励的激励额，应当依据经核准或者备案的资产评估结果折合股权，并确定向每个激励对象奖励的股权。

第十五条 企业股权出售或者股权奖励原则上应一次实施到位。

第十六条 小、微型企业采取股权期权方式实施激励的，应当在激励方案中明确规定激励对象的行权价格。

确定行权价格时，应当综合考虑科技成果成熟程度及其转化情况、企业未来至少 5 年的盈利能力、企业拟授予全部股权数量等因素，且不低于制定股权期权激励方案时经核准或者备案的每股评估价值。

第十七条 企业应当与激励对象约定股权期权授予和行权的业绩考核目标等条件。

业绩考核指标可以选取净资产收益率、主营业务收入增长率、现金营运指数等财务指标，但应当不低于企业近 3 年平均业绩水平及同行业平均业绩水平。成立不满 3 年的企业，以实际经营年限计算。

第十八条 企业应当在激励方案中明确股权期权的授权日、可行权日和行权有效期。

股权期权授权日与获授股权期权首次可行权日之间的间隔不得少于 1 年，股权期权行权的有效期不得超过 5 年。

企业应当规定激励对象在股权期权行权的有效期内分期行权。有效期过后，尚未行权的股权期权自动失效。

第十九条 企业以股权期权方式授予的股权，激励对象分期缴纳相应出资额的，以实际出资额对应的股权参与企业利润分配。

第二十条 企业不得为激励对象购买股权提供贷款以及其他形式的财务资助，包括为激励对象向其他单位或者个人贷款提供担保。企业要坚持同股同权，不得向激励对象承诺年度分红回报或设置托底回购条款。

第二十一条 激励对象可以采用直接或间接方式持有激励股权。采用间接方式的，持股单位不得与企业存在同业竞争关系或发生关联交易。

第二十二条 股权激励的激励对象，自取得股权之日起，5 年内不得转让、捐赠，特殊情形按以下规定处理：

（一）因本人提出离职或者个人原因被解聘、解除劳动合同，取得的股权应当在半年内全部退回企业，其个人出资部分由企业按上一年度审计后净资产计算退还本人。

（二）因公调离本企业的，取得的股权应当在半年内全部退回企业，其个人出资部分由企业按照上一年度审计后净资产计算与实际出资成本孰高的原则返还本人。

在职激励对象不得以任何理由要求企业收回激励股权。

第四章 分红激励

第二十三条 企业实施项目收益分红，应当依据《中华人民共和国促进科技成果转化法》，在职务科技成果完成、转化后，按照企业规定或者与重要技术人员约定的方式、数额和时限执行。企业制定相关规定，应当充分听取本企业技术人员的意见，并在本企业公开相关规定。

企业未规定、也未与重要技术人员约定的，按照下列标准执行：

（一）将该项职务科技成果转让、许可给他人实施的，从该项科技成果转让净收入或者许可净收入中提取不低于 50% 的比例。

（二）利用该项职务科技成果作价投资的，从该项科技成果形成的股份或者出资比例中提取不低于 50% 的比例。

（三）将该项职务科技成果自行实施或者与他人合作实施的，应当在实施转化成功投产后连续 3 至 5 年，每年从实施该项科技成果的营业利润中提取不低于 5% 的比例。

转让、许可净收入为企业取得的科技成果转让、许可收入扣除相关税费和企业为该项科技成果投入的全部研发费用及维护、维权费用后的金额。企业将同一项科技成果使用权向多个单位或者个人转让、许可的，转让、许可收入应当合并计算。

第二十四条 企业实施项目收益分红，应当按照具体项目实施财务管理，并按照国家统一的会计制度进行核算，反映具体项目收益分红情况。

第二十五条 企业实施岗位分红，除满足本办法第六条规定外，近 3 年税后利润累计形成的净资产增值额应当占企业近 3 年年初净资产总额的 10% 以上，且实施激励当年年初未分配利润为正数。

第二十六条 企业年度岗位分红激励总额不高于当年税后利润的 15% 。企业应当按照岗位在科技成果产业化中的重要性和贡献，确定不同岗位的分红标准。

第二十七条 激励对象应当在该岗位上连续工作 1 年以上，且原则上每次激励人数不超过企业在岗职工总数的 30% 。

激励对象获得的岗位分红所得不高于其薪酬总额的 2/3。激励对象自离岗当年起，不再享有原岗位分红权。

第二十八条 岗位分红激励方案有效期原则上不超过 3 年。激励方案中应当明确年度业绩考核指标，原则上各年度净利润增长率应当高于企业实施岗位分红激励近 3 年平均增长水平。

企业未达到年度考核要求的，应当终止激励方案的实施，再次实施岗位分红激励需重新申报。

激励对象未达到年度考核要求的，应当按约定的条款扣减、暂缓或停止分红激励。

第二十九条 企业实施分红激励所需支出计入工资总额，但不受当年本单位工资总额限制、不纳入本单位工资总额基数，不作为企业职工教育经费、工会经费、社会保险费、补充养老及补充医疗保险费、住房公积金等的计提依据。

第五章 激励方案的管理

第三十条 企业总经理班子或者董事会（以下统称企业内部决策机构）负责拟订企业股权和分红激励方案（格式参见附件）。

第三十一条 对同一激励对象就同一职务科技成果或者产业化项目，企业只能采取一种激励方式、给予一次激励。对已按照本办法实施股权激励的激励对象，企业在5年内不得再对其实施股权激励。

第三十二条 激励方案涉及的财务数据和资产评估结果，应当经具有相关资质的会计师事务所审计和资产评估机构评估，并按有关规定办理核准或备案手续。

第三十三条 企业内部决策机构拟订激励方案时，应当通过职工代表大会或者其他形式充分听取职工的意见和建议。

第三十四条 企业内部决策机构应当将激励方案及听取职工意见情况，先行报履行出资人职责或国有资产监管职责的部门、机构、企业（以下简称审核单位）批准。

中央企业集团公司相关材料报履行出资人职责的部门或机构批准；中央企业集团公司所属子企业，相关材料报中央企业集团公司批准。履行出资人职责的国有资本投资、运营公司所属子企业，相关材料报国有资本投资、运营公司批准。

中央部门及事业单位所属企业，按国有资产管理权属，相关材料报中央主管部门或机构批准。

地方国有企业相关材料，按现行国有资产管理体制，报同级履行国有资产监管职责的部门或机构批准。

第三十五条 审核单位应当严格审核企业申报的激励方案，必要时要求企业法律事务机构或者外聘律师对激励方案出具法律意见书，对以下事项发表专业意见：

（一）激励方案是否符合有关法律、法规和本办法的规定。

（二）激励方案是否存在明显损害企业及现有股东利益的情形。

（三）激励方案是否充分披露影响激励结果的重大信息。

（四）激励方案可能引发的法律纠纷等风险，以及应对风险的法律建议。

（五）其他重要事项。

审核单位自受理企业股权和分红激励方案之日起20个工作日内，提出书面审定意见。

第三十六条 审核单位批准企业实施股权和分红激励后，企业内部决策机构应将批准的激励方案提请股东（大）会审议。

在股东（大）会审议激励方案时，国有股东代表应当按照审批单位书面审定意见发表意见。

未设立股东（大）会的企业，按照审批单位批准的方案实施。

第三十七条 除国家另有规定外，企业应当在股东（大）会审议通过激励方案后5个工作日内，将以下材料报送审核单位备案：

（一）经股东（大）会审议通过的激励方案。

（二）相关批准文件、股东（大）会决议。

企业股东应当依法行使股东权利，督促企业内部决策机构严格按照激励方案实施激励。

第三十八条 在激励方案实施期间内，企业应于每年1月底前向审核单位报告上一年度激励方案实施情况：

（一）实施激励涉及的业绩条件、净收益等财务信息。

（二）激励对象在报告期内各自获得的激励情况。

（三）报告期内的股权激励数量及金额，引起的股本变动情况，以及截至报告期末的累计额。

（四）报告期内的分红激励金额，以及截至报告期末的累计额。

（五）激励支出的列支渠道和会计核算情况。

（六）其他应报告的事项。

中央主管部门、机构和中央企业集团公司，应当对所属企业年度股权和分红激励实施情况进行总结，包括实施股权和分红激励企业户数、激励方式、激励人数、激励落实情况、存在的突出问题以及有关政策建议等，并于3月底前将上一年度实施情况的总结报告报送财政部、科技部。

地方省级财政部门、科技部门，负责对本省地方国有企业年度股权和分红激励实施情况进行总结，并于3月底前将上一年度实施情况的总结报告报送财政部、科技部。

第三十九条 企业实施股权或者分红激励，应当按照《企业财务通则》（财政部令第41号）和国家统一会计制度的规定，规范财务管理和会计核算。

第四十条 企业实施激励导致注册资本规模、股权结构或者组织形式变动的，应当按照有关规定，根据相关批准文件、股东（大）会决议等，及时办理国有资产产权登记和工商变更登记手续。

第四十一条 因出现特殊情形需要调整激励方案的，企业应当重新履行内部审议和外部审核的程序。

因出现特殊情形需要终止实施激励的，企业内部决策机构应当向审核单位报告并向股东（大）会说明情况。

第四十二条 企业实施激励过程中，应当接受审核单位及财政、科技部门监督。对违反有关法律法规及本办法规定、损害国有资产合法权益的情形，审核单位应当责令企业中止方案实施，并追究相关人员的法律责任。

第六章 附 则

第四十三条 企业不符合本办法规定激励条件而向管理者转让国有产权的，应当通过产权交易市场公开进行，并按照国家关于产权交易监督管理的有关规定执行。

第四十四条 尚未实施公司制改革的全民所有制企业可参照本办法，实施项目收益分红和岗位分红激励政策。

第四十五条 本办法由财政部、科技部负责解释。各地方、部门可根据本办法制定具体实施细则。

第四十六条 本办法自2016年3月1日起施行。企业依据《财政部 科技部关于印发〈中关村国家自主创新示范区企业股权和分红激励实施办法〉的通知》（财企〔2010〕8号）、《财政部 科技部关于〈中关村国家自主创新示范区企业股权和分红激励实施办法〉的补充通知》（财企〔2011〕1号）制定并正在实施的激励方案，可继续执行，实施期满，新的激励方案统一按本办法执行。

财政部 科技部 国资委关于《国有科技型企业股权和分红激励暂行办法》的问题解答

为加快实施创新驱动发展战略，进一步激发广大技术和管理人员的积极性和创造性，促进国有科技型企业可持续发展，经国务院同意，2016 年 2 月 26 日，财政部、科技部、国资委联合印发了《国有科技型企业股权和分红激励暂行办法》（财资〔2016〕4 号，以下简称《办法》），自 2016 年 3 月 1 日起在全国范围内实施。《办法》出台以来，受到社会各界广泛关注，各单位高度重视，认真部署，开展了一系列卓有成效的工作，同时也反映了一些执行中的突出问题。为便于各单位深入理解政策内涵，引导、鼓励企业开展激励工作，财政部、科技部、国资委就《办法》执行中企业适用条件、激励对象要求、激励实施条件、激励方案管理等方面有关问题进行了解答。

一、企业适用条件

1．如何界定转制院所企业？

答：转制院所企业是指根据《国务院办公厅转发科技部等部门关于深化科研机构管理体制改革实施意见的通知》（国办发〔2000〕38 号），国务院部门（单位）所属科研机构已转制为企业或进入企业的主要从事科学研究和技术开发工作的机构，以及各省、自治区、直辖市、计划单列市所属已转制为企业或进入企业的主要从事科学研究和技术开发工作的机构。

2．如何界定国家认定的高新技术企业？

答：根据《科技部 财政部 国家税务总局关于修订印发〈高新技术企业认定管理办法〉的通知》（国科发火〔2016〕32 号）、《科技部 财政部 国家税务总局关于修订印发〈高新技术企业认定管理工作指引〉的通知》（国科发火〔2016〕195 号）认定的高新技术企业。

3．如何界定高等院校和科研院所投资的科技企业？

答：包括两类情况，一是高等院校、科研院所直接投资的科技企业，二是高等院校、科研院所通过其独资设立的资产管理公司投资的科技企业。

4. 如何界定国家和省级认定的科技服务机构?

答：科技服务机构的主要业务符合《国务院关于加快科技服务业发展的若干意见》（国发〔2014〕49号）规定的范畴，包括研究开发及其服务、技术转移服务、检验检测认证服务、创业孵化服务、知识产权服务、科技咨询服务、科技金融服务、科学技术普及服务等，并经国务院有关部委、直属机构或省（自治区、直辖市、计划单列市）有关部门认定。

5. 分公司、子公司是否可实施股权和分红激励?

答：分公司不具有公司法人资格，不符合《办法》第二条规定，不能依据《办法》实施股权和分红激励；子公司具有独立的法人主体资格，在符合《办法》规定的实施条件基础上，可实施股权和分红激励。

6. 全民所有制企业是否可以根据《办法》实施股权或分红激励?

答：《办法》第四十四条规定，尚未实施公司制改革的全民所有制企业可参照本办法，实施项目收益分红和岗位分红激励政策，但不能实施股权激励政策。

7. 纳入国有控股混合所有制企业员工持股试点的单位，是否可开展股权激励?

答：符合国有控股混合所有制企业员工持股试点与《办法》股权激励政策的国有科技型企业，可自主择一实施，不可以同时开展。主要考虑，国有控股混合所有制企业员工持股试点政策实质是允许员工购买企业股权，与《办法》股权激励的标的来源是一致的，即都是企业股权。因此，企业可按照自身发展要求和发展战略，实施不同的政策，但不可以同时开展员工持股试点和股权激励，避免重复激励。

8. 在全国中小企业股份转让系统挂牌的国有科技型企业是否可以实施股权或分红激励?

答：2006年，中关村科技园区非上市股份公司进入代办转让系统进行股份报价转让，即在全国中小企业股份转让系统进行挂牌，俗称“新三板”。《办法》的适用对象为中国境内具有公司法人资格的国有及国有控股未上市科技企业，包含在全国中小企业股份转让系统挂牌的国有企业。

9. 非国有企业激励政策如何执行?

答：对于非国有企业的激励政策，属于上市公司的，按照《上市公司股权激励管理办法》（中国证券监督管理委员会令第126号）执行；属于非上市公司的，可比照《中华人民共和国促进科技成果转化法》及《办法》等相关规定执行激励政策，或自主决策。

二、激励对象要求

10．如何理解《办法》第七条规定的“签订劳动合同”的条件？

答：《办法》的目的是为建立国有科技型企业自主创新和科技成果转化的中长期激励分配机制，调动本企业技术和管理人员的积极性和创造性，所以要求激励对象必须是与本企业“签订劳动合同”的职工。

11．重要技术人员、经营管理人员同时为企业职工代表监事，是否可进行股权或者分红激励？

答：《办法》明确规定，“企业监事、独立董事不得参与企业股权或者分红激励”。考虑到特定职务履职独立性要求，重要技术人员、经营管理人员兼任企业职工代表监事的，不能纳入激励人员范围。

12．对同一激励对象可否实施多次、多种激励？

答：根据《办法》第三十一条规定，对同一激励对象就同一职务科技成果或者产业化项目，企业只能采取一种激励方式、给予一次激励。对按照本办法给予股权激励的激励对象，自本次股权激励方案实施始，企业5年内不得再对其开展股权激励。

三、激励实施条件

13．股权或分红激励的前置条件有哪些？

答：根据《办法》第六条规定，企业应建立规范的内部财务管理制度和员工绩效考核评价制度，年度财务会计报告经过中介机构依法审计，且激励方案制定近3年未因财务、税收等违法违规行为受到行政、刑事处罚。成立不满3年的企业，以实际经营年限计算。近3年的财务指标要求如下：

对符合《办法》第六条中的（一）、（二）类企业	
近3年，每年研发费用/当年营业收入	>3%
激励方案制定的上一年度，研发人员/职工总数	>10%
对符合《办法》第六条中的（三）类企业国家或省级认定的科技服务机构，近3年科技服务性收入/营业收入	≥60%

注：假设企业制定2017年的激励方案，近3年指2014—2016年。激励方案制定的上一年度指2016年。

14．成立不满3年的企业，可以实施股权和分红激励吗？

答：为支持和鼓励初创型国有科技型企业开展股权和分红激励，《办法》

放宽了实施激励的时间限制。对成立不满3年的企业，可采取股权出售、股权期权和项目收益分红等激励方式，相关指标以实际经营年限计算；但不得采取股权奖励和岗位分红的激励方式。

15. 对于转制院所企业，《办法》第六条“近3年”的指标是从转制为企业时开始算还是从院所设立时开始算？

答：根据《国务院办公厅转发科技部等部门关于深化科研机构管理体制改革实施意见的通知》（国办发〔2000〕38号）有关要求，由事业单位转制为企业的技术开发类科研机构，实施激励时涉及的“近3年”指标是从转制成为企业作为初始时点开始计算的。如果转制为企业的时间不满3年，按照《办法》要求，不得采取股权奖励和岗位分红的激励方式。

16. 集团和子公司作为独立公司法人均符合激励条件，在实施激励时，激励所需财务指标是否能剔除各自的子公司？

答：《办法》第二章实施条件中规定的财务指标，按经中介机构依法审计的企业年度财务会计报告有关数据计算确认。集团公司或子公司在实施激励时，企业年度财务会计报告是指本企业合并财务报告，包括各自子公司的数据。

17. 大、中、小、微型国有科技型企业是否均可依据《办法》实施股权激励？

答：根据《办法》规定，股权激励包括股权出售、股权奖励和股权期权三种方式，大、中型国有科技型企业可以采取股权出售、股权奖励的激励方式，不得采取股权期权的激励方式。企业的类型划分标准，按照国家统计局《关于印发统计上大中小微型企业划分办法的通知》（国统字〔2011〕75号）等有关规定执行。

18. 符合条件的国有科技型企业是否可以用持有的控股子公司股份对本企业员工进行股权激励？

答：根据《办法》第三条规定，符合条件的国有科技型企业开展股权激励，应以本企业股权为标的，不得用持有的控股子公司股份对本企业员工进行股权激励。

19. 股权出售是否需要进场交易？

答：根据《办法》第十一条规定，企业实施股权出售，应按不低于资产评估结果的价格，以协议方式将企业股权出售给激励对象，股权出售不需要进场交易。

20. 如何理解实施股权奖励需“近3年税后利润累计形成的净资产增值额应当占近3年年初净资产总额的20%以上”？

答：根据《办法》第十二条规定，“近3年税后利润累计形成的净资产增值额，是指激励方案制定上年末账面净资产相对于近3年首年初账面净资产的增加值，不包括财政及企业股东以各种方式投资或补助形成的净资产和已经向股东分配的利润”，近 3 年年初净资产总额是指近三年首年年初净资产总额。

举例说明如下：假设 A 企业 2017 年度计划实施股权奖励，2014—2016 年税后利润形成的净资产分别为 60 万元、70 万元、80 万元，2014 年年初净资产总额为 1000 万元。净资产增值情况为：210 万元（60 + 70 + 80）万元 > 200（1000 × 20%）万元，故 A 企业达到实施股权奖励的财务指标要求。

21．获得财政专项补助资金的国有企业是否可以实施股权和分红激励？

答：根据《办法》第十二条规定，“近 3 年税后利润累计形成的净资产增值额，不包括财政及企业股东以各种方式投资或补助形成的净资产和已经向股东分配的利润”。即国有企业获得财政专项补助资金不影响企业实施股权和分红激励，但在具体计算“近 3 年税后利润累计形成的净资产增值额”有关财务指标时，要扣除企业获得的财政专项补助资金，即计算采用的指标必须是企业通过自身经营发展实现盈利。

22．股权期权的行权日期有何硬性要求？

答：股权期权授权日与获授股权期权首次可行权日之间的间隔（即行权限制期）不得少于 1 年，股权期权行权的有效期不得超过 5 年。流程如下：

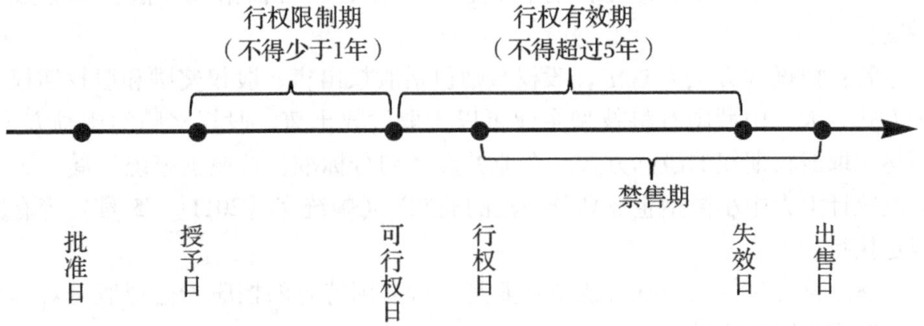

23．股权激励实施过程中涉及哪些税收优惠政策？

答：根据财政部、税务总局联合印发的《关于完善股权激励和技术入股有关所得税政策的通知》（财税〔2016〕101 号），自 2016 年 9 月 1 日起，符合条件的非上市公司股票（权）期权、限制性股票和股权奖励实行递延纳税政策。员工在取得股权激励时暂不纳税，递延至股权转让时，按股权转让收入减除股权取得成本以及合理税费后的差额和 20% 的税率一次性缴纳；上市公司股票期权、限制性股票和股权奖励征税政策维持不变，缴税期限由 6 个月放宽至 12 个月。

24．如何理解第十九条“以实际出资额对应的股权参与企业利润分配”？

答：激励对象应以实际出资额对应的股权参与企业利润分配，不能按应获得的股权期权参与企业利润分配，即分期缴纳未出资部分不能参与企业利润分配。

举例说明如下：假设激励对象 A 获得 1% 的股权期权激励，并分期缴纳出资额；本期利润分配总额为 100 万元；在激励确定的时点，A 共缴纳总出资额的 20% 。则 A 应按照应获得的激励股权的 20% 参与企业利润分配，获得 100 万元 × 1% × 20% = 2000 元。

25. 如何理解第二十一条中“激励对象可以采用直接或间接方式持有激励股权”？

答：激励对象可以采用直接持有激励股权；也可以通过设立有限责任公司或合伙企业持股平台，采用间接持股的方式持有激励股权。需要注意的是，间接持股单位不得与企业存在同业竞争关系或发生关联交易。如下图所示：

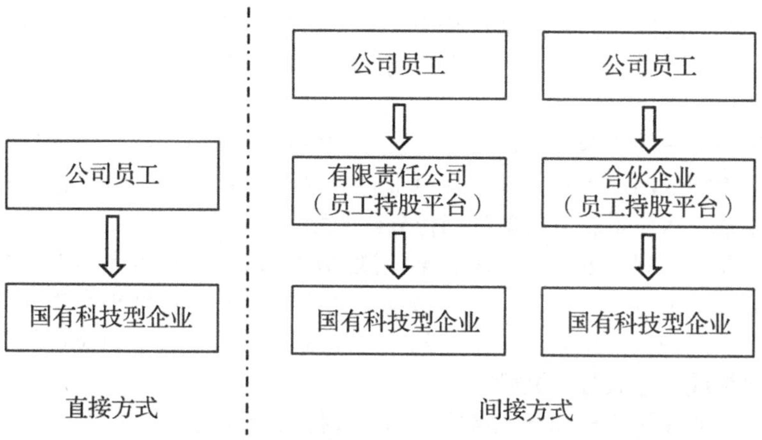

26. 如何理解项目收益分红的“约定”条款？

答：《办法》项目收益分红激励与《中华人民共和国促进科技成果转化法》相关规定一致。国有科技型企业有规定或与重要技术人员有约定的，按规定或约定的方式、数额和时限执行。没有约定的，按《办法》第二十三条执行。

27. 在实施岗位分红激励时，如何准确把握《办法》第二十六条、第二十七条中关于“岗位”的要求？

答：岗位分红是以企业经营收益为标的，按照岗位在科技成果产业化中的重要性和贡献确定分红标准，因岗而奖。企业关键技术人员和管理人员岗位调整后，自离岗当年起，不再享有原岗位分红权，以前年度已获得的岗位分红不再退还。

28. 如何理解岗位分红实施中的财务指标要求？

答：根据《办法》第二十七条规定，企业实施岗位分红，除满足本办法第六条规定外，近 3 年税后利润累计形成的净资产增值额应当占企业近 3 年年初净资产总额的 10% 以上，且实施激励当年年初未分配利润为正数。

举例说明如下：在满足《办法》前置条件基础上，假设 A 企业 2017 年度实施岗位分红，2014—2016 年税后利润形成的净资产增值额分别为 100 万元、

120 万元、140 万元，且 2014 年年初净资产总额为 1000 万元，2017 年年初未分配利润为 160 万元。由于 36% ［（100 + 120 + 140） ÷ 1000］ > 10%，且 160 > 0，故 A 企业达到实施岗位分红的财务指标要求。

29. 如何理解“激励对象获得的岗位分红所得不高于其薪酬总额的 2/3”，薪酬基数如何计算？

答：根据《办法》第二十七条规定，激励对象获得的岗位分红所得不高于其薪酬总额的 2/3。这里的薪酬总额不包括激励对象获得的年度岗位分红所得。

举例说明如下：假设激励对象的年薪酬总额为 60 万元，则年度岗位分红最多不超过 60 万元 × 2/3 = 40 万元。

30. 在实施岗位分红激励过程中，某一年度未达到年度考核要求，是否可以当年暂停分红激励，待下一年度达到考核要求后继续实施？

答：根据《办法》第二十八条规定，企业业绩未达到年度考核要求的，应当终止激励方案的实施，该岗位分红激励方案同时终止，以前年度已经发放的岗位分红无须退回。下一年度即使企业达到考核要求，也不可以重新启动原岗位分红激励，而应重新申报新的岗位分红激励方案。

企业业绩达到年度考核要求、某些激励对象未达到年度考核要求的，则企业岗位分红激励方案仍有效，整体激励方案仍可实施，达到年度考核要求的激励对象可依规获得岗位分红，未达到年度考核要求的个人，则应按约定的条款扣减、暂缓或停止其分红激励。

31. 企业实施股权和分红激励，如何进行会计处理？

答：企业实施股权和分红激励，应当按照《企业财务通则》（财政部令第 41 号）和国家统一会计制度的规定，规范财务管理和会计核算。如，企业实施项目收益分红，应当按照具体项目实施财务管理、独立核算，反映具体项目收益分红情况。又如，企业实施分红激励所需支出计入工资总额，但不受当年本单位工资总额限制、不纳入本单位工资总额基数，不作为企业职工教育经费、工会经费、社会保险费、补充养老及补充医疗保险费、住房公积金等的计提依据。

四、激励方案管理

32. 企业实施激励的具体流程是？

答：符合条件的国有科技型企业实施股权或分红激励的流程如下图：

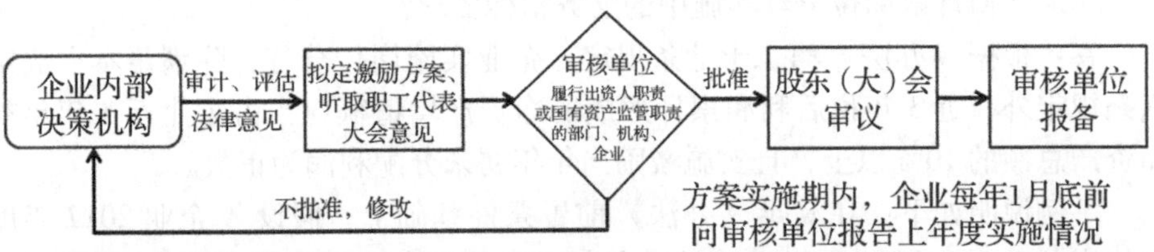

企业内部决策机构（即总经理班子或者董事会）负责拟订企业股权和分红激励方案，并应当通过职工代表大会或者其他形式充分听取职工的意见和建议。

审核单位是指履行出资人职责或国有资产监管职责的部门、机构、企业。即中央企业集团公司相关材料报履行出资人职责的部门或机构批准；中央企业集团公司所属子企业，相关材料报中央企业集团公司批准；履行出资人职责的国有资本投资、运营公司所属子企业，相关材料报国有资本投资、运营公司批准；中央部门及事业单位所属企业，按国有资产管理权属，相关材料报中央主管部门或机构批准；地方国有企业相关材料，按现行国有资产管理体制，报同级履行国有资产监管职责的部门或机构批准。

33. 审核单位的主要职责有哪些？

答：《办法》第三十五条、第三十七条、第三十八条、第四十一条、第四十二条均对审核单位的职责作出规定。主要如下图所示：

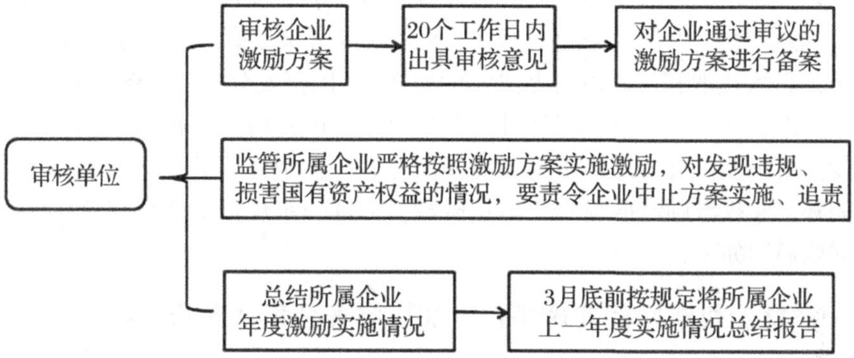

34. 出现特殊情形，需要调整或终止实施激励方案时，企业应如何操作？

答：根据《办法》第四十一条规定，因出现特殊情形需要调整激励方案的，企业应当重新履行内部审议和外部审核的程序。需要终止实施激励的，企业内部决策机构应当向审核单位报告并向股东（大）会说明情况。

35.《办法》与之前的激励文件如何有效衔接？

答：《办法》自2016年3月1日起施行。企业依据《财政部 科技部关于印发〈中关村国家自主创新示范区企业股权和分红激励实施方法〉的通知》（财企〔2010〕8号）、《财政部 科技部关于〈中关村国家自主创新示范区企业股权和分红激励实施办法〉的补充通知》（财企〔2011〕1号）制定并正在实施的激励方案，可继续执行。实施期满后，统一按《办法》执行。

关于规范国有控股上市公司实施股权激励制度有关问题的通知

（国资发分配〔2008〕171号）

各省、自治区、直辖市及计划单列市和新疆生产建设兵团国资委、财政厅（局），各中央企业：

国资委、财政部《关于印发〈国有控股上市公司（境外）实施股权激励试行办法〉的通知》（国资发分配〔2006〕8号）和《关于印发〈国有控股上市公司（境内）实施股权激励试行办法〉的通知》（国资发分配〔2006〕175号）印发后，境内、外国有控股上市公司（以下简称上市公司）积极探索试行股权激励制度。由于上市公司外部市场环境和内部运行机制尚不健全，公司治理结构有待完善，股权激励制度尚处于试点阶段，为进一步规范实施股权激励，现就有关问题通知如下：

一、严格股权激励的实施条件，加快完善公司法人治理结构

上市公司国有控股股东必须切实履行出资人职责，并按照国资发分配〔2006〕8号、国资发分配〔2006〕175号文件的要求，建立规范的法人治理结构。上市公司在达到外部董事（包括独立董事）占董事会成员一半以上、薪酬委员会全部由外部董事组成的要求之后，要进一步优化董事会的结构，健全通过股东大会选举和更换董事的制度，按专业化、职业化、市场化的原则确定董事会成员人选，逐步减少国有控股股东的负责人、高级管理人员及其他人员担任上市公司董事的数量，增加董事会中由国有资产出资人代表提名的、由公司控股股东以外人员任职的外部董事或独立董事数量，督促董事提高履职能力，恪守职业操守，使董事会真正成为各类股东利益的代表和重大决策的主体，董事会选聘、考核、激励高级管理人员的职能必须到位。

二、完善股权激励业绩考核体系，科学设置业绩指标和水平

（一）上市公司实施股权激励，应建立完善的业绩考核体系和考核办法。业绩考核指标应包含反映股东回报和公司价值创造等综合性指标，如净资产收

益率（ROE）、经济增加值（EVA）、每股收益等；反映公司赢利能力及市场价值等成长性指标，如净利润增长率、主营业务收入增长率、公司总市值增长率等；反映企业收益质量的指标，如主营业务利润占利润总额比重、现金营运指数等。上述三类业绩考核指标原则上至少各选一个。相关业绩考核指标的计算应符合现行会计准则等相关要求。

（二）上市公司实施股权激励，其授予和行使（指股票期权和股票增值权的行权或限制性股票的解锁，下同）环节均应设置应达到的业绩目标，业绩目标的设定应具有前瞻性和挑战性，并切实以业绩考核指标完成情况作为股权激励实施的条件。

1. 上市公司授予激励对象股权时的业绩目标水平，应不低于公司近3年平均业绩水平及同行业（或选取的同行业境内、外对标企业，行业参照证券监管部门的行业分类标准确定，下同）平均业绩（或对标企业50分位值）水平。

2. 上市公司激励对象行使权利时的业绩目标水平，应结合上市公司所处行业特点和自身战略发展定位，在授予时业绩水平的基础上有所提高，并不得低于公司同行业平均业绩（或对标企业75分位值）水平。凡低于同行业平均业绩（或对标企业75分位值）水平以下的不得行使。

（三）完善上市公司股权激励对象业绩考核体系，切实将股权的授予、行使与激励对象业绩考核结果紧密挂钩，并根据业绩考核结果分档确定不同的股权行使比例。

（四）对科技类上市公司实施股权激励的业绩指标，可以根据企业所处行业的特点及成长规律等实际情况，确定授予和行使的业绩指标及其目标水平。

（五）对国有经济占控制地位的、关系国民经济命脉和国家安全的行业以及依法实行专营专卖的行业，相关企业的业绩指标，应通过设定经营难度系数等方式，剔除价格调整、宏观调控等政策因素对业绩的影响。

三、合理控制股权激励收益水平，实行股权激励收益与业绩指标增长挂钩浮动

按照上市公司股价与其经营业绩相关联、激励对象股权激励收益增长与公司经营业绩增长相匹配的原则，实行股权激励收益兑现与业绩考核指标完成情况挂钩的办法。即在达到实施股权激励业绩考核目标要求的基础上，以期初计划核定的股权激励预期收益为基础，按照股权行使时间限制表，综合上市公司业绩和股票价格增长情况，对股权激励收益增幅进行合理调控。具体方法如下：

（一）对股权激励收益在计划期初核定收益水平以内且达到考核标准的，可按计划予以行权。

（二）对行权有效期内股票价格偏高，致使股票期权（或股票增值权）的

实际行权收益超出计划核定的预期收益水平的上市公司，根据业绩考核指标完成情况和股票价格增长情况合理控制股权激励实际收益水平。即在行权有效期内，激励对象股权激励收益占本期股票期权（或股票增值权）授予时薪酬总水平（含股权激励收益，下同）的最高比重，境内上市公司及境外 H 股公司原则上不得超过40%，境外红筹股公司原则上不得超过50%。股权激励实际收益超出上述比重的，尚未行权的股票期权（或股票增值权）不再行使或将行权收益上交公司。

（三）上述条款应在上市公司股权激励管理办法或股权授予协议上予以载明。随着资本市场的逐步完善以及上市公司市场化程度和竞争性的不断提高，将逐步取消股权激励收益水平限制。

四、进一步强化股权激励计划的管理，科学规范实施股权激励

（一）完善限制性股票授予方式，以业绩考核结果确定限制性股票的授予水平。

1. 上市公司应以严格的业绩考核作为实施限制性股票激励计划的前提条件。上市公司授予限制性股票时的业绩目标应不低于下列业绩水平的高者：公司前 3 年平均业绩水平；公司上一年度实际业绩水平；公司同行业平均业绩（或对标企业 50 分位值）水平。

2. 强化对限制性股票激励对象的约束。限制性股票激励的重点应限于对公司未来发展有直接影响的高级管理人员。限制性股票的来源及价格的确定应符合证券监管部门的相关规定，且股权激励对象个人出资水平不得低于按证券监管规定确定的限制性股票价格的50%。

3. 限制性股票收益（不含个人出资部分的收益）的增长幅度不得高于业绩指标的增长幅度（以业绩目标为基础）。

（二）严格股权激励对象范围，规范股权激励对象离职、退休等行为的处理方法。

上市公司股权激励的重点应是对公司经营业绩和未来发展有直接影响的高级管理人员和核心技术骨干，不得随意扩大范围。未在上市公司任职、不属于上市公司的人员（包括控股股东公司的员工）不得参与上市公司股权激励计划。境内、境外上市公司监事不得成为股权激励的对象。

股权激励对象正常调动、退休、死亡、丧失民事行为能力时，授予的股权当年已达到可行使时间限制和业绩考核条件的，可行使的部分可在离职之日起的半年内行使，尚未达到可行使时间限制和业绩考核条件的不再行使。股权激励对象辞职、被解雇时，尚未行使的股权不再行使。

（三）规范股权激励公允价值计算参数，合理确定股权激励预期收益。

对实行股票期权（或股票增值权）激励方式的，上市公司应根据企业会计准则等有关规定，结合国际通行做法，选取适当的期权定价模型进行合理估值。其相关参数的选择或计算应科学合理。

对实行限制性股票激励方式的，在核定股权激励预期收益时，除考虑限制性股票赠与部分价值外，还应参考期权估值办法考虑赠与部分未来增值收益。

（四）规范上市公司配股、送股、分红后股权激励授予数量的处理。

上市公司因发行新股、转增股本、合并、分立、回购等原因导致总股本发生变动或其他原因需要调整股权授予数量或行权价格的，应重新报国有资产监管机构备案后由股东大会或授权董事会决定。对于其他原因调整股票期权（或股票增值权）授予数量、行权价格或其他条款的，应由董事会审议后经股东大会批准；同时，上市公司应聘请律师就上述调整是否符合国家相关法律法规、公司章程以及股权激励计划规定出具专业意见。

（五）规范履行相应程序，建立社会监督和专家评审工作机制。

建立上市公司国有控股股东与国有资产监管机构沟通协调机制。上市公司国有控股股东在上市公司董事会审议其股权激励计划之前，应与国有资产监管机构进行沟通协调，并应在上市公司股东大会审议公司股权激励计划之前，将上市公司董事会审议通过的股权激励计划及相应的管理考核办法等材料报国有资产监管机构审核，经股东大会审议通过后实施。

建立社会监督和专家评审工作机制。上市公司董事会审议通过的股权激励计划草案除按证券监管部门的要求予以公告外，同时还应在国有资产监管机构网站上予以公告，接受社会公众的监督和评议。同时国有资产监管机构将组织有关专家对上市公司股权激励方案进行评审。社会公众的监督、评议意见与专家的评审意见，将作为国有资产监管机构审核股权激励计划的重要依据。

建立中介服务机构专业监督机制。为上市公司拟订股权激励计划的中介咨询机构，应对股权激励计划的规范性、合规性、是否有利于上市公司的持续发展、对股东利益的影响发表专业意见。

（六）规范国有控股股东行为，完善股权激励报告、监督制度。

国有控股股东应增强法制观念和诚信意识，带头遵守法律法规，规范执行国家政策，维护出资人利益。

国有控股股东应按照国资发分配〔2006〕8 号、国资发分配〔2006〕175 号文件及本通知的要求，完善股权激励报告制度。国有控股股东向国有资产监管机构报送上市公司股东大会审议通过的股权激励计划时，应同时抄送财政部门。国有控股股东应当及时将股权激励计划的实施进展情况以及激励对象年度行使情况等报国有资产监管机构备案；国有控股股东有监事会的，应同时报送公司控股企业监事会。

国有控股股东应监督上市公司按照《企业财务通则》和企业会计准则的规定，为股权激励的实施提供良好的财务管理和会计核算基础。

国有资产监管机构将对上市公司股权激励的实施进展情况，包括公司的改革发展、业绩指标完成情况以及激励对象薪酬水平、股权行使及其股权激励收益、绩效考核等信息实行动态管理和对外披露。

在境外和境内同时上市的公司，原则上应当执行国资发分配〔2006〕175 号文件。公司高级管理人员和管理技术骨干应在同一个资本市场（境外或境内）实施股权激励。

对本通知印发之前已经实施股权激励的国有控股上市公司，其国有控股股东应按照本通知要求，督促和要求上市公司对股权激励计划进行修订完善并报国资委备案，经股东大会（或董事会）审议通过后实施。

国务院国有资产监督管理委员会
中华人民共和国财政部
2008 年 10 月 21 日

关于印发《国有控股上市公司（境内）实施股权激励试行办法》的通知

（国资发分配〔2006〕175号，2006年9月30日起施行）

各省、自治区、直辖市及计划单列市、新疆生产建设兵团国资委、财政厅（局），各中央企业：

为指导国有控股上市公司（境内，以下简称上市公司）规范实施股权激励制度，建立健全激励与约束相结合的中长期激励机制，进一步完善公司法人治理结构，充分调动上市公司高级管理人员和科技人员的积极性、创造性，规范上市公司拟订和实施股权激励计划，根据《中华人民共和国公司法》《中华人民共和国证券法》《企业国有资产监督管理暂行条例》（国务院令第378号），我们制定了《国有控股上市公司（境内）实施股权激励试行办法》（以下简称《试行办法》）。现印发给你们，请结合实际，认真遵照执行。现将有关事项通知如下：

一、国有控股上市公司实施股权激励是一项重大制度创新，政策性强，操作难度大。为规范实施股权激励制度，对国有控股上市公司试行股权激励实施分类指导。对中央企业及其所出资企业控股的上市公司，其股权激励计划在报股东大会审议表决前，由集团公司按照《试行办法》规定的程序报履行国有资产出资人职责的机构或部门审核；对中央企业所出资三级以下企业控股的上市公司，其股权激励计划在上市公司股东大会审议前，报履行国有资产出资人职责的机构或部门备案。履行国有资产出资人职责的机构或部门自收到完整的股权激励计划申报材料之日起，20个工作日内出具审核意见，未提出异议的，国有控股股东可按申报意见参与股东大会审议股权激励计划。

二、地方国有控股上市公司试行股权激励办法，应严格按《试行办法》规定的条件执行。在试点期间，上市公司股权激励计划由各省、自治区、直辖市、计划单列市及新疆生产建设兵团国资委或财政厅（局）统一审核批准后，报国务院国资委和财政部备案。

三、对在《试行办法》出台之前已经公告或实施了股权激励的国有控股上市公司，要按照《试行办法》予以规范，对股权激励计划修订完善并履行相应的审核或备案程序。

四、政企尚未分开的部门以及国家授权投资的其他国有资产经营管理机构（以下简称其他单位），按照《试行办法》的规定审核批准所管理的集团公司及其所出资企业控股的上市公司股权激励计划。

国务院国资委和其他单位对集团公司及其所出资企业控股的上市公司股权激励计划的批复文件抄送财政部。

上市公司在试行过程中的做法及遇到的问题，请及时报告国务院国资委和财政部。

附件：国有控股上市公司（境内）实施股权激励试行办法

国务院国有资产监督管理委员会
中华人民共和国财政部
2006 年 9 月 30 日

附件　国有控股上市公司（境内）实施股权激励试行办法

第一章　总　　则

第一条　为指导国有控股上市公司（境内）规范实施股权激励制度，建立健全激励与约束相结合的中长期激励机制，进一步完善公司法人治理结构，依据《中华人民共和国公司法》《中华人民共和国证券法》《企业国有资产监督管理暂行条例》等有关法律、行政法规的规定，制定本办法。

第二条　本办法适用于股票在中华人民共和国境内上市的国有控股上市公司（以下简称上市公司）。

第三条　本办法主要用于指导上市公司国有控股股东依法履行相关职责，按本办法要求申报上市公司股权激励计划，并按履行国有资产出资人职责的机构或部门意见，审议表决上市公司股权激励计划。

第四条　本办法所称股权激励，主要是指上市公司以本公司股票为标的，对公司高级管理等人员实施的中长期激励。

第五条　实施股权激励的上市公司应具备以下条件：

（一）公司治理结构规范，股东会、董事会、经理层组织健全，职责明确。外部董事（含独立董事，下同）占董事会成员半数以上。

（二）薪酬委员会由外部董事构成，且薪酬委员会制度健全，议事规则完善，运行规范。

（三）内部控制制度和绩效考核体系健全，基础管理制度规范，建立了符合市场经济和现代企业制度要求的劳动用工、薪酬福利制度及绩效考核体系。

（四）发展战略明确，资产质量和财务状况良好，经营业绩稳健；近三年无财务违法违规行为和不良记录。

（五）证券监管部门规定的其他条件。

第六条 实施股权激励应遵循以下原则：

（一）坚持激励与约束相结合，风险与收益相对称，强化对上市公司管理层的激励力度；

（二）坚持股东利益、公司利益和管理层利益相一致，有利于促进国有资本保值增值，有利于维护中小股东利益，有利于上市公司的可持续发展；

（三）坚持依法规范，公开透明，遵循相关法律法规和公司章程规定；

（四）坚持从实际出发，审慎起步，循序渐进，不断完善。

第二章 股权激励计划的拟订

第七条 股权激励计划应包括股权激励方式、激励对象、激励条件、授予数量、授予价格及其确定的方式、行权时间限制或解锁期限等主要内容。

第八条 股权激励的方式包括股票期权、限制性股票以及法律、行政法规允许的其他方式。上市公司应以期权激励机制为导向，根据实施股权激励的目的，结合本行业及本公司的特点确定股权激励的方式。

第九条 实施股权激励计划所需标的股票来源，可以根据本公司实际情况，通过向激励对象发行股份、回购本公司股份及法律、行政法规允许的其他方式确定，不得由单一国有股股东支付或擅自无偿量化国有股权。

第十条 实施股权激励计划应当以绩效考核指标完成情况为条件，建立健全绩效考核体系和考核办法。绩效考核目标应由股东大会确定。

第十一条 股权激励对象原则上限于上市公司董事、高级管理人员以及对上市公司整体业绩和持续发展有直接影响的核心技术人员和管理骨干。

上市公司监事、独立董事以及由上市公司控股公司以外的人员担任的外部董事，暂不纳入股权激励计划。

证券监管部门规定的不得成为激励对象的人员，不得参与股权激励计划。

第十二条 实施股权激励的核心技术人员和管理骨干，应根据上市公司发展的需要及各类人员的岗位职责、绩效考核等相关情况综合确定，并须在股权激励计划中就确定依据、激励条件、授予范围及数量等情况作出说明。

第十三条 上市公司母公司（控股公司）的负责人在上市公司担任职务的，可参加股权激励计划，但只能参与一家上市公司的股权激励计划。

在股权授予日，任何持有上市公司5%以上有表决权的股份的人员，未经股东大会批准，不得参加股权激励计划。

第十四条 在股权激励计划有效期内授予的股权总量，应结合上市公司股本规模的大小和股权激励对象的范围、股权激励水平等因素，在0.1% ~10%之间合理确定。但上市公司全部有效的股权激励计划所涉及的标的股票总数累计不得超过公司股本总额的10%。

上市公司首次实施股权激励计划授予的股权数量原则上应控制在上市公司股本总额的1%以内。

第十五条 上市公司任何一名激励对象通过全部有效的股权激励计划获授的本公司股权，累计不得超过公司股本总额的1%，经股东大会特别决议批准的除外。

第十六条 授予高级管理人员的股权数量按下列办法确定：

（一）在股权激励计划有效期内，高级管理人员个人股权激励预期收益水平，应控制在其薪酬总水平（含预期的期权或股权收益）的30%以内。高级管理人员薪酬总水平应参照国有资产监督管理机构或部门的原则规定，依据上市公司绩效考核与薪酬管理办法确定。

（二）参照国际通行的期权定价模型或股票公平市场价，科学合理测算股票期权的预期价值或限制性股票的预期收益。

按照上述办法预测的股权激励收益和股权授予价格（行权价格），确定高级管理人员股权授予数量。

第十七条 授予董事、核心技术人员和管理骨干的股权数量比照高级管理人员的办法确定。各激励对象薪酬总水平和预期股权激励收益占薪酬总水平的比例应根据上市公司岗位分析、岗位测评和岗位职责按岗位序列确定。

第十八条 根据公平市场价原则，确定股权的授予价格（行权价格）。

（一）上市公司股权的授予价格应不低于下列价格较高者：

1. 股权激励计划草案摘要公布前1个交易日的公司标的股票收盘价；

2. 股权激励计划草案摘要公布前30个交易日内的公司标的股票平均收盘价。

（二）上市公司首次公开发行股票时拟实施的股权激励计划，其股权的授予价格在上市公司首次公开发行上市满30个交易日以后，依据上述原则规定的市场价格确定。

第十九条 股权激励计划的有效期自股东大会通过之日起计算，一般不超过10年。股权激励计划有效期满，上市公司不得依据此计划再授予任何股权。

第二十条 在股权激励计划有效期内，应采取分次实施的方式，每期股权授予方案的间隔期应在一个完整的会计年度以上。

第二十一条 在股权激励计划有效期内，每期授予的股票期权，均应设置行权限制期和行权有效期，并按设定的时间表分批行权：

（一）行权限制期为股权自授予日（授权日）至股权生效日（可行权日）止的期限。行权限制期原则上不得少于2年，在限制期内不可以行权。

（二）行权有效期为股权生效日至股权失效日止的期限，由上市公司根据实际确定，但不得低于3年。在行权有效期内原则上采取匀速分批行权办法。超过行权有效期的，其权利自动失效，并不可追溯行使。

第二十二条 在股权激励计划有效期内，每期授予的限制性股票，其禁售期不得低于2年。禁售期满，根据股权激励计划和业绩目标完成情况确定激励对象可解锁（转让、出售）的股票数量。解锁期不得低于3年，在解锁期内原则上采取匀速解锁办法。

第二十三条 高级管理人员转让、出售其通过股权激励计划所得的股票，应符合有关法律、行政法规的相关规定。

第二十四条 在董事会讨论审批或公告公司定期业绩报告等影响股票价格的敏感事项发生时不得授予股权或行权。

第三章 股权激励计划的申报

第二十五条 上市公司国有控股股东在股东大会审议批准股权激励计划之前，应将上市公司拟实施的股权激励计划报履行国有资产出资人职责的机构或部门审核（控股股东为集团公司的由集团公司申报），经审核同意后提请股东大会审议。

第二十六条 国有控股股东申报的股权激励报告应包括以下内容：

（一）上市公司简要情况，包括公司薪酬管理制度、薪酬水平等情况；

（二）股权激励计划和股权激励管理办法等应由股东大会审议的事项及其相关说明；

（三）选择的期权定价模型及股票期权的公平市场价值的测算、限制性股票的预期收益等情况的说明；

（四）上市公司绩效考核评价制度及发展战略和实施计划的说明等。绩效考核评价制度应当包括岗位职责核定、绩效考核评价指标和标准、年度及任期绩效考核目标、考核评价程序以及根据绩效考核评价办法对高管人员股权的授予和行权的相关规定。

第二十七条 国有控股股东应将上市公司按股权激励计划实施的分期股权激励方案，事前报履行国有资产出资人职责的机构或部门备案。

第二十八条 国有控股股东在下列情况下应按本办法规定重新履行申报审核程序：

（一）上市公司终止股权激励计划并实施新计划或变更股权激励计划相关事项的；

（二）上市公司因发行新股、转增股本、合并、分立、回购等原因导致总股本发生变动或其他原因需要调整股权激励对象范围、授予数量等股权激励计划主要内容的。

第二十九条 股权激励计划应就公司控制权变更、合并、分立，以及激励对象辞职、调动、被解雇、退休、死亡、丧失民事行为能力等事项发生时的股权处理依法作出行权加速、终止等相应规定。

第四章 股权激励计划的考核、管理

第三十条 国有控股股东应依法行使股东权利，要求和督促上市公司制定严格的股权激励管理办法，并建立与之相适应的绩效考核评价制度，以绩效考核指标完成情况为基础对股权激励计划实施动态管理。

第三十一条 按照上市公司股权激励管理办法和绩效考核评价办法确定对激励对象股权的授予、行权或解锁。

对已经授予的股票期权，在行权时可根据年度绩效考核情况进行动态调整。

对已经授予的限制性股票，在解锁时可根据年度绩效考核情况确定可解锁的股票数量，在设定的解锁期内未能解锁，上市公司应收回或以激励对象购买时的价格回购已授予的限制性股票。

第三十二条 参与上市公司股权激励计划的上市公司母公司（控股公司）的负责人，其股权激励计划的实施应符合《中央企业负责人经营业绩考核暂行办法》或相应国有资产监管机构或部门的有关规定。

第三十三条 授予董事、高级管理人员的股权，应根据任期考核或经济责任审计结果行权或兑现。授予的股票期权，应有不低于授予总量的 20% 留至任职（或任期）考核合格后行权；授予的限制性股票，应将不低于 20% 的部分锁定至任职（或任期）期满后兑现。

第三十四条 国有控股股东应依法行使股东权利，要求上市公司在发生以下情形之一时，中止实施股权激励计划，自发生之日起一年内不得向激励对象授予新的股权，激励对象也不得根据股权激励计划行使权利或获得收益：

（一）企业年度绩效考核达不到股权激励计划规定的绩效考核标准；

（二）国有资产监督管理机构或部门、监事会或审计部门对上市公司业绩或年度财务会计报告提出重大异议；

（三）发生重大违规行为，受到证券监管及其他有关部门处罚。

第三十五条 股权激励对象有以下情形之一的，上市公司国有控股股东应依法行使股东权利，提出终止授予新的股权并取消其行权资格：

（一）违反国家有关法律法规、上市公司章程规定的；

（二）任职期间，由于受贿索贿、贪污盗窃、泄露上市公司经营和技术秘密、实施关联交易损害上市公司利益、声誉和对上市公司形象有重大负面影响等违法违纪行为，给上市公司造成损失的。

第三十六条 实施股权激励计划的财务、会计处理及其税收等问题，按国家有关法律、行政法规、财务制度、会计准则、税务制度规定执行。

上市公司不得为激励对象按照股权激励计划获取有关权益提供贷款以及其他任何形式的财务资助，包括为其贷款提供担保。

第三十七条 国有控股股东应按照有关规定和本办法的要求，督促和要求上市公司严格履行信息披露义务，及时披露股权激励计划及董事、高级管理人员薪酬管理等相关信息。

第三十八条 国有控股股东应在上市公司年度报告披露后5个工作日内将以下情况报履行国有资产出资人职责的机构或部门备案：

（一）公司股权激励计划的授予、行权或解锁等情况；

（二）公司董事、高级管理等人员持有股权的数量、期限、本年度已经行权（或解锁）和未行权（或解锁）的情况及其所持股权数量与期初所持数量的变动情况；

（三）公司实施股权激励绩效考核情况、实施股权激励对公司费用及利润的影响等。

第五章 附 则

第三十九条 上市公司股权激励的实施程序和信息披露、监管和处罚应符合中国证监会《上市公司股权激励管理办法》（试行）的有关规定。上市公司股权激励计划应经履行国有资产出资人职责的机构或部门审核同意后，报中国证监会备案以及在相关机构办理信息披露、登记结算等事宜。

第四十条 本办法下列用语的含义：

（一）国有控股上市公司，是指政府或国有企业（单位）拥有50%以上股本，以及持有股份的比例虽然不足50%，但拥有实际控制权或依其持有的股份已足以对股东大会的决议产生重大影响的上市公司。

其中控制权，是指根据公司章程或协议，能够控制企业的财务和经营决策。

（二）股票期权，是指上市公司授予激励对象在未来一定期限内以预先确定的价格和条件购买本公司一定数量股票的权利。激励对象有权行使这种权利，也有权放弃这种权利，但不得用于转让、质押或者偿还债务。

（三）限制性股票，是指上市公司按照预先确定的条件授予激励对象一定数量的本公司股票，激励对象只有在工作年限或业绩目标符合股权激励计划规定条件的，才可出售限制性股票并从中获益。

（四）高级管理人员，是指对公司决策、经营、管理负有领导职责的人员，包括经理、副经理、财务负责人（或其他履行上述职责的人员）、董事会秘书和公司章程规定的其他人员。

（五）外部董事，是指由国有控股股东依法提名推荐、由任职公司或控股公司以外的人员（非本公司或控股公司员工的外部人员）担任的董事。对主体业务全部或大部分进入上市公司的企业，其外部董事应为任职公司或控股公司以外的人员；对非主业部分进入上市公司或只有一部分主业进入上市公司的子公司，以及二级以下的上市公司，其外部董事应为任职公司以外的人员。

外部董事不在公司担任除董事和董事会专门委员会有关职务外的其他职务，不负责执行层的事务，与其担任董事的公司不存在可能影响其公正履行外部董事职务的关系。

外部董事含独立董事。独立董事是指与所受聘的公司及其主要股东没有任何经济上的利益关系且不在上市公司担任除独立董事外的其他任何职务。

（六）股权激励预期收益，是指实行股票期权的预期收益为股票期权的预期价值，单位期权的预期价值参照国际通行的期权定价模型进行测算；实行限制性股票的预期收益为获授的限制性股票的价值，单位限制性股票的价值为其授予价格扣除激励对象的购买价格。

第四十一条 本办法自印发之日起施行。

关于印发《关于国有控股混合所有制企业开展员工持股试点的意见》的通知

（国资发改革〔2016〕133 号）

各省、自治区、直辖市人民政府、国务院各部委、各直属机构：

经国务院同意，现将《关于国有控股混合所有制企业开展员工持股试点的意见》印发给你们，请结合实际认真贯彻执行。

国务院国有资产监督管理委员会
中华人民共和国财政部
中国证券监督管理委员会
2016 年 8 月 2 日

关于国有控股混合所有制企业开展员工持股试点的意见

为全面贯彻党的十八大和十八届三中、四中、五中全会精神，落实“四个全面”战略布局和创新、协调、绿色、开放、共享的发展理念，根据《中共中央 国务院关于深化国有企业改革的指导意见》（中发〔2015〕22 号）有关要求，经国务院同意，现就国有控股混合所有制企业开展员工持股试点提出以下意见。

一、试点原则

（一）坚持依法合规，公开透明。依法保护各类股东权益，严格遵守国家有关法律法规和国有企业改制、国有产权管理等有关规定，确保规则公开、程序公开、结果公开，杜绝暗箱操作，严禁利益输送，防止国有资产流失。不得侵害企业内部非持股员工合法权益。

（二）坚持增量引入，利益绑定。主要采取增资扩股、出资新设方式开展员工持股，并保证国有资本处于控股地位。建立健全激励约束长效机制，符合条件的员工自愿入股，入股员工与企业共享改革发展成果，共担市场竞争风险。

（三）坚持以岗定股，动态调整。员工持股要体现爱岗敬业的导向，与岗位和业绩紧密挂钩，支持关键技术岗位、管理岗位和业务岗位人员持股。建立健全股权内部流转和退出机制，避免持股固化僵化。

（四）坚持严控范围，强化监督。严格试点条件，限制试点数量，防止“一哄而起”。严格审批程序，持续跟踪指导，加强评价监督，确保试点工作目标明确、操作规范、过程可控。

二、试点企业条件

（一）主业处于充分竞争行业和领域的商业类企业。

（二）股权结构合理，非公有资本股东所持股份应达到一定比例，公司董事会中有非公有资本股东推荐的董事。

（三）公司治理结构健全，建立市场化的劳动人事分配制度和业绩考核评价体系，形成管理人员能上能下、员工能进能出、收入能增能减的市场化机制。

（四）营业收入和利润 90% 以上来源于所在企业集团外部市场。

优先支持人才资本和技术要素贡献占比较高的转制科研院所、高新技术企业、科技服务型企业（以下统称科技型企业）开展员工持股试点。中央企业二级（含）以上企业以及各省、自治区、直辖市及计划单列市和新疆生产建设兵团所属一级企业原则上暂不开展员工持股试点。违反国有企业职工持股有关规定且未按要求完成整改的企业，不开展员工持股试点。

三、企业员工入股

（一）员工范围。参与持股人员应为在关键岗位工作并对公司经营业绩和持续发展有直接或较大影响的科研人员、经营管理人员和业务骨干，且与本公司签订了劳动合同。

党中央、国务院和地方党委、政府及其部门、机构任命的国有企业领导人员不得持股。外部董事、监事（含职工代表监事）不参与员工持股。如直系亲属多人在同一企业时，只能一人持股。

（二）员工出资。员工入股应主要以货币出资，并按约定及时足额缴纳。按照国家有关法律法规，员工以科技成果出资入股的，应提供所有权属证明并依法评估作价，及时办理财产权转移手续。上市公司回购本公司股票实施员工持股，须执行有关规定。

试点企业、国有股东不得向员工无偿赠与股份，不得向持股员工提供垫资、担保、借贷等财务资助。持股员工不得接受与试点企业有生产经营业务往来的其他企业的借款或融资帮助。

（三）入股价格。在员工入股前，应按照有关规定对试点企业进行财务审计和资产评估。员工入股价格不得低于经核准或备案的每股净资产评估值。国有控股上市公司员工入股价格按证券监管有关规定确定。

（四）持股比例。员工持股比例应结合企业规模、行业特点、企业发展阶段等因素确定。员工持股总量原则上不高于公司总股本的 30%，单一员工持股比例原则上不高于公司总股本的 1%。企业可采取适当方式预留部分股权，用于新引进人才。国有控股上市公司员工持股比例按证券监管有关规定确定。

（五）股权结构。实施员工持股后，应保证国有股东控股地位，且其持股比例不得低于公司总股本的 34%。

（六）持股方式。持股员工可以个人名义直接持股，也可通过公司制企业、合伙制企业、资产管理计划等持股平台持有股权。通过资产管理计划方式持股的，不得使用杠杆融资。持股平台不得从事除持股以外的任何经营活动。

四、企业员工股权管理

（一）股权管理主体。员工所持股权一般应通过持股人会议等形式选出代表或设立相应机构进行管理。该股权代表或机构应制定管理规则，代表持股员工行使股东权利，维护持股员工合法权益。

（二）股权管理方式。公司各方股东应就员工股权的日常管理、动态调整和退出等问题协商一致，并通过公司章程或股东协议等予以明确。

（三）股权流转。实施员工持股，应设定不少于 36 个月的锁定期。在公司公开发行股份前已持股的员工，不得在公司首次公开发行时转让股份，并应承诺自上市之日起不少于 36 个月的锁定期。锁定期满后，公司董事、高级管理人员每年可转让股份不得高于所持股份总数的 25%。

持股员工因辞职、调离、退休、死亡或被解雇等原因离开本公司的，应在 12 个月内将所持股份进行内部转让。转让给持股平台、符合条件的员工或非公有资本股东的，转让价格由双方协商确定；转让给国有股东的，转让价格不得高于上一年度经审计的每股净资产值。国有控股上市公司员工转让股份按证券监管有关规定办理。

（四）股权分红。员工持股企业应处理好股东短期收益与公司中长期发展的关系，合理确定利润分配方案和分红率。企业及国有股东不得向持股员工承诺年度分红回报或设置托底回购条款。持股员工与国有股东和其他股东享有同等权益，不得优先于国有股东和其他股东取得分红收益。

（五）破产重整和清算。员工持股企业破产重整和清算时，持股员工、国有股东和其他股东应以出资额为限，按照出资比例共同承担责任。

五、试点工作实施

（一）试点企业数量。选择少量企业开展试点。各省、自治区、直辖市及计划单列市和新疆生产建设兵团可分别选择5～10户企业，国务院国资委可从中央企业所属子企业中选择10户企业，开展首批试点。

（二）试点企业确定。开展员工持股试点的地方国有企业，由省级人民政府国有资产监督管理机构协调有关部门，在审核申报材料的基础上确定。开展试点的中央企业所属子企业，由国有股东单位在审核有关申报材料的基础上，报履行出资人职责的机构确定。

（三）员工持股方案制定。企业开展员工持股试点，应深入分析实施员工持股的必要性和可行性，以适当方式向员工充分提示持股风险，严格按照有关规定制定员工持股方案，并对实施员工持股的风险进行评估，制定应对预案。员工持股方案应对持股员工条件、持股比例、入股价格、出资方式、持股方式、股权分红、股权管理、股权流转及员工岗位变动调整股权等操作细节作出具体规定。

（四）员工持股方案审批及备案。试点企业应通过职工代表大会等形式充分听取本企业职工对员工持股方案的意见，并由董事会提交股东（大）会进行审议。地方试点企业的员工持股方案经股东（大）会审议通过后，报履行出资人职责的机构备案，同时抄报省级人民政府国有资产监督管理机构；中央试点企业的员工持股方案经股东（大）会审议通过后，报履行出资人职责的机构备案。

（五）试点企业信息公开。试点企业应将持股员工范围、持股比例、入股价格、股权流转、中介机构以及审计评估等重要信息在本企业内部充分披露，切实保障员工的知情权和监督权。国有控股上市公司执行证券监管有关信息披露规定。

（六）规范关联交易。国有企业不得以任何形式向本企业集团内的员工持股企业输送利益。国有企业购买本企业集团内员工持股企业的产品和服务，或者向员工持股企业提供设备、场地、技术、劳务、服务等，应采用市场化方式，做到价格公允、交易公平。有关关联交易应由一级企业以适当方式定期公开，并列入企业负责人经济责任审计和财务审计内容。

六、组织领导

实施员工持股试点，事关国有企业改革发展大局，事关广大员工切身利益，各地区、各有关部门要高度重视，加强领导，精心组织，落实责任，确保试点工作规范有序开展。国务院国资委负责中央企业试点工作，同时负责指导地方国有资产监督管理机构做好试点工作，重要问题应及时向国务院国有企业改革领导小组报告。首批试点原则上在2016年启动实施，各有关履行出资人职责的机构要严格审核试点企业申报材料，成熟一户开展一户，2018年年底进行阶段性总结，视情况适时扩大试点。试点企业要按照要求规范操作，严格履行有关决策和审批备案程序，扎实细致开展员工持股试点工作，积极探索员工持股有效模式，切实转换企业经营机制，激发企业活力。各有关履行出资人职责的机构要对试点企业进行定期跟踪检查，及时掌握情况，发现问题，纠正不规范行为。试点过程中出现制度不健全、程序不规范、管理不到位等问题，致使国有资产流失、损害有关股东合法权益或严重侵害企业职工合法权益的，要依法依纪追究相关责任人的责任。

金融、文化等国有企业实施员工持股，中央另有规定的依其规定执行。国有科技型企业的股权和分红激励，按国务院有关规定执行。已按有关规定实施员工持股的企业，继续规范实施。国有参股企业的员工持股不适用本意见。

关于深化混合所有制改革试点若干政策的意见

（发改经体〔2017〕2057号）

各省、自治区、直辖市及计划单列市发展改革委、财政厅（局）、人力资源社会保障厅（局）、国土资源厅（局）、国资委、国家税务局、地方税务局、证监局、国防科工局：

按照党中央国务院关于国有企业混合所有制改革的部署，在国务院国有企业改革领导小组领导下，国家发展改革委、国务院国资委会同有关部门已先后推出两批重要领域混合所有制改革试点，并取得显著改革成效。试点推进过程中企业普遍反映，为使试点顺利推进取得实效，必须认真研究解决试点中存在的具体问题。国务院国有企业改革领导小组高度重视，国有企业改革领导小组办公室积极协调，提出解决办法。为全面贯彻落实党的十九大精神，以习近平新时代中国特色社会主义思想为指引，更加卓有成效地推动混合所有制改革，现就混合所有制改革试点中的相关政策问题提出以下意见。

一、关于国有资产定价机制

科学准确地对国有资产进行定价，是国有企业混合所有制改革的基础，是防止国有资产流失的重要手段。目前，国有非上市公司交易相关定价制度办法需进一步完善，有关部门要加快研究修订《国有资产评估管理办法》，严格规范国有资产评估程序、细化评估方式、强化监管和法律责任追究、强化违法失信联合惩戒，有效防止国有资产流失。对于按规定程序和方式评估交易的国有资产，建立免责容错机制，鼓励国有企业推动混合所有制改革。

二、关于职工劳动关系

有关部门要加强协调指导，督促混合所有制改革试点企业严格按照《劳动合同法》和《国务院关于国有企业发展混合所有制经济的意见》（国发〔2015〕

54 号）涉及职工劳动关系调整的相关规定，依法妥善解决混合所有制改革涉及的国有企业职工劳动关系调整、社会保险关系接续等问题，确保职工队伍稳定。企业混合所有制改革时，职工劳动合同未到期的应当依法继续履行，可按有关规定与职工变更劳动合同，改制前后职工的工作年限应合并计算。企业依法与职工解除劳动合同的，应当支付经济补偿。混合所有制改革企业要形成市场化劳动用工制度，实现员工能进能出。

三、关于土地处置和变更登记

土地是国有企业混合所有制改革能够注入的重要资产。由于一些国有企业历史上获得划拨国有土地证照不全、证实不符、权属不清、土地分割等问题，按现有规定办理，存在确权困难、程序繁琐、审批时间长等问题，影响混合所有制改革进程。认真落实国有企业改革 1 + N 系列文件，有关部门要研究加强国有土地资产处置管理工作，解决国有土地授权经营、作价出资（入股）等历史遗留问题。国有企业要加强内部管理，抓紧解决历史上获得划拨国有土地证照不全、证实不符、权属不清、土地分割等问题。各地要进一步优化简化相关审批程序，为解决混合所有制改革中的土地处置和变更登记提供便利。

四、关于员工持股

坚持依法合规、公开透明、立足增量、不动存量、同股同价、现金入股、以岗定股、动态调整等原则，积极推进混合所有制改革试点企业员工持股，有效实现企业与员工利益和风险绑定，强化内部激励，完善公司治理。试点企业数量不受《关于国有控股混合所有制企业开展员工持股试点的意见》（国资发改革〔2016〕133 号）规定的数量限制。试点企业名单由国家发展改革委、国务院国资委按程序报请国务院国有企业改革领导小组确定。为有效指导混合所有制企业员工持股工作，有关部门要抓紧研究制定重要领域混合所有制企业开展员工持股试点的意见，明确相关政策，加强规范引导。

五、关于集团公司层面开展混合所有制改革

党的十九大报告指出，深化国有企业改革，发展混合所有制经济，培育具有全球竞争力的世界一流企业。集团公司层面开展混合所有制改革，既符合中央要求和改革方向，也是实现具有全球竞争力的世界一流企业的重要途径。积极探索中央企业集团公司层面开展混合所有制改革的可行路径，国务院国资委审核中央企业申请改革试点的方案，按程序报国务院批准后开展试点，鼓励探索解决集团层面混合所有制改革后国有股由谁持有等现实问题的可行路径。积

极支持各地省属国有企业集团公司开展混合所有制改革。

六、关于试点联动

国有企业混合所有制改革、落实董事会职权、市场化选聘经营管理者、剥离企业办社会职能和解决历史遗留问题等各项国有企业改革试点核心任务关联性较高，加强各项试点联动，可以有效协同攻坚，发挥政策合力。要进一步加强混合所有制改革试点与其他国有企业改革试点之间的联动。对于纳入混合所有制改革试点的企业，符合条件的，可以同步申请开展其他国有企业改革试点，按规定程序批准后，适用相关试点政策。

七、关于财税支持政策

企业符合税法规定条件的股权（资产）收购、合并、分立、债务重组、债转股等重组行为，可按税法规定享受企业所得税递延纳税优惠政策；企业以非货币性资产投资，可按规定享受5年内分期缴纳企业所得税政策；企业符合税法规定条件的债权损失可按规定在计算企业所得税应纳税所得额时扣除；在企业重组过程中，企业通过合并、分立、出售、置换等方式，将全部或者部分实物资产以及与其相关联的债权、负债和劳动力，一并转让给其他单位和个人，其中涉及的货物、不动产、土地使用权转让行为，符合规定的，不征收增值税；企业重组改制涉及的土地增值税、契税、印花税，符合规定的，可享受相关优惠政策。有关混合所有制改革企业要科学设计改革路径，最大程度用足用好现有国家对企业改制重组的税收优惠政策。

八、关于工资总额管理制度

为建立健全与混合所有制企业相适应的市场化薪酬机制、有效发挥薪酬激励效用，有关部门要加快研究制订改革国有企业工资决定机制的意见，支持符合条件的混合所有制改革试点企业实行更加灵活的工资总额管理制度。对于集团层面混合所有制改革试点企业，要比照落实董事会职权试点相关政策，实行工资总额备案制。鼓励集团公司对下属混合所有制改革试点企业采取差异化工资总额管理方式，充分激发企业内生活力。

九、关于军工企业国有股权控制类别和军工事项审查程序

军工企业混合所有制改革不断深化，既有的关于军工企业国有股权控制类别界定的政策规定，已不适应军民融合发展的需要。有关部门要抓紧对军工企业国有控股类别相关规定进行修订。类别修订完成前，确属混改需要突破相关

比例规定的，允许符合条件的企业以一事一议方式报国防科工局等军工企业混合所有制改革相关主管部门研究办理。

国家发展改革委
财政部
人力资源社会保障部
国土资源部
国资委
税务总局
证监会
国防科工局
2017 年 11 月 29 日

国务院关于印发改革国有资本授权经营体制方案的通知

（国发〔2019〕9号）

各省、自治区、直辖市人民政府，国务院各部委、各直属机构：

现将《改革国有资本授权经营体制方案》印发给你们，请认真贯彻落实。

国务院

2019年4月19日

改革国有资本授权经营体制方案

按照党中央、国务院关于深化国有企业改革的决策部署，近年来，履行国有资本出资人职责的部门及机构（以下称出资人代表机构）坚持以管资本为主积极推进职能转变，制定并严格执行监管权力清单和责任清单，取消、下放、授权一批工作事项，监管效能有效提升，国有资产管理体制不断完善。但也要看到，政企不分、政资不分的问题依然存在，出资人代表机构与国家出资企业之间权责边界不够清晰，国有资产监管越位、缺位、错位的现象仍有发生，国有资本运行效率有待进一步提高。党中央、国务院对此高度重视，党的十九大明确提出，要完善各类国有资产管理体制，改革国有资本授权经营体制。为贯彻落实党的十九大精神，加快推进国有资本授权经营体制改革，进一步完善国有资产管理体制，推动国有经济布局结构调整，打造充满生机活力的现代国有企业，现提出以下方案。

一、总体要求

（一）指导思想。以习近平新时代中国特色社会主义思想为指导，全面贯彻党的十九大和十九届二中、三中全会精神，坚持和加强党的全面领导，坚持和完善社会主义基本经济制度，坚持社会主义市场经济改革方向，以管资本为主加强国有资产监管，切实转变出资人代表机构职能和履职方式，实现授权与监管相结合、放活与管好相统一，切实保障国有资本规范有序运行，促进国有资本做强做优做大，不断增强国有经济活力、控制力、影响力和抗风险能力，培育具有全球竞争力的世界一流企业。

（二）基本原则。

——坚持党的领导。将坚持和加强党对国有企业的领导贯穿国有资本授权经营体制改革全过程和各方面，充分发挥党组织的领导作用，确保国有企业更好地贯彻落实党和国家方针政策、重大决策部署。

——坚持政企分开政资分开。坚持政府公共管理职能与国有资本出资人职能分开，依法理顺政府与国有企业的出资关系，依法确立国有企业的市场主体地位，最大限度减少政府对市场活动的直接干预。

——坚持权责明晰分类授权。政府授权出资人代表机构按照出资比例对国家出资企业履行出资人职责，科学界定出资人代表机构权责边界。国有企业享有完整的法人财产权和充分的经营自主权，承担国有资产保值增值责任。按照功能定位、治理能力、管理水平等企业发展实际情况，一企一策地对国有企业分类授权，做到权责对等、动态调整。

——坚持放管结合完善机制。加快调整优化出资人代表机构职能和履职方式，加强清单管理和事中事后监管，该放的放权到位、该管的管住管好。建立统一规范的国有资产监管制度体系，精简监管事项，明确监管重点，创新监管手段，提升监管水平，防止国有资产流失，确保国有资产保值增值。

（三）主要目标。出资人代表机构加快转变职能和履职方式，切实减少对国有企业的行政干预。国有企业依法建立规范的董事会，董事会职权得到有效落实。将更多具备条件的中央企业纳入国有资本投资、运营公司试点范围，赋予企业更多经营自主权。到 2022 年，基本建成与中国特色现代国有企业制度相适应的国有资本授权经营体制，出资人代表机构与国家出资企业的权责边界界定清晰，授权放权机制运行有效，国有资产监管实现制度完备、标准统一、管理规范、实时在线、精准有力，国有企业的活力、创造力、市场竞争力和风险防控能力明显增强。

二、优化出资人代表机构履职方式

国务院授权国资委、财政部及其他部门、机构作为出资人代表机构，对国家出资企业履行出资人职责。出资人代表机构作为授权主体，要依法科学界定职责定位，加快转变履职方式，依据股权关系对国家出资企业开展授权放权。

（一）实行清单管理。制定出台出资人代表机构监管权力责任清单，清单以外事项由企业依法自主决策，清单以内事项要大幅减少审批或事前备案。将依法应由企业自主经营决策的事项归位于企业，将延伸到子企业的管理事项原则上归位于一级企业，原则上不干预企业经理层和职能部门的管理工作，将配合承担的公共管理职能归位于相关政府部门和单位。

（二）强化章程约束。依法依规、一企一策地制定公司章程，规范出资人代表机构、股东会、党组织、董事会、经理层和职工代表大会的权责，推动各治理主体严格依照公司章程行使权利、履行义务，充分发挥公司章程在公司治理中的基础作用。

（三）发挥董事作用。出资人代表机构主要通过董事体现出资人意志，依据股权关系向国家出资企业委派董事或提名董事人选，规范董事的权利和责任，明确工作目标和重点；建立出资人代表机构与董事的沟通对接平台，建立健全董事人才储备库和董事选聘、考评与培训机制，完善董事履职报告、董事会年度工作报告制度。

（四）创新监管方式。出资人代表机构以企业功能分类为基础，对国家出资企业进行分类管理、分类授权放权，切实转变行政化的履职方式，减少审批事项，强化事中事后监管，充分运用信息化手段，减轻企业工作负担，不断提高监管效能。

三、分类开展授权放权

出资人代表机构对国有资本投资、运营公司及其他商业类企业（含产业集团，下同）、公益类企业等不同类型企业给予不同范围、不同程度的授权放权，定期评估效果，采取扩大、调整或收回等措施动态调整。

（一）国有资本投资、运营公司。出资人代表机构根据《国务院关于推进国有资本投资、运营公司改革试点的实施意见》（国发〔2018〕23 号）有关要求，结合企业发展阶段、行业特点、治理能力、管理基础等，一企一策有侧重、分先后地向符合条件的企业开展授权放权，维护好股东合法权益。授权放权内容主要包括战略规划和主业管理、选人用人和股权激励、工资总额和重大财务事项管理等，亦可根据企业实际情况增加其他方面授权放权内容。

战略规划和主业管理。授权国有资本投资、运营公司根据出资人代表机构的战略引领，自主决定发展规划和年度投资计划。国有资本投资公司围绕主业开展的商业模式创新业务可视同主业投资。授权国有资本投资、运营公司依法依规审核国有资本投资、运营公司之间的非上市公司产权无偿划转、非公开协议转让、非公开协议增资、产权置换等事项。

选人用人和股权激励。授权国有资本投资、运营公司董事会负责经理层选聘、业绩考核和薪酬管理（不含中管企业），积极探索董事会通过差额方式选聘经理层成员，推行职业经理人制度，对市场化选聘的职业经理人实行市场化薪酬分配制度，完善中长期激励机制。授权国有资本投资、运营公司董事会审批子企业股权激励方案，支持所出资企业依法合规采用股票期权、股票增值权、限制性股票、分红权、员工持股以及其他方式开展股权激励，股权激励预期收益作为投资性收入，不与其薪酬总水平挂钩。支持国有创业投资企业、创业投资管理企业等新产业、新业态、新商业模式类企业的核心团队持股和跟投。

工资总额和重大财务事项管理。国有资本投资、运营公司可以实行工资总额预算备案制，根据企业发展战略和薪酬策略、年度生产经营目标和经济效益，综合考虑劳动生产率提高和人工成本投入产出率、职工工资水平市场对标等情况，结合政府职能部门发布的工资指导线，编制年度工资总额预算。授权国有资本投资、运营公司自主决策重大担保管理、债务风险管控和部分债券类融资事项。

政府直接授权的国有资本投资、运营公司按照有关规定对授权范围内的国有资本履行出资人职责，遵循有关法律和证券市场监管规定开展国有资本运作。

（二）其他商业类企业和公益类企业。对未纳入国有资本投资、运营公司试点的其他商业类企业和公益类企业，要充分落实企业的经营自主权，出资人代表机构主要对集团公司层面实施监管或依据股权关系参与公司治理，不干预集团公司以下各级企业生产经营具体事项。对其中已完成公司制改制、董事会建设较规范的企业，要逐步落实董事会职权，维护董事会依法行使重大决策、选人用人、薪酬分配等权利，明确由董事会自主决定公司内部管理机构设置、基本管理制度制定、风险内控和法律合规管理体系建设以及履行对所出资企业的股东职责等事项。

四、加强企业行权能力建设

指导推动国有企业进一步完善公司治理体系，强化基础管理，优化集团管控，确保各项授权放权接得住、行得稳。

（一）完善公司治理。按照建设中国特色现代国有企业制度的要求，把加强党的领导和完善公司治理统一起来，加快形成有效制衡的公司法人治理结构、灵活高效的市场化经营机制。建设规范高效的董事会，完善董事会运作机制，提升董事会履职能力，激发经理层活力。要在所出资企业积极推行经理层市场化选聘和契约化管理，明确聘期以及企业与经理层成员双方的权利与责任，强化刚性考核，建立退出机制。

（二）夯实管理基础。按照统一制度规范、统一工作体系的原则，加强国有资产基础管理。推进管理创新，优化总部职能和管理架构。深化企业内部三项制度改革，实现管理人员能上能下、员工能进能出、收入能增能减。不断强化风险防控体系和内控机制建设，完善内部监督体系，有效发挥企业职工代表大会和内部审计、巡视、纪检监察等部门的监督作用。

（三）优化集团管控。国有资本投资公司以对战略性核心业务控股为主，建立以战略目标和财务效益为主的管控模式，重点关注所出资企业执行公司战略和资本回报状况。国有资本运营公司以财务性持股为主，建立财务管控模式，重点关注国有资本流动和增值状况。其他商业类企业和公益类企业以对核心业务控股为主，建立战略管控和运营管控相结合的模式，重点关注所承担国家战略使命和保障任务的落实状况。

（四）提升资本运作能力。国有资本投资、运营公司作为国有资本市场化运作的专业平台，以资本为纽带、以产权为基础开展国有资本运作。在所出资企业积极发展混合所有制，鼓励有条件的企业上市，引进战略投资者，提高资本流动性，放大国有资本功能。增强股权运作、价值管理等能力，通过清理退出一批、重组整合一批、创新发展一批，实现国有资本形态转换，变现后投向更需要国有资本集中的行业和领域。

五、完善监督监管体系

通过健全制度、创新手段，整合监督资源，严格责任追究，实现对国有资本的全面有效监管，切实维护国有资产安全，坚决防止国有资产流失。

（一）搭建实时在线的国资监管平台。出资人代表机构要加快优化监管流程、创新监管手段，充分运用信息技术，整合包括产权、投资和财务等在内的信息系统，搭建连通出资人代表机构与企业的网络平台，实现监管信息系统全覆盖和实时在线监管。建立模块化、专业化的信息采集、分析和报告机制，加强信息共享，增强监管的针对性和及时性。

（二）统筹协同各类监督力量。加强国有企业内部监督、出资人监督和审计、纪检监察、巡视监督以及社会监督，结合中央企业纪检监察机构派驻改革的要求，依照有关规定清晰界定各类监督主体的监督职责，有效整合企业内外部监督资源，增强监督工作合力，形成监督工作闭环，加快建立全面覆盖、分工明确、协同配合、制约有力的国有资产监督体系，切实增强监督有效性。

（三）健全国有企业违规经营投资责任追究制度。明确企业作为维护国有资产安全、防止流失的责任主体，健全内部管理制度，严格执行国有企业违规经营投资责任追究制度。建立健全分级分层、有效衔接、上下贯通的责任追究工作体系，严格界定违规经营投资责任，严肃追究问责，实行重大决策终身责任追究制度。

六、坚持和加强党的全面领导

将坚持和加强党的全面领导贯穿改革的全过程和各方面，在思想上政治上行动上同党中央保持高度一致，为改革提供坚强有力的政治保证。

（一）加强对授权放权工作的领导。授权主体的党委（党组）要加强对授权放权工作的领导，深入研究授权放权相关问题，加强行权能力建设，加快完善有效监管体制，抓研究谋划、抓部署推动、抓督促落实，确保中央关于国有资本授权经营体制改革的决策部署落实到位。

（二）改进对企业党建工作的领导、指导和督导。上级党组织加强对国有企业党建工作的领导，出资人代表机构党组织负责国家出资企业党的建设。国家出资企业党组织要认真落实党中央、上级党组织、出资人代表机构党组织在党的领导、党的建设方面提出的工作要求。在改组组建国有资本投资、运营公司过程中，按照“四同步”“四对接”的要求调整和设置党的组织、开展党的工作，确保企业始终在党的领导下开展工作。

（三）充分发挥企业党组织的领导作用。企业党委（党组）要切实发挥领导作用，把方向、管大局、保落实，依照有关规定讨论和决定企业重大事项，并作为董事会、经理层决策重大事项的前置程序。要妥善处理好各治理主体的关系，董事会、经理层等治理主体要自觉维护党组织权威，根据各自职能分工发挥作用，既要保证董事会对重大问题的决策权，又要保证党组织的意图在重大决策中得到体现。董事会、经理层中的党员要坚决贯彻落实党组织决定，向党组织报告落实情况。在推行经理层成员聘任制和契约化管理、探索职业经理人制度等改革过程中，要把坚持党管干部原则和发挥市场机制作用结合起来，保证党对干部人事工作的领导权和对重要干部的管理权，落实董事会、经理层的选人用人权。

七、周密组织科学实施

各地区、各部门、各出资人代表机构和广大国有企业要充分认识推进国有资本授权经营体制改革的重要意义，准确把握改革精神，各司其职、密切配合，按照精细严谨、稳妥推进的工作要求，坚持一企一策、因企施策，不搞批发式、不设时间表，对具备条件的，成熟一个推动一个，运行一个成功一个，不具备条件的不急于推进，确保改革规范有序进行，推动国有企业实现高质量发展。

（一）加强组织领导，明确职责分工。国务院国有企业改革领导小组负责统筹领导和协调推动国有资本授权经营体制改革工作，研究协调相关重大问题。出资人代表机构要落实授权放权的主体责任。国务院国有企业改革领导小组各成员单位及有关部门根据职责分工，加快研究制定配套政策措施，指导推动改革实践，形成合力共同推进改革工作。

（二）健全法律政策，完善保障机制。加快推动国有资本授权经营体制改革涉及的法律法规的立改废释工作，制定出台配套政策法规，确保改革于法有据。建立健全容错纠错机制，全面落实“三个区分开来”，充分调动和激发广大干部职工参与改革的积极性、主动性和创造性。

（三）强化跟踪督导，确保稳步推进。建立健全督查制度，加强跟踪督促，定期总结评估各项改革举措的执行情况和实施效果，及时研究解决改革中遇到的问题，确保改革目标如期实现。

（四）做好宣传引导，营造良好氛围。坚持鼓励探索、实践、创新的工作导向和舆论导向，采取多种方式解读宣传改革国有资本授权经营体制的方针政策，积极宣介推广改革典型案例和成功经验，营造有利于改革的良好环境。

各省（自治区、直辖市）人民政府要按照本方案要求，结合实际推进本地区国有资本授权经营体制改革工作。

金融、文化等国有企业的改革，按照中央有关规定执行。

司 法 解 释

最高人民法院关于适用《中华人民共和国公司法》若干问题的规定（一）

（2006年3月27日最高人民法院审判委员会第1382次会议通过　根据2014年2月17日最高人民法院审判委员会第1607次会议《关于修改关于适用〈中华人民共和国公司法〉若干问题的规定的决定》修正）

为正确适用2005年10月27日十届全国人大常委会第十八次会议修订的《中华人民共和国公司法》，对人民法院在审理相关的民事纠纷案件中，具体适用公司法的有关问题规定如下：

第一条　公司法实施后，人民法院尚未审结的和新受理的民事案件，其民事行为或事件发生在公司法实施以前的，适用当时的法律法规和司法解释。

第二条　因公司法实施前有关民事行为或者事件发生纠纷起诉到人民法院的，如当时的法律法规和司法解释没有明确规定时，可参照适用公司法的有关规定。

第三条　原告以公司法第二十二条第二款、第七十四条第二款规定事由，向人民法院提起诉讼时，超过公司法规定期限的，人民法院不予受理。

第四条　公司法第一百五十一条规定的一百八十日以上连续持股期间，应为股东向人民法院提起诉讼时，已期满的持股时间；规定的合计持有公司百分之一以上股份，是指两个以上股东持股份额的合计。

第五条　人民法院对公司法实施前已经终审的案件依法进行再审时，不适用公司法的规定。

第六条　本规定自公布之日起实施。

最高人民法院关于适用《中华人民共和国公司法》若干问题的规定（二）

（2008年5月5日最高人民法院审判委员会第1447次会议通过　根据2014年2月17日最高人民法院审判委员会第1607次会议《关于修改关于适用〈中华人民共和国公司法〉若干问题的规定的决定》修正）

为正确适用《中华人民共和国公司法》，结合审判实践，就人民法院审理公司解散和清算案件适用法律问题作出如下规定：

第一条　单独或者合计持有公司全部股东表决权百分之十以上的股东，以下列事由之一提起解散公司诉讼，并符合公司法第一百八十二条规定的，人民法院应予受理：

（一）公司持续两年以上无法召开股东会或者股东大会，公司经营管理发生严重困难的；

（二）股东表决时无法达到法定或者公司章程规定的比例，持续两年以上不能做出有效的股东会或者股东大会决议，公司经营管理发生严重困难的；

（三）公司董事长期冲突，且无法通过股东会或者股东大会解决，公司经营管理发生严重困难的；

（四）经营管理发生其他严重困难，公司继续存续会使股东利益受到重大损失的情形。

股东以知情权、利润分配请求权等权益受到损害，或者公司亏损、财产不足以偿还全部债务，以及公司被吊销企业法人营业执照未进行清算等为由，提起解散公司诉讼的，人民法院不予受理。

第二条　股东提起解散公司诉讼，同时又申请人民法院对公司进行清算的，人民法院对其提出的清算申请不予受理。人民法院可以告知原告，在人民法院判决解散公司后，依据公司法第一百八十三条和本规定第七条的规定，自行组织清算或者另行申请人民法院对公司进行清算。

第三条　股东提起解散公司诉讼时，向人民法院申请财产保全或者证据保全的，在股东提供担保且不影响公司正常经营的情形下，人民法院可予以保全。

第四条　股东提起解散公司诉讼应当以公司为被告。

原告以其他股东为被告一并提起诉讼的，人民法院应当告知原告将其他股东变更为第三人；原告坚持不予变更的，人民法院应当驳回原告对其他股东的起诉。

原告提起解散公司诉讼应当告知其他股东，或者由人民法院通知其参加诉讼。其他股东或者有关利害关系人申请以共同原告或者第三人身份参加诉讼的，人民法院应予准许。

第五条 人民法院审理解散公司诉讼案件，应当注重调解。当事人协商同意由公司或者股东收购股份，或者以减资等方式使公司存续，且不违反法律、行政法规强制性规定的，人民法院应予支持。当事人不能协商一致使公司存续的，人民法院应当及时判决。

经人民法院调解公司收购原告股份的，公司应当自调解书生效之日起六个月内将股份转让或者注销。股份转让或者注销之前，原告不得以公司收购其股份为由对抗公司债权人。

第六条 人民法院关于解散公司诉讼作出的判决，对公司全体股东具有法律约束力。

人民法院判决驳回解散公司诉讼请求后，提起该诉讼的股东或者其他股东又以同一事实和理由提起解散公司诉讼的，人民法院不予受理。

第七条 公司应当依照公司法第一百八十三条的规定，在解散事由出现之日起十五日内成立清算组，开始自行清算。

有下列情形之一，债权人申请人民法院指定清算组进行清算的，人民法院应予受理：

（一）公司解散逾期不成立清算组进行清算的；

（二）虽然成立清算组但故意拖延清算的；

（三）违法清算可能严重损害债权人或者股东利益的。

具有本条第二款所列情形，而债权人未提起清算申请，公司股东申请人民法院指定清算组对公司进行清算的，人民法院应予受理。

第八条 人民法院受理公司清算案件，应当及时指定有关人员组成清算组。

清算组成员可以从下列人员或者机构中产生：

（一）公司股东、董事、监事、高级管理人员；

（二）依法设立的律师事务所、会计师事务所、破产清算事务所等社会中介机构；

（三）依法设立的律师事务所、会计师事务所、破产清算事务所等社会中介机构中具备相关专业知识并取得执业资格的人员。

第九条 人民法院指定的清算组成员有下列情形之一的，人民法院可以根据债权人、股东的申请，或者依职权更换清算组成员：

（一）有违反法律或者行政法规的行为；

（二）丧失执业能力或者民事行为能力；

（三）有严重损害公司或者债权人利益的行为。

第十条 公司依法清算结束并办理注销登记前，有关公司的民事诉讼，应当以公司的名义进行。

公司成立清算组的，由清算组负责人代表公司参加诉讼；尚未成立清算组的，由原法定代表人代表公司参加诉讼。

第十一条 公司清算时，清算组应当按照公司法第一百八十五条的规定，将公司解散清算事宜书面通知全体已知债权人，并根据公司规模和营业地域范围在全国或者公司注册登记地省级有影响的报纸上进行公告。

清算组未按照前款规定履行通知和公告义务，导致债权人未及时申报债权而未获清偿，债权人主张清算组成员对因此造成的损失承担赔偿责任的，人民法院应依法予以支持。

第十二条 公司清算时，债权人对清算组核定的债权有异议的，可以要求清算组重新核定。清算组不予重新核定，或者债权人对重新核定的债权仍有异议，债权人以公司为被告向人民法院提起诉讼请求确认的，人民法院应予受理。

第十三条 债权人在规定的期限内未申报债权，在公司清算程序终结前补充申报的，清算组应予登记。

公司清算程序终结，是指清算报告经股东会、股东大会或者人民法院确认完毕。

第十四条 债权人补充申报的债权，可以在公司尚未分配财产中依法清偿。公司尚未分配财产不能全额清偿，债权人主张股东以其在剩余财产分配中已经取得的财产予以清偿的，人民法院应予支持；但债权人因重大过错未在规定期限内申报债权的除外。

债权人或者清算组，以公司尚未分配财产和股东在剩余财产分配中已经取得的财产，不能全额清偿补充申报的债权为由，向人民法院提出破产清算申请的，人民法院不予受理。

第十五条 公司自行清算的，清算方案应当报股东会或者股东大会决议确认；人民法院组织清算的，清算方案应当报人民法院确认。未经确认的清算方案，清算组不得执行。

执行未经确认的清算方案给公司或者债权人造成损失，公司、股东或者债权人主张清算组成员承担赔偿责任的，人民法院应依法予以支持。

第十六条 人民法院组织清算的，清算组应当自成立之日起六个月内清算完毕。

因特殊情况无法在六个月内完成清算的，清算组应当向人民法院申请延长。

第十七条 人民法院指定的清算组在清理公司财产、编制资产负债表和财产清单时，发现公司财产不足清偿债务的，可以与债权人协商制作有关债务清偿方案。

债务清偿方案经全体债权人确认且不损害其他利害关系人利益的，人民法院可依清算组的申请裁定予以认可。清算组依据该清偿方案清偿债务后，应当向人民法院申请裁定终结清算程序。

债权人对债务清偿方案不予确认或者人民法院不予认可的，清算组应当依法向人民法院申请宣告破产。

第十八条 有限责任公司的股东、股份有限公司的董事和控股股东未在法定期限内成立清算组开始清算，导致公司财产贬值、流失、毁损或者灭失，债权人主张其在造成损失范围内对公司债务承担赔偿责任的，人民法院应依法予以支持。

有限责任公司的股东、股份有限公司的董事和控股股东因怠于履行义务，导致公司主要财产、账册、重要文件等灭失，无法进行清算，债权人主张其对公司债务承担连带清偿责任的，人民法院应依法予以支持。

上述情形系实际控制人原因造成，债权人主张实际控制人对公司债务承担相应民事责任的，人民法院应依法予以支持。

第十九条 有限责任公司的股东、股份有限公司的董事和控股股东，以及公司的实际控制人在公司解散后，恶意处置公司财产给债权人造成损失，或者未经依法清算，以虚假的清算报告骗取公司登记机关办理法人注销登记，债权人主张其对公司债务承担相应赔偿责任的，人民法院应依法予以支持。

第二十条 公司解散应当在依法清算完毕后，申请办理注销登记。公司未经清算即办理注销登记，导致公司无法进行清算，债权人主张有限责任公司的股东、股份有限公司的董事和控股股东，以及公司的实际控制人对公司债务承担清偿责任的，人民法院应依法予以支持。

公司未经依法清算即办理注销登记，股东或者第三人在公司登记机关办理注销登记时承诺对公司债务承担责任，债权人主张其对公司债务承担相应民事责任的，人民法院应依法予以支持。

第二十一条 有限责任公司的股东、股份有限公司的董事和控股股东，以及公司的实际控制人为二人以上的，其中一人或者数人按照本规定第十八条和第二十条第一款的规定承担民事责任后，主张其他人员按照过错大小分担责任的，人民法院应依法予以支持。

第二十二条 公司解散时，股东尚未缴纳的出资均应作为清算财产。股东尚未缴纳的出资，包括到期应缴未缴的出资，以及依照公司法第二十六条和第八十条的规定分期缴纳尚未届满缴纳期限的出资。

公司财产不足以清偿债务时，债权人主张未缴出资股东，以及公司设立时的其他股东或者发起人在未缴出资范围内对公司债务承担连带清偿责任的，人民法院应依法予以支持。

第二十三条 清算组成员从事清算事务时，违反法律、行政法规或者公司章程给公司或者债权人造成损失，公司或者债权人主张其承担赔偿责任的，人民法院应依法予以支持。

有限责任公司的股东、股份有限公司连续一百八十日以上单独或者合计持有公司百分之一以上股份的股东，依据公司法第一百五十一条第三款的规定，以清算组成员有前款所述行为为由向人民法院提起诉讼的，人民法院应予受理。

公司已经清算完毕注销，上述股东参照公司法第一百五十一条第三款的规定，直接以清算组成员为被告、其他股东为第三人向人民法院提起诉讼的，人民法院应予受理。

第二十四条 解散公司诉讼案件和公司清算案件由公司住所地人民法院管辖。公司住所地是指公司主要办事机构所在地。公司办事机构所在地不明确的，由其注册地人民法院管辖。

基层人民法院管辖县、县级市或者区的公司登记机关核准登记公司的解散诉讼案件和公司清算案件；中级人民法院管辖地区、地级市以上的公司登记机关核准登记公司的解散诉讼案件和公司清算案件。

最高人民法院关于适用《中华人民共和国公司法》若干问题的规定（三）

（2010年12月6日最高人民法院审判委员会第1504次会议通过　根据2014年2月17日最高人民法院审判委员会第1607次会议《关于修改关于适用〈中华人民共和国公司法〉若干问题的规定的决定》修正）

为正确适用《中华人民共和国公司法》，结合审判实践，就人民法院审理公司设立、出资、股权确认等纠纷案件适用法律问题作出如下规定。

第一条　为设立公司而签署公司章程、向公司认购出资或者股份并履行公司设立职责的人，应当认定为公司的发起人，包括有限责任公司设立时的股东。

第二条　发起人为设立公司以自己名义对外签订合同，合同相对人请求该发起人承担合同责任的，人民法院应予支持。

公司成立后对前款规定的合同予以确认，或者已经实际享有合同权利或者履行合同义务，合同相对人请求公司承担合同责任的，人民法院应予支持。

第三条　发起人以设立中公司名义对外签订合同，公司成立后合同相对人请求公司承担合同责任的，人民法院应予支持。

公司成立后有证据证明发起人利用设立中公司的名义为自己的利益与相对人签订合同，公司以此为由主张不承担合同责任的，人民法院应予支持，但相对人为善意的除外。

第四条　公司因故未成立，债权人请求全体或者部分发起人对设立公司行为所产生的费用和债务承担连带清偿责任的，人民法院应予支持。

部分发起人依照前款规定承担责任后，请求其他发起人分担的，人民法院应当判令其他发起人按照约定的责任承担比例分担责任；没有约定责任承担比例的，按照约定的出资比例分担责任；没有约定出资比例的，按照均等份额分担责任。

因部分发起人的过错导致公司未成立，其他发起人主张其承担设立行为所产生的费用和债务的，人民法院应当根据过错情况，确定过错一方的责任范围。

第五条　发起人因履行公司设立职责造成他人损害，公司成立后受害人请求公司承担侵权赔偿责任的，人民法院应予支持；公司未成立，受害人请求全体发起人承担连带赔偿责任的，人民法院应予支持。

公司或者无过错的发起人承担赔偿责任后，可以向有过错的发起人追偿。

第六条 股份有限公司的认股人未按期缴纳所认股份的股款，经公司发起人催缴后在合理期间内仍未缴纳，公司发起人对该股份另行募集的，人民法院应当认定该募集行为有效。认股人延期缴纳股款给公司造成损失，公司请求该认股人承担赔偿责任的，人民法院应予支持。

第七条 出资人以不享有处分权的财产出资，当事人之间对于出资行为效力产生争议的，人民法院可以参照物权法第一百零六条的规定予以认定。

以贪污、受贿、侵占、挪用等违法犯罪所得的货币出资后取得股权的，对违法犯罪行为予以追究、处罚时，应当采取拍卖或者变卖的方式处置其股权。

第八条 出资人以划拨土地使用权出资，或者以设定权利负担的土地使用权出资，公司、其他股东或者公司债权人主张认定出资人未履行出资义务的，人民法院应当责令当事人在指定的合理期间内办理土地变更手续或者解除权利负担；逾期未办理或者未解除的，人民法院应当认定出资人未依法全面履行出资义务。

第九条 出资人以非货币财产出资，未依法评估作价，公司、其他股东或者公司债权人请求认定出资人未履行出资义务的，人民法院应当委托具有合法资格的评估机构对该财产评估作价。评估确定的价额显著低于公司章程所定价额的，人民法院应当认定出资人未依法全面履行出资义务。

第十条 出资人以房屋、土地使用权或者需要办理权属登记的知识产权等财产出资，已经交付公司使用但未办理权属变更手续，公司、其他股东或者公司债权人主张认定出资人未履行出资义务的，人民法院应当责令当事人在指定的合理期间内办理权属变更手续；在前述期间内办理了权属变更手续的，人民法院应当认定其已经履行了出资义务；出资人主张自其实际交付财产给公司使用时享有相应股东权利的，人民法院应予支持。

出资人以前款规定的财产出资，已经办理权属变更手续但未交付给公司使用，公司或者其他股东主张其向公司交付、并在实际交付之前不享有相应股东权利的，人民法院应予支持。

第十一条 出资人以其他公司股权出资，符合下列条件的，人民法院应当认定出资人已履行出资义务：

（一）出资的股权由出资人合法持有并依法可以转让；

（二）出资的股权无权利瑕疵或者权利负担；

（三）出资人已履行关于股权转让的法定手续；

（四）出资的股权已依法进行了价值评估。

股权出资不符合前款第（一）、（二）、（三）项的规定，公司、其他股东或者公司债权人请求认定出资人未履行出资义务的，人民法院应当责令该出资人在指定的合理期间内采取补正措施，以符合上述条件；逾期未补正的，人民法院应当认定其未依法全面履行出资义务。

股权出资不符合本条第一款第（四）项的规定，公司、其他股东或者公司债权人请求认定出资人未履行出资义务的，人民法院应当按照本规定第九条的规定处理。

第十二条 公司成立后，公司、股东或者公司债权人以相关股东的行为符合下列情形之一且损害公司权益为由，请求认定该股东抽逃出资的，人民法院应予支持：

（一）制作虚假财务会计报表虚增利润进行分配；

（二）通过虚构债权债务关系将其出资转出；

（三）利用关联交易将出资转出；

（四）其他未经法定程序将出资抽回的行为。

第十三条 股东未履行或者未全面履行出资义务，公司或者其他股东请求其向公司依法全面履行出资义务的，人民法院应予支持。

公司债权人请求未履行或者未全面履行出资义务的股东在未出资本息范围内对公司债务不能清偿的部分承担补充赔偿责任的，人民法院应予支持；未履行或者未全面履行出资义务的股东已经承担上述责任，其他债权人提出相同请求的，人民法院不予支持。

股东在公司设立时未履行或者未全面履行出资义务，依照本条第一款或者第二款提起诉讼的原告，请求公司的发起人与被告股东承担连带责任的，人民法院应予支持；公司的发起人承担责任后，可以向被告股东追偿。

股东在公司增资时未履行或者未全面履行出资义务，依照本条第一款或者第二款提起诉讼的原告，请求未尽公司法第一百四十七条第一款规定的义务而使出资未缴足的董事、高级管理人员承担相应责任的，人民法院应予支持；董事、高级管理人员承担责任后，可以向被告股东追偿。

第十四条 股东抽逃出资，公司或者其他股东请求其向公司返还出资本息、协助抽逃出资的其他股东、董事、高级管理人员或者实际控制人对此承担连带责任的，人民法院应予支持。

公司债权人请求抽逃出资的股东在抽逃出资本息范围内对公司债务不能清偿的部分承担补充赔偿责任，协助抽逃出资的其他股东、董事、高级管理人员或者实际控制人对此承担连带责任的，人民法院应予支持；抽逃出资的股东已经承担上述责任，其他债权人提出相同请求的，人民法院不予支持。

第十五条 出资人以符合法定条件的非货币财产出资后，因市场变化或者其他客观因素导致出资财产贬值，公司、其他股东或者公司债权人请求该出资人承担补足出资责任的，人民法院不予支持。但是，当事人另有约定的除外。

第十六条 股东未履行或者未全面履行出资义务或者抽逃出资，公司根据公司章程或者股东会决议对其利润分配请求权、新股优先认购权、剩余财产分配请求权等股东权利作出相应的合理限制，该股东请求认定该限制无效的，人民法院不予支持。

第十七条 有限责任公司的股东未履行出资义务或者抽逃全部出资，经公司催告缴纳或者返还，其在合理期间内仍未缴纳或者返还出资，公司以股东会决议解除该股东的股东资格，该股东请求确认该解除行为无效的，人民法院不予支持。

在前款规定的情形下，人民法院在判决时应当释明，公司应当及时办理法定减资程序或者由其他股东或者第三人缴纳相应的出资。在办理法定减资程序或者其他股东或者第三人缴纳相应的出资之前，公司债权人依照本规定第十三条或者第十四条请求相关当事人承担相应责任的，人民法院应予支持。

第十八条 有限责任公司的股东未履行或者未全面履行出资义务即转让股权，受让人对此知道或者应当知道，公司请求该股东履行出资义务、受让人对此承担连带责任的，人民法院应予支持；公司债权人依照本规定第十三条第二款向该股东提起诉讼，同时请求前述受让人对此承担连带责任的，人民法院应予支持。

受让人根据前款规定承担责任后，向该未履行或者未全面履行出资义务的股东追偿的，人民法院应予支持。但是，当事人另有约定的除外。

第十九条 公司股东未履行或者未全面履行出资义务或者抽逃出资，公司或者其他股东请求其向公司全面履行出资义务或者返还出资，被告股东以诉讼时效为由进行抗辩的，人民法院不予支持。

公司债权人的债权未过诉讼时效期间，其依照本规定第十三条第二款、第十四条第二款的规定请求未履行或者未全面履行出资义务或者抽逃出资的股东承担赔偿责任，被告股东以出资义务或者返还出资义务超过诉讼时效期间为由进行抗辩的，人民法院不予支持。

第二十条 当事人之间对是否已履行出资义务发生争议，原告提供对股东履行出资义务产生合理怀疑证据的，被告股东应当就其已履行出资义务承担举证责任。

第二十一条 当事人向人民法院起诉请求确认其股东资格的，应当以公司为被告，与案件争议股权有利害关系的人作为第三人参加诉讼。

第二十二条 当事人之间对股权归属发生争议，一方请求人民法院确认其享有股权的，应当证明以下事实之一：

（一）已经依法向公司出资或者认缴出资，且不违反法律法规强制性规定；

（二）已经受让或者以其他形式继受公司股权，且不违反法律法规强制性规定。

第二十三条 当事人依法履行出资义务或者依法继受取得股权后，公司未根据公司法第三十一条、第三十二条的规定签发出资证明书、记载于股东名册并办理公司登记机关登记，当事人请求公司履行上述义务的，人民法院应予支持。

第二十四条 有限责任公司的实际出资人与名义出资人订立合同，约定由实际出资人出资并享有投资权益，以名义出资人为名义股东，实际出资人与名义股东对该合同效力发生争议的，如无合同法第五十二条规定的情形，人民法院应当认定该合同有效。

前款规定的实际出资人与名义股东因投资权益的归属发生争议，实际出资人以其实际履行了出资义务为由向名义股东主张权利的，人民法院应予支持。名义股东以公司股东名册记载、公司登记机关登记为由否认实际出资人权利的，人民法院不予支持。

实际出资人未经公司其他股东半数以上同意，请求公司变更股东、签发出资证明书、记载于股东名册、记载于公司章程并办理公司登记机关登记的，人民法院不予支持。

第二十五条 名义股东将登记于其名下的股权转让、质押或者以其他方式处分，实际出资人以其对于股权享有实际权利为由，请求认定处分股权行为无效的，人民法院可以参照物权法第一百零六条的规定处理。

名义股东处分股权造成实际出资人损失，实际出资人请求名义股东承担赔偿责任的，人民法院应予支持。

第二十六条 公司债权人以登记于公司登记机关的股东未履行出资义务为由，请求其对公司债务不能清偿的部分在未出资本息范围内承担补充赔偿责任，股东以其仅为名义股东而非实际出资人为由进行抗辩的，人民法院不予支持。

名义股东根据前款规定承担赔偿责任后，向实际出资人追偿的，人民法院应予支持。

第二十七条 股权转让后尚未向公司登记机关办理变更登记，原股东将仍登记于其名下的股权转让、质押或者以其他方式处分，受让股东以其对于股权享有实际权利为由，请求认定处分股权行为无效的，人民法院可以参照物权法第一百零六条的规定处理。

原股东处分股权造成受让股东损失，受让股东请求原股东承担赔偿责任，对于未及时办理变更登记有过错的董事、高级管理人员或者实际控制人承担相应责任的，人民法院应予支持；受让股东对于未及时办理变更登记也有过错的，可以适当减轻上述董事、高级管理人员或者实际控制人的责任。

第二十八条 冒用他人名义出资并将该他人作为股东在公司登记机关登记的，冒名登记行为人应当承担相应责任；公司、其他股东或者公司债权人以未履行出资义务为由，请求被冒名登记为股东的承担补足出资责任或者对公司债务不能清偿部分的赔偿责任的，人民法院不予支持。

最高人民法院关于适用《中华人民共和国公司法》若干问题的规定（四）

（2016年12月5日最高人民法院审判委员会第1702次会议通过，自2017年9月1日起施行）

为正确适用《中华人民共和国公司法》，结合人民法院审判实践，现就公司决议效力、股东知情权、利润分配权、优先购买权和股东代表诉讼等案件适用法律问题作出如下规定。

第一条 公司股东、董事、监事等请求确认股东会或者股东大会、董事会决议无效或者不成立的，人民法院应当依法予以受理。

第二条 依据公司法第二十二条第二款请求撤销股东会或者股东大会、董事会决议的原告，应当在起诉时具有公司股东资格。

第三条 原告请求确认股东会或者股东大会、董事会决议不成立、无效或者撤销决议的案件，应当列公司为被告。对决议涉及的其他利害关系人，可以依法列为第三人。

一审法庭辩论终结前，其他有原告资格的人以相同的诉讼请求申请参加前款规定诉讼的，可以列为共同原告。

第四条 股东请求撤销股东会或者股东大会、董事会决议，符合公司法第二十二条第二款规定的，人民法院应当予以支持，但会议召集程序或者表决方式仅有轻微瑕疵，且对决议未产生实质影响的，人民法院不予支持。

第五条 股东会或者股东大会、董事会决议存在下列情形之一，当事人主张决议不成立的，人民法院应当予以支持：

（一）公司未召开会议的，但依据公司法第三十七条第二款或者公司章程规定可以不召开股东会或者股东大会而直接作出决定，并由全体股东在决定文件上签名、盖章的除外；

（二）会议未对决议事项进行表决的；

（三）出席会议的人数或者股东所持表决权不符合公司法或者公司章程规定的；

（四）会议的表决结果未达到公司法或者公司章程规定的通过比例的；

（五）导致决议不成立的其他情形。

第六条 股东会或者股东大会、董事会决议被人民法院判决确认无效或者撤销的，公司依据该决议与善意相对人形成的民事法律关系不受影响。

第七条 股东依据公司法第三十三条、第九十七条或者公司章程的规定，起诉请求查阅或者复制公司特定文件材料的，人民法院应当依法予以受理。

公司有证据证明前款规定的原告在起诉时不具有公司股东资格的，人民法院应当驳回起诉，但原告有初步证据证明在持股期间其合法权益受到损害，请求依法查阅或者复制其持股期间的公司特定文件材料的除外。

第八条 有限责任公司有证据证明股东存在下列情形之一的，人民法院应当认定股东有公司法第三十三条第二款规定的“不正当目的”：

（一）股东自营或者为他人经营与公司主营业务有实质性竞争关系业务的，但公司章程另有规定或者全体股东另有约定的除外；

（二）股东为了向他人通报有关信息查阅公司会计账簿，可能损害公司合法利益的；

（三）股东在向公司提出查阅请求之日前的三年内，曾通过查阅公司会计账簿，向他人通报有关信息损害公司合法利益的；

（四）股东有不正当目的的其他情形。

第九条 公司章程、股东之间的协议等实质性剥夺股东依据公司法第三十三条、第九十七条规定查阅或者复制公司文件材料的权利，公司以此为由拒绝股东查阅或者复制的，人民法院不予支持。

第十条 人民法院审理股东请求查阅或者复制公司特定文件材料的案件，对原告诉讼请求予以支持的，应当在判决中明确查阅或者复制公司特定文件材料的时间、地点和特定文件材料的名录。

股东依据人民法院生效判决查阅公司文件材料的，在该股东在场的情况下，可以由会计师、律师等依法或者依据执业行为规范负有保密义务的中介机构执业人员辅助进行。

第十一条 股东行使知情权后泄露公司商业秘密导致公司合法利益受到损害，公司请求该股东赔偿相关损失的，人民法院应当予以支持。

根据本规定第十条辅助股东查阅公司文件材料的会计师、律师等泄露公司商业秘密导致公司合法利益受到损害，公司请求其赔偿相关损失的，人民法院应当予以支持。

第十二条 公司董事、高级管理人员等未依法履行职责，导致公司未依法制作或者保存公司法第三十三条、第九十七条规定的公司文件材料，给股东造成损失，股东依法请求负有相应责任的公司董事、高级管理人员承担民事赔偿责任的，人民法院应当予以支持。

第十三条 股东请求公司分配利润案件，应当列公司为被告。

一审法庭辩论终结前，其他股东基于同一分配方案请求分配利润并申请参加诉讼的，应当列为共同原告。

第十四条 股东提交载明具体分配方案的股东会或者股东大会的有效决议，请求公司分配利润，公司拒绝分配利润且其关于无法执行决议的抗辩理由不成立的，人民法院应当判决公司按照决议载明的具体分配方案向股东分配利润。

第十五条 股东未提交载明具体分配方案的股东会或者股东大会决议，请求公司分配利润的，人民法院应当驳回其诉讼请求，但违反法律规定滥用股东权利导致公司不分配利润，给其他股东造成损失的除外。

第十六条 有限责任公司的自然人股东因继承发生变化时，其他股东主张依据公司法第七十一条第三款规定行使优先购买权的，人民法院不予支持，但公司章程另有规定或者全体股东另有约定的除外。

第十七条 有限责任公司的股东向股东以外的人转让股权，应就其股权转让事项以书面或者其他能够确认收悉的合理方式通知其他股东征求同意。其他股东半数以上不同意转让，不同意的股东不购买的，人民法院应当认定视为同意转让。

经股东同意转让的股权，其他股东主张转让股东应当向其以书面或者其他能够确认收悉的合理方式通知转让股权的同等条件的，人民法院应当予以支持。

经股东同意转让的股权，在同等条件下，转让股东以外的其他股东主张优先购买的，人民法院应当予以支持，但转让股东依据本规定第二十条放弃转让的除外。

第十八条 人民法院在判断是否符合公司法第七十一条第三款及本规定所称的“同等条件”时，应当考虑转让股权的数量、价格、支付方式及期限等因素。

第十九条 有限责任公司的股东主张优先购买转让股权的，应当在收到通知后，在公司章程规定的行使期间内提出购买请求。公司章程没有规定行使期间或者规定不明确的，以通知确定的期间为准，通知确定的期间短于三十日或者未明确行使期间的，行使期间为三十日。

第二十条 有限责任公司的转让股东，在其他股东主张优先购买后又不同意转让股权的，对其他股东优先购买的主张，人民法院不予支持，但公司章程另有规定或者全体股东另有约定的除外。其他股东主张转让股东赔偿其损失合理的，人民法院应当予以支持。

第二十一条 有限责任公司的股东向股东以外的人转让股权，未就其股权转让事项征求其他股东意见，或者以欺诈、恶意串通等手段，损害其他股东优先购买权，其他股东主张按照同等条件购买该转让股权的，人民法院应当予以支持，但其他股东自知道或者应当知道行使优先购买权的同等条件之日起三十日内没有主张，或者自股权变更登记之日起超过一年的除外。

前款规定的其他股东仅提出确认股权转让合同及股权变动效力等请求，未同时主张按照同等条件购买转让股权的，人民法院不予支持，但其他股东非因自身原因导致无法行使优先购买权，请求损害赔偿的除外。

股东以外的股权受让人，因股东行使优先购买权而不能实现合同目的的，可以依法请求转让股东承担相应民事责任。

第二十二条 通过拍卖向股东以外的人转让有限责任公司股权的，适用公司法第七十一条第二款、第三款或者第七十二条规定的“书面通知”“通知”“同等条件”时，根据相关法律、司法解释确定。

在依法设立的产权交易场所转让有限责任公司国有股权的，适用公司法第七十一条第二款、第三款或者第七十二条规定的“书面通知”“通知”“同等条件”时，可以参照产权交易场所的交易规则。

第二十三条 监事会或者不设监事会的有限责任公司的监事依据公司法第一百五十一条第一款规定对董事、高级管理人员提起诉讼的，应当列公司为原告，依法由监事会主席或者不设监事会的有限责任公司的监事代表公司进行诉讼。

董事会或者不设董事会的有限责任公司的执行董事依据公司法第一百五十一条第一款规定对监事提起诉讼的，或者依据公司法第一百五十一条第三款规定对他人提起诉讼的，应当列公司为原告，依法由董事长或者执行董事代表公司进行诉讼。

第二十四条 符合公司法第一百五十一条第一款规定条件的股东，依据公司法第一百五十一条第二款、第三款规定，直接对董事、监事、高级管理人员或者他人提起诉讼的，应当列公司为第三人参加诉讼。

一审法庭辩论终结前，符合公司法第一百五十一条第一款规定条件的其他股东，以相同的诉讼请求申请参加诉讼的，应当列为共同原告。

第二十五条 股东依据公司法第一百五十一条第二款、第三款规定直接提起诉讼的案件，胜诉利益归属于公司。股东请求被告直接向其承担民事责任的，人民法院不予支持。

第二十六条 股东依据公司法第一百五十一条第二款、第三款规定直接提起诉讼的案件，其诉讼请求部分或者全部得到人民法院支持的，公司应当承担股东因参加诉讼支付的合理费用。

第二十七条 本规定自2017年9月1日起施行。

本规定施行后尚未终审的案件，适用本规定；本规定施行前已经终审的案件，或者适用审判监督程序再审的案件，不适用本规定。

最高人民法院关于适用《中华人民共和国合同法》若干问题的解释（一）

（1999年12月1日由最高人民法院审判委员会第1090次会议通过，现予公布，自1999年12月29日起施行）

为了正确审理合同纠纷案件，根据《中华人民共和国合同法》（以下简称合同法）的规定，对人民法院适用合同法的有关问题作出如下解释：

一、法律适用范围

第一条 合同法实施以后成立的合同发生纠纷起诉到人民法院的，适用合同法的规定；合同法实施以前成立的合同发生纠纷起诉到人民法院的，除本解释另有规定的以外，适用当时的法律规定，当时没有法律规定的，可以适用合同法的有关规定。

第二条 合同成立于合同法实施之前，但合同约定的履行期限跨越合同法实施之日或者履行期限在合同法实施之后，因履行合同发生的纠纷，适用合同法第四章的有关规定。

第三条 人民法院确认合同效力时，对合同法实施以前成立的合同，适用当时的法律合同无效而适用合同法合同有效的，则适用合同法。

第四条 合同法实施以后，人民法院确认合同无效，应当以全国人大及其常委会制定的法律和国务院制定的行政法规为依据，不得以地方性法规、行政规章为依据。

第五条 人民法院对合同法实施以前已经作出终审裁决的案件进行再审，不适用合同法。

二、诉讼时效

第六条 技术合同争议当事人的权利受到侵害的事实发生在合同法实施之前，自当事人知道或者应当知道其权利受到侵害之日起至合同法实施之日超过一年的，人民法院不予保护；尚未超过一年的，其提起诉讼的时效期间为二年。

第七条 技术进出口合同争议当事人的权利受到侵害的事实发生在合同法

实施之前，自当事人知道或者应当知道其权利受到侵害之日起至合同法施行之日超过二年的，人民法院不予保护；尚未超过二年的，其提起诉讼的时效期间为四年。

第八条 合同法第五十五条规定的“一年”、第七十五条和第一百零四条第二款规定的“五年”为不变期间，不适用诉讼时效中止、中断或者延长的规定。

三、合同效力

第九条 依照合同法第四十四条第二款的规定，法律、行政法规规定合同应当办理批准手续，或者办理批准、登记等手续才生效，在一审法庭辩论终结前当事人仍未办理批准手续的，或者仍未办理批准、登记等手续的，人民法院应当认定该合同未生效；法律、行政法规规定合同应当办理登记手续，但未规定登记后生效的，当事人未办理登记手续不影响合同的效力，合同标的物所有权及其他物权不能转移。

合同法第七十七条第二款、第八十七条、第九十六条第二款所列合同变更、转让、解除等情形，依照前款规定处理。

第十条 当事人超越经营范围订立合同，人民法院不因此认定合同无效。但违反国家限制经营、特许经营以及法律、行政法规禁止经营规定的除外。

四、代位权

第十一条 债权人依照合同法第七十三条的规定提起代位权诉讼，应当符合下列条件：

（一）债权人对债务人的债权合法；

（二）债务人怠于行使其到期债权，对债权人造成损害；

（三）债务人的债权已到期；

（四）债务人的债权不是专属于债务人自身的债权。

第十二条 合同法第七十三条第一款规定的专属于债务人自身的债权，是指基于扶养关系、抚养关系、赡养关系、继承关系产生的给付请求权和劳动报酬、退休金、养老金、抚恤金、安置费、人寿保险、人身伤害赔偿请求权等权利。

第十三条 合同法第七十三条规定的“债务人怠于行使其到期债权，对债权人造成损害的”，是指债务人不履行其对债权人的到期债务，又不以诉讼方式或者仲裁方式向其债务人主张其享有的具有金钱给付内容的到期债权，致使债权人的到期债权未能实现。

次债务人（即债务人的债务人）不认为债务人有怠于行使其到期债权情况的，应当承担举证责任。

第十四条 债权人依照合同法第七十三条的规定提起代位权诉讼的，由被告住所地人民法院管辖。

第十五条 债权人向人民法院起诉债务人以后，又向同一人民法院对次债务人提起代位权诉讼，符合本解释第十四条的规定和《中华人民共和国民事诉讼法》第一百零八条规定的起诉条件的，应当立案受理；不符合本解释第十四条规定的，告知债权人向次债务人住所地人民法院另行起诉。

受理代位权诉讼的人民法院在债权人起诉债务人的诉讼裁决发生法律效力以前，应当依照《中华人民共和国民事诉讼法》第一百三十六条第（五）项的规定中止代位权诉讼。

第十六条 债权人以次债务人为被告向人民法院提起代位权诉讼，未将债务人列为第三人的，人民法院可以追加债务人为第三人。

两个或者两个以上债权人以同一次债务人为被告提起代位权诉讼的，人民法院可以合并审理。

第十七条 在代位权诉讼中，债权人请求人民法院对次债务人的财产采取保全措施的，应当提供相应的财产担保。

第十八条 在代位权诉讼中，次债务人对债务人的抗辩，可以向债权人主张。

债务人在代位权诉讼中对债权人的债权提出异议，经审查异议成立的，人民法院应当裁定驳回债权人的起诉。

第十九条 在代位权诉讼中，债权人胜诉的，诉讼费由次债务人负担，从实现的债权中优先支付。

第二十条 债权人向次债务人提起的代位权诉讼经人民法院审理后认定代位权成立的，由次债务人向债权人履行清偿义务，债权人与债务人、债务人与次债务人之间相应的债权债务关系即予消灭。

第二十一条 在代位权诉讼中，债权人行使代位权的请求数额超过债务人所负债务额或者超过次债务人对债务人所负债务额的，对超出部分人民法院不予支持。

第二十二条 债务人在代位权诉讼中，对超过债权人代位请求数额的债权部分起诉次债务人的，人民法院应当告知其向有管辖权的人民法院另行起诉。

债务人的起诉符合法定条件的，人民法院应当受理；受理债务人起诉的人民法院在代位权诉讼裁决发生法律效力以前，应当依法中止。

五、撤销权

第二十三条 债权人依照合同法第七十四条的规定提起撤销权诉讼的，由被告住所地人民法院管辖。

第二十四条 债权人依照合同法第七十四条的规定提起撤销权诉讼时只以债务人为被告，未将受益人或者受让人列为第三人的，人民法院可以追加该受益人或者受让人为第三人。

第二十五条 债权人依照合同法第七十四条的规定提起撤销权诉讼，请求人民法院撤销债务人放弃债权或转让财产的行为，人民法院应当就债权人主张的部分进行审理，依法撤销的，该行为自始无效。

两个或者两个以上债权人以同一债务人为被告，就同一标的提起撤销权诉讼的，人民法院可以合并审理。

第二十六条 债权人行使撤销权所支付的律师代理费、差旅费等必要费用，由债务人负担；第三人有过错的，应当适当分担。

六、合同转让中的第三人

第二十七条 债权人转让合同权利后，债务人与受让人之间因履行合同发生纠纷诉至人民法院，债务人对债权人的权利提出抗辩的，可以将债权人列为第三人。

第二十八条 经债权人同意，债务人转移合同义务后，受让人与债权人之间因履行合同发生纠纷诉至人民法院，受让人就债务人对债权人的权利提出抗辩的，可以将债务人列为第三人。

第二十九条 合同当事人一方经对方同意将其在合同中的权利义务一并转让给受让人，对方与受让人因履行合同发生纠纷诉至人民法院，对方就合同权利义务提出抗辩的，可以将出让方列为第三人。

七、请求权竞合

第三十条 债权人依照合同法第一百二十二条的规定向人民法院起诉时作出选择后，在一审开庭以前又变更诉讼请求的，人民法院应当准许。对方当事人提出管辖权异议，经审查异议成立的，人民法院应当驳回起诉。

最高人民法院关于适用《中华人民共和国合同法》若干问题的解释（二）

（2009年2月9日由最高人民法院审判委员会第1462次会议通过，现予公布，自2009年5月13日起施行）

为了正确审理合同纠纷案件，根据《中华人民共和国合同法》的规定，对人民法院适用合同法的有关问题作出如下解释：

一、合同的订立

第一条 当事人对合同是否成立存在争议，人民法院能够确定当事人名称或者姓名、标的和数量的，一般应当认定合同成立。但法律另有规定或者当事人另有约定的除外。

对合同欠缺的前款规定以外的其他内容，当事人达不成协议的，人民法院依照合同法第六十一条、第六十二条、第一百二十五条等有关规定予以确定。

第二条 当事人未以书面形式或者口头形式订立合同，但从双方从事的民事行为能够推定双方有订立合同意愿的，人民法院可以认定是以合同法第十条第一款中的“其他形式”订立的合同。但法律另有规定的除外。

第三条 悬赏人以公开方式声明对完成一定行为的人支付报酬，完成特定行为的人请求悬赏人支付报酬的，人民法院依法予以支持。但悬赏有合同法第五十二条规定情形的除外。

第四条 采用书面形式订立合同，合同约定的签订地与实际签字或者盖章地点不符的，人民法院应当认定约定的签订地为合同签订地；合同没有约定签订地，双方当事人签字或者盖章不在同一地点的，人民法院应当认定最后签字或者盖章的地点为合同签订地。

第五条 当事人采用合同书形式订立合同的，应当签字或者盖章。当事人在合同书上摁手印的，人民法院应当认定其具有与签字或者盖章同等的法律效力。

第六条 提供格式条款的一方对格式条款中免除或者限制其责任的内容，在合同订立时采用足以引起对方注意的文字、符号、字体等特别标识，并按照对方的要求对该格式条款予以说明的，人民法院应当认定符合合同法第三十九条所称“采取合理的方式”。

提供格式条款一方对已尽合理提示及说明义务承担举证责任。

第七条 下列情形，不违反法律、行政法规强制性规定的，人民法院可以认定为合同法所称“交易习惯”：

（一）在交易行为当地或者某一领域、某一行业通常采用并为交易对方订立合同时所知道或者应当知道的做法；

（二）当事人双方经常使用的习惯做法。

对于交易习惯，由提出主张的一方当事人承担举证责任。

第八条 依照法律、行政法规的规定经批准或者登记才能生效的合同成立后，有义务办理申请批准或者申请登记等手续的一方当事人未按照法律规定或者合同约定办理申请批准或者未申请登记的，属于合同法第四十二条第（三）项规定的“其他违背诚实信用原则的行为”，人民法院可以根据案件的具体情况和相对人的请求，判决相对人自己办理有关手续；对方当事人对由此产生的费用和给相对人造成的实际损失，应当承担损害赔偿责任。

二、合同的效力

第九条 提供格式条款的一方当事人违反合同法第三十九条第一款关于提示和说明义务的规定，导致对方没有注意免除或者限制其责任的条款，对方当事人申请撤销该格式条款的，人民法院应当支持。

第十条 提供格式条款的一方当事人违反合同法第三十九条第一款的规定，并具有合同法第四十条规定的情形之一的，人民法院应当认定该格式条款无效。

第十一条 根据合同法第四十七条、第四十八条的规定，追认的意思表示自到达相对人时生效，合同自订立时起生效。

第十二条 无权代理人以被代理人的名义订立合同，被代理人已经开始履行合同义务的，视为对合同的追认。

第十三条 被代理人依照合同法第四十九条的规定承担有效代理行为所产生的责任后，可以向无权代理人追偿因代理行为而遭受的损失。

第十四条 合同法第五十二条第（五）项规定的“强制性规定”，是指效力性强制性规定。

第十五条 出卖人就同一标的物订立多重买卖合同，合同均不具有合同法第五十二条规定的无效情形，买受人因不能按照合同约定取得标的物所有权，请求追究出卖人违约责任的，人民法院应予支持。

三、合同的履行

第十六条 人民法院根据具体案情可以将合同法第六十四条、第六十五条规定的第三人列为无独立请求权的第三人，但不得依职权将其列为该合同诉讼案件的被告或者有独立请求权的第三人。

第十七条 债权人以境外当事人为被告提起的代位权诉讼，人民法院根据《中华人民共和国民事诉讼法》第二百四十一条的规定确定管辖。

第十八条 债务人放弃其未到期的债权或者放弃债权担保，或者恶意延长到期债权的履行期，对债权人造成损害，债权人依照合同法第七十四条的规定提起撤销权诉讼的，人民法院应当支持。

第十九条 对于合同法第七十四条规定的“明显不合理的低价”，人民法院应当以交易当地一般经营者的判断，并参考交易当时交易地的物价部门指导价或者市场交易价，结合其他相关因素综合考虑予以确认。

转让价格达不到交易时交易地的指导价或者市场交易价百分之七十的，一般可以视为明显不合理的低价；对转让价格高于当地指导价或者市场交易价百分之三十的，一般可以视为明显不合理的高价。

债务人以明显不合理的高价收购他人财产，人民法院可以根据债权人的申请，参照合同法第七十四条的规定予以撤销。

第二十条 债务人的给付不足以清偿其对同一债权人所负的数笔相同种类的全部债务，应当优先抵充已到期的债务；几项债务均到期的，优先抵充对债权人缺乏担保或者担保数额最少的债务；担保数额相同的，优先抵充债务负担较重的债务；负担相同的，按照债务到期的先后顺序抵充；到期时间相同的，按比例抵充。但是，债权人与债务人对清偿的债务或者清偿抵充顺序有约定的除外。

第二十一条 债务人除主债务之外还应当支付利息和费用，当其给付不足以清偿全部债务时，并且当事人没有约定的，人民法院应当按照下列顺序抵充：

（一）实现债权的有关费用；

（二）利息；

（三）主债务。

四、合同的权利义务终止

第二十二条 当事人一方违反合同法第九十二条规定的义务，给对方当事人造成损失，对方当事人请求赔偿实际损失的，人民法院应当支持。

第二十三条 对于依照合同法第九十九条的规定可以抵销的到期债权，当事人约定不得抵销的，人民法院可以认定该约定有效。

第二十四条 当事人对合同法第九十六条、第九十九条规定的合同解除或者债务抵销虽有异议，但在约定的异议期限届满后才提出异议并向人民法院起诉的，人民法院不予支持；当事人没有约定异议期间，在解除合同或者债务抵销通知到达之日起三个月以后才向人民法院起诉的，人民法院不予支持。

第二十五条 依照合同法第一百零一条的规定，债务人将合同标的物或者标的物拍卖、变卖所得价款交付提存部门时，人民法院应当认定提存成立。

提存成立的，视为债务人在其提存范围内已经履行债务。

第二十六条 合同成立以后客观情况发生了当事人在订立合同时无法预见的、非不可抗力造成的不属于商业风险的重大变化，继续履行合同对于一方当事人明显不公平或者不能实现合同目的，当事人请求人民法院变更或者解除合同的，人民法院应当根据公平原则，并结合案件的实际情况确定是否变更或者解除。

五、违约责任

第二十七条 当事人通过反诉或者抗辩的方式，请求人民法院依照合同法第一百一十四条第二款的规定调整违约金的，人民法院应予支持。

第二十八条 当事人依照合同法第一百一十四条第二款的规定，请求人民法院增加违约金的，增加后的违约金数额以不超过实际损失额为限。增加违约金以后，当事人又请求对方赔偿损失的，人民法院不予支持。

第二十九条 当事人主张约定的违约金过高请求予以适当减少的，人民法院应当以实际损失为基础，兼顾合同的履行情况、当事人的过错程度以及预期利益等综合因素，根据公平原则和诚实信用原则予以衡量，并作出裁决。

当事人约定的违约金超过造成损失的百分之三十的，一般可以认定为合同法第一百一十四条第二款规定的“过分高于造成的损失”。

六、附则

第三十条 合同法施行后成立的合同发生纠纷的案件，本解释施行后尚未终审的，适用本解释；本解释施行前已经终审，当事人申请再审或者按照审判监督程序决定再审的，不适用本解释。

税　收　类

中华人民共和国企业所得税法

（2007年3月16日第十届全国人民代表大会第五次会议通过　根据2017年2月24日第十二届全国人民代表大会常务委员会第二十六次会议《关于修改〈中华人民共和国企业所得税法〉的决定》第一次修正　根据2018年12月29日第十三届全国人民代表大会常务委员会第七次会议《关于修改〈中华人民共和国电力法〉等四部法律的决定》第二次修正）

第一章　总　　则

第一条　在中华人民共和国境内，企业和其他取得收入的组织（以下统称企业）为企业所得税的纳税人，依照本法的规定缴纳企业所得税。

个人独资企业、合伙企业不适用本法。

第二条　企业分为居民企业和非居民企业。

本法所称居民企业，是指依法在中国境内成立，或者依照外国（地区）法律成立但实际管理机构在中国境内的企业。

本法所称非居民企业，是指依照外国（地区）法律成立且实际管理机构不在中国境内，但在中国境内设立机构、场所的，或者在中国境内未设立机构、场所，但有来源于中国境内所得的企业。

第三条　居民企业应当就其来源于中国境内、境外的所得缴纳企业所得税。

非居民企业在中国境内设立机构、场所的，应当就其所设机构、场所取得的来源于中国境内的所得，以及发生在中国境外但与其所设机构、场所有实际联系的所得，缴纳企业所得税。

非居民企业在中国境内未设立机构、场所的，或者虽设立机构、场所但取得的所得与其所设机构、场所没有实际联系的，应当就其来源于中国境内的所得缴纳企业所得税。

第四条　企业所得税的税率为25%。

非居民企业取得本法第三条第三款规定的所得，适用税率为20%。

第二章 应纳税所得额

第五条 企业每一纳税年度的收入总额，减除不征税收入、免税收入、各项扣除以及允许弥补的以前年度亏损后的余额，为应纳税所得额。

第六条 企业以货币形式和非货币形式从各种来源取得的收入，为收入总额。包括：

（一）销售货物收入；

（二）提供劳务收入；

（三）转让财产收入；

（四）股息、红利等权益性投资收益；

（五）利息收入；

（六）租金收入；

（七）特许权使用费收入；

（八）接受捐赠收入；

（九）其他收入。

第七条 收入总额中的下列收入为不征税收入：

（一）财政拨款；

（二）依法收取并纳入财政管理的行政事业性收费、政府性基金；

（三）国务院规定的其他不征税收入。

第八条 企业实际发生的与取得收入有关的、合理的支出，包括成本、费用、税金、损失和其他支出，准予在计算应纳税所得额时扣除。

第九条 企业发生的公益性捐赠支出，在年度利润总额12%以内的部分，准予在计算应纳税所得额时扣除；超过年度利润总额12%的部分，准予结转以后三年内在计算应纳税所得额时扣除。

第十条 在计算应纳税所得额时，下列支出不得扣除：

（一）向投资者支付的股息、红利等权益性投资收益款项；

（二）企业所得税税款；

（三）税收滞纳金；

（四）罚金、罚款和被没收财物的损失；

（五）本法第九条规定以外的捐赠支出；

（六）赞助支出；

（七）未经核定的准备金支出；

（八）与取得收入无关的其他支出。

第十一条 在计算应纳税所得额时，企业按照规定计算的固定资产折旧，准予扣除。下列固定资产不得计算折旧扣除：

（一）房屋、建筑物以外未投入使用的固定资产；

（二）以经营租赁方式租入的固定资产；

（三）以融资租赁方式租出的固定资产；

（四）已足额提取折旧仍继续使用的固定资产；

（五）与经营活动无关的固定资产；

（六）单独估价作为固定资产入账的土地；

（七）其他不得计算折旧扣除的固定资产。

第十二条 在计算应纳税所得额时，企业按照规定计算的无形资产摊销费用，准予扣除。

下列无形资产不得计算摊销费用扣除：

（一）自行开发的支出已在计算应纳税所得额时扣除的无形资产；

（二）自创商誉；

（三）与经营活动无关的无形资产；

（四）其他不得计算摊销费用扣除的无形资产。

第十三条 在计算应纳税所得额时，企业发生的下列支出作为长期待摊费用，按照规定摊销的，准予扣除：

（一）已足额提取折旧的固定资产的改建支出；

（二）租入固定资产的改建支出；

（三）固定资产的大修理支出；

（四）其他应当作为长期待摊费用的支出。

第十四条 企业对外投资期间，投资资产的成本在计算应纳税所得额时不得扣除。

第十五条 企业使用或者销售存货，按照规定计算的存货成本，准予在计算应纳税所得额时扣除。

第十六条 企业转让资产，该项资产的净值，准予在计算应纳税所得额时扣除。

第十七条 企业在汇总计算缴纳企业所得税时，其境外营业机构的亏损不得抵减境内营业机构的盈利。

第十八条 企业纳税年度发生的亏损，准予向以后年度结转，用以后年度的所得弥补，但结转年限最长不得超过五年。

第十九条 非居民企业取得本法第三条第三款规定的所得，按照下列方法计算其应纳税所得额：

（一）股息、红利等权益性投资收益和利息、租金、特许权使用费所得，以收入全额为应纳税所得额；

（二）转让财产所得，以收入全额减除财产净值后的余额为应纳税所得额；

（三）其他所得，参照前两项规定的方法计算应纳税所得额。

第二十条 本章规定的收入、扣除的具体范围、标准和资产的税务处理的具体办法，由国务院财政、税务主管部门规定。

第二十一条 在计算应纳税所得额时，企业财务、会计处理办法与税收法律、行政法规的规定不一致的，应当依照税收法律、行政法规的规定计算。

第三章 应纳税额

第二十二条 企业的应纳税所得额乘以适用税率，减除依照本法关于税收优惠的规定减免和抵免的税额后的余额，为应纳税额。

第二十三条 企业取得的下列所得已在境外缴纳的所得税税额，可以从其当期应纳税额中抵免，抵免限额为该项所得依照本法规定计算的应纳税额；超过抵免限额的部分，可以在以后五个年度内，用每年度抵免限额抵免当年应抵税额后的余额进行抵补：

（一）居民企业来源于中国境外的应税所得；

（二）非居民企业在中国境内设立机构、场所，取得发生在中国境外但与该机构、场所有实际联系的应税所得。

第二十四条 居民企业从其直接或者间接控制的外国企业分得的来源于中国境外的股息、红利等权益性投资收益，外国企业在境外实际缴纳的所得税税额中属于该项所得负担的部分，可以作为该居民企业的可抵免境外所得税税额，在本法第二十三条规定的抵免限额内抵免。

第四章 税收优惠

第二十五条 国家对重点扶持和鼓励发展的产业和项目，给予企业所得税优惠。

第二十六条 企业的下列收入为免税收入：

（一）国债利息收入；

（二）符合条件的居民企业之间的股息、红利等权益性投资收益；

（三）在中国境内设立机构、场所的非居民企业从居民企业取得与该机构、场所有实际联系的股息、红利等权益性投资收益；

（四）符合条件的非营利组织的收入。

第二十七条 企业的下列所得，可以免征、减征企业所得税：

（一）从事农、林、牧、渔业项目的所得；

（二）从事国家重点扶持的公共基础设施项目投资经营的所得；

（三）从事符合条件的环境保护、节能节水项目的所得；

（四）符合条件的技术转让所得；

（五）本法第三条第三款规定的所得。

第二十八条 符合条件的小型微利企业，减按20%的税率征收企业所得税。

国家需要重点扶持的高新技术企业，减按15%的税率征收企业所得税。

第二十九条 民族自治地方的自治机关对本民族自治地方的企业应缴纳的企业所得税中属于地方分享的部分，可以决定减征或者免征。自治州、自治县决定减征或者免征的，须报省、自治区、直辖市人民政府批准。

第三十条 企业的下列支出，可以在计算应纳税所得额时加计扣除：

（一）开发新技术、新产品、新工艺发生的研究开发费用；

（二）安置残疾人员及国家鼓励安置的其他就业人员所支付的工资。

第三十一条 创业投资企业从事国家需要重点扶持和鼓励的创业投资，可以按投资额的一定比例抵扣应纳税所得额。

第三十二条 企业的固定资产由于技术进步等原因，确需加速折旧的，可以缩短折旧年限或者采取加速折旧的方法。

第三十三条 企业综合利用资源，生产符合国家产业政策规定的产品所取得的收入，可以在计算应纳税所得额时减计收入。

第三十四条 企业购置用于环境保护、节能节水、安全生产等专用设备的投资额，可以按一定比例实行税额抵免。

第三十五条 本法规定的税收优惠的具体办法，由国务院规定。

第三十六条 根据国民经济和社会发展的需要，或者由于突发事件等原因对企业经营活动产生重大影响的，国务院可以制定企业所得税专项优惠政策，报全国人民代表大会常务委员会备案。

第五章 源泉扣缴

第三十七条 对非居民企业取得本法第三条第三款规定的所得应缴纳的所得税，实行源泉扣缴，以支付人为扣缴义务人。税款由扣缴义务人在每次支付或者到期应支付时，从支付或者到期应支付的款项中扣缴。

第三十八条 对非居民企业在中国境内取得工程作业和劳务所得应缴纳的所得税，税务机关可以指定工程价款或者劳务费的支付人为扣缴义务人。

第三十九条 依照本法第三十七条、第三十八条规定应当扣缴的所得税，扣缴义务人未依法扣缴或者无法履行扣缴义务的，由纳税人在所得发生地缴纳。

纳税人未依法缴纳的，税务机关可以从该纳税人在中国境内其他收入项目的支付人应付的款项中，追缴该纳税人的应纳税款。

第四十条 扣缴义务人每次代扣的税款，应当自代扣之日起七日内缴入国库，并向所在地的税务机关报送扣缴企业所得税报告表。

第六章 特别纳税调整

第四十一条 企业与其关联方之间的业务往来，不符合独立交易原则而减少企业或者其关联方应纳税收入或者所得额的，税务机关有权按照合理方法调整。

企业与其关联方共同开发、受让无形资产，或者共同提供、接受劳务发生的成本，在计算应纳税所得额时应当按照独立交易原则进行分摊。

第四十二条 企业可以向税务机关提出与其关联方之间业务往来的定价原则和计算方法，税务机关与企业协商、确认后，达成预约定价安排。

第四十三条 企业向税务机关报送年度企业所得税纳税申报表时，应当就其与关联方之间的业务往来，附送年度关联业务往来报告表。

税务机关在进行关联业务调查时，企业及其关联方，以及与关联业务调查有关的其他企业，应当按照规定提供相关资料。

第四十四条 企业不提供与其关联方之间业务往来资料，或者提供虚假、不完整资料，未能真实反映其关联业务往来情况的，税务机关有权依法核定其应纳税所得额。

第四十五条 由居民企业，或者由居民企业和中国居民控制的设立在实际税负明显低于本法第四条第一款规定税率水平的国家（地区）的企业，并非由于合理的经营需要而对利润不作分配或者减少分配的，上述利润中应归属于该居民企业的部分，应当计入该居民企业的当期收入。

第四十六条 企业从其关联方接受的债权性投资与权益性投资的比例超过规定标准而发生的利息支出，不得在计算应纳税所得额时扣除。

第四十七条 企业实施其他不具有合理商业目的的安排而减少其应纳税收入或者所得额的，税务机关有权按照合理方法调整。

第四十八条 税务机关依照本章规定作出纳税调整，需要补征税款的，应当补征税款，并按照国务院规定加收利息。

第七章 征 收 管 理

第四十九条 企业所得税的征收管理除本法规定外，依照《中华人民共和国税收征收管理法》的规定执行。

第五十条 除税收法律、行政法规另有规定外，居民企业以企业登记注册地为纳税地点；但登记注册地在境外的，以实际管理机构所在地为纳税地点。

居民企业在中国境内设立不具有法人资格的营业机构的，应当汇总计算并缴纳企业所得税。

第五十一条 非居民企业取得本法第三条第二款规定的所得，以机构、场所所在地为纳税地点。非居民企业在中国境内设立两个或者两个以上机构、场所的，经税务机关审核批准，可以选择由其主要机构、场所汇总缴纳企业所得税。

非居民企业取得本法第三条第三款规定的所得，以扣缴义务人所在地为纳税地点。

第五十二条 除国务院另有规定外，企业之间不得合并缴纳企业所得税。

第五十三条 企业所得税按纳税年度计算。纳税年度自公历 1 月 1 日起至 12 月 31 日止。

企业在一个纳税年度中间开业，或者终止经营活动，使该纳税年度的实际经营期不足十二个月的，应当以其实际经营期为一个纳税年度。

企业依法清算时，应当以清算期间作为一个纳税年度。

第五十四条 企业所得税分月或者分季预缴。

企业应当自月份或者季度终了之日起十五日内，向税务机关报送预缴企业所得税纳税申报表，预缴税款。

企业应当自年度终了之日起五个月内，向税务机关报送年度企业所得税纳税申报表，并汇算清缴，结清应缴应退税款。

企业在报送企业所得税纳税申报表时，应当按照规定附送财务会计报告和其他有关资料。

第五十五条 企业在年度中间终止经营活动的，应当自实际经营终止之日起六十日内，向税务机关办理当期企业所得税汇算清缴。

企业应当在办理注销登记前，就其清算所得向税务机关申报并依法缴纳企业所得税。

第五十六条 依照本法缴纳的企业所得税，以人民币计算。所得以人民币以外的货币计算的，应当折合成人民币计算并缴纳税款。

第八章 附 则

第五十七条 本法公布前已经批准设立的企业，依照当时的税收法律、行政法规规定，享受低税率优惠的，按照国务院规定，可以在本法施行后五年内，逐步过渡到本法规定的税率；享受定期减免税优惠的，按照国务院规定，可以在本法施行后继续享受到期满为止，但因未获利而尚未享受优惠的，优惠期限从本法施行年度起计算。

法律设置的发展对外经济合作和技术交流的特定地区内，以及国务院已规定执行上述地区特殊政策的地区内新设立的国家需要重点扶持的高新技术企业，可以享受过渡性税收优惠，具体办法由国务院规定。

国家已确定的其他鼓励类企业，可以按照国务院规定享受减免税优惠。

第五十八条　中华人民共和国政府同外国政府订立的有关税收的协定与本法有不同规定的，依照协定的规定办理。

第五十九条　国务院根据本法制定实施条例。

第六十条　本法自2008年1月1日起施行。1991年4月9日第七届全国人民代表大会第四次会议通过的《中华人民共和国外商投资企业和外国企业所得税法》和1993年12月13日国务院发布的《中华人民共和国企业所得税暂行条例》同时废止。

中华人民共和国个人所得税法

（1980年9月10日第五届全国人民代表大会第三次会议通过　根据1993年10月31日第八届全国人民代表大会常务委员会第四次会议《关于修改〈中华人民共和国个人所得税法〉的决定》第一次修正　根据1999年8月30日第九届全国人民代表大会常务委员会第十一次会议《关于修改〈中华人民共和国个人所得税法〉的决定》第二次修正　根据2005年10月27日第十届全国人民代表大会常务委员会第十八次会议《关于修改〈中华人民共和国个人所得税法〉的决定》第三次修正　根据2007年6月29日第十届全国人民代表大会常务委员会第二十八次会议《关于修改〈中华人民共和国个人所得税法〉的决定》第四次修正　根据2007年12月29日第十届全国人民代表大会常务委员会第三十一次会议《关于修改〈中华人民共和国个人所得税法〉的决定》第五次修正　根据2011年6月30日第十一届全国人民代表大会常务委员会第二十一次会议《关于修改〈中华人民共和国个人所得税法〉的决定》第六次修正　根据2018年8月31日第十三届全国人民代表大会常务委员会第五次会议《关于修改〈中华人民共和国个人所得税法〉的决定》第七次修正）

第一条　在中国境内有住所，或者无住所而一个纳税年度内在中国境内居住累计满一百八十三天的个人，为居民个人。居民个人从中国境内和境外取得的所得，依照本法规定缴纳个人所得税。

在中国境内无住所又不居住，或者无住所而一个纳税年度内在中国境内居住累计不满一百八十三天的个人，为非居民个人。非居民个人从中国境内取得的所得，依照本法规定缴纳个人所得税。

纳税年度，自公历一月一日起至十二月三十一日止。

第二条　下列各项个人所得，应当缴纳个人所得税：

（一）工资、薪金所得；

（二）劳务报酬所得；

（三）稿酬所得；

（四）特许权使用费所得；

（五）经营所得；

（六）利息、股息、红利所得；

（七）财产租赁所得；

（八）财产转让所得；

（九）偶然所得。

居民个人取得前款第一项至第四项所得（以下称综合所得），按纳税年度合并计算个人所得税；非居民个人取得前款第一项至第四项所得，按月或者按次分项计算个人所得税。纳税人取得前款第五项至第九项所得，依照本法规定分别计算个人所得税。

第三条 个人所得税的税率：

（一）综合所得，适用百分之三至百分之四十五的超额累进税率；

（二）经营所得，适用百分之五至百分之三十五的超额累进税率；

（三）利息、股息、红利所得，财产租赁所得，财产转让所得和偶然所得，适用比例税率，税率为百分之二十。

第四条 下列各项个人所得，免征个人所得税：

（一）省级人民政府、国务院部委和中国人民解放军军以上单位，以及外国组织、国际组织颁发的科学、教育、技术、文化、卫生、体育、环境保护等方面的奖金；

（二）国债和国家发行的金融债券利息；

（三）按照国家统一规定发给的补贴、津贴；

（四）福利费、抚恤金、救济金；

（五）保险赔款；

（六）军人的转业费、复员费、退役金；

（七）按照国家统一规定发给干部、职工的安家费、退职费、基本养老金或者退休费、离休费、离休生活补助费；

（八）依照有关法律规定应予免税的各国驻华使馆、领事馆的外交代表、领事官员和其他人员的所得；

（九）中国政府参加的国际公约、签订的协议中规定免税的所得；

（十）国务院规定的其他免税所得。

前款第十项免税规定，由国务院报全国人民代表大会常务委员会备案。

第五条 有下列情形之一的，可以减征个人所得税，具体幅度和期限，由省、自治区、直辖市人民政府规定，并报同级人民代表大会常务委员会备案：

（一）残疾、孤老人员和烈属的所得；

（二）因自然灾害遭受重大损失的。

国务院可以规定其他减税情形，报全国人民代表大会常务委员会备案。

第六条 应纳税所得额的计算：

（一）居民个人的综合所得，以每一纳税年度的收入额减除费用六万元以及专项扣除、专项附加扣除和依法确定的其他扣除后的余额，为应纳税所得额。

（二）非居民个人的工资、薪金所得，以每月收入额减除费用五千元后的余额为应纳税所得额；劳务报酬所得、稿酬所得、特许权使用费所得，以每次收入额为应纳税所得额。

（三）经营所得，以每一纳税年度的收入总额减除成本、费用以及损失后的余额，为应纳税所得额。

（四）财产租赁所得，每次收入不超过四千元的，减除费用八百元；四千元以上的，减除百分之二十的费用，其余额为应纳税所得额。

（五）财产转让所得，以转让财产的收入额减除财产原值和合理费用后的余额，为应纳税所得额。

（六）利息、股息、红利所得和偶然所得，以每次收入额为应纳税所得额。

劳务报酬所得、稿酬所得、特许权使用费所得以收入减除百分之二十的费用后的余额为收入额。稿酬所得的收入额减按百分之七十计算。

个人将其所得对教育、扶贫、济困等公益慈善事业进行捐赠，捐赠额未超过纳税人申报的应纳税所得额百分之三十的部分，可以从其应纳税所得额中扣除；国务院规定对公益慈善事业捐赠实行全额税前扣除的，从其规定。

本条第一款第一项规定的专项扣除，包括居民个人按照国家规定的范围和标准缴纳的基本养老保险、基本医疗保险、失业保险等社会保险费和住房公积金等；专项附加扣除，包括子女教育、继续教育、大病医疗、住房贷款利息或者住房租金、赡养老人等支出，具体范围、标准和实施步骤由国务院确定，并报全国人民代表大会常务委员会备案。

第七条 居民个人从中国境外取得的所得，可以从其应纳税额中抵免已在境外缴纳的个人所得税税额，但抵免额不得超过该纳税人境外所得依照本法规定计算的应纳税额。

第八条 有下列情形之一的，税务机关有权按照合理方法进行纳税调整：

（一）个人与其关联方之间的业务往来不符合独立交易原则而减少本人或者其关联方应纳税额，且无正当理由；

（二）居民个人控制的，或者居民个人和居民企业共同控制的设立在实际税负明显偏低的国家（地区）的企业，无合理经营需要，对应当归属于居民个人的利润不作分配或者减少分配；

（三）个人实施其他不具有合理商业目的的安排而获取不当税收利益。

税务机关依照前款规定作出纳税调整，需要补征税款的，应当补征税款，并依法加收利息。

第九条 个人所得税以所得人为纳税人，以支付所得的单位或者个人为扣缴义务人。

纳税人有中国公民身份号码的，以中国公民身份号码为纳税人识别号；纳税人没有中国公民身份号码的，由税务机关赋予其纳税人识别号。扣缴义务人扣缴税款时，纳税人应当向扣缴义务人提供纳税人识别号。

第十条 有下列情形之一的，纳税人应当依法办理纳税申报：

（一）取得综合所得需要办理汇算清缴；

（二）取得应税所得没有扣缴义务人；

（三）取得应税所得，扣缴义务人未扣缴税款；

（四）取得境外所得；

（五）因移居境外注销中国户籍；

（六）非居民个人在中国境内从两处以上取得工资、薪金所得；

（七）国务院规定的其他情形。

扣缴义务人应当按照国家规定办理全员全额扣缴申报，并向纳税人提供其个人所得和已扣缴税款等信息。

第十一条 居民个人取得综合所得，按年计算个人所得税；有扣缴义务人的，由扣缴义务人按月或者按次预扣预缴税款；需要办理汇算清缴的，应当在取得所得的次年三月一日至六月三十日内办理汇算清缴。预扣预缴办法由国务院税务主管部门制定。

居民个人向扣缴义务人提供专项附加扣除信息的，扣缴义务人按月预扣预缴税款时应当按照规定予以扣除，不得拒绝。

非居民个人取得工资、薪金所得，劳务报酬所得，稿酬所得和特许权使用费所得，有扣缴义务人的，由扣缴义务人按月或者按次代扣代缴税款，不办理汇算清缴。

第十二条 纳税人取得经营所得，按年计算个人所得税，由纳税人在月度或者季度终了后十五日内向税务机关报送纳税申报表，并预缴税款；在取得所得的次年三月三十一日前办理汇算清缴。

纳税人取得利息、股息、红利所得，财产租赁所得，财产转让所得和偶然所得，按月或者按次计算个人所得税，有扣缴义务人的，由扣缴义务人按月或者按次代扣代缴税款。

第十三条 纳税人取得应税所得没有扣缴义务人的，应当在取得所得的次月十五日内向税务机关报送纳税申报表，并缴纳税款。

纳税人取得应税所得，扣缴义务人未扣缴税款的，纳税人应当在取得所得的次年六月三十日前，缴纳税款；税务机关通知限期缴纳的，纳税人应当按照期限缴纳税款。

居民个人从中国境外取得所得的，应当在取得所得的次年三月一日至六月三十日内申报纳税。

非居民个人在中国境内从两处以上取得工资、薪金所得的，应当在取得所得的次月十五日内申报纳税。

纳税人因移居境外注销中国户籍的，应当在注销中国户籍前办理税款清算。

第十四条 扣缴义务人每月或者每次预扣、代扣的税款，应当在次月十五日内缴入国库，并向税务机关报送扣缴个人所得税申报表。

纳税人办理汇算清缴退税或者扣缴义务人为纳税人办理汇算清缴退税的，税务机关审核后，按照国库管理的有关规定办理退税。

第十五条 公安、人民银行、金融监督管理等相关部门应当协助税务机关确认纳税人的身份、金融账户信息。教育、卫生、医疗保障、民政、人力资源社会保障、住房城乡建设、公安、人民银行、金融监督管理等相关部门应当向税务机关提供纳税人子女教育、继续教育、大病医疗、住房贷款利息、住房租金、赡养老人等专项附加扣除信息。

个人转让不动产的，税务机关应当根据不动产登记等相关信息核验应缴的个人所得税，登记机构办理转移登记时，应当查验与该不动产转让相关的个人所得税的完税凭证。个人转让股权办理变更登记的，市场主体登记机关应当查验与该股权交易相关的个人所得税的完税凭证。

有关部门依法将纳税人、扣缴义务人遵守本法的情况纳入信用信息系统，并实施联合激励或者惩戒。

第十六条 各项所得的计算，以人民币为单位。所得为人民币以外的货币的，按照人民币汇率中间价折合成人民币缴纳税款。

第十七条 对扣缴义务人按照所扣缴的税款，付给百分之二的手续费。

第十八条 对储蓄存款利息所得开征、减征、停征个人所得税及其具体办法，由国务院规定，并报全国人民代表大会常务委员会备案。

第十九条 纳税人、扣缴义务人和税务机关及其工作人员违反本法规定的，依照《中华人民共和国税收征收管理法》和有关法律法规的规定追究法律责任。

第二十条 个人所得税的征收管理，依照本法和《中华人民共和国税收征收管理法》的规定执行。

第二十一条 国务院根据本法制定实施条例。

第二十二条 本法自公布之日起施行。

关于《股权转让所得个人所得税管理办法》的解读

（2014 年 12 月 12 日　国家税务总局办公厅）

为加强股权转让个人所得税征收管理，国家税务总局制定了《股权转让所得个人所得税管理办法（试行）》（以下简称《办法》），为便于理解和执行，现对《办法》中的主要问题解读如下：

一、哪些行为属于股权转让行为？

《办法》第三条规定了七类情形为股权转让行为：（1）出售股权；（2）公司回购股权；（3）发行人首次公开发行新股时，被投资企业股东将其持有的股份以公开发行方式一并向投资者发售；（4）股权被司法或行政机关强制过户；（5）以股权对外投资或进行其他非货币性交易；（6）以股权抵偿债务；（7）其他股权转移行为。

以上情形，股权已经发生了实质上的转移，而且转让方也相应获取了报酬或免除了责任，因此都应当属于股权转让行为，个人取得所得应按规定缴纳个人所得税。

二、纳税人、扣缴义务人是如何规定的？

《办法》第五条规定，个人股权转让所得个人所得税，以股权转让方为纳税人，以受让方为扣缴义务人。受让方无论是企业还是个人，均应按个人所得税法规定认真履行扣缴税款义务。

三、股权转让收入确定的原则及方法如何把握？

《办法》第十条规定，股权转让收入应当按照公平交易原则确定，这是股权转让收入确定的基本原则。也就是说纳税人转让股权，应当获得与之相匹配的回报，无论回报是何种形式或名义，都应作为股权转让收入的组成部分。《办法》第七至九条规定了不同情形下，股权转让收入确定的方法。通常情况下，股权转让收入就是转让方在转让当期或后续期间获得的各种形式及名义的转让所得。

四、何种情况下需要核定股权转让收入？

《办法》第十一条规定了纳税人申报的股权转让收入明显偏低等四种主管税务机关可以核定股权转让收入的情形，主要是对违反了公平交易原则或不配合税收管理的纳税人实施的一种税收保障措施。同时，《办法》第十二条对何为股权转让收入明显偏低进行了说明，但实际情况中，确实存在部分股权转让收入因种种合理情形而偏低的情形。为此，《办法》第十三条对转让收入偏低的合理情形进行了明确，主要是三代以内直系亲属间转让、受合理的外部因素影响导致低价转让、部分限制性的股权转让等。

五、股权转让收入的核定方法如何把握？

根据《办法》第十四条有关规定，主管税务机关在对股权转让收入进行核定时，必须按照净资产核定法、类比法、其他合理方法的先后顺序进行选择。被投资企业账证健全或能够对资产进行评估核算的，应当采用净资产核定法进行核定。被投资企业净资产难以核实的，如其股东存在其他符合公平交易原则的股权转让或类似情况的股权转让，主管税务机关可以采用类比法核定股权转让收入。以上方法都无法适用的，可采用其他合理方法。

净资产主要依据被投资企业会计报表计算确定。对于土地使用权、房屋、房地产企业未销售房产、知识产权、探矿权、采矿权、股权等资产占比超过20%的企业，其以上资产需要按照评估后的市场价格确定。评估有关资产时，由纳税人选择有资质的中介机构，同时，为了减少纳税人资产评估方面的支出，对6个月内多次发生股权转让的情况，给予简化处理，对净资产未发生重大变动的，可参照上一次的评估情况。

六、股权原值如何确认？

根据《办法》第十五至十八条规定，通常情况下，股权原值按照纳税人取得股权时的实际支出进行确认。如纳税人在获得股权时，转让方已经被核定征收过个人所得税的，纳税人在此次转让时，股权原值可以按照取得股权时发生的合理税费与税务机关核定的转让方股权转让收入之和确定。这也是为了使整个转让环节前后衔接，避免重复征税。

对自然人多次取得同一被投资企业股权的，转让部分股权时，采用“加权平均法”确定其股权原值。

七、股权转让的纳税地点和纳税时点如何确认？

《办法》第十九条规定，个人股权转让所得个人所得税以被投资企业所在地地税机关为主管税务机关。也就是说，股权转让所得纳税人需要在被投资企业所在地办理纳税申报。

股权转让的纳税时间为股权转让行为发生后的次月 15 日内。《办法》第二十条对何时作为股权转让行为发生时点进行了界定，主要包括六种情形：(1) 受让方已支付或部分支付股权转让价款的；(2) 股权转让协议已签订生效的；(3) 受让方已经实际履行股东职责或享受股东权益的；(4) 国家有关部门判决、登记或公告生效的；(5) 办法第三条第四至第七项行为已完成的；(6) 税务机关认定的其他有证据表明股权已发生转移的情形。

八、纳税人、扣缴义务人、被投资企业在股权转让过程中需要履行哪些义务?

(一) 事先报告义务

《办法》第六条规定，扣缴义务人应于股权转让相关协议签订后 5 个工作日内，将股权转让的有关情况报告主管税务机关。

《办法》第二十二条规定，被投资企业应在董事会或股东会结束后 5 个工作日内，向主管税务机关报送与股权变动事项相关的董事会或股东会决议、会议纪要等资料。

(二) 纳税申报义务

《办法》第二十条规定了在股权转让行为发生后，纳税人、扣缴义务人应在次月 15 日内向主管税务机关申报纳税。

(三) 事后报告义务

《办法》第二十二条规定，被投资企业发生个人股东或股东所持股权变动的，应在次月 15 日内向主管税务机关报送含有股东变动信息的《个人所得税基础信息表（A 表）》及股东变更情况说明。

关于个人股票期权所得征收个人所得税问题的通知

（财税〔2005〕35号）

各省、自治区、直辖市、计划单列市财政厅（局）、地方税务局：

为适应企业（包括内资企业、外商投资企业和外国企业在中国境内设立的机构场所）薪酬制度改革，加强个人所得税征管，现对企业员工（包括在中国境内有住所和无住所的个人）参与企业股票期权计划而取得的所得征收个人所得税问题通知如下：

一、关于员工股票期权所得征税问题

实施股票期权计划企业授予该企业员工的股票期权所得，应按《中华人民共和国个人所得税法》及其实施条例有关规定征收个人所得税。

企业员工股票期权（以下简称股票期权）是指上市公司按照规定的程序授予本公司及其控股企业员工的一项权利，该权利允许被授权员工在未来时间内以某一特定价格购买本公司一定数量的股票。

上述“某一特定价格”被称为“授予价”或“施权价”，即根据股票期权计划可以购买股票的价格，一般为股票期权授予日的市场价格或该价格的折扣价格，也可以是按照事先设定的计算方法约定的价格；“授予日”，也称“授权日”，是指公司授予员工上述权利的日期；“行权”，也称“执行”，是指员工根据股票期权计划选择购买股票的过程；员工行使上述权利的当日为“行权日”，也称“购买日”。

二、关于股票期权所得性质的确认及其具体征税规定

（一）员工接受实施股票期权计划企业授予的股票期权时，除另有规定外，一般不作为应税所得征税。

（二）员工行权时，其从企业取得股票的实际购买价（施权价）低于购买日公平市场价（指该股票当日的收盘价，下同）的差额，是因员工在企业的表现和业绩情况而取得的与任职、受雇有关的所得，应按“工资、薪金所得”适

用的规定计算缴纳个人所得税。

对因特殊情况，员工在行权日之前将股票期权转让的，以股票期权的转让净收入，作为工资薪金所得征收个人所得税。

员工行权日所在期间的工资薪金所得，应按下列公式计算工资薪金应纳税所得额：

股票期权形式的工资薪金应纳税所得额 =（行权股票的每股市场价—员工取得该股票期权支付的每股施权价）×股票数量

（三）员工将行权后的股票再转让时获得的高于购买日公平市场价的差额，是因个人在证券二级市场上转让股票等有价证券而获得的所得，应按照“财产转让所得”适用的征免规定计算缴纳个人所得税。

（四）员工因拥有股权而参与企业税后利润分配取得的所得，应按照“利息、股息、红利所得”适用的规定计算缴纳个人所得税。

三、关于工资薪金所得境内外来源划分①

按照《国家税务局关于在中国境内无住所个人以有价证券形式取得工资薪金所得确定纳税义务有关问题的通知》（国税函〔2000〕190 号）有关规定，需对员工因参加企业股票期权计划而取得的工资薪金所得确定境内或境外来源的，应按照该员工据以取得上述工资薪金所得的境内、外工作期间月份数比例计算划分。

四、关于应纳税款的计算②

（一）转让股票（销售）取得所得的税款计算。对于员工转让股票等有价证券取得的所得，应按现行税法和政策规定征免个人所得税。即：个人将行权后的境内上市公司股票再行转让而取得的所得，暂不征收个人所得税；个人转让境外上市公司的股票而取得的所得，应按税法的规定计算应纳税所得额和应纳税额，依法缴纳税款。

（二）参与税后利润分配取得所得的税款计算。员工因拥有股权参与税后利润分配而取得的股息、红利所得，除依照有关规定可以免税或减税的外，应全额按规定税率计算纳税。

---

① 本文件条款废止。参见：《财政部 税务总局关于境外所得有关个人所得税政策的公告》（财政部 税务总局公告 2020 年第 3 号）。

② 本文件条款第（一）项废止。参见：《财政部 税务总局关于个人所得税法修改后有关优惠政策衔接问题的通知》财税〔2018〕164 号。

五、关于征收管理

（一）扣缴义务人。实施股票期权计划的境内企业为个人所得税的扣缴义务人，应按税法规定履行代扣代缴个人所得税的义务。

（二）自行申报纳税。员工从两处或两处以上取得股票期权形式的工资薪金所得和没有扣缴义务人的，该个人应在个人所得税法规定的纳税申报期限内自行申报缴纳税款。

（三）报送有关资料。实施股票期权计划的境内企业，应在股票期权计划实施之前，将企业的股票期权计划或实施方案、股票期权协议书、授权通知书等资料报送主管税务机关；应在员工行权之前，将股票期权行权通知书和行权调整通知书等资料报送主管税务机关。

扣缴义务人和自行申报纳税的个人在申报纳税或代扣代缴税款时，应在税法规定的纳税申报期限内，将个人接受或转让的股票期权以及认购的股票情况（包括种类、数量、施权价格、行权价格、市场价格、转让价格等）报送主管税务机关。

（四）处罚。实施股票期权计划的企业和因股票期权计划而取得应税所得的自行申报员工，未按规定报送上述有关报表和资料，未履行申报纳税义务或者扣缴税款义务的，按《中华人民共和国税收征收管理法》及其实施细则的有关规定进行处理。

六、关于执行时间

本通知自2005年7月1日起执行。《国家税务总局关于个人认购股票等有价证券而从雇主取得折扣或补贴收入有关征收个人所得税问题的通知》（国税发〔1998〕9号）的规定与本通知不一致的，按本通知规定执行。

财政部 国家税务总局
2005年3月31日

关于完善股权激励和技术入股有关所得税政策的通知

（财税〔2016〕101号）

各省、自治区、直辖市、计划单列市财政厅（局）、国家税务局、地方税务局，新疆生产建设兵团财务局：

为支持国家大众创业、万众创新战略的实施，促进我国经济结构转型升级，经国务院批准，现就完善股权激励和技术入股有关所得税政策通知如下：

一、对符合条件的非上市公司股票期权、股权期权、限制性股票和股权奖励实行递延纳税政策

（一）非上市公司授予本公司员工的股票期权、股权期权、限制性股票和股权奖励，符合规定条件的，经向主管税务机关备案，可实行递延纳税政策，即员工在取得股权激励时可暂不纳税，递延至转让该股权时纳税；股权转让时，按照股权转让收入减除股权取得成本以及合理税费后的差额，适用“财产转让所得”项目，按照20%的税率计算缴纳个人所得税。

股权转让时，股票（权）期权取得成本按行权价确定，限制性股票取得成本按实际出资额确定，股权奖励取得成本为零。

（二）享受递延纳税政策的非上市公司股权激励（包括股票期权、股权期权、限制性股票和股权奖励，下同）须同时满足以下条件：

1. 属于境内居民企业的股权激励计划。

2. 股权激励计划经公司董事会、股东（大）会审议通过。未设股东（大）会的国有单位，经上级主管部门审核批准。股权激励计划应列明激励目的、对象、标的、有效期、各类价格的确定方法、激励对象获取权益的条件、程序等。

3. 激励标的应为境内居民企业的本公司股权。股权奖励的标的可以是技术成果投资入股到其他境内居民企业所取得的股权。激励标的股票（权）包括通过增发、大股东直接让渡以及法律法规允许的其他合理方式授予激励对象的股票（权）。

4. 激励对象应为公司董事会或股东（大）会决定的技术骨干和高级管理

人员，激励对象人数累计不得超过本公司最近6个月在职职工平均人数的30%。

5. 股票（权）期权自授予日起应持有满3年，且自行权日起持有满1年；限制性股票自授予日起应持有满3年，且解禁后持有满1年；股权奖励自获得奖励之日起应持有满3年。上述时间条件须在股权激励计划中列明。

6. 股票（权）期权自授予日至行权日的时间不得超过10年。

7. 实施股权奖励的公司及其奖励股权标的公司所属行业均不属于《股权奖励税收优惠政策限制性行业目录》范围。公司所属行业按公司上一纳税年度主营业务收入占比最高的行业确定。

（三）本通知所称股票（权）期权是指公司给予激励对象在一定期限内以事先约定的价格购买本公司股票（权）的权利；所称限制性股票是指公司按照预先确定的条件授予激励对象一定数量的本公司股权，激励对象只有工作年限或业绩目标符合股权激励计划规定条件的才可以处置该股权；所称股权奖励是指企业无偿授予激励对象一定份额的股权或一定数量的股份。

（四）股权激励计划所列内容不同时满足第一条第（二）款规定的全部条件，或递延纳税期间公司情况发生变化，不再符合第一条第（二）款第4至6项条件的，不得享受递延纳税优惠，应按规定计算缴纳个人所得税。

二、对上市公司股票期权、限制性股票和股权奖励适当延长纳税期限

（一）上市公司授予个人的股票期权、限制性股票和股权奖励，经向主管税务机关备案，个人可自股票期权行权、限制性股票解禁或取得股权奖励之日起，在不超过12个月的期限内缴纳个人所得税。《财政部 国家税务总局关于上市公司高管人员股票期权所得缴纳个人所得税有关问题的通知》（财税〔2009〕40号）自本通知施行之日起废止。

（二）上市公司股票期权、限制性股票应纳税款的计算，继续按照《财政部 国家税务总局关于个人股票期权所得征收个人所得税问题的通知》（财税〔2005〕35号）、《财政部 国家税务总局关于股票增值权所得和限制性股票所得征收个人所得税有关问题的通知》（财税〔2009〕5号）、《国家税务总局关于股权激励有关个人所得税问题的通知》（国税函〔2009〕461号）等相关规定执行。股权奖励应纳税款的计算比照上述规定执行。

三、对技术成果投资入股实施选择性税收优惠政策

（一）企业或个人以技术成果投资入股到境内居民企业，被投资企业支付的对价全部为股票（权）的，企业或个人可选择继续按现行有关税收政策执行，也可选择适用递延纳税优惠政策。

选择技术成果投资入股递延纳税政策的，经向主管税务机关备案，投资入

股当期可暂不纳税，允许递延至转让股权时，按股权转让收入减去技术成果原值和合理税费后的差额计算缴纳所得税。

（二）企业或个人选择适用上述任一项政策，均允许被投资企业按技术成果投资入股时的评估值入账并在企业所得税前摊销扣除。

（三）技术成果是指专利技术（含国防专利）、计算机软件著作权、集成电路布图设计专有权、植物新品种权、生物医药新品种，以及科技部、财政部、国家税务总局确定的其他技术成果。

（四）技术成果投资入股，是指纳税人将技术成果所有权让渡给被投资企业、取得该企业股票（权）的行为。

四、相关政策

（一）个人从任职受雇企业以低于公平市场价格取得股票（权）的，凡不符合递延纳税条件，应在获得股票（权）时，对实际出资额低于公平市场价格的差额，按照“工资、薪金所得”项目，参照《财政部 国家税务总局关于个人股票期权所得征收个人所得税问题的通知》（财税〔2005〕35 号）有关规定计算缴纳个人所得税。

（二）个人因股权激励、技术成果投资入股取得股权后，非上市公司在境内上市的，处置递延纳税的股权时，按照现行限售股有关征税规定执行。

（三）个人转让股权时，视同享受递延纳税优惠政策的股权优先转让。递延纳税的股权成本按照加权平均法计算，不与其他方式取得的股权成本合并计算。

（四）持有递延纳税的股权期间，因该股权产生的转增股本收入，以及以该递延纳税的股权再进行非货币性资产投资的，应在当期缴纳税款。

（五）全国中小企业股份转让系统挂牌公司按照本通知第一条规定执行。

适用本通知第二条规定的上市公司是指其股票在上海证券交易所、深圳证券交易所上市交易的股份有限公司。

五、配套管理措施

（一）对股权激励或技术成果投资入股选择适用递延纳税政策的，企业应在规定期限内到主管税务机关办理备案手续。未办理备案手续的，不得享受本通知规定的递延纳税优惠政策。

（二）企业实施股权激励或个人以技术成果投资入股，以实施股权激励或取得技术成果的企业为个人所得税扣缴义务人。递延纳税期间，扣缴义务人应在每个纳税年度终了后向主管税务机关报告递延纳税有关情况。

（三）工商部门应将企业股权变更信息及时与税务部门共享，暂不具备联网实时共享信息条件的，工商部门应在股权变更登记3个工作日内将信息与税务部门共享。

六、本通知自2016年9月1日起施行。

中关村国家自主创新示范区2016年1月1日至8月31日之间发生的尚未纳税的股权奖励事项，符合本通知规定的相关条件的，可按本通知有关政策执行。

财政部 国家税务总局
2016年9月20日

股权转让所得个人所得税管理办法（试行）

（国家税务总局公告2014年第67号）

第一章　总　　则

第一条　为加强股权转让所得个人所得税征收管理，规范税务机关、纳税人和扣缴义务人征纳行为，维护纳税人合法权益，根据《中华人民共和国个人所得税法》及其实施条例、《中华人民共和国税收征收管理法》及其实施细则，制定本办法。

第二条　本办法所称股权是指自然人股东（以下简称个人）投资于在中国境内成立的企业或组织（以下统称被投资企业，不包括个人独资企业和合伙企业）的股权或股份。

第三条　本办法所称股权转让是指个人将股权转让给其他个人或法人的行为，包括以下情形：

（一）出售股权；

（二）公司回购股权；

（三）发行人首次公开发行新股时，被投资企业股东将其持有的股份以公开发行方式一并向投资者发售；

（四）股权被司法或行政机关强制过户；

（五）以股权对外投资或进行其他非货币性交易；

（六）以股权抵偿债务；

（七）其他股权转移行为。

第四条　个人转让股权，以股权转让收入减除股权原值和合理费用后的余额为应纳税所得额，按“财产转让所得”缴纳个人所得税。

合理费用是指股权转让时按照规定支付的有关税费。

第五条　个人股权转让所得个人所得税，以股权转让方为纳税人，以受让方为扣缴义务人。

第六条　扣缴义务人应于股权转让相关协议签订后5个工作日内，将股权转让的有关情况报告主管税务机关。

被投资企业应当详细记录股东持有本企业股权的相关成本，如实向税务机关提供与股权转让有关的信息，协助税务机关依法执行公务。

第二章 股权转让收入的确认

第七条 股权转让收入是指转让方因股权转让而获得的现金、实物、有价证券和其他形式的经济利益。

第八条 转让方取得与股权转让相关的各种款项，包括违约金、补偿金以及其他名目的款项、资产、权益等，均应当并入股权转让收入。

第九条 纳税人按照合同约定，在满足约定条件后取得的后续收入，应当作为股权转让收入。

第十条 股权转让收入应当按照公平交易原则确定。

第十一条 符合下列情形之一的，主管税务机关可以核定股权转让收入：

（一）申报的股权转让收入明显偏低且无正当理由的；

（二）未按照规定期限办理纳税申报，经税务机关责令限期申报，逾期仍不申报的；

（三）转让方无法提供或拒不提供股权转让收入的有关资料；

（四）其他应核定股权转让收入的情形。

第十二条 符合下列情形之一，视为股权转让收入明显偏低：

（一）申报的股权转让收入低于股权对应的净资产份额的，其中，被投资企业拥有土地使用权、房屋、房地产企业未销售房产、知识产权、探矿权、采矿权、股权等资产的，申报的股权转让收入低于股权对应的净资产公允价值份额的；

（二）申报的股权转让收入低于初始投资成本或低于取得该股权所支付的价款及相关税费的；

（三）申报的股权转让收入低于相同或类似条件下同一企业同一股东或其他股东股权转让收入的；

（四）申报的股权转让收入低于相同或类似条件下同类行业的企业股权转让收入的；

（五）不具合理性的无偿让渡股权或股份；

（六）主管税务机关认定的其他情形。

第十三条 符合下列条件之一的股权转让收入明显偏低，视为有正当理由：

（一）能出具有效文件，证明被投资企业因国家政策调整，生产经营受到重大影响，导致低价转让股权；

（二）继承或将股权转让给其能提供具有法律效力身份关系证明的配偶、父母、子女、祖父母、外祖父母、孙子女、外孙子女、兄弟姐妹以及对转让人承担直接抚养或者赡养义务的抚养人或者赡养人；

（三）相关法律、政府文件或企业章程规定，并有相关资料充分证明转让价格合理且真实的本企业员工持有的不能对外转让股权的内部转让；

（四）股权转让双方能够提供有效证据证明其合理性的其他合理情形。

第十四条 主管税务机关应依次按照下列方法核定股权转让收入：

（一）净资产核定法。

股权转让收入按照每股净资产或股权对应的净资产份额核定。

被投资企业的土地使用权、房屋、房地产企业未销售房产、知识产权、探矿权、采矿权、股权等资产占企业总资产比例超过20%的，主管税务机关可参照纳税人提供的具有法定资质的中介机构出具的资产评估报告核定股权转让收入。

6个月内再次发生股权转让且被投资企业净资产未发生重大变化的，主管税务机关可参照上一次股权转让时被投资企业的资产评估报告核定此次股权转让收入。

（二）类比法。

1. 参照相同或类似条件下同一企业同一股东或其他股东股权转让收入核定；

2. 参照相同或类似条件下同类行业企业股权转让收入核定。

（三）其他合理方法。

主管税务机关采用以上方法核定股权转让收入存在困难的，可以采取其他合理方法核定。

第三章　股权原值的确认

第十五条 个人转让股权的原值依照以下方法确认：

（一）以现金出资方式取得的股权，按照实际支付的价款与取得股权直接相关的合理税费之和确认股权原值；

（二）以非货币性资产出资方式取得的股权，按照税务机关认可或核定的投资入股时非货币性资产价格与取得股权直接相关的合理税费之和确认股权原值；

（三）通过无偿让渡方式取得股权，具备本办法第十三条第二项所列情形的，按取得股权发生的合理税费与原持有人的股权原值之和确认股权原值；

（四）被投资企业以资本公积、盈余公积、未分配利润转增股本，个人股东已依法缴纳个人所得税的，以转增额和相关税费之和确认其新转增股本的股权原值；

（五）除以上情形外，由主管税务机关按照避免重复征收个人所得税的原则合理确认股权原值。

第十六条 股权转让人已被主管税务机关核定股权转让收入并依法征收个人所得税的，该股权受让人的股权原值以取得股权时发生的合理税费与股权转让人被主管税务机关核定的股权转让收入之和确认。

第十七条 个人转让股权未提供完整、准确的股权原值凭证，不能正确计算股权原值的，由主管税务机关核定其股权原值。

第十八条 对个人多次取得同一被投资企业股权的，转让部分股权时，采用“加权平均法”确定其股权原值。

第四章 纳 税 申 报

第十九条 个人股权转让所得个人所得税以被投资企业所在地地税机关为主管税务机关。

第二十条 具有下列情形之一的，扣缴义务人、纳税人应当依法在次月15日内向主管税务机关申报纳税：

（一）受让方已支付或部分支付股权转让价款的；

（二）股权转让协议已签订生效的；

（三）受让方已经实际履行股东职责或者享受股东权益的；

（四）国家有关部门判决、登记或公告生效的；

（五）本办法第三条第四至第七项行为已完成的；

（六）税务机关认定的其他有证据表明股权已发生转移的情形。

第二十一条 纳税人、扣缴义务人向主管税务机关办理股权转让纳税（扣缴）申报时，还应当报送以下资料：

（一）股权转让合同（协议）；

（二）股权转让双方身份证明；

（三）按规定需要进行资产评估的，需提供具有法定资质的中介机构出具的净资产或土地房产等资产价值评估报告；

（四）计税依据明显偏低但有正当理由的证明材料；

（五）主管税务机关要求报送的其他材料。

第二十二条 被投资企业应当在董事会或股东会结束后5个工作日内，向主管税务机关报送与股权变动事项相关的董事会或股东会决议、会议纪要等资料。

被投资企业发生个人股东变动或者个人股东所持股权变动的，应当在次月

15 日内向主管税务机关报送含有股东变动信息的《个人所得税基础信息表（A 表）》及股东变更情况说明。

主管税务机关应当及时向被投资企业核实其股权变动情况，并确认相关转让所得，及时督促扣缴义务人和纳税人履行法定义务。

第二十三条 转让的股权以人民币以外的货币结算的，按照结算当日人民币汇率中间价，折算成人民币计算应纳税所得额。

第五章 征收管理

第二十四条 税务机关应加强与工商部门合作，落实和完善股权信息交换制度，积极开展股权转让信息共享工作。

第二十五条 税务机关应当建立股权转让个人所得税电子台账，将个人股东的相关信息录入征管信息系统，强化对每次股权转让间股权转让收入和股权原值的逻辑审核，对股权转让实施链条式动态管理。

第二十六条 税务机关应当落实好国税部门、地税部门之间的信息交换与共享制度，不断提升股权登记信息应用能力。

第二十七条 税务机关应当加强对股权转让所得个人所得税的日常管理和税务检查，积极推进股权转让各税种协同管理。

第二十八条 纳税人、扣缴义务人及被投资企业未按照规定期限办理纳税（扣缴）申报和报送相关资料的，依照《中华人民共和国税收征收管理法》及其实施细则有关规定处理。

第二十九条 各地可通过政府购买服务的方式，引入中介机构参与股权转让过程中相关资产的评估工作。

第六章 附 则

第三十条 个人在上海证券交易所、深圳证券交易所转让从上市公司公开发行和转让市场取得的上市公司股票，转让限售股，以及其他有特别规定的股权转让，不适用本办法。

第三十一条 各省、自治区、直辖市和计划单列市地方税务局可以根据本办法，结合本地实际，制定具体实施办法。

第三十二条 本办法自 2015 年 1 月 1 日起施行。《国家税务总局关于加强股权转让所得征收个人所得税管理的通知》（国税函〔2009〕285 号）、《国家税务总局关于股权转让个人所得税计税依据核定问题的公告》（国家税务总局公告 2010 年第 27 号）同时废止。

国家税务总局关于3项个人所得税事项取消审批实施后续管理的公告

（国家税务总局公告2016年第5号）

根据《国家税务总局关于贯彻落实〈国务院关于第一批取消62项中央指定地方实施行政审批事项的决定〉的通知》（税总发〔2015〕141号）等规定，现就下列个人所得税事项取消审批的后续管理问题公告如下：

一、关于“取消促进科技成果转化暂不征收个人所得税审核”的后续管理

按照《国家税务总局关于促进科技成果转化有关个人所得税问题的通知》（国税发〔1999〕125号）和《国家税务总局关于取消促进科技成果转化暂不征收个人所得税审核权有关问题的通知》（国税函〔2007〕833号）规定，将职务科技成果转化为股份、投资比例的科研机构、高等学校或者获奖人员，应在授（获）奖的次月15日内向主管税务机关备案，报送《科技成果转化暂不征收个人所得税备案表》（见附件1）。技术成果价值评估报告、股权奖励文件及其他证明材料由奖励单位留存备查。

二、关于“取消个人取得股票期权或认购股票等取得折扣或补贴收入个人所得税纳税有困难的审核”的后续管理

（一）按照《财政部 国家税务总局关于上市公司高管人员股票期权所得缴纳个人所得税有关问题的通知》（财税〔2009〕40号）规定，纳税人若选择分期缴纳个人所得税，其扣缴义务人应在股票期权行权的次月15日内，向主管税务机关办理分期缴纳个人所得税备案手续，报送《个人取得股票期权或认购股票等取得折扣或补贴收入分期缴纳个人所得税备案表》（见附件2）。其他相关证明材料由扣缴义务人留存备查。

（二）按照《国家税务总局关于个人认购股票等有价证券而从雇主取得折扣或补贴收入有关征收个人所得税问题的通知》（国税发〔1998〕9号）规定，纳税人若选择分期缴纳个人所得税，其扣缴义务人应在实际认购股票等有价证

券的次月15日内，向主管税务机关办理分期缴纳个人所得税备案手续，报送《个人取得股票期权或认购股票等取得折扣或补贴收入分期缴纳个人所得税备案表》（见附件2）。其他相关证明材料由扣缴义务人留存备查。

三、关于“取消对律师事务所征收方式的核准”的后续管理

《国家税务总局关于强化律师事务所等中介机构投资者个人所得税查账征收的通知》（国税发〔2002〕123号）第三条废止后，统一按照《中华人民共和国税收征收管理法》及其实施细则、《财政部 国家税务总局关于印发〈关于个人独资企业和合伙企业投资者征收个人所得税的规定〉的通知》（财税〔2000〕91号）等相关规定实施后续管理。

本公告自公布之日起施行。《国家税务总局关于取消促进科技成果转化暂不征收个人所得税审核权有关问题的通知》（国税函〔2007〕833号）第二条第一项和第三条、《国家税务总局关于个人认购股票等有价证券而从雇主取得折扣或补贴收入有关征收个人所得税问题的通知》（国税发〔1998〕9号）第二条关于“可在报经当地主管税务机关批准后”的规定和第三条同时废止。

特此公告。

国家税务总局
2016年1月28日

附件 1

科技成果转化暂不征收个人所得税备案表

备案编号（主管税务机关填写）：　　　　金额单位：人民币元（列至角分）

<table>
<tr><td colspan="11">奖励单位基本情况</td></tr>
<tr><td colspan="2">奖励单位名称</td><td></td><td>纳税人识别号</td><td></td><td>地址</td><td></td><td>联系人</td><td></td><td>电话</td><td></td></tr>
<tr><td colspan="11">获奖人员基本情况</td></tr>
<tr><td rowspan="2">序号</td><td rowspan="2">姓名</td><td rowspan="2">身份证照类型</td><td rowspan="2">身份证照号码</td><td rowspan="2">职务</td><td rowspan="2">获奖时间</td><td colspan="2">获得股权奖励形式及数量</td><td rowspan="2">涉及单位名称</td><td rowspan="2">获奖金额</td><td rowspan="2">签名</td></tr>
<tr><td>股份数量（股）</td><td>出资比例（%）</td></tr>
<tr><td></td><td></td><td></td><td></td><td></td><td></td><td></td><td></td><td></td><td></td><td></td></tr>
<tr><td></td><td></td><td></td><td></td><td></td><td></td><td></td><td></td><td></td><td></td><td></td></tr>
<tr><td></td><td></td><td></td><td></td><td></td><td></td><td></td><td></td><td></td><td></td><td></td></tr>
<tr><td></td><td></td><td></td><td></td><td></td><td></td><td></td><td></td><td></td><td></td><td></td></tr>
<tr><td></td><td></td><td></td><td></td><td></td><td></td><td></td><td></td><td></td><td></td><td></td></tr>
<tr><td></td><td></td><td></td><td></td><td></td><td></td><td></td><td></td><td></td><td></td><td></td></tr>
<tr><td></td><td></td><td></td><td></td><td></td><td></td><td></td><td></td><td></td><td></td><td></td></tr>
<tr><td></td><td></td><td></td><td></td><td></td><td></td><td></td><td></td><td></td><td></td><td></td></tr>
<tr><td></td><td></td><td></td><td></td><td></td><td></td><td></td><td></td><td></td><td></td><td></td></tr>
</table>

（续表）

科技成果基本情况	
科技成果名称	基本情况说明
谨声明：此表是根据《中华人民共和国个人所得税法》及有关法律法规规定填写的，是真实的、完整的、可靠的。	
科研机构或高等学校签章： 经办人（获奖人）： 办理日期：　　年　　月　　日	主管税务机关受理章： 受理人： 受理日期：　　年　　月　　日

国家税务总局监制

填报说明

本表适用于将职务科技成果转化为股份、投资比例的科研机构、高等学校或者获奖人员向主管税务机关办理暂不征收个人所得税备案事宜。本表一式二份，主管税务机关受理后，由科研机构、高等学校或者获奖人员和主管税务机关分别留存。

一、备案编号：由主管税务机关自行编制。

二、纳税人识别号：填写税务机关赋予的纳税人识别号。

三、职务：填写获得奖励的纳税人在科研机构或高等学校中担任的职务。

四、获奖时间：填写纳税人实际获得奖励的具体日期。纳税人在备案时限内多次取得奖励的，需分别填写。

五、获得股权奖励形式及数量：在对应奖励形式下填写纳税人实际取得的股份数量或出资比例。

六、涉及单位名称：填写股份或出资比例等被用作奖励的单位名称。纳税人奖励涉及多家单位的，可一并填写。

七、获奖金额：填写纳税人获得奖励的股份、出资比例等股权的价值。

八、科技成果名称：填写科技成果的标准名称。

九、基本情况说明：对科技成果的基本情况进行简要说明。

十、若获奖人员和科技成果基本情况填写不下，可另附纸填写。

十一、获奖人员办理时，所有项目均需填写，并在经办人（获奖人）处签字，同时加盖科研机构或高等学校签章。

附件 2

个人取得股票期权或认购股票等取得折扣或补贴收入分期缴纳个人所得税备案表

备案编号（主管税务机关填写）：　　　　　　　　　　　　　　　　　　　　　金额单位：人民币元（列至角分）

<table>
<tr><td colspan="14">扣缴单位基本情况</td></tr>
<tr><td colspan="3">扣缴单位名称</td><td colspan="2"></td><td colspan="2">纳税人识别号</td><td colspan="2"></td><td colspan="2">总股本（实收资本）</td><td colspan="3"></td></tr>
<tr><td colspan="3">地址</td><td colspan="2"></td><td colspan="2">联系人</td><td colspan="2"></td><td colspan="2">电话</td><td colspan="3"></td></tr>
<tr><td colspan="14">分期缴税情况</td></tr>
<tr><td colspan="2">分期缴税类别</td><td colspan="12">□上市公司高管人员取得股票期权行权时纳税确有困难分期缴税 □个人认购股票等有价证券而从雇主取得折扣或补贴收入纳税确有困难分期缴税</td></tr>
<tr><td>序号</td><td>姓名</td><td>身份证照类型</td><td>身份证照号码</td><td>有价证券种类</td><td>有价证券名称</td><td>有价证券代码</td><td>行权/认购时间</td><td>行权/认购价格</td><td>行权/认购数量</td><td>市场价格</td><td>应纳税所得额</td><td>分期月数</td><td>签名</td></tr>
<tr><td></td><td></td><td></td><td></td><td></td><td></td><td></td><td></td><td></td><td></td><td></td><td></td><td></td><td></td></tr>
<tr><td></td><td></td><td></td><td></td><td></td><td></td><td></td><td></td><td></td><td></td><td></td><td></td><td></td><td></td></tr>
<tr><td></td><td></td><td></td><td></td><td></td><td></td><td></td><td></td><td></td><td></td><td></td><td></td><td></td><td></td></tr>
<tr><td></td><td></td><td></td><td></td><td></td><td></td><td></td><td></td><td></td><td></td><td></td><td></td><td></td><td></td></tr>
<tr><td></td><td></td><td></td><td></td><td></td><td></td><td></td><td></td><td></td><td></td><td></td><td></td><td></td><td></td></tr>
<tr><td></td><td></td><td></td><td></td><td></td><td></td><td></td><td></td><td></td><td></td><td></td><td></td><td></td><td></td></tr>
<tr><td></td><td></td><td></td><td></td><td></td><td></td><td></td><td></td><td></td><td></td><td></td><td></td><td></td><td></td></tr>
<tr><td></td><td></td><td></td><td></td><td></td><td></td><td></td><td></td><td></td><td></td><td></td><td></td><td></td><td></td></tr>
<tr><td></td><td></td><td></td><td></td><td></td><td></td><td></td><td></td><td></td><td></td><td></td><td></td><td></td><td></td></tr>
</table>

（续表）

谨声明：此表是根据《中华人民共和国个人所得税法》及有关法律法规规定填写的，是真实的、完整的、可靠的。 扣缴单位负责人签字：　　扣缴单位盖章：　　年　月　日	
代理申报机构（人）签章： 经办人：　　经办人执业证件号码： 代理申报日期：　年　月　日	主管税务机关受理章： 受理人： 受理日期：　年　月　日

国家税务总局监制

填报说明

本表适用于个人取得股票期权或认购股票等取得折扣或补贴收入，其扣缴义务人向主管税务机关办理分期缴纳个人所得税备案事宜。本表一式二份，主管税务机关受理后，由扣缴义务人和主管税务机关分别留存。

一、备案编号：由主管税务机关自行编制。

二、纳税人识别号：填写税务机关赋予的纳税人识别号。

三、分期缴税类别：根据实际情况勾选。

四、有价证券种类：填写取得（认购）有价证券的种类，如填写“股票”。

五、有价证券名称：填写取得（认购）有价证券的具体标准名称，如填写股票名称。

六、有价证券代码：填写取得（认购）有价证券的代码，如填写股票代码，无代码的可不填写。

七、行权/认购时间：填写纳税人实际行权（认购）有价证券的具体日期。纳税人在备案期限内多次取得有价证券的，需分别填写。

八、行权/认购价格：填写纳税人实际行权（认购）有价证券的价格。

九、行权/认购数量：填写纳税人实际行权（认购）有价证券的数量并注明计量单位，如股票的股数。

十、应纳税所得额：按照《中华人民共和国个人所得税法》及相关规定计算。

十一、分期月数：填写计划分期缴纳个人所得税的月份数。

十二、若分期缴税情况填写不下，可另附纸填写。

国家税务总局关于个人认购股票等有价证券而从雇主取得折扣或补贴收入有关征收个人所得税问题的通知

（国税发〔1998〕9 号）

一些中国境内的公司、企业作为吸收、稳定人才的手段，按照有关法律规定及本公司规定，向其雇员（内部职工）发放认股权证，并承诺雇员在公司达到一定工作年限或满足其他条件，可凭该认股权证按事先约定价格（一般低于当期股票发行价格或市场价格）认购公司股票；或者向达到一定工作年限或满足其他条件的雇员，按当期市场价格的一定折价转让本企业持有的其他公司（包括外国公司）的股票等有价证券；或者按一定比例为该雇员负担其进行股票等有价证券的投资。现将雇员以上述不同方式认购股票等有价证券而从雇主取得各类折扣或补贴有关征收个人所得税的问题通知如下：

一、关于所得性质认定问题

在中国负有纳税义务的个人（包括在中国境内有住所和无住所的个人）认购股票等有价证券，因其受雇期间的表现或业绩，从其雇主以不同形式取得的折扣或补贴（指雇员实际支付的股票等有价证券的认购价格低于当期发行价格或市场价格的数额），属于该个人因受雇而取得的工资、薪金所得，应在雇员实际认购股票等有价证券时，按照《中华人民共和国个人所得税法》（以下简称税法）及其实施条例和其他有关规定计算缴纳个人所得税。

上述个人在认购股票等有价证券后再行转让所取得的所得，属于税法及其实施条例规定的股票等有价证券转让所得，适用有关对股票等有价证券转让所得征收个人所得税的规定。

二、关于计税方法问题

上述个人认购股票等有价证券而从雇主取得的折扣或补贴，在计算缴纳个人所得税时，因一次收入较多，全部计入当月工资、薪金所得计算缴纳个人所得税有困难的，可在报经当地主管税务机关批准后，自其实际认购股票等有价证券的当月起，在不超过 6 个月的期限内平均分月计入工资、薪金所得计算缴纳个人所得税。

三、关于申报材料问题

纳税人或扣缴义务人就上述工资、薪金所得申报缴纳或代扣代缴个人所得税时，应将纳税人认购的股票等有价证券的种类、数量、认购价格、市场价格（包括国际市场价格）等情况及有关的证明材料和计税过程一并报当地主管税务机关。

国家税务总局
1998 年 1 月 20 日

国家税务总局关于我国居民企业实行股权激励计划有关企业所得税处理问题的公告

（国家税务总局公告2012年第18号）

为推进我国资本市场改革，促进企业建立健全激励与约束机制，根据国务院证券管理委员会发布的《上市公司股权激励管理办法（试行）》（证监公司字〔2005〕151号，以下简称《管理办法》）的规定，一些在我国境内上市的居民企业（以下简称上市公司），为其职工建立了股权激励计划。根据《中华人民共和国企业所得税法》及其实施条例（以下简称税法）的有关规定，现就上市公司实施股权激励计划有关企业所得税处理问题，公告如下：

一、本公告所称股权激励，是指《管理办法》中规定的上市公司以本公司股票为标的，对其董事、监事、高级管理人员及其他员工（以下简称激励对象）进行的长期性激励。股权激励实行方式包括授予限制性股票、股票期权以及其他法律法规规定的方式。

限制性股票，是指《管理办法》中规定的激励对象按照股权激励计划规定的条件，从上市公司获得的一定数量的本公司股票。

股票期权，是指《管理办法》中规定的上市公司按照股权激励计划授予激励对象在未来一定期限内，以预先确定的价格和条件购买本公司一定数量股票的权利。

二、上市公司依照《管理办法》要求建立职工股权激励计划，并按我国企业会计准则的有关规定，在股权激励计划授予激励对象时，按照该股票的公允价格及数量，计算确定作为上市公司相关年度的成本或费用，作为换取激励对象提供服务的对价。上述企业建立的职工股权激励计划，其企业所得税的处理，按以下规定执行：

（一）对股权激励计划实行后立即可以行权的，上市公司可以根据实际行权时该股票的公允价格与激励对象实际行权支付价格的差额和数量，计算确定作为当年上市公司工资薪金支出，依照税法规定进行税前扣除。

（二）对股权激励计划实行后，需待一定服务年限或者达到规定业绩条件（以下简称等待期）方可行权的，上市公司等待期内会计上计算确认的相关成本费用，不得在对应年度计算缴纳企业所得税时扣除。在股权激励计划可行权后，上市公司方可根据该股票实际行权时的公允价格与当年激励对象实际行权支付价格的差额及数量，计算确定作为当年上市公司工资薪金支出，依照税法规定进行税前扣除。

（三）本条所指股票实际行权时的公允价格，以实际行权日该股票的收盘价格确定。

三、在我国境外上市的居民企业和非上市公司，凡比照《管理办法》的规定建立职工股权激励计划，且在企业会计处理上，也按我国会计准则的有关规定处理的，其股权激励计划有关企业所得税处理问题，可以按照上述规定执行。

四、本公告自2012年7月1日起施行。

特此公告。

分送：各省、自治区、直辖市和计划单列市国家税务局、地方税务局。

国家税务总局

2012年5月23日

国家税务总局关于企业研究开发费用税前加计扣除政策有关问题的公告

（国家税务总局公告2015年第97号）

根据《中华人民共和国企业所得税法》及其实施条例（以下简称税法）、《财政部 国家税务总局 科技部关于完善研究开发费用税前加计扣除政策的通知》（财税〔2015〕119号，以下简称《通知》）规定，现就落实完善研究开发费用（以下简称研发费用）税前加计扣除政策有关问题公告如下：

一、研究开发人员范围

企业直接从事研发活动人员包括研究人员、技术人员、辅助人员。研究人员是指主要从事研究开发项目的专业人员；技术人员是指具有工程技术、自然科学和生命科学中一个或一个以上领域的技术知识和经验，在研究人员指导下参与研发工作的人员；辅助人员是指参与研究开发活动的技工。

企业外聘研发人员是指与本企业签订劳务用工协议（合同）和临时聘用的研究人员、技术人员、辅助人员。

二、研发费用归集

（一）加速折旧费用的归集。

企业用于研发活动的仪器、设备，符合税法规定且选择加速折旧优惠政策的，在享受研发费用税前加计扣除时，就已经进行会计处理计算的折旧、费用的部分加计扣除，但不得超过按税法规定计算的金额。

（二）多用途对象费用的归集。

企业从事研发活动的人员和用于研发活动的仪器、设备、无形资产，同时从事或用于非研发活动的，应对其人员活动及仪器设备、无形资产使用情况做必要记录，并将其实际发生的相关费用按实际工时占比等合理方法在研发费用和生产经营费用间分配，未分配的不得加计扣除。

（三）其他相关费用的归集与限额计算。

企业在一个纳税年度内进行多项研发活动的，应按照不同研发项目分别归集可加计扣除的研发费用。在计算每个项目其他相关费用的限额时应当按照以下公式计算：

其他相关费用限额 =《通知》第一条第一项允许加计扣除的研发费用中的第 1 项至第 5 项的费用之和 ×10%／（1－10%）。

当其他相关费用实际发生数小于限额时，按实际发生数计算税前加计扣除数额；当其他相关费用实际发生数大于限额时，按限额计算税前加计扣除数额。

（四）特殊收入的扣减。

企业在计算加计扣除的研发费用时，应扣减已按《通知》规定归集计入研发费用，但在当期取得的研发过程中形成的下脚料、残次品、中间试制品等特殊收入；不足扣减的，允许加计扣除的研发费用按零计算。

企业研发活动直接形成产品或作为组成部分形成的产品对外销售的，研发费用中对应的材料费用不得加计扣除。

（五）财政性资金的处理。

企业取得作为不征税收入处理的财政性资金用于研发活动所形成的费用或无形资产，不得计算加计扣除或摊销。

（六）不允许加计扣除的费用。

法律、行政法规和国务院财税主管部门规定不允许企业所得税前扣除的费用和支出项目不得计算加计扣除。

已计入无形资产但不属于《通知》中允许加计扣除研发费用范围的，企业摊销时不得计算加计扣除。

三、委托研发

企业委托外部机构或个人开展研发活动发生的费用，可按规定税前扣除；加计扣除时按照研发活动发生费用的 80% 作为加计扣除基数。委托个人研发的，应凭个人出具的发票等合法有效凭证在税前加计扣除。

企业委托境外研发所发生的费用不得加计扣除，其中受托研发的境外机构是指依照外国和地区（含港澳台）法律成立的企业和其他取得收入的组织。受托研发的境外个人是指外籍（含港澳台）个人。

四、不适用加计扣除政策行业的判定

《通知》中不适用税前加计扣除政策行业的企业，是指以《通知》所列行业业务为主营业务，其研发费用发生当年的主营业务收入占企业按税法第六条规定计算的收入总额减除不征税收入和投资收益的余额 50%（不含）以上的企业。

五、核算要求

企业应按照国家财务会计制度要求，对研发支出进行会计处理。研发项目立项时应设置研发支出辅助账，由企业留存备查；年末汇总分析填报研发支出辅助账汇总表，并在报送《年度财务会计报告》的同时随附注一并报送主管税务机关。研发支出辅助账、研发支出辅助账汇总表可参照本公告所附样式编制。

六、申报及备案管理

（一）企业年度纳税申报时，根据研发支出辅助账汇总表填报研发项目可加计扣除研发费用情况归集表，在年度纳税申报时随申报表一并报送。

（二）研发费用加计扣除实行备案管理，除“备案资料”和“主要留存备查资料”按照本公告规定执行外，其他备案管理要求按照《国家税务总局关于发布〈企业所得税优惠政策事项办理办法〉的公告》（国家税务总局公告2015年第76号）的规定执行。

（三）企业应当不迟于年度汇算清缴纳税申报时，向税务机关报送《企业所得税优惠事项备案表》和研发项目文件完成备案，并将下列资料留存备查：

1. 自主、委托、合作研究开发项目计划书和企业有权部门关于自主、委托、合作研究开发项目立项的决议文件；

2. 自主、委托、合作研究开发专门机构或项目组的编制情况和研发人员名单；

3. 经科技行政主管部门登记的委托、合作研究开发项目的合同；

4. 从事研发活动的人员和用于研发活动的仪器、设备、无形资产的费用分配说明（包括工作使用情况记录）；

5. 集中研发项目研发费决算表、集中研发项目费用分摊明细情况表和实际分享收益比例等资料；

6. “研发支出”辅助账；

7. 企业如果已取得地市级（含）以上科技行政主管部门出具的鉴定意见，应作为资料留存备查；

8. 省税务机关规定的其他资料。

七、后续管理与核查

税务机关应加强对享受研发费用加计扣除优惠企业的后续管理和监督检查。每年汇算清缴期结束后应开展核查，核查面不得低于享受该优惠企业户数的20%。省级税务机关可根据实际情况制订具体核查办法或工作措施。

八、执行时间

本公告适用于2016年度及以后年度企业所得税汇算清缴。

特此公告。

国家税务总局

2015年12月29日

财政部 国家税务总局 科技部关于完善研究开发费用税前加计扣除政策的通知

（财税〔2015〕119号）

各省、自治区、直辖市、计划单列市财政厅（局）、国家税务局、地方税务局、科技厅（局），新疆生产建设兵团财务局、科技局：

根据《中华人民共和国企业所得税法》及其实施条例有关规定，为进一步贯彻落实《中共中央 国务院关于深化体制机制改革加快实施创新驱动发展战略的若干意见》精神，更好地鼓励企业开展研究开发活动（以下简称研发活动）和规范企业研究开发费用（以下简称研发费用）加计扣除优惠政策执行，现就企业研发费用税前加计扣除有关问题通知如下：

一、研发活动及研发费用归集范围

本通知所称研发活动，是指企业为获得科学与技术新知识，创造性运用科学技术新知识，或实质性改进技术、产品（服务）、工艺而持续进行的具有明确目标的系统性活动。

（一）允许加计扣除的研发费用。

企业开展研发活动中实际发生的研发费用，未形成无形资产计入当期损益的，在按规定据实扣除的基础上，按照本年度实际发生额的50%，从本年度应纳税所得额中扣除；形成无形资产的，按照无形资产成本的150%在税前摊销。研发费用的具体范围包括：

1．人员人工费用。

直接从事研发活动人员的工资薪金、基本养老保险费、基本医疗保险费、失业保险费、工伤保险费、生育保险费和住房公积金，以及外聘研发人员的劳务费用。

2．直接投入费用。

（1）研发活动直接消耗的材料、燃料和动力费用。

（2）用于中间试验和产品试制的模具、工艺装备开发及制造费，不构成固定资产的样品、样机及一般测试手段购置费，试制产品的检验费。

(3) 用于研发活动的仪器、设备的运行维护、调整、检验、维修等费用，以及通过经营租赁方式租入的用于研发活动的仪器、设备租赁费。

3. 折旧费用。

用于研发活动的仪器、设备的折旧费。

4. 无形资产摊销。

用于研发活动的软件、专利权、非专利技术（包括许可证、专有技术、设计和计算方法等）的摊销费用。

5. 新产品设计费、新工艺规程制定费、新药研制的临床试验费、勘探开发技术的现场试验费。

6. 其他相关费用。

与研发活动直接相关的其他费用，如技术图书资料费、资料翻译费、专家咨询费、高新科技研发保险费，研发成果的检索、分析、评议、论证、鉴定、评审、评估、验收费用，知识产权的申请费、注册费、代理费，差旅费、会议费等。此项费用总额不得超过可加计扣除研发费用总额的 10% 。

7. 财政部和国家税务总局规定的其他费用。

（二）下列活动不适用税前加计扣除政策。

1. 企业产品（服务）的常规性升级。

2. 对某项科研成果的直接应用，如直接采用公开的新工艺、材料、装置、产品、服务或知识等。

3. 企业在商品化后为顾客提供的技术支持活动。

4. 对现存产品、服务、技术、材料或工艺流程进行的重复或简单改变。

5. 市场调查研究、效率调查或管理研究。

6. 作为工业（服务）流程环节或常规的质量控制、测试分析、维修维护。

7. 社会科学、艺术或人文学方面的研究。

二、特别事项的处理

1. 企业委托外部机构或个人进行研发活动所发生的费用，按照费用实际发生额的 80% 计入委托方研发费用并计算加计扣除，受托方不得再进行加计扣除。委托外部研究开发费用实际发生额应按照独立交易原则确定。

委托方与受托方存在关联关系的，受托方应向委托方提供研发项目费用支出明细情况。

企业委托境外机构或个人进行研发活动所发生的费用，不得加计扣除。

2. 企业共同合作开发的项目，由合作各方就自身实际承担的研发费用分别计算加计扣除。

3. 企业集团根据生产经营和科技开发的实际情况，对技术要求高、投资数额大，需要集中研发的项目，其实际发生的研发费用，可以按照权利和义务相一致、费用支出和收益分享相配比的原则，合理确定研发费用的分摊方法，在受益成员企业间进行分摊，由相关成员企业分别计算加计扣除。

4. 企业为获得创新性、创意性、突破性的产品进行创意设计活动而发生的相关费用，可按照本通知规定进行税前加计扣除。

创意设计活动是指多媒体软件、动漫游戏软件开发，数字动漫、游戏设计制作；房屋建筑工程设计（绿色建筑评价标准为三星）、风景园林工程专项设计；工业设计、多媒体设计、动漫及衍生产品设计、模型设计等。

三、会计核算与管理

1. 企业应按照国家财务会计制度要求，对研发支出进行会计处理；同时，对享受加计扣除的研发费用按研发项目设置辅助账，准确归集核算当年可加计扣除的各项研发费用实际发生额。企业在一个纳税年度内进行多项研发活动的，应按照不同研发项目分别归集可加计扣除的研发费用。

2. 企业应对研发费用和生产经营费用分别核算，准确、合理归集各项费用支出，对划分不清的，不得实行加计扣除。

四、不适用税前加计扣除政策的行业

1. 烟草制造业。
2. 住宿和餐饮业。
3. 批发和零售业。
4. 房地产业。
5. 租赁和商务服务业。
6. 娱乐业。
7. 财政部和国家税务总局规定的其他行业。

上述行业以《国民经济行业分类与代码（GB/T 4754—2017）》为准，并随之更新。

五、管理事项及征管要求

1. 本通知适用于会计核算健全、实行查账征收并能够准确归集研发费用的居民企业。

2. 企业研发费用各项目的实际发生额归集不准确、汇总额计算不准确的，税务机关有权对其税前扣除额或加计扣除额进行合理调整。

3. 税务机关对企业享受加计扣除优惠的研发项目有异议的，可以转请地市级（含）以上科技行政主管部门出具鉴定意见，科技部门应及时回复意见。企业承担省部级（含）以上科研项目的，以及以前年度已鉴定的跨年度研发项目，不再需要鉴定。

4. 企业符合本通知规定的研发费用加计扣除条件而在 2016 年 1 月 1 日以后未及时享受该项税收优惠的，可以追溯享受并履行备案手续，追溯期限最长为 3 年。

5. 税务部门应加强研发费用加计扣除优惠政策的后续管理，定期开展核查，年度核查面不得低于 20%。

六、执行时间

本通知自 2016 年 1 月 1 日起执行。《国家税务总局关于印发〈企业研究开发费用税前扣除管理办法（试行）〉的通知》（国税发〔2008〕116 号）和《财政部 国家税务总局关于研究开发费用税前加计扣除有关政策问题的通知》（财税〔2013〕70 号）同时废止。

财政部 国家税务总局 科技部

2015 年 11 月 2 日

财政部 税务总局 科技部
关于提高研究开发费用税前加计扣除比例的通知

财税〔2018〕99号

各省、自治区、直辖市、计划单列市财政厅（局）、科技厅（局），国家税务总局各省、自治区、直辖市、计划单列市税务局，新疆生产建设兵团财政局、科技局：

为进一步激励企业加大研发投入，支持科技创新，现就提高企业研究开发费用（以下简称研发费用）税前加计扣除比例有关问题通知如下：

（一）企业开展研发活动中实际发生的研发费用，未形成无形资产计入当期损益的，在按规定据实扣除的基础上，在2018年1月1日至2020年12月31日期间，再按照实际发生额的75%在税前加计扣除；形成无形资产的，在上述期间按照无形资产成本的175%在税前摊销。

（二）企业享受研发费用税前加计扣除政策的其他政策口径和管理要求按照《财政部 国家税务总局 科技部关于完善研究开发费用税前加计扣除政策的通知》（财税〔2015〕119号）、《财政部 税务总局 科技部关于企业委托境外研究开发费用税前加计扣除有关政策问题的通知》（财税〔2018〕64号）、《国家税务总局关于企业研究开发费用税前加计扣除政策有关问题的公告》（国家税务总局公告2015年第97号）等文件规定执行。

财政部 税务总局 科技部

2018年9月20日

股权激励会计处理

企业会计准则第 11 号

——股份支付

（财会〔2006〕3 号　2006 年 2 月 15 日）

第一章　总　　则

第一条　为了规范股份支付的确认、计量和相关信息的披露，根据《企业会计准则——基本准则》，制定本准则。

第二条　股份支付，是指企业为获取职工和其他方提供服务而授予权益工具或者承担以权益工具为基础确定的负债的交易。

股份支付分为以权益结算的股份支付和以现金结算的股份支付。

以权益结算的股份支付，是指企业为获取服务以股份或其他权益工具作为对价进行结算的交易。

以现金结算的股份支付，是指企业为获取服务承担以股份或其他权益工具为基础计算确定的交付现金或其他资产义务的交易。

本准则所指的权益工具是企业自身权益工具。

第三条　下列各项适用其他相关会计准则：

（一）企业合并中发行权益工具取得其他企业净资产的交易，适用《企业会计准则第 20 号——企业合并》。

（二）以权益工具作为对价取得其他金融工具等交易，适用《企业会计准则第 22 号——金融工具确认和计量》。

第二章　以权益结算的股份支付

第四条　以权益结算的股份支付换取职工提供服务的，应当以授予职工权益工具的公允价值计量。

权益工具的公允价值，应当按照《企业会计准则第 22 号——金融工具确认和计量》确定。

第五条 授予后立即可行权的换取职工服务的以权益结算的股份支付，应当在授予日按照权益工具的公允价值计入相关成本或费用，相应增加资本公积。

授予日，是指股份支付协议获得批准的日期。

第六条 完成等待期内的服务或达到规定业绩条件才可行权的换取职工服务的以权益结算的股份支付，在等待期内的每个资产负债表日，应当以对可行权权益工具数量的最佳估计为基础，按照权益工具授予日的公允价值，将当期取得的服务计入相关成本或费用和资本公积。

在资产负债表日，后续信息表明可行权权益工具的数量与以前估计不同的，应当进行调整，并在可行权日调整至实际可行权的权益工具数量。

等待期，是指可行权条件得到满足的期间。

对于可行权条件为规定服务期间的股份支付，等待期为授予日至可行权日的期间；对于可行权条件为规定业绩的股份支付，应当在授予日根据最可能的业绩结果预计等待期的长度。

可行权日，是指可行权条件得到满足、职工和其他方具有从企业取得权益工具或现金的权利的日期。

第七条 企业在可行权日之后不再对已确认的相关成本或费用和所有者权益总额进行调整。

第八条 以权益结算的股份支付换取其他方服务的，应当分别下列情况处理：

（一）其他方服务的公允价值能够可靠计量的，应当按照其他方服务在取得日的公允价值，计入相关成本或费用，相应增加所有者权益。

（二）其他方服务的公允价值不能可靠计量但权益工具公允价值能够可靠计量的，应当按照权益工具在服务取得日的公允价值，计入相关成本或费用，相应增加所有者权益。

第九条 在行权日，企业根据实际行权的权益工具数量，计算确定应转入实收资本或股本的金额，将其转入实收资本或股本。

行权日，是指职工和其他方行使权利、获取现金或权益工具的日期。

第三章　以现金结算的股份支付

第十条 以现金结算的股份支付，应当按照企业承担的以股份或其他权益工具为基础计算确定的负债的公允价值计量。

第十一条 授予后立即可行权的以现金结算的股份支付，应当在授予日以企业承担负债的公允价值计入相关成本或费用，相应增加负债。

第十二条 完成等待期内的服务或达到规定业绩条件以后才可行权的以现

金结算的股份支付，在等待期内的每个资产负债表日，应当以对可行权情况的最佳估计为基础，按照企业承担负债的公允价值金额，将当期取得的服务计入成本或费用和相应的负债。

在资产负债表日，后续信息表明企业当期承担债务的公允价值与以前估计不同的，应当进行调整，并在可行权日调整至实际可行权水平。

第十三条 企业应当在相关负债结算前的每个资产负债表日以及结算日，对负债的公允价值重新计量，其变动计入当期损益。

第四章 披 露

第十四条 企业应当在附注中披露与股份支付有关的下列信息：

（一）当期授予、行权和失效的各项权益工具总额。

（二）期末发行在外的股份期权或其他权益工具行权价格的范围和合同剩余期限。

（三）当期行权的股份期权或其他权益工具以其行权日价格计算的加权平均价格。

（四）权益工具公允价值的确定方法。

企业对性质相似的股份支付信息可以合并披露。

第十五条 企业应当在附注中披露股份支付交易对当期财务状况和经营成果的影响，至少包括下列信息：

（一）当期因以权益结算的股份支付而确认的费用总额。

（二）当期因以现金结算的股份支付而确认的费用总额。

（三）当期以股份支付换取的职工服务总额及其他方服务总额。

小企业会计准则

第一章　总　　则

第一条　为了规范小企业会计确认、计量和报告行为，促进小企业可持续发展，发挥小企业在国民经济和社会发展中的重要作用，根据《中华人民共和国会计法》及其他有关法律和法规，制定本准则。

第二条　本准则适用于在中华人民共和国境内依法设立的、符合《中小企业划型标准规定》所规定的小型企业标准的企业。

下列三类小企业除外：

（一）股票或债券在市场上公开交易的小企业。

（二）金融机构或其他具有金融性质的小企业。

（三）企业集团内的母公司和子公司。

前款所称企业集团、母公司和子公司的定义与《企业会计准则》的规定相同。

第三条　符合本准则第二条规定的小企业，可以执行本准则，也可以执行《企业会计准则》。

（一）执行本准则的小企业，发生的交易或者事项本准则未作规范的，可以参照《企业会计准则》中的相关规定进行处理。

（二）执行《企业会计准则》的小企业，不得在执行《企业会计准则》的同时，选择执行本准则的相关规定。

（三）执行本准则的小企业公开发行股票或债券的，应当转为执行《企业会计准则》；因经营规模或企业性质变化导致不符合本准则第二条规定而成为大中型企业或金融企业的，应当从次年1月1日起转为执行《企业会计准则》。

（四）已执行《企业会计准则》的上市公司、大中型企业和小企业，不得转为执行本准则。

第四条　执行本准则的小企业转为执行《企业会计准则》时，应当按照《企业会计准则第38号——首次执行企业会计准则》等相关规定进行会计处理。

第二章 资　产

第五条 资产，是指小企业过去的交易或者事项形成的、由小企业拥有或者控制的、预期会给小企业带来经济利益的资源。

小企业的资产按照流动性，可分为流动资产和非流动资产。

第六条 小企业的资产应当按照成本计量，不计提资产减值准备。

第一节 流动资产

第七条 小企业的流动资产，是指预计在 1 年内（含 1 年，下同）或超过 1 年的一个正常营业周期内变现、出售或耗用的资产。

小企业的流动资产包括：货币资金、短期投资、应收及预付款项、存货等。

第八条 短期投资，是指小企业购入的能随时变现并且持有时间不准备超过 1 年（含 1 年，下同）的投资，如小企业以赚取差价为目的从二级市场购入的股票、债券、基金等。

短期投资应当按照以下规定进行会计处理：

（一）以支付现金取得的短期投资，应当按照购买价款和相关税费作为成本进行计量。

实际支付价款中包含的已宣告但尚未发放的现金股利或已到付息期但尚未领取的债券利息，应当单独确认为应收股利或应收利息，不计入短期投资的成本。

（二）在短期投资持有期间，被投资单位宣告分派的现金股利或在债务人应付利息日按照分期付息、一次还本债券投资的票面利率计算的利息收入，应当计入投资收益。

（三）出售短期投资，出售价款扣除其账面余额、相关税费后的净额，应当计入投资收益。

第九条 应收及预付款项，是指小企业在日常生产经营活动中发生的各项债权。包括：应收票据、应收账款、应收股利、应收利息、其他应收款等应收款项和预付账款。

应收及预付款项应当按照发生额入账。

第十条 小企业应收及预付款项符合下列条件之一的，减除可收回的金额后确认的无法收回的应收及预付款项，作为坏账损失：

（一）债务人依法宣告破产、关闭、解散、被撤销，或者被依法注销、吊销营业执照，其清算财产不足清偿的。

（二）债务人死亡，或者依法被宣告失踪、死亡，其财产或者遗产不足清偿的。

（三）债务人逾期3年以上未清偿，且有确凿证据证明已无力清偿债务的。

（四）与债务人达成债务重组协议或法院批准破产重整计划后，无法追偿的。

（五）因自然灾害、战争等不可抗力导致无法收回的。

（六）国务院财政、税务主管部门规定的其他条件。

应收及预付款项的坏账损失应当于实际发生时计入营业外支出，同时冲减应收及预付款项。

第十一条 存货，是指小企业在日常生产经营过程中持有以备出售的产成品或商品、处在生产过程中的在产品、将在生产过程或提供劳务过程中耗用的材料和物料等，以及小企业（农、林、牧、渔业）为出售而持有的、或在将来收获为农产品的消耗性生物资产。

小企业的存货包括：原材料、在产品、半成品、产成品、商品、周转材料、委托加工物资、消耗性生物资产等。

（一）原材料，是指小企业在生产过程中经加工改变其形态或性质并构成产品主要实体的各种原料及主要材料、辅助材料、外购半成品（外购件）、修理用备件（备品备件）、包装材料、燃料等。

（二）在产品，是指小企业正在制造尚未完工的产品。包括：正在各个生产工序加工的产品，以及已加工完毕但尚未检验或已检验但尚未办理入库手续的产品。

（三）半成品，是指小企业经过一定生产过程并已检验合格交付半成品仓库保管，但尚未制造完工成为产成品，仍需进一步加工的中间产品。

（四）产成品，是指小企业已经完成全部生产过程并已验收入库，符合标准规格和技术条件，可以按照合同规定的条件送交订货单位，或者可以作为商品对外销售的产品。

（五）商品，是指小企业（批发业、零售业）外购或委托加工完成并已验收入库用于销售的各种商品。

（六）周转材料，是指小企业能够多次使用、逐渐转移其价值但仍保持原有形态且不确认为固定资产的材料。包括：包装物、低值易耗品、小企业（建筑业）的钢模板、木模板、脚手架等。

（七）委托加工物资，是指小企业委托外单位加工的各种材料、商品等物资。

（八）消耗性生物资产，是指小企业（农、林、牧、渔业）生长中的大田作物、蔬菜、用材林以及存栏待售的牲畜等。

第十二条 小企业取得的存货，应当按照成本进行计量。

（一）外购存货的成本包括：购买价款、相关税费、运输费、装卸费、保险费以及在外购存货过程发生的其他直接费用，但不含按照税法规定可以抵扣的增值税进项税额。

（二）通过进一步加工取得存货的成本包括：直接材料、直接人工以及按照一定方法分配的制造费用。

经过 1 年期以上的制造才能达到预定可销售状态的存货发生的借款费用，也计入存货的成本。

前款所称借款费用，是指小企业因借款而发生的利息及其他相关成本。包括：借款利息、辅助费用以及因外币借款而发生的汇兑差额等。

（三）投资者投入存货的成本，应当按照评估价值确定。

（四）提供劳务的成本包括：与劳务提供直接相关的人工费、材料费和应分摊的间接费用。

（五）自行栽培、营造、繁殖或养殖的消耗性生物资产的成本，应当按照下列规定确定：

1. 自行栽培的大田作物和蔬菜的成本包括：在收获前耗用的种子、肥料、农药等材料费、人工费和应分摊的间接费用。

2. 自行营造的林木类消耗性生物资产的成本包括：郁闭前发生的造林费、抚育费、营林设施费、良种试验费、调查设计费和应分摊的间接费用。

3. 自行繁殖的育肥畜的成本包括：出售前发生的饲料费、人工费和应分摊的间接费用。

4. 水产养殖的动物和植物的成本包括：在出售或入库前耗用的苗种、饲料、肥料等材料费、人工费和应分摊的间接费用。

（六）盘盈存货的成本，应当按照同类或类似存货的市场价格或评估价值确定。

第十三条 小企业应当采用先进先出法、加权平均法或者个别计价法确定发出存货的实际成本。计价方法一经选用，不得随意变更。

对于性质和用途相似的存货，应当采用相同的成本计算方法确定发出存货的成本。

对于不能替代使用的存货、为特定项目专门购入或制造的存货以及提供的劳务，采用个别计价法确定发出存货的成本。

对于周转材料，采用一次转销法进行会计处理，在领用时按其成本计入生产成本或当期损益；金额较大的周转材料，也可以采用分次摊销法进行会计处理。出租或出借周转材料，不需要结转其成本，但应当进行备查登记。

对于已售存货，应当将其成本结转为营业成本。

第十四条 小企业应当根据生产特点和成本管理的要求，选择适合于本企业的成本核算对象、成本项目和成本计算方法。

小企业发生的各项生产费用，应当按照成本核算对象和成本项目分别归集。

（一）属于材料费、人工费等直接费用，直接计入基本生产成本和辅助生产成本。

（二）属于辅助生产车间为生产产品提供的动力等直接费用，可以先作为辅助生产成本进行归集，然后按照合理的方法分配计入基本生产成本；也可以直接计入所生产产品发生的生产成本。

（三）其他间接费用应当作为制造费用进行归集，月度终了，再按一定的分配标准，分配计入有关产品的成本。

第十五条 存货发生毁损，处置收入、可收回的责任人赔偿和保险赔款，扣除其成本、相关税费后的净额，应当计入营业外支出或营业外收入。

盘盈存货实现的收益应当计入营业外收入。

盘亏存货发生的损失应当计入营业外支出。

第二节 长期投资

第十六条 小企业的非流动资产，是指流动资产以外的资产。

小企业的非流动资产包括：长期债券投资、长期股权投资、固定资产、生产性生物资产、无形资产、长期待摊费用等。

第十七条 长期债券投资，是指小企业准备长期（在1年以上，下同）持有的债券投资。

第十八条 长期债券投资应当按照购买价款和相关税费作为成本进行计量。

实际支付价款中包含的已到付息期但尚未领取的债券利息，应当单独确认为应收利息，不计入长期债券投资的成本。

第十九条 长期债券投资在持有期间发生的应收利息应当确认为投资收益。

（一）分期付息、一次还本的长期债券投资，在债务人应付利息日按照票面利率计算的应收未收利息收入应当确认为应收利息，不增加长期债券投资的账面余额。

（二）一次还本付息的长期债券投资，在债务人应付利息日按照票面利率计算的应收未收利息收入应当增加长期债券投资的账面余额。

（三）债券的折价或者溢价在债券存续期间内于确认相关债券利息收入时采用直线法进行摊销。

第二十条 长期债券投资到期，小企业收回长期债券投资，应当冲减其账面余额。

处置长期债券投资，处置价款扣除其账面余额、相关税费后的净额，应当计入投资收益。

第二十一条 小企业长期债券投资符合本准则第十条所列条件之一的，减除可收回的金额后确认的无法收回的长期债券投资，作为长期债券投资损失。

长期债券投资损失应当于实际发生时计入营业外支出，同时冲减长期债券投资账面余额。

第二十二条 长期股权投资，是指小企业准备长期持有的权益性投资。

第二十三条 长期股权投资应当按照成本进行计量。

（一）以支付现金取得的长期股权投资，应当按照购买价款和相关税费作为成本进行计量。

实际支付价款中包含的已宣告但尚未发放的现金股利，应当单独确认为应收股利，不计入长期股权投资的成本。

（二）通过非货币性资产交换取得的长期股权投资，应当按照换出非货币性资产的评估价值和相关税费作为成本进行计量。

第二十四条 长期股权投资应当采用成本法进行会计处理。

在长期股权投资持有期间，被投资单位宣告分派的现金股利或利润，应当按照应分得的金额确认为投资收益。

第二十五条 处置长期股权投资，处置价款扣除其成本、相关税费后的净额，应当计入投资收益。

第二十六条 小企业长期股权投资符合下列条件之一的，减除可收回的金额后确认的无法收回的长期股权投资，作为长期股权投资损失：

（一）被投资单位依法宣告破产、关闭、解散、被撤销，或者被依法注销、吊销营业执照的。

（二）被投资单位财务状况严重恶化，累计发生巨额亏损，已连续停止经营 3 年以上，且无重新恢复经营改组计划的。

（三）对被投资单位不具有控制权，投资期限届满或者投资期限已超过 10 年，且被投资单位因连续 3 年经营亏损导致资不抵债的。

（四）被投资单位财务状况严重恶化，累计发生巨额亏损，已完成清算或清算期超过 3 年以上的。

（五）国务院财政、税务主管部门规定的其他条件。

长期股权投资损失应当于实际发生时计入营业外支出，同时冲减长期股权投资账面余额。

第三节　固定资产和生产性生物资产

第二十七条 固定资产，是指小企业为生产产品、提供劳务、出租或经营管理而持有的，使用寿命超过 1 年的有形资产。

小企业的固定资产包括：房屋、建筑物、机器、机械、运输工具、设备、器具、工具等。

第二十八条 固定资产应当按照成本进行计量。

（一）外购固定资产的成本包括：购买价款、相关税费、运输费、装卸费、保险费、安装费等，但不含按照税法规定可以抵扣的增值税进项税额。

以一笔款项购入多项没有单独标价的固定资产，应当按照各项固定资产或类似资产的市场价格或评估价值比例对总成本进行分配，分别确定各项固定资产的成本。

（二）自行建造固定资产的成本，由建造该项资产在竣工决算前发生的支出（含相关的借款费用）构成。

小企业在建工程在试运转过程中形成的产品、副产品或试车收入冲减在建工程成本。

（三）投资者投入固定资产的成本，应当按照评估价值和相关税费确定。

（四）融资租入的固定资产的成本，应当按照租赁合同约定的付款总额和在签订租赁合同过程中发生的相关税费等确定。

（五）盘盈固定资产的成本，应当按照同类或者类似固定资产的市场价格或评估价值，扣除按照该项固定资产新旧程度估计的折旧后的余额确定。

第二十九条 小企业应当对所有固定资产计提折旧，但已提足折旧仍继续使用的固定资产和单独计价入账的土地不得计提折旧。

固定资产的折旧费应当根据固定资产的受益对象计入相关资产成本或者当期损益。

前款所称折旧，是指在固定资产使用寿命内，按照确定的方法对应计折旧额进行系统分摊。应计折旧额，是指应当计提折旧的固定资产的原价（成本）扣除其预计净残值后的金额。预计净残值，是指固定资产预计使用寿命已满，小企业从该项固定资产处置中获得的扣除预计处置费用后的净额。已提足折旧，是指已经提足该项固定资产的应计折旧额。

第三十条 小企业应当按照年限平均法（即直线法，下同）计提折旧。小企业的固定资产由于技术进步等原因，确需加速折旧的，可以采用双倍余额递减法和年数总和法。

小企业应当根据固定资产的性质和使用情况，并考虑税法的规定，合理确定固定资产的使用寿命和预计净残值。

固定资产的折旧方法、使用寿命、预计净残值一经确定，不得随意变更。

第三十一条 小企业应当按月计提折旧，当月增加的固定资产，当月不计提折旧，从下月起计提折旧；当月减少的固定资产，当月仍计提折旧，从下月起不计提折旧。

第三十二条 固定资产的日常修理费，应当在发生时根据固定资产的受益对象计入相关资产成本或者当期损益。

第三十三条 固定资产的改建支出，应当计入固定资产的成本，但已提足折旧的固定资产和经营租入的固定资产发生的改建支出应当计入长期待摊费用。

前款所称固定资产的改建支出，是指改变房屋或者建筑物结构、延长使用年限等发生的支出。

第三十四条 处置固定资产，处置收入扣除其账面价值、相关税费和清理费用后的净额，应当计入营业外收入或营业外支出。

前款所称固定资产的账面价值，是指固定资产原价（成本）扣减累计折旧后的金额。

盘亏固定资产发生的损失应当计入营业外支出。

第三十五条 生产性生物资产，是指小企业（农、林、牧、渔业）为生产农产品、提供劳务或出租等目的而持有的生物资产。包括：经济林、薪炭林、产畜和役畜等。

第三十六条 生产性生物资产应当按照成本进行计量。

（一）外购的生产性生物资产的成本，应当按照购买价款和相关税费确定。

（二）自行营造或繁殖的生产性生物资产的成本，应当按照下列规定确定：

1. 自行营造的林木类生产性生物资产的成本包括：达到预定生产经营目的前发生的造林费、抚育费、营林设施费、良种试验费、调查设计费和应分摊的间接费用等必要支出。

2. 自行繁殖的产畜和役畜的成本包括：达到预定生产经营目的前发生的饲料费、人工费和应分摊的间接费用等必要支出。

前款所称达到预定生产经营目的，是指生产性生物资产进入正常生产期，可以多年连续稳定产出农产品、提供劳务或出租。

第三十七条 生产性生物资产应当按照年限平均法计提折旧。

小企业（农、林、牧、渔业）应当根据生产性生物资产的性质和使用情况，并考虑税法的规定，合理确定生产性生物资产的使用寿命和预计净残值。

生产性生物资产的折旧方法、使用寿命、预计净残值一经确定，不得随意变更。

小企业（农、林、牧、渔业）应当自生产性生物资产投入使用月份的下月起按月计提折旧；停止使用的生产性生物资产，应当自停止使用月份的下月起停止计提折旧。

第四节　无形资产

第三十八条 无形资产，是指小企业为生产产品、提供劳务、出租或经营管理而持有的、没有实物形态的可辨认非货币性资产。

小企业的无形资产包括：土地使用权、专利权、商标权、著作权、非专利技术等。

自行开发建造厂房等建筑物，相关的土地使用权与建筑物应当分别进行处理。外购土地及建筑物支付的价款应当在建筑物与土地使用权之间按照合理的方法进行分配；难以合理分配的，应当全部作为固定资产。

第三十九条 无形资产应当按照成本进行计量。

（一）外购无形资产的成本包括：购买价款、相关税费和相关的其他支出（含相关的借款费用）。

（二）投资者投入的无形资产的成本，应当按照评估价值和相关税费确定。

（三）自行开发的无形资产的成本，由符合资本化条件后至达到预定用途前发生的支出（含相关的借款费用）构成。

第四十条 小企业自行开发无形资产发生的支出，同时满足下列条件的，才能确认为无形资产：

（一）完成该无形资产以使其能够使用或出售在技术上具有可行性；

（二）具有完成该无形资产并使用或出售的意图；

（三）能够证明运用该无形资产生产的产品存在市场或无形资产自身存在市场，无形资产将在内部使用的，应当证明其有用性；

（四）有足够的技术、财务资源和其他资源支持，以完成该无形资产的开发，并有能力使用或出售该无形资产；

（五）归属于该无形资产开发阶段的支出能够可靠地计量。

第四十一条 无形资产应当在其使用寿命内采用年限平均法进行摊销，根据其受益对象计入相关资产成本或者当期损益。

无形资产的摊销期自其可供使用时开始至停止使用或出售时止。有关法律规定或合同约定了使用年限的，可以按照规定或约定的使用年限分期摊销。

小企业不能可靠估计无形资产使用寿命的，摊销期不得低于10年。

第四十二条 处置无形资产，处置收入扣除其账面价值、相关税费等后的净额，应当计入营业外收入或营业外支出。

前款所称无形资产的账面价值，是指无形资产的成本扣减累计摊销后的金额。

第五节 长期待摊费用

第四十三条 小企业的长期待摊费用包括：已提足折旧的固定资产的改建支出、经营租入固定资产的改建支出、固定资产的大修理支出和其他长期待摊费用等。

前款所称固定资产的大修理支出，是指同时符合下列条件的支出：

（一）修理支出达到取得固定资产时的计税基础50%以上；

（二）修理后固定资产的使用寿命延长2年以上。

第四十四条　长期待摊费用应当在其摊销期限内采用年限平均法进行摊销，根据其受益对象计入相关资产的成本或者管理费用，并冲减长期待摊费用。

（一）已提足折旧的固定资产的改建支出，按照固定资产预计尚可使用年限分期摊销。

（二）经营租入固定资产的改建支出，按照合同约定的剩余租赁期限分期摊销。

（三）固定资产的大修理支出，按照固定资产尚可使用年限分期摊销。

（四）其他长期待摊费用，自支出发生月份的下月起分期摊销，摊销期不得低于3年。

第三章　负　　债

第四十五条　负债，是指小企业过去的交易或者事项形成的，预期会导致经济利益流出小企业的现时义务。

小企业的负债按照其流动性，可分为流动负债和非流动负债。

第一节　流动负债

第四十六条　小企业的流动负债，是指预计在1年内或者超过1年的一个正常营业周期内清偿的债务。

小企业的流动负债包括：短期借款、应付及预收款项、应付职工薪酬、应交税费、应付利息等。

第四十七条　各项流动负债应当按照其实际发生额入账。

小企业确实无法偿付的应付款项，应当计入营业外收入。

第四十八条　短期借款应当按照借款本金和借款合同利率在应付利息日计提利息费用，计入财务费用。

第四十九条　应付职工薪酬，是指小企业为获得职工提供的服务而应付给职工的各种形式的报酬以及其他相关支出。

小企业的职工薪酬包括：

（一）职工工资、奖金、津贴和补贴。

（二）职工福利费。

（三）医疗保险费、养老保险费、失业保险费、工伤保险费和生育保险费等社会保险费。

（四）住房公积金。

（五）工会经费和职工教育经费。

（六）非货币性福利。

（七）因解除与职工的劳动关系给予的补偿。

（八）其他与获得职工提供的服务相关的支出等。

第五十条 小企业应当在职工为其提供服务的会计期间，将应付的职工薪酬确认为负债，并根据职工提供服务的受益对象，分别下列情况进行会计处理：

（一）应由生产产品、提供劳务负担的职工薪酬，计入产品成本或劳务成本。

（二）应由在建工程、无形资产开发项目负担的职工薪酬，计入固定资产成本或无形资产成本。

（三）其他职工薪酬（含因解除与职工的劳动关系给予的补偿），计入当期损益。

第二节 非流动负债

第五十一条 小企业的非流动负债，是指流动负债以外的负债。

小企业的非流动负债包括：长期借款、长期应付款等。

第五十二条 非流动负债应当按照其实际发生额入账。

长期借款应当按照借款本金和借款合同利率在应付利息日计提利息费用，计入相关资产成本或财务费用。

第四章 所有者权益

第五十三条 所有者权益，是指小企业资产扣除负债后由所有者享有的剩余权益。

小企业的所有者权益包括：实收资本（或股本，下同）、资本公积、盈余公积和未分配利润。

第五十四条 实收资本，是指投资者按照合同协议约定或相关规定投入到小企业、构成小企业注册资本的部分。

（一）小企业收到投资者以现金或非货币性资产投入的资本，应当按照其在本企业注册资本中所占的份额计入实收资本，超出的部分，应当计入资本公积。

（二）投资者根据有关规定对小企业进行增资或减资，小企业应当增加或减少实收资本。

第五十五条 资本公积，是指小企业收到的投资者出资额超过其在注册资本或股本中所占份额的部分。

小企业用资本公积转增资本，应当冲减资本公积。小企业的资本公积不得用于弥补亏损。

第五十六条 盈余公积，是指小企业按照法律规定在税后利润中提取的法定公积金和任意公积金。

小企业用盈余公积弥补亏损或者转增资本，应当冲减盈余公积。小企业的盈余公积还可以用于扩大生产经营。

第五十七条 未分配利润，是指小企业实现的净利润，经过弥补亏损、提取法定公积金和任意公积金、向投资者分配利润后，留存在本企业的、历年结存的利润。

第五章 收　　入

第五十八条 收入，是指小企业在日常生产经营活动中形成的、会导致所有者权益增加、与所有者投入资本无关的经济利益的总流入。包括：销售商品收入和提供劳务收入。

第五十九条 销售商品收入，是指小企业销售商品（或产成品、材料，下同）取得的收入。

通常，小企业应当在发出商品且收到货款或取得收款权利时，确认销售商品收入。

（一）销售商品采用托收承付方式的，在办妥托收手续时确认收入。

（二）销售商品采取预收款方式的，在发出商品时确认收入。

（三）销售商品采用分期收款方式的，在合同约定的收款日期确认收入。

（四）销售商品需要安装和检验的，在购买方接受商品以及安装和检验完毕时确认收入。安装程序比较简单的，可在发出商品时确认收入。

（五）销售商品采用支付手续费方式委托代销的，在收到代销清单时确认收入。

（六）销售商品以旧换新的，销售的商品作为商品销售处理，回收的商品作为购进商品处理。

（七）采取产品分成方式取得的收入，在分得产品之日按照产品的市场价格或评估价值确定销售商品收入金额。

第六十条 小企业应当按照从购买方已收或应收的合同或协议价款，确定销售商品收入金额。

销售商品涉及现金折扣的，应当按照扣除现金折扣前的金额确定销售商品收入金额。现金折扣应当在实际发生时，计入当期损益。

销售商品涉及商业折扣的，应当按照扣除商业折扣后的金额确定销售商品收入金额。

前款所称现金折扣，是指债权人为鼓励债务人在规定的期限内付款而向债务人提供的债务扣除。商业折扣，是指小企业为促进商品销售而在商品标价上给予的价格扣除。

第六十一条 小企业已经确认销售商品收入的售出商品发生的销售退回（不论属于本年度还是属于以前年度的销售），应当在发生时冲减当期销售商品收入。

小企业已经确认销售商品收入的售出商品发生的销售折让，应当在发生时冲减当期销售商品收入。

前款所称销售退回，是指小企业售出的商品由于质量、品种不符合要求等原因发生的退货。销售折让，是指小企业因售出商品的质量不合格等原因而在售价上给予的减让。

第六十二条 小企业提供劳务的收入，是指小企业从事建筑安装、修理修配、交通运输、仓储租赁、邮电通信、咨询经纪、文化体育、科学研究、技术服务、教育培训、餐饮住宿、中介代理、卫生保健、社区服务、旅游、娱乐、加工以及其他劳务服务活动取得的收入。

第六十三条 同一会计年度内开始并完成的劳务，应当在提供劳务交易完成且收到款项或取得收款权利时，确认提供劳务收入。提供劳务收入的金额为从接受劳务方已收或应收的合同或协议价款。

劳务的开始和完成分属不同会计年度的，应当按照完工进度确认提供劳务收入。年度资产负债表日，按照提供劳务收入总额乘以完工进度扣除以前会计年度累计已确认提供劳务收入后的金额，确认本年度的提供劳务收入；同时，按照估计的提供劳务成本总额乘以完工进度扣除以前会计年度累计已确认营业成本后的金额，结转本年度营业成本。

第六十四条 小企业与其他企业签订的合同或协议包含销售商品和提供劳务时，销售商品部分和提供劳务部分能够区分且能够单独计量的，应当将销售商品的部分作为销售商品处理，将提供劳务的部分作为提供劳务处理。

销售商品部分和提供劳务部分不能够区分，或虽能区分但不能够单独计量的，应当作为销售商品处理。

第六章 费　用

第六十五条 费用，是指小企业在日常生产经营活动中发生的、会导致所有者权益减少、与向所有者分配利润无关的经济利益的总流出。

小企业的费用包括：营业成本、营业税金及附加、销售费用、管理费用、财务费用等。

（一）营业成本，是指小企业所销售商品的成本和所提供劳务的成本。

（二）营业税金及附加，是指小企业开展日常生产经营活动应负担的消费税、营业税、城市维护建设税、资源税、土地增值税、城镇土地使用税、房产税、车船税、印花税和教育费附加、矿产资源补偿费、排污费等。

（三）销售费用，是指小企业在销售商品或提供劳务过程中发生的各种费用。包括：销售人员的职工薪酬、商品维修费、运输费、装卸费、包装费、保险费、广告费、业务宣传费、展览费等费用。

小企业（批发业、零售业）在购买商品过程中发生的费用（包括：运输费、装卸费、包装费、保险费、运输途中的合理损耗和入库前的挑选整理费等）也构成销售费用。

（四）管理费用，是指小企业为组织和管理生产经营发生的其他费用。包括：小企业在筹建期间内发生的开办费、行政管理部门发生的费用（包括：固定资产折旧费、修理费、办公费、水电费、差旅费、管理人员的职工薪酬等）、业务招待费、研究费用、技术转让费、相关长期待摊费用摊销、财产保险费、聘请中介机构费、咨询费（含顾问费）、诉讼费等费用。

（五）财务费用，是指小企业为筹集生产经营所需资金发生的筹资费用。包括：利息费用（减利息收入）、汇兑损失、银行相关手续费、小企业给予的现金折扣（减享受的现金折扣）等费用。

第六十六条　通常，小企业的费用应当在发生时按照其发生额计入当期损益。

小企业销售商品收入和提供劳务收入已予确认的，应当将已销售商品和已提供劳务的成本作为营业成本结转至当期损益。

第七章　利润及利润分配

第六十七条　利润，是指小企业在一定会计期间的经营成果。包括：营业利润、利润总额和净利润。

（一）营业利润，是指营业收入减去营业成本、营业税金及附加、销售费用、管理费用、财务费用，加上投资收益（或减去投资损失）后的金额。

前款所称营业收入，是指小企业销售商品和提供劳务实现的收入总额。投资收益，由小企业股权投资取得的现金股利（或利润）、债券投资取得的利息收入和处置股权投资和债券投资取得的处置价款扣除成本或账面余额、相关税费后的净额三部分构成。

（二）利润总额，是指营业利润加上营业外收入，减去营业外支出后的金额。

（三）净利润，是指利润总额减去所得税费用后的净额。

第六十八条 营业外收入，是指小企业非日常生产经营活动形成的、应当计入当期损益、会导致所有者权益增加、与所有者投入资本无关的经济利益的净流入。

小企业的营业外收入包括：非流动资产处置净收益、政府补助、捐赠收益、盘盈收益、汇兑收益、出租包装物和商品的租金收入、逾期未退包装物押金收益、确实无法偿付的应付款项、已作坏账损失处理后又收回的应收款项、违约金收益等。

通常，小企业的营业外收入应当在实现时按照其实现金额计入当期损益。

第六十九条 政府补助，是指小企业从政府无偿取得货币性资产或非货币性资产，但不含政府作为小企业所有者投入的资本。

（一）小企业收到与资产相关的政府补助，应当确认为递延收益，并在相关资产的使用寿命内平均分配，计入营业外收入。

收到的其他政府补助，用于补偿本企业以后期间的相关费用或亏损的，确认为递延收益，并在确认相关费用或发生亏损的期间，计入营业外收入；用于补偿本企业已发生的相关费用或亏损的，直接计入营业外收入。

（二）政府补助为货币性资产的，应当按照收到的金额计量。

政府补助为非货币性资产的，政府提供了有关凭据的，应当按照凭据上标明的金额计量；政府没有提供有关凭据的，应当按照同类或类似资产的市场价格或评估价值计量。

（三）小企业按照规定实行企业所得税、增值税、消费税、营业税等先征后返的，应当在实际收到返还的企业所得税、增值税（不含出口退税）、消费税、营业税时，计入营业外收入。

第七十条 营业外支出，是指小企业非日常生产经营活动发生的、应当计入当期损益、会导致所有者权益减少、与向所有者分配利润无关的经济利益的净流出。

小企业的营业外支出包括：存货的盘亏、毁损、报废损失，非流动资产处置净损失，坏账损失，无法收回的长期债券投资损失，无法收回的长期股权投资损失，自然灾害等不可抗力因素造成的损失，税收滞纳金，罚金，罚款，被没收财物的损失，捐赠支出，赞助支出等。

通常，小企业的营业外支出应当在发生时按照其发生额计入当期损益。

第七十一条 小企业应当按照企业所得税法规定计算的当期应纳税额，确认所得税费用。

小企业应当在利润总额的基础上，按照企业所得税法规定进行纳税调整，计算出当期应纳税所得额，按照应纳税所得额与适用所得税税率为基础计算确定当期应纳税额。

第七十二条　小企业以当年净利润弥补以前年度亏损等剩余的税后利润，可用于向投资者进行分配。

小企业（公司制）在分配当年税后利润时，应当按照公司法的规定提取法定公积金和任意公积金。

第八章　外币业务

第七十三条　小企业的外币业务由外币交易和外币财务报表折算构成。

第七十四条　外币交易，是指小企业以外币计价或者结算的交易。

小企业的外币交易包括：买入或者卖出以外币计价的商品或者劳务、借入或者借出外币资金和其他以外币计价或者结算的交易。

前款所称外币，是指小企业记账本位币以外的货币。记账本位币，是指小企业经营所处的主要经济环境中的货币。

第七十五条　小企业应当选择人民币作为记账本位币。业务收支以人民币以外的货币为主的小企业，可以选定其中一种货币作为记账本位币，但编报的财务报表应当折算为人民币财务报表。

小企业记账本位币一经确定，不得随意变更，但小企业经营所处的主要经济环境发生重大变化除外。

小企业因经营所处的主要经济环境发生重大变化，确需变更记账本位币的，应当采用变更当日的即期汇率将所有项目折算为变更后的记账本位币。

前款所称即期汇率，是指中国人民银行公布的当日人民币外汇牌价的中间价。

第七十六条　小企业对于发生的外币交易，应当将外币金额折算为记账本位币金额。

外币交易在初始确认时，采用交易发生日的即期汇率将外币金额折算为记账本位币金额；也可以采用交易当期平均汇率折算。

小企业收到投资者以外币投入的资本，应当采用交易发生日即期汇率折算，不得采用合同约定汇率和交易当期平均汇率折算。

第七十七条　小企业在资产负债表日，应当按照下列规定对外币货币性项目和外币非货币性项目进行会计处理：

（一）外币货币性项目，采用资产负债表日的即期汇率折算。因资产负债表日即期汇率与初始确认时或者前一资产负债表日即期汇率不同而产生的汇兑差额，计入当期损益。

（二）以历史成本计量的外币非货币性项目，仍采用交易发生日的即期汇率折算，不改变其记账本位币金额。

前款所称货币性项目，是指小企业持有的货币资金和将以固定或可确定的金额收取的资产或者偿付的负债。货币性项目分为货币性资产和货币性负债。货币性资产包括：库存现金、银行存款、应收账款、其他应收款等；货币性负债包括：短期借款、应付账款、其他应付款、长期借款、长期应付款等。非货币性项目，是指货币性项目以外的项目。包括：存货、长期股权投资、固定资产、无形资产等。

第七十八条 小企业对外币财务报表进行折算时，应当采用资产负债表日的即期汇率对外币资产负债表、利润表和现金流量表的所有项目进行折算。

第九章 财务报表

第七十九条 财务报表，是指对小企业财务状况、经营成果和现金流量的结构性表述。小企业的财务报表至少应当包括下列组成部分：

（一）资产负债表；

（二）利润表；

（三）现金流量表；

（四）附注。

第八十条 资产负债表，是指反映小企业在某一特定日期的财务状况的报表。

（一）资产负债表中的资产类至少应当单独列示反映下列信息的项目：

1. 货币资金；

2. 应收及预付款项；

3. 存货；

4. 长期债券投资；

5. 长期股权投资；

6. 固定资产；

7. 生产性生物资产；

8. 无形资产；

9. 长期待摊费用。

（二）资产负债表中的负债类至少应当单独列示反映下列信息的项目：

1. 短期借款；

2. 应付及预收款项；

3. 应付职工薪酬；

4. 应交税费；

5. 应付利息；

6. 长期借款；

7. 长期应付款。

（三）资产负债表中的所有者权益类至少应当单独列示反映下列信息的项目：

1. 实收资本；

2. 资本公积；

3. 盈余公积；

4. 未分配利润。

（四）资产负债表中的资产类应当包括流动资产和非流动资产的合计项目；负债类应当包括流动负债、非流动负债和负债的合计项目；所有者权益类应当包括所有者权益的合计项目。

资产负债表应当列示资产总计项目，负债和所有者权益总计项目。

第八十一条　利润表，是指反映小企业在一定会计期间的经营成果的报表。

费用应当按照功能分类，分为营业成本、营业税金及附加、销售费用、管理费用和财务费用等。

利润表至少应当单独列示反映下列信息的项目：

（一）营业收入；

（二）营业成本；

（三）营业税金及附加；

（四）销售费用；

（五）管理费用；

（六）财务费用；

（七）所得税费用；

（八）净利润。

第八十二条　现金流量表，是指反映小企业在一定会计期间现金流入和流出情况的报表。

现金流量表应当分别经营活动、投资活动和筹资活动列报现金流量。现金流量应当分别按照现金流入和现金流出总额列报。

前款所称现金，是指小企业的库存现金以及可以随时用于支付的存款和其他货币资金。

第八十三条　经营活动，是指小企业投资活动和筹资活动以外的所有交易和事项。

小企业经营活动产生的现金流量应当单独列示反映下列信息的项目：

（一）销售产成品、商品、提供劳务收到的现金；

（二）购买原材料、商品、接受劳务支付的现金；

（三）支付的职工薪酬；

（四）支付的税费。

第八十四条 投资活动，是指小企业固定资产、无形资产、其他非流动资产的购建和短期投资、长期债券投资、长期股权投资及其处置活动。

小企业投资活动产生的现金流量应当单独列示反映下列信息的项目：

（一）收回短期投资、长期债券投资和长期股权投资收到的现金；

（二）取得投资收益收到的现金；

（三）处置固定资产、无形资产和其他非流动资产收回的现金净额；

（四）短期投资、长期债券投资和长期股权投资支付的现金；

（五）购建固定资产、无形资产和其他非流动资产支付的现金。

第八十五条 筹资活动，是指导致小企业资本及债务规模和构成发生变化的活动。

小企业筹资活动产生的现金流量应当单独列示反映下列信息的项目：

（一）取得借款收到的现金；

（二）吸收投资者投资收到的现金；

（三）偿还借款本金支付的现金；

（四）偿还借款利息支付的现金；

（五）分配利润支付的现金。

第八十六条 附注，是指对在资产负债表、利润表和现金流量表等报表中列示项目的文字描述或明细资料，以及对未能在这些报表中列示项目的说明等。

附注应当按照下列顺序披露：

（一）遵循小企业会计准则的声明。

（二）短期投资、应收账款、存货、固定资产项目的说明。

（三）应付职工薪酬、应交税费项目的说明。

（四）利润分配的说明。

（五）用于对外担保的资产名称、账面余额及形成的原因；未决诉讼、未决仲裁以及对外提供担保所涉及的金额。

（六）发生严重亏损的，应当披露持续经营的计划、未来经营的方案。

（七）对已在资产负债表和利润表中列示项目与企业所得税法规定存在差异的纳税调整过程。

（八）其他需要在附注中说明的事项。

第八十七条 小企业应当根据实际发生的交易和事项，按照本准则的规定进行确认和计量，在此基础上按月或者按季编制财务报表。

第八十八条　小企业对会计政策变更、会计估计变更和会计差错更正应当采用未来适用法进行会计处理。

前款所称会计政策，是指小企业在会计确认、计量和报告中所采用的原则、基础和会计处理方法。会计估计变更，是指由于资产和负债的当前状况及预期经济利益和义务发生了变化，从而对资产或负债的账面价值或者资产的定期消耗金额进行调整。前期差错包括：计算错误、应用会计政策错误、应用会计估计错误等。未来适用法，是指将变更后的会计政策和会计估计应用于变更日及以后发生的交易或者事项，或者在会计差错发生或发现的当期更正差错的方法。

第十章　附　　则

第八十九条　符合《中小企业划型标准规定》所规定的微型企业标准的企业参照执行本准则。

第九十条　本准则自 2013 年 1 月 1 日起施行。财政部 2004 年发布的《小企业会计制度》（财会〔2004〕2 号）同时废止。

附录：小企业会计准则——会计科目、主要账务处理和财务报表

附录：

小企业会计准则

——会计科目、主要账务处理和财务报表

一、会计科目

会计科目和主要账务处理依据小企业会计准则中确认和计量的规定制定，涵盖了各类小企业的交易和事项。小企业在不违反会计准则中确认、计量和报告规定的前提下，可以根据本企业的实际情况自行增设、分拆、合并会计科目。小企业不存在的交易或者事项，可不设置相关会计科目。对于明细科目，小企业可以比照本附录中的规定自行设置。会计科目编号供小企业填制会计凭证、登记会计账簿、查阅会计账目、采用会计软件系统参考，小企业可结合本企业的实际情况自行确定其他会计科目的编号。

顺序号	编号	会计科目名称
		一、资产类
1	1001	库存现金
2	1002	银行存款
3	1012	其他货币资金
4	1101	短期投资
5	1121	应收票据
6	1122	应收账款
7	1123	预付账款
8	1131	应收股利
9	1132	应收利息
10	1221	其他应收款
11	1401	材料采购

（续表）

顺序号	编号	会计科目名称
12	1402	在途物资
13	1403	原材料
14	1404	材料成本差异
15	1405	库存商品
16	1407	商品进销差价
17	1408	委托加工物资
18	1411	周转材料
19	1421	消耗性生物资产
20	1501	长期债券投资
21	1511	长期股权投资
22	1601	固定资产
23	1602	累计折旧
24	1604	在建工程
25	1605	工程物资
26	1606	固定资产清理
27	1621	生产性生物资产
28	1622	生产性生物资产累计折旧
29	1701	无形资产
30	1702	累计摊销
31	1801	长期待摊费用
32	1901	待处理财产损溢
		二、负债类
33	2001	短期借款
34	2201	应付票据
35	2202	应付账款
36	2203	预收账款
37	2211	应付职工薪酬
38	2221	应交税费
39	2231	应付利息
40	2232	应付利润

（续表）

顺序号	编号	会计科目名称
41	2241	其他应付款
42	2401	递延收益
43	2501	长期借款
44	2701	长期应付款
		三、所有者权益类
45	3001	实收资本
46	3002	资本公积
47	3101	盈余公积
48	3103	本年利润
49	3104	利润分配
		四、成本类
50	4001	生产成本
51	4101	制造费用
52	4301	研发支出
53	4401	工程施工
54	4403	机械作业
		五、损益类
55	5001	主营业务收入
56	5051	其他业务收入
57	5111	投资收益
58	5301	营业外收入
59	5401	主营业务成本
60	5402	其他业务成本
61	5403	营业税金及附加
62	5601	销售费用
63	5602	管理费用
64	5603	财务费用
65	5711	营业外支出
66	5801	所得税费用

二、主要账务处理

资产类

1001 库存现金

一、本科目核算小企业的库存现金。

小企业有内部周转使用备用金的，可以单独设置“1004 备用金”科目。

二、库存现金的主要账务处理。

小企业增加库存现金，借记本科目，贷记“银行存款”等科目；减少库存现金，做相反的会计分录。

三、小企业应当设置“库存现金日记账”，由出纳人员根据收付款凭证，按照业务发生顺序逐笔登记。每日终了，应当计算当日的现金收入合计额、现金支出合计额和结余额，将结余额与实际库存额核对，做到账款相符。

有外币现金的小企业，还应当分别按照人民币和外币进行明细核算。

四、每日终了结算现金收支、财产清查等发现的有待查明原因的现金短缺或溢余，应通过“待处理财产损溢”科目核算：属于现金短缺，应按照实际短缺的金额，借记“待处理财产损溢——待处理流动资产损溢”科目，贷记本科目；属于现金溢余，按照实际溢余的金额，借记本科目，贷记“待处理财产损溢——待处理流动资产损溢”科目。

五、本科目期末借方余额，反映小企业持有的库存现金。

1002 银行存款

一、本科目核算小企业存入银行或其他金融机构的各种款项。

二、银行存款的主要账务处理。

小企业增加银行存款，借记本科目，贷记“库存现金”、“应收账款”等科目；减少银行存款，做相反的会计分录。

三、小企业应当按照开户银行和其他金融机构、存款种类等设置“银行存款日记账”，由出纳人员根据收付款凭证，按照业务的发生顺序逐笔登记。每日终了，应结出余额。

“银行存款日记账”应定期与“银行对账单”核对，至少每月核对一次。小企业银行存款账面余额与银行对账单余额之间如有差额，应编制“银行存款余额调节表”调节相符。

有外币银行存款的小企业，还应当分别按照人民币和外币进行明细核算。

四、本科目期末借方余额，反映小企业存在银行或其他金融机构的各种款项。

1012 其他货币资金

一、本科目核算小企业的银行汇票存款、银行本票存款、信用卡存款、信用证保证金存款、外埠存款、备用金等其他货币资金。

二、本科目应按照银行汇票或本票、信用卡发放银行、信用证的收款单位，外埠存款的开户银行，分别“银行汇票”、“银行本票”、“信用卡”、“信用证保证金”、“外埠存款”等进行明细核算。

三、其他货币资金的主要账务处理。

小企业增加其他货币资金，借记本科目，贷记“银行存款”科目；减少其他货币资金，做相反的会计分录。

四、本科目期末借方余额，反映小企业持有的其他货币资金。

1101 短期投资

一、本科目核算小企业购入的能随时变现并且持有时间不准备超过 1 年（含 1 年，下同）的投资。

二、本科目应按照股票、债券、基金等短期投资种类进行明细核算。

三、短期投资的主要账务处理。

（一）小企业购入各种股票、债券、基金等作为短期投资的，应当按照实际支付的购买价款和相关税费，借记本科目，贷记“银行存款”科目。

小企业购入股票，如果实际支付的购买价款中包含已宣告但尚未发放的现金股利，应当按照实际支付的购买价款和相关税费扣除已宣告但尚未发放的现金股利后的金额，借记本科目，按照应收的现金股利，借记“应收股利”科目，按照实际支付的购买价款和相关税费，贷记“银行存款”科目。

小企业购入债券，如果实际支付的购买价款中包含已到付息期但尚未领取的债券利息，应当按照实际支付的购买价款和相关税费扣除已到付息期但尚未领取的债券利息后的金额，借记本科目，按照应收的债券利息，借记“应收利息”科目，按照实际支付的购买价款和相关税费，贷记“银行存款”科目。

（二）在短期投资持有期间，被投资单位宣告分派的现金股利，借记“应收股利”科目，贷记“投资收益”科目。

在债务人应付利息日，按照分期付息、一次还本债券投资的票面利率计算的利息收入，借记“应收利息”科目，贷记“投资收益”科目。

（三）出售短期投资，应当按照实际收到的出售价款，借记“银行存款”或“库存现金”科目，按照该项短期投资的账面余额，贷记本科目，按照尚未收到的现金股利或债券利息，贷记“应收股利”或“应收利息”科目，按照其差额，贷记或借记“投资收益”科目。

四、本科目期末借方余额，反映小企业持有的短期投资成本。

1121 应收票据

一、本科目核算小企业因销售商品（产成品或材料，下同）、提供劳务等日常生产经营活动而收到的商业汇票（银行承兑汇票和商业承兑汇票）。

二、本科目应按照开出、承兑商业汇票的单位进行明细核算。

三、应收票据的主要账务处理。

（一）小企业因销售商品、提供劳务等而收到开出、承兑的商业汇票，按照商业汇票的票面金额，借记本科目，按照确认的营业收入，贷记“主营业务收入”等科目。涉及增值税销项税额的，还应当贷记“应交税费——应交增值税（销项税额）”科目。

（二）持未到期的商业汇票向银行贴现，应按照实际收到的金额（即减去贴现息后的净额），借记“银行存款”科目，按照贴现息，借记“财务费用”科目，按照商业汇票的票面金额，贷记本科目（银行无追索权情况下）或“短期借款”科目（银行有追索权情况下）。

（三）将持有的商业汇票背书转让以取得所需物资，按照应计入取得物资成本的金额，借记“材料采购”或“原材料”、“库存商品”等科目，按照商业汇票的票面金额，贷记本科目，如有差额，借记或贷记“银行存款”等科目。涉及按照税法规定可抵扣的增值税进项税额的，还应当借记“应交税费——应交增值税（进项税额）”科目。

（四）商业汇票到期，应按照实际收到的金额，借记“银行存款”科目，贷记本科目。

因付款人无力支付票款，或到期不能收回应收票据，应按照商业汇票的票面金额，借记“应收账款”科目，贷记本科目。

四、小企业应当设置“应收票据备查簿”，逐笔登记商业汇票的种类、号数和出票日、票面金额、交易合同号和付款人、承兑人、背书人的姓名或单位名称、到期日、背书转让日、贴现日、贴现率和贴现净额以及收款日期和收回金额、退票情况等资料。商业汇票到期结清票款或退票后，在备查簿中应予注销。

五、本科目期末借方余额，反映小企业持有的商业汇票的票面金额。

1122 应收账款

一、本科目核算小企业因销售商品、提供劳务等日常生产经营活动应收取的款项。

二、本科目应按照对方单位（或个人）进行明细核算。

三、应收账款的主要账务处理。

（一）小企业因销售商品或提供劳务形成应收账款，应当按照应收金额，借记本科目，按照税法规定应交纳的增值税销项税额，贷记“应交税费——应交增值税（销项税额）”科目，按照其差额，贷记“主营业务收入”或“其他业务收入”科目。

（二）收回应收账款，借记“银行存款”或“库存现金”科目，贷记本科目。

（三）按照小企业会计准则规定确认应收账款实际发生的坏账损失，应当按照可收回的金额，借记“银行存款”等科目，按照其账面余额，贷记本科目，按照其差额，借记“营业外支出”科目。

四、本科目期末借方余额，反映小企业尚未收回的应收账款。

1123 预付账款

一、本科目核算小企业按照合同规定预付的款项。包括：根据合同规定预付的购货款、租金、工程款等。

预付款项情况不多的小企业，也可以不设置本科目，将预付的款项直接记入“应付账款”科目借方。

小企业进行在建工程预付的工程价款，也通过本科目核算。

二、本科目应按照对方单位（或个人）进行明细核算。

三、预付账款的主要账务处理。

（一）小企业因购货而预付的款项，借记本科目，贷记“银行存款”等科目。

收到所购物资，按照应计入购入物资成本的金额，借记“在途物资”或“原材料”、“库存商品”等科目，按照税法规定可抵扣的增值税进项税额，借记“应交税费——应交增值税（进项税额）”科目，按照应支付的金额，贷记本科目。补付的款项，借记本科目，贷记“银行存款”等科目；退回多付的款项，做相反的会计分录。

（二）出包工程按照合同规定预付的工程价款，借记本科目，贷记“银行存款”等科目。按照工程进度和合同规定结算的工程价款，借记“在建工程”科目，贷记本科目、“银行存款”等科目。

（三）按照小企业会计准则规定确认预付账款实际发生的坏账损失，应当按照可收回的金额，借记“银行存款”等科目，按照其账面余额，贷记本科目，按照其差额，借记“营业外支出”科目。

四、本科目期末借方余额，反映小企业预付的各种款项。

1131 应收股利

一、本科目核算小企业应收取的现金股利或利润。

二、本科目应按照被投资单位进行明细核算。

三、应收股利的主要账务处理。

（一）小企业购入股票，如果实际支付的购买价款中包含已宣告但尚未发放的现金股利，应当按照实际支付的购买价款和相关税费扣除已宣告但尚未发放的现金股利后的金额，借记“短期投资”或“长期股权投资”科目，按照应收的现金股利，借记本科目，按照实际支付的购买价款和相关税费，贷记“银行存款”科目。

（二）在短期投资或长期股权投资持有期间，被投资单位宣告分派现金股利或利润，应当按照本企业应享有的金额，借记本科目，贷记“投资收益”科目。

（三）小企业实际收到现金股利或利润，借记“银行存款”等科目，贷记本科目。

四、本科目期末借方余额，反映小企业尚未收到的现金股利或利润。

1132 应收利息

一、本科目核算小企业债券投资应收取的利息。

购入的一次还本付息债券投资持有期间的利息收入，在“长期债券投资”科目核算，不在本科目核算。

二、本科目应按照被投资单位进行明细核算。

三、应收利息的主要账务处理。

（一）小企业购入债券，如果实际支付的购买价款中包含已到付息期但尚未领取的债券利息，应当按照实际支付的购买价款和相关税费扣除应收的债券利息后的金额，借记“短期投资”或“长期债券投资”科目，按照应收的债券利息，借记本科目，按照实际支付的购买价款和相关税费，贷记“银行存款”科目。

（二）在长期债券投资持有期间，在债务人应付利息日，按照分期付息、一次还本债券投资的票面利率计算的利息收入，借记本科目，贷记“投资收益”科目；按照一次还本付息债券投资的票面利率计算的利息收入，借记“长期债券投资——应计利息”科目，贷记“投资收益”科目。

（三）实际收到债券利息，借记“银行存款”等科目，贷记本科目。

四、本科目期末借方余额，反映小企业尚未收到的债券利息。

1221 其他应收款

一、本科目核算小企业除应收票据、应收账款、预付账款、应收股利、应收利息等以外的其他各种应收及暂付款项。包括：各种应收的赔款、应向职工收取的各种垫付款项等。

小企业出口产品或商品按照税法规定应予退回的增值税款，也通过本科目核算。

二、本科目应按照对方单位（或个人）进行明细核算。

三、其他应收款的主要账务处理。

（一）小企业发生的其他各种应收款项，借记本科目，贷记“库存现金”、“银行存款”、“固定资产清理”等科目。

出口产品或商品按照税法规定应予退回的增值税款，借记本科目，贷记“应交税费——应交增值税（出口退税）”科目。

（二）收回其他各种应收款项，借记“库存现金”、“银行存款”、“应付职工薪酬”等科目，贷记本科目。

（三）按照小企业会计准则规定确认其他应收款实际发生的坏账损失，应当按照可收回的金额，借记“银行存款”等科目，按照其账面余额，贷记本科目，按照其差额，借记“营业外支出”科目。

四、本科目期末借方余额，反映小企业尚未收回的其他应收款项。

1401 材料采购

一、本科目核算小企业采用计划成本进行材料日常核算、购入材料的采购成本。

采用实际成本进行材料日常核算的，购入材料的采购成本，在“在途物资”科目核算。

委托外单位加工材料、商品的加工成本，在“委托加工物资”科目核算。

二、本科目应按照供应单位和材料品种进行明细核算。

三、材料采购的主要账务处理。

（一）小企业外购材料，应当按照发票账单所列购买价款、运输费、装卸费、保险费以及在外购材料过程发生的其他直接费用，借记本科目，按照税法规定可抵扣的增值税进项税额，借记“应交税费——应交增值税（进项税额）”科目，按照购买价款、相关税费、运输费、装卸费、保险费以及在外购材料过程发生的其他直接费用，贷记“库存现金”、“银行存款”、“其他货币资金”、“预付账款”、“应付账款”等科目。

材料已经收到、但尚未办理结算手续的，可暂不作会计分录；待办理结算手续后，再根据所付金额或发票账单的应付金额，借记本科目，贷记“银行存款”等科目。

应向供应单位、运输机构等收回的材料短缺或其他应冲减材料采购成本的赔偿款项，应根据有关的索赔凭证，借记“应付账款”或“其他应收款”科目，贷记本科目。因自然灾害等发生的损失和尚待查明原因的途中损耗，先记入“待处理财产损溢”科目，查明原因后再作处理。

（二）月末，应将仓库转来的外购收料凭证，分别下列不同情况进行处理：

1. 对于收到发票账单的收料凭证（包括本月付款或开出、承兑商业汇票的上月收料凭证），应按照实际成本和计划成本分别汇总，并按照计划成本，借记“原材料”、“周转材料”等科目，贷记本科目；将实际成本大于计划成本的差异，借记“材料成本差异”科目，贷记本科目；实际成本小于计划成本的差异做相反的会计分录。

2. 对于尚未收到发票账单的收料凭证，应按照计划成本暂估入账，借记“原材料”、“周转材料”等科目，贷记“应付账款——暂估应付账款”科目，下月初用红字做同样的会计分录予以冲回，以便下月收到发票账单等结算凭证时，按照正常程序进行账务处理。

四、本科目期末借方余额，反映小企业已经收到发票账单、但材料尚未到达或尚未验收入库的在途材料的采购成本。

1402 在途物资

一、本科目核算小企业采用实际成本进行材料、商品等物资的日常核算、尚未到达或尚未验收入库的各种物资的实际采购成本。

小企业（批发业、零售业）在购买商品过程中发生的费用（包括：运输费、装卸费、包装费、保险费、运输途中的合理损耗和入库前的挑选整理费等），在“销售费用”科目核算，不在本科目核算。

二、本科目应按照供应单位和物资品种进行明细核算。

三、在途物资的主要账务处理。

（一）小企业外购材料、商品等物资，应当按照发票账单所列购买价款、运输费、装卸费、保险费以及在外购材料过程发生的其他直接费用，借记本科目，按照税法规定可抵扣的增值税进项税额，借记“应交税费——应交增值税（进项税额）”科目，按照购买价款、相关税费、运输费、装卸费、保险费以及在外购物资过程发生的其他直接费用，贷记“库存现金”、“银行存款”、“其他货币资金”、“预付账款”、“应付账款”等科目。

材料已经收到、但尚未办理结算手续的，可暂不作会计分录；待办理结算手续后，再根据所付金额或发票账单的应付金额，借记本科目，贷记“银行存款”等科目。

应向供应单位、外部运输机构等收回的材料或商品短缺或其他应冲减材料或商品采购成本的赔偿款项，应根据有关的索赔凭证，借记“应付账款”或“其他应收款”科目，贷记本科目。因自然灾害等发生的损失和尚待查明原因的途中损耗，先记入“待处理财产损溢”科目，查明原因后再作处理。

（二）月末，应将仓库转来的外购材料或商品收料凭证，按照材料或商品并分别下列不同情况进行汇总：

1. 对于收到发票账单的收料凭证（包括本月付款或开出、承兑商业汇票的上月收料凭证），应当按照汇总金额，借记“原材料”、“周转材料”、“库存商品”等科目，贷记本科目。

2. 对于尚未收到发票账单的收料凭证，应分别材料或商品，并按照估计金额暂估入账，借记“原材料”、“周转材料”、“库存商品”等科目，贷记“应付账款——暂估应付账款”科目，下月初用红字做同样的会计分录予以冲回，以便下月收到发票账单等结算凭证时，按照正常程序进行账务处理。

四、本科目期末借方余额，反映小企业已经收到发票账单、但材料或商品尚未到达或尚未验收入库的在途材料、商品等物资的采购成本。

1403 原材料

一、本科目核算小企业库存的各种材料。包括：原料及主要材料、辅助材料、外购半成品（外购件）、修理用备件（备品备件）、包装材料、燃料等的实际成本或计划成本。

购入的工程用材料，在“工程物资”科目核算，不在本科目核算。

二、本科目应按照材料的保管地点（仓库）、材料的类别、品种和规格等进行明细核算。

三、原材料的主要账务处理。

（一）小企业购入并已验收入库的材料，按照实际成本，借记本科目，贷记“在途物资”、“应付账款”等科目。涉及按照税法规定可抵扣的增值税进项税额的，还应当借记“应交税费——应交增值税（进项税额）”科目。

购入的材料已经到达并已验收入库，但在月末尚未办理结算手续的，可按照暂估价值入账，借记本科目、“周转材料”等科目，贷记“应付账款——暂估应付账款”科目；下月初用红字做同样的会计分录予以冲回，以便下月收到发票账单等结算凭证时，按照正常程序进行账务处理。

（二）自制并已验收入库的材料，按照实际成本，借记本科目，贷记“生产成本”科目。

（三）取得投资者投入的原材料，应当按照评估价值，借记本科目，贷记

“实收资本”、“资本公积”科目。涉及增值税进项税额的，还应进行相应的账务处理。

（四）生产经营领用材料，按照实际成本，借记“生产成本”、“制造费用”、“销售费用”、“管理费用”等科目，贷记本科目。

出售材料结转成本，按照实际成本，借记“其他业务成本”科目，贷记本科目。

发给外单位加工的材料，按照实际成本，借记“委托加工物资”科目，贷记本科目。外单位加工完成并已验收入库的材料，按照加工收回材料的实际成本，借记本科目，贷记“委托加工物资”科目。

（五）清查盘点，发现盘盈、盘亏、毁损的原材料，按照实际成本（或估计价值），借记或贷记本科目，贷记或借记“待处理财产损溢——待处理流动资产损溢”科目。

（六）采用计划成本进行材料日常核算的小企业，日常领用、发出原材料均按照计划成本记账。

月末，按照发出各种原材料的计划成本计算应负担的成本差异，借记“生产成本”、“制造费用”、“销售费用”、“管理费用”、“委托加工物资”、“其他业务成本”等科目，贷记“材料成本差异”科目；实际成本小于计划成本的差异做相反的会计分录。

四、本科目期末借方余额，反映小企业库存材料的实际成本或计划成本。

1404 材料成本差异

一、本科目核算小企业采用计划成本进行日常核算的材料计划成本与实际成本的差额。

小企业也可以在“原材料”、“周转材料”等科目设置“成本差异”明细科目。

二、本科目可以分别“原材料”、“周转材料”等，按照类别或品种进行明细核算。

三、材料成本差异的主要账务处理。

（一）小企业验收入库材料发生的材料成本差异，实际成本大于计划成本的差异，借记本科目，贷记“材料采购”科目；实际成本小于计划成本的差异做相反的会计分录。

入库材料的计划成本应当尽可能接近实际成本。除特殊情况外，计划成本在年度内不得随意变更。

（二）结转发出材料应负担的材料成本差异，按照实际成本大于计划成本的差异，借记“生产成本”、“管理费用”、“销售费用”、“委托加工物资”、

“其他业务成本”等科目，贷记本科目；实际成本小于计划成本的差异做相反的会计分录。

发出材料应负担的成本差异应当按月分摊，不得在季末或年末一次计算。发出材料应负担的成本差异，除委托外部加工发出材料可按照月初成本差异率计算外，应使用本月的实际成本差异率；月初成本差异率与本月实际成本差异率相差不大的，也可按照月初成本差异率计算。计算方法一经确定，不得随意变更。

材料成本差异率的计算公式如下：

本月材料成本差异率 =（月初结存材料的成本差异 + 本月验收入库材料的成本差异）÷（月初结存材料的计划成本 + 本月验收入库材料的计划成本）×100%

月初材料成本差异率 = 月初结存材料的成本差异 ÷ 月初结存材料的计划成本 ×100%

发出材料应负担的成本差异 = 发出材料的计划成本 × 材料成本差异率

四、本科目期末借方余额，反映小企业库存材料等的实际成本大于计划成本的差异；贷方余额反映小企业库存材料等的实际成本小于计划成本的差异。

1405 库存商品

一、本科目核算小企业库存的各种商品的实际成本或售价。包括：库存产成品、外购商品、存放在门市部准备出售的商品、发出展览的商品以及寄存在外的商品等。

接受来料加工制造的代制品和为外单位加工修理的代修品，在制造和修理完成验收入库后，视同小企业的产成品，也通过本科目核算。

可以降价出售的不合格品，也在本科目核算，但应与合格产品分开记账。

已经完成销售手续，但购买单位在月末未提取的库存产成品，应作为代管产品处理，单独设置代管产品备查簿，不再在本科目核算。

小企业（农、林、牧、渔业）可将本科目改为“1405 农产品”科目。

小企业（批发业、零售业）在购买商品过程中发生的费用（包括：运输费、装卸费、包装费、保险费、运输途中的合理损耗和入库前的挑选整理费等），在“销售费用”科目核算，不在本科目核算。

二、本科目应按照库存商品的种类、品种和规格等进行明细核算。

三、库存商品的主要账务处理。

（一）小企业生产的产成品的入库和出库，平时只记数量不记金额，月末计算入库产成品的实际成本。生产完成验收入库的产成品，按照其实际成本，借记本科目，贷记“生产成本”等科目。

对外销售产成品，借记“主营业务成本”科目，贷记本科目。

（二）购入商品到达验收入库后，按照商品的实际成本或售价，借记本科目，贷记“库存现金”、“银行存款”、“在途物资”等科目。涉及增值税进项税额的，还应进行相应的处理。按照售价与进价之间的差额，贷记“商品进销差价”科目。

购入的商品已经到达并已验收入库，但尚未办理结算手续的，可按照暂估价值入账，借记本科目，贷记“应付账款——暂估应付账款”科目；下月初用红字做同样的会计分录予以冲回，以便下月收到发票账单等结算凭证时，按照正常程序进行账务处理。

对外销售商品结转销售成本或售价，借记“主营业务成本”科目，贷记本科目。月末，分摊已销商品的进销差价，借记“商品进销差价”科目，贷记“主营业务成本”科目。

四、本科目期末借方余额，反映小企业库存商品的实际成本或售价。

1407 商品进销差价

一、本科目核算小企业采用售价进行日常核算的商品售价与进价之间的差额。

二、本科目应按照库存商品的种类、品种和规格等进行明细核算。

三、商品进销差价的主要账务处理。

（一）小企业购入、加工收回以及销售退回等增加的库存商品，按照商品售价，借记“库存商品”科目，按照商品进价，贷记“银行存款”、“委托加工物资”等科目，按照售价与进价之间的差额，贷记本科目。

（二）月末，分摊已销商品的进销差价，借记本科目，贷记“主营业务成本”科目。

销售商品应分摊的商品进销差价，按照以下公式计算：

商品进销差价率 = 月末分摊前本科目贷方余额 ÷（“库存商品”科目月末借方余额 + 本月“主营业务收入”科目贷方发生额）×100%

本月销售商品应分摊的商品进销差价 = 本月“主营业务收入”科目贷方发生额 × 商品进销差价率

小企业的商品进销差价率各月之间比较均衡的，也可以采用上月商品进销差价率计算分摊本月的商品进销差价。年度终了，应对商品进销差价进行复核调整。

四、本科目的期末贷方余额，反映小企业库存商品的商品进销差价。

1408 委托加工物资

一、本科目核算小企业委托外单位加工的各种材料、商品等物资的实际成本。

二、本科目应按照加工合同、受托加工单位以及加工物资的品种等进行明细核算。

三、委托加工物资的主要账务处理。

（一）小企业发给外单位加工的物资，按照实际成本，借记本科目，贷记“原材料”、“库存商品”等科目；按照计划成本或售价核算的，还应同时结转材料成本差异或商品进销差价。

（二）支付加工费、运杂费等，借记本科目，贷记“银行存款”等科目；需要交纳消费税的委托加工物资，由受托方代收代缴的消费税，借记本科目（收回后用于直接销售的）或“应交税费——应交消费税”科目（收回后用于继续加工的），贷记“应付账款”、“银行存款”等科目。

（三）加工完成验收入库的物资和剩余的物资，按照加工收回物资的实际成本和剩余物资的实际成本，借记“原材料”、“库存商品”等科目，贷记本科目。

（四）采用计划成本或售价核算的，按照计划成本或售价，借记“原材料”或“库存商品”科目，按照实际成本，贷记本科目，按照实际成本与计划成本或售价之间的差额，借记或贷记“材料成本差异”或贷记“商品进销差价”科目。

采用计划成本或售价核算的，也可以采用上月材料成本差异率或商品进销差价率计算分摊本月应分摊的材料成本差异或商品进销差价。

四、本科目期末借方余额，反映小企业委托外单位加工尚未完成物资的实际成本。

1411 周转材料

一、本科目核算小企业库存的周转材料的实际成本或计划成本。包括：包装物、低值易耗品，以及小企业（建筑业）的钢模板、木模板、脚手架等。

各种包装材料，如纸、绳、铁丝、铁皮等，应在“原材料”科目内核算；用于储存和保管产品、材料而不对外出售的包装物，应按照价值大小和使用年限长短，分别在“固定资产”科目或本科目核算。

小企业的包装物、低值易耗品，也可以单独设置“1412 包装物”、“1413 低值易耗品”科目。

包装物数量不多的小企业，也可以不设置本科目，将包装物并入“原材料”科目核算。

二、本科目应按照周转材料的种类，分别“在库”、“在用”和“摊销”进行明细核算。

三、周转材料的主要账务处理。

（一）小企业购入、自制、委托外单位加工完成并验收入库的周转材料，以及对周转材料的清查盘点，比照“原材料”科目的相关规定进行账务处理。

（二）生产、施工领用周转材料，通常采用一次转销法，按照其成本，借记“生产成本”、“管理费用”、“工程施工”等科目，贷记本科目。

随同产品出售但不单独计价的包装物，按照其成本，借记“销售费用”科目，贷记本科目。

随同产品出售并单独计价的包装物，按照其成本，借记“其他业务成本”科目，贷记本科目。

金额较大的周转材料，也可以采用分次摊销法，领用时应按照其成本，借记本科目（在用），贷记本科目（在库）；按照使用次数摊销时，应按照其摊销额，借记“生产成本”、“管理费用”、“工程施工”等科目，贷记本科目（摊销）。

（三）周转材料采用计划成本进行日常核算的，领用等发出周转材料，还应结转应分摊的成本差异。

四、本科目的期末余额，反映小企业在库、出租、出借周转材料的实际成本或计划成本以及在用周转材料的摊余价值。

1421 消耗性生物资产

一、本科目核算小企业（农、林、牧、渔业）持有的消耗性生物资产的实际成本。

二、本科目应按照消耗性生物资产的种类、群别等进行明细核算。

三、消耗性生物资产的主要账务处理。

（一）外购的消耗性生物资产，按照应计入消耗性生物资产成本的金额，借记本科目，贷记“银行存款”、“应付账款”等科目。

（二）自行栽培的大田作物和蔬菜，应按照收获前发生的必要支出，借记本科目，贷记“银行存款”等科目。

自行营造的林木类消耗性生物资产，应按照郁闭前发生的必要支出，借记本科目，贷记“银行存款”等科目。

自行繁殖的育肥畜、水产养殖的动植物，应按照出售前发生的必要支出，借记本科目，贷记“银行存款”等科目。

（三）产畜或役畜淘汰转为育肥畜的，应按照转群时的账面价值，借记本科目，按照已计提的累计折旧，借记“生产性生物资产累计折旧”科目，按照其账面余额，贷记“生产性生物资产”科目。

育肥畜转为产畜或役畜的，应按照其账面余额，借记“生产性生物资产”

科目，贷记本科目。

（四）择伐、间伐或抚育更新性质采伐而补植林木类消耗性生物资产发生的后续支出，借记本科目，贷记“银行存款”等科目。

林木类消耗性生物资产达到郁闭后发生的管护费用等后续支出，借记“管理费用”科目，贷记“银行存款”等科目。

（五）农业生产过程中发生的应归属于消耗性生物资产的费用，按照应分配的金额，借记本科目，贷记“生产成本”科目。

（六）消耗性生物资产收获为农产品时，应按照其账面余额，借记“农产品”科目，贷记本科目。

（七）出售消耗性生物资产，应按照实际收到的金额，借记“银行存款”等科目，贷记“主营业务收入”等科目。按照其账面余额，借记“主营业务成本”等科目，贷记本科目。

四、本科目期末借方余额，反映小企业（农、林、牧、渔业）消耗性生物资产的实际成本。

1501 长期债券投资

一、本科目核算小企业准备长期（在1年以上，下同）持有的债券投资。

二、本科目应按照债券种类和被投资单位，分别“面值”、“溢折价”、“应计利息”进行明细核算。

三、长期债券投资的主要账务处理。

（一）小企业购入债券作为长期投资，应当按照债券票面价值，借记本科目（面值），按照实际支付的购买价款和相关税费，贷记“银行存款”科目，按照其差额，借记或贷记本科目（溢折价）。

如果实际支付的购买价款中包含已到付息期但尚未领取的债券利息，应当按照债券票面价值，借记本科目（面值），按照应收的债券利息，借记“应收利息”科目，按照实际支付的购买价款和相关税费，贷记“银行存款”科目，按照其差额，借记或贷记本科目（溢折价）。

（二）在长期债券投资持有期间，在债务人应付利息日，按照分期付息、一次还本的长期债券投资票面利率计算的利息收入，借记“应收利息”科目，贷记“投资收益”科目；按照一次还本付息的长期债券投资票面利率计算的利息收入，借记本科目（应计利息），贷记“投资收益”科目。

在债务人应付利息日，按照应分摊的债券溢折价金额，借记或贷记“投资收益”科目，贷记或借记本科目（溢折价）。

（三）长期债券投资到期，收回长期债券投资，应当按照收回的债券本金或本息，借记“银行存款”等科目，按照其账面余额，贷记本科目（成本、溢折价、应计利息），按照应收未收的利息收入，贷记“应收利息”科目。

处置长期债券投资，应当按照处置收入，借记“银行存款”等科目，按照其账面余额，贷记本科目（成本、溢折价），按照应收未收的利息收入，贷记“应收利息”科目，按照其差额，贷记或借记“投资收益”科目。

（四）按照小企业会计准则规定确认实际发生的长期债券投资损失，应当按照可收回的金额，借记“银行存款”等科目，按照其账面余额，贷记本科目（成本、溢折价），按照其差额，借记“营业外支出”科目。

四、本科目期末借方余额，反映小企业持有的分期付息、一次还本债券投资的成本和到期一次还本付息债券投资的本息。

1511 长期股权投资

一、本科目核算小企业准备长期持有的权益性投资。

二、本科目应按照被投资单位进行明细核算。

三、长期股权投资的主要账务处理。

（一）小企业以支付现金取得的长期股权投资，如果实际支付的购买价款中包含已宣告但尚未发放的现金股利，应当按照实际支付的购买价款和相关税费扣除已宣告但尚未发放的现金股利后的金额，借记本科目，按照应收的现金股利，借记“应收股利”科目，按照实际支付的购买价款和相关税费，贷记“银行存款”科目。

通过非货币性资产交换取得的长期股权投资，应当按照非货币性资产的评估价值与相关税费之和，借记本科目，按照换出非货币性资产的账面价值，贷记“固定资产清理”、“无形资产”等科目，按照支付的相关税费，贷记“应交税费”等科目，按照其差额，贷记“营业外收入”或借记“营业外支出”等科目。

（二）在长期股权投资持有期间，被投资单位宣告分派的现金股利或利润，应当按照应分得的金额，借记“应收股利”科目，贷记“投资收益”科目。

（三）处置长期股权投资，应当按照处置价款，借记“银行存款”等科目，按照其成本，贷记本科目，按照应收未收的现金股利或利润，贷记“应收股利”科目，按照其差额，贷记或借记“投资收益”科目。

（四）根据小企业会计准则规定确认实际发生的长期股权投资损失，应当按照可收回的金额，借记“银行存款”等科目，按照其账面余额，贷记本科目，按照其差额，借记“营业外支出”科目。

四、本科目期末借方余额，反映小企业持有的长期股权投资的成本。

1601 固定资产

一、本科目核算小企业固定资产的原价（成本）。

小企业应当根据小企业会计准则规定的固定资产标准，结合本企业的具体情况，制定固定资产目录，作为核算依据。

小企业购置计算机硬件所附带的、未单独计价的软件，也通过本科目核算。

小企业临时租入的固定资产和以经营租赁租入的固定资产，应另设备查簿进行登记，不在本科目核算。

二、本科目应按照固定资产类别和项目进行明细核算。

小企业根据实际情况设置“固定资产登记簿”和“固定资产卡片”。

三、固定资产的主要账务处理。

（一）小企业购入（含以分期付款方式购入）不需要安装的固定资产，应当按照实际支付的购买价款、相关税费（不包括按照税法规定可抵扣的增值税进项税额）、运输费、装卸费、保险费等，借记本科目，按照税法规定可抵扣的增值税进项税额，借记“应交税费——应交增值税（进项税额）”科目，贷记“银行存款”、“长期应付款”等科目。

购入需要安装的固定资产，先记入“在建工程”科目，安装完成后再转入本科目。

自行建造固定资产完成竣工决算，按照竣工决算前发生相关支出，借记本科目，贷记“在建工程”科目。

取得投资者投入的固定资产，应当按照评估价值和相关税费，借记本科目或“在建工程”科目，贷记“实收资本”、“资本公积”科目。

融资租入的固定资产，在租赁期开始日，按照租赁合同约定的付款总额和在签订租赁合同过程中发生的相关税费等，借记本科目或“在建工程”科目，贷记“长期应付款”等科目。

盘盈的固定资产，按照同类或类似固定资产的市场价格或评估价值扣除按照新旧程度估计的折旧后的余额，借记本科目，贷记“待处理财产损溢——待处理非流动资产损溢”科目。

（二）在固定资产使用过程中发生的修理费，应当按照固定资产的受益对象，借记“制造费用”、“管理费用”等科目，贷记“银行存款”等科目。

固定资产的大修理支出，借记“长期待摊费用”科目，贷记“银行存款”等科目。

（三）对固定资产进行改扩建时，应当按照该项固定资产账面价值，借记“在建工程”科目，按照其已计提的累计折旧，借记“累计折旧”科目，按照其原价，贷记本科目。

（四）因出售、报废、毁损、对外投资等原因处置固定资产，应当按照该项固定资产账面价值，借记“固定资产清理”科目，按照其已计提的累计折旧，借记“累计折旧”科目，按照其原价，贷记本科目。

盘亏的固定资产，按照该项固定资产的账面价值，借记“待处理财产损溢——待处理非流动资产损溢”科目，按照已计提的折旧，借记“累计折旧”科目，按照其原价，贷记本科目。

四、本科目期末借方余额，反映小企业固定资产的原价（成本）。

1602 累计折旧

一、本科目核算小企业固定资产的累计折旧。

二、本科目可以进行总分类核算，也可以进行明细核算。

需要查明某项固定资产的已计提折旧，可以根据“固定资产卡片”上所记载的该项固定资产原价、折旧率和实际使用年数等资料进行计算。

三、累计折旧的主要账务处理。

（一）小企业按月计提固定资产的折旧费，应当按照固定资产的受益对象，借记“制造费用”、“管理费用”等科目，贷记本科目。

（二）因出售、报废、毁损、对外投资等原因处置固定资产，应当按照该项固定资产账面价值，借记“固定资产清理”科目，按照其已计提的累计折旧，借记本科目，按照其原价，贷记“固定资产”科目。

四、本科目期末贷方余额，反映小企业固定资产的累计折旧额。

1604 在建工程

一、本科目核算小企业需要安装的固定资产、固定资产新建工程、改扩建等所发生的成本。

小企业购入不需要安装的固定资产，在“固定资产”科目核算，不在本科目核算。

小企业已提足折旧的固定资产的改建支出和经营租入固定资产的改建支出，在“长期待摊费用”科目核算，不在本科目核算。

二、本科目应按照在建工程项目进行明细核算。

三、在建工程的主要账务处理。

（一）小企业购入需要安装的固定资产，应当按照实际支付的购买价款、相关税费（不包括按照税法规定可抵扣的增值税进项税额）、运输费、装卸费、保险费、安装费等，借记本科目，按照税法规定可抵扣的增值税进项税额，借记“应交税费——应交增值税（进项税额）”科目，贷记“银行存款”等科目。

融资租入的固定资产，在租赁期开始日，按照租赁合同约定的付款总额和在签订租赁合同过程中发生的相关税费等，借记本科目或“固定资产”科目，贷记“长期应付款”科目。

固定资产安装完成，借记“固定资产”科目，贷记本科目。

（二）自营工程领用工程物资，借记本科目，贷记“工程物资”科目。

在建工程应负担的职工薪酬，借记本科目，贷记“应付职工薪酬”科目。

在建工程使用本企业的产品或商品，应当按照成本，借记本科目，贷记“库存商品”科目。同时，按照税法规定应交纳的增值税额，借记本科目，贷记“应交税费——应交增值税（销项税额）”科目。

在建工程在竣工决算前发生的借款利息，在应付利息日应当根据借款合同利率计算确定的利息费用，借记本科目，贷记“应付利息”科目。办理竣工决算后发生的利息费用，在应付利息日，借记“财务费用”科目，贷记“应付利息”等科目。

在建工程在试运转过程中发生的支出，借记本科目，贷记“银行存款”等科目；形成的产品或者副产品对外销售或转为库存商品的，借记“银行存款”、“库存商品”等科目，贷记本科目。

自营工程办理竣工决算，借记“固定资产”科目，贷记本科目。

（三）出包工程，按照工程进度和合同规定结算的工程价款，借记本科目，贷记“银行存款”、“预付账款”等科目。

工程完工收到承包单位提供的账单，借记“固定资产”科目，贷记本科目。

（四）对固定资产进行改扩建时，应当按照该项固定资产账面价值，借记本科目，按照其已计提的累计折旧，借记“累计折旧”科目，按照其原价，贷记“固定资产”科目。

在改扩建过程中发生的相关支出，借记本科目，贷记相关科目。

改扩建完成办理竣工决算，借记“固定资产”科目，贷记本科目。

四、本科目期末借方余额，反映小企业尚未完工或虽已完工，但尚未办理竣工决算的工程成本。

1605 工程物资

一、本科目核算小企业为在建工程准备的各种物资的成本。包括：工程用材料、尚未安装的设备以及为生产准备的工器具等。

二、本科目应按照“专用材料”、“专用设备”、“工器具”等进行明细核算。

三、工程物资的主要账务处理。

（一）小企业购入为工程准备的物资，应当按照实际支付的购买价款和相关税费，借记本科目，贷记“银行存款”等科目。

（二）工程领用工程物资，借记“在建工程”科目，贷记本科目。工程完工后将领出的剩余物资退库时做相反的会计分录。

工程完工后剩余的工程物资转作本企业存货的，借记“原材料”等科目，贷记本科目。

四、本科目期末借方余额，反映小企业为在建工程准备的各种物资的成本。

1606 固定资产清理

一、本科目核算小企业因出售、报废、毁损、对外投资等原因处置固定资产所转出的固定资产账面价值以及在清理过程中发生的费用等。

二、本科目应按照被清理的固定资产项目进行明细核算。

三、固定资产清理的主要账务处理。

（一）小企业因出售、报废、毁损、对外投资等原因处置固定资产，应当按照该项固定资产的账面价值，借记本科目，按照其已计提的累计折旧，借记“累计折旧”科目，按照其原价，贷记“固定资产”科目。

同时，按照税法规定不得从增值税销项税额中抵扣的进项税额，借记本科目，贷记“应交税费——应交增值税（进项税额转出）”科目。

（二）清理过程中应支付的相关税费及其他费用，借记本科目，贷记“银行存款”、“应交税费”等科目。取得出售固定资产的价款、残料价值和变价收入等处置收入，借记“银行存款”、“原材料”等科目，贷记本科目。应由保险公司或过失人赔偿的损失，借记“其他应收款”等科目，贷记本科目。

（三）固定资产清理完成后，如为借方余额，借记“营业外支出——非流动资产处置净损失”科目，贷记本科目。如为贷方余额，借记本科目，贷记“营业外收入——非流动资产处置净收益”科目。

四、本科目期末借方余额，反映小企业尚未清理完毕的固定资产清理净损失；本科目期末贷方余额，反映小企业尚未清理完毕的固定资产清理净收益。

1621 生产性生物资产

一、本科目核算小企业（农、林、牧、渔业）持有的生产性生物资产的原价（成本）。

二、本科目应按照“未成熟生产性生物资产”和“成熟生产性生物资产”，分别生物资产的种类、群别等进行明细核算。

三、生产性生物资产的主要账务处理。

（一）小企业外购的生产性生物资产，按照购买价款和相关税费，借记本科目，贷记“银行存款”等科目。涉及按照税法规定可抵扣的增值税进项税额的，还应当借记“应交税费——应交增值税（进项税额）”科目。

（二）自行营造的林木类生产性生物资产，达到预定生产经营目的前发生的造林费、抚育费、营林设施费、良种试验费、调查设计费和应分摊的间接费用等必要支出，借记本科目（未成熟生产性生物资产），贷记“原材料”、“银行存款”、“应付利息”等科目。

（三）自行繁殖的产畜和役畜，达到预定生产经营目的前发生的饲料费、人工费和应分摊的间接费用等必要支出，借记本科目（未成熟生产性生物资产），贷记“原材料”、“银行存款”、“应付利息”等科目。

（四）未成熟生产性生物资产达到预定生产经营目的时，按照其账面余额，借记本科目（成熟生产性生物资产），贷记本科目（未成熟生产性生物资产）。

（五）育肥畜转为产畜或役畜，应当按照其账面余额，借记本科目，贷记“消耗性生物资产”科目。

产畜或役畜淘汰转为育肥畜，应按照转群时其账面价值，借记“消耗性生物资产”科目，按照已计提的累计折旧，借记“生产性生物资产累计折旧”科目，按照其原价，贷记本科目。

（六）择伐、间伐或抚育更新等生产性采伐而补植林木类生产性生物资产发生的后续支出，借记本科目（未成熟生产性生物资产），贷记“银行存款”等科目。

生产性生物资产发生的管护、饲养费用等后续支出，借记“管理费用”科目，贷记“银行存款”等科目。

（七）因出售、报废、毁损、对外投资等原因处置生产性生物资产，应按照取得的出售生产性生物资产的价款、残料价值和变价收入等处置收入，借记“银行存款”等科目，按照已计提的累计折旧，借记“生产性生物资产累计折旧”科目，按照其原价，贷记本科目，按照其差额，借记“营业外支出——非流动资产处置净损失”科目或贷记“营业外收入——处置非流动资产处置净收益”科目。

四、本科目期末借方余额，反映小企业（农、林、牧、渔业）生产性生物资产的原价（成本）。

1622 生产性生物资产累计折旧

一、本科目核算小企业（农、林、牧、渔业）成熟生产性生物资产的累计折旧。

二、本科目应按照生产性生物资产的种类、群别等进行明细核算。

三、生产性生物资产累计折旧的主要账务处理。

小企业按月计提成熟生产性生物资产的折旧，借记“生产成本”、“管理费用”等科目，贷记本科目。

处置生产性生物资产还应同时结转生产性生物资产累计折旧。

四、本科目期末贷方余额，反映小企业成熟生产性生物资产的累计折旧额。

1701 无形资产

一、本科目核算小企业持有的无形资产成本。

二、本科目应按照无形资产项目进行明细核算。

三、无形资产的主要账务处理。

（一）小企业外购无形资产，应当按照实际支付的购买价款、相关税费和相关的其他支出（含相关的利息费用），借记本科目，贷记“银行存款”、“应付利息”等科目。

（二）自行开发建造厂房等建筑物，外购土地及建筑物支付的价款应当在建筑物与土地使用权之间按照合理的方法进行分配，其中属于土地使用权的部分，借记本科目，贷记“银行存款”等科目。

（三）收到投资者投入的无形资产，应当按照评估价值和相关税费，借记本科目，贷记“实收资本”、“资本公积”科目。

（四）开发项目达到预定用途形成无形资产的，按照应予资本化的支出，借记本科目，贷记“研发支出”科目。

（五）因出售、报废、对外投资等原因处置无形资产，应当按照取得的出售无形资产的价款等处置收入，借记“银行存款”等科目，按照其已计提的累计摊销，借记“累计摊销”科目，按照应支付的相关税费及其他费用，贷记“应交税费——应交营业税”、“银行存款”等科目，按照其成本，贷记本科目，按照其差额，贷记“营业外收入——非流动资产处置净收益”科目或借记“营业外支出——非流动资产处置净损失”科目。

四、本科目期末借方余额，反映小企业无形资产的成本。

1702 累计摊销

一、本科目核算小企业对无形资产计提的累计摊销。

二、本科目应按照无形资产项目进行明细核算。

三、累计摊销的主要账务处理。

小企业按月采用年限平均法计提无形资产的摊销，应当按照无形资产的受益对象，借记“制造费用”、“管理费用”等科目，贷记本科目。

处置无形资产还应同时结转累计摊销。

四、本科目期末借方余额，反映小企业无形资产的累计摊销额。

1801 长期待摊费用

一、本科目核算小企业已提足折旧的固定资产的改建支出、经营租入固定资产的改建支出、固定资产的大修理支出和其他长期待摊费用等。

二、本科目应按照支出项目进行明细核算。

三、长期待摊费用的主要账务处理。

（一）小企业发生的长期待摊费用，借记本科目，贷记“银行存款”、“原材料”等科目。

（二）按月采用年限平均法摊销长期待摊费用，应当按照长期待摊费用的受益对象，借记“制造费用”、“管理费用”等科目，贷记本科目。

四、本科目期末借方余额，反映小企业尚未摊销完毕的长期待摊费用。

1901 待处理财产损溢

一、本科目核算小企业在清查财产过程中查明的各种财产盘盈、盘亏和毁损的价值。

所采购物资在运输途中因自然灾害等发生的损失或尚待查明的损耗，也通过本科目核算。

二、本科目应按照待处理流动资产损溢和待处理非流动资产损溢进行明细核算。

三、待处理财产损溢的主要账务处理。

（一）盘盈的各种材料、产成品、商品、现金等，应当按照同类或类似存货的市场价格或评估价值，借记“原材料”、“库存商品”、“库存现金”等科目，贷记本科目（待处理流动资产损溢）。盘亏、毁损、短缺的各种材料、产成品、商品、现金等，应当按照其账面余额，借记本科目（待处理流动资产损溢），贷记“材料采购”或“在途物资”、“原材料”、“库存商品”、“库存现金”等科目。涉及增值税进项税额的，还应进行相应的账务处理。

盘盈的固定资产，按照同类或类似固定资产的市场价格或评估价值扣除按照该项固定资产新旧程度估计的折旧后的余额，借记“固定资产”科目，贷记本科目（待处理非流动资产损溢）。盘亏的固定资产，按照该项固定资产的账面价值，借记本科目（待处理非流动资产损溢），按照已计提的累计折旧，借记“累计折旧”科目，按照其原价，贷记“固定资产”科目。

（二）盘亏、毁损、报废的各项资产，按照管理权限经批准后处理时，按照残料价值，借记“原材料”等科目，按照可收回的保险赔偿或过失人赔偿，借记“其他应收款”科目，按照本科目余额，贷记本科目（待处理流动资产损溢、待处理非流动资产损溢），按照其借方差额，借记“营业外支出”科目。

盘盈的各种材料、产成品、商品、固定资产、现金等，按照管理权限经批准后处理时，按照本科目余额，借记本科目（待处理流动资产损溢、待处理非流动资产损溢），贷记“营业外收入”科目。

四、小企业的财产损溢，应当查明原因，在年末结账前处理完毕，处理后本科目应无余额。

负债类

2001 短期借款

一、本科目核算小企业向银行或其他金融机构等借入的期限在 1 年内的各种借款。

二、本科目应按照借款种类、贷款人和币种进行明细核算。

三、短期借款的主要账务处理。

（一）小企业借入的各种短期借款，借记“银行存款”科目，贷记本科目；偿还借款，做相反的会计分录。

银行承兑汇票到期，小企业无力支付票款的，按照银行承兑汇票的票面金额，借记“应付票据”科目，贷记本科目。

持未到期的商业汇票向银行贴现，应当按照实际收到的金额（即减去贴现息后的净额），借记“银行存款”科目，按照贴现息，借记“财务费用”科目，按照商业汇票的票面金额，贷记“应收票据”科目（银行无追索权情况下）或本科目（银行有追索权情况下）。

（二）在应付利息日，应当按照短期借款合同利率计算确定的利息费用，借记“财务费用”科目，贷记“应付利息”等科目。

四、本科目期末贷方余额，反映小企业尚未偿还的短期借款本金。

2201 应付票据

一、本科目核算小企业因购买材料、商品和接受劳务等日常生产经营活动开出、承兑的商业汇票（银行承兑汇票和商业承兑汇票）。

二、本科目应按照债权人进行明细核算。

三、应付票据的主要账务处理。

（一）小企业开出、承兑商业汇票或以承兑商业汇票抵付货款、应付账款等，借记“材料采购”或“在途物资”、“库存商品”等科目，贷记本科目。涉及增值税进项税额的，还应进行相应的账务处理。

（二）支付银行承兑汇票的手续费，借记“财务费用”科目，贷记“银行存款”科目。支付票款，借记本科目，贷记“银行存款”科目。

（三）银行承兑汇票到期，小企业无力支付票款的，按照银行承兑汇票的票面金额，借记本科目，贷记“短期借款”科目。

四、小企业应当设置“应付票据备查簿”，详细登记商业汇票的种类、号数和出票日期、到期日、票面金额、交易合同号和收款人姓名或单位名称以及付款日期和金额等资料，商业汇票到期结清票款后，在备查簿中应予注销。

五、本科目期末贷方余额，反映小企业开出、承兑的尚未到期的商业汇票的票面金额。

2202 应付账款

一、本科目核算小企业因购买材料、商品和接受劳务等日常生产经营活动应支付的款项。

二、本科目应按照对方单位（或个人）进行明细核算。

三、应付账款的主要账务处理。

（一）小企业购入材料、商品等未验收入库，货款尚未支付，应当根据有关凭证（发票账单、随货同行发票上记载的实际价款或暂估价值），借记“在途物资”科目，按照可抵扣的增值税进项税额，借记“应交税费——应交增值税（进项税额）”科目，按照应付的价款，贷记本科目。

接受供应单位提供劳务而发生的应付未付款项，应当根据供应单位的发票账单，借记“生产成本”、“管理费用”等科目，贷记本科目。

（二）偿付应付账款，借记本科目，贷记“银行存款”等科目。

小企业确实无法偿付的应付账款，借记本科目，贷记“营业外收入”科目。

四、本科目期末贷方余额，反映小企业尚未支付的应付账款。

2203 预收账款

一、本科目核算小企业按照合同规定预收的款项。包括：预收的购货款、工程款等。

预收账款情况不多的，也可以不设置本科目，将预收的款项直接记入“应收账款”科目贷方。

二、本科目应按照对方单位（或个人）进行明细核算。

三、预收账款的主要账务处理。

（一）小企业向购货单位预收的款项，借记“银行存款”等科目，贷记本科目。

（二）销售收入实现时，按照实现的收入金额，借记本科目，贷记“主营业务收入”科目。涉及增值税销项税额的，还应进行相应的账务处理。

四、本科目期末贷方余额，反映小企业预收的款项；期末如为借方余额，反映小企业尚未转销的款项。

2211 应付职工薪酬

一、本科目核算小企业根据有关规定应付给职工的各种薪酬。

小企业（外商投资）按照规定从净利润中提取的职工奖励及福利基金，也通过本科目核算。

二、本科目应按照“职工工资”、“奖金、津贴和补贴”、“职工福利费”、“社会保险费”、“住房公积金”、“工会经费”、“职工教育经费”、“非货币性福利”、“辞退福利”等进行明细核算。

三、应付职工薪酬的主要账务处理。

（一）月末，小企业应当将本月发生的职工薪酬区分以下情况进行分配：

1. 生产部门（提供劳务）人员的职工薪酬，借记“生产成本”、“制造费用”等科目，贷记本科目。

2. 应由在建工程、无形资产开发项目负担的职工薪酬，借记“在建工程”、“研发支出”等科目，贷记本科目。

3. 管理部门人员的职工薪酬和因解除与职工的劳动关系给予的补偿，借记“管理费用”科目，贷记本科目。

4. 销售人员的职工薪酬，借记“销售费用”科目，贷记本科目。

（二）小企业发放职工薪酬应当区分以下情况进行处理：

1. 向职工支付工资、奖金、津贴、福利费等，从应付职工薪酬中扣还的各种款项（代垫的家属药费、个人所得税等）等，借记本科目，贷记“库存现金”、“银行存款”、“其他应收款”、“应交税费——应交个人所得税”等科目。

2. 支付工会经费和职工教育经费用于工会活动和职工培训，借记本科目，贷记“银行存款”等科目。

3. 按照国家有关规定缴纳的社会保险费和住房公积金，借记本科目，贷记“银行存款”科目。

4. 以其自产产品发放给职工的，按照其销售价格，借记本科目，贷记“主营业务收入”科目；同时，还应结转产成品的成本。涉及增值税销项税额的，还应进行相应的账务处理。

5. 支付的因解除与职工的劳动关系给予职工的补偿，借记本科目，贷记“库存现金”、“银行存款”等科目。

四、本科目期末贷方余额，反映小企业应付未付的职工薪酬。

2221 应交税费

一、本科目核算小企业按照税法等规定计算应交纳的各种税费。包括：增值税、消费税、营业税、城市维护建设税、企业所得税、资源税、土地增值税、城镇土地使用税、房产税、车船税和教育费附加、矿产资源补偿费、排污费等。

小企业代扣代缴的个人所得税等，也通过本科目核算。

二、本科目应按照应交的税费项目进行明细核算。

应交增值税还应当分别“进项税额”、“销项税额”、“出口退税”、“进项税额转出”、“已交税金”等设置专栏。

小规模纳税人只需设置“应交增值税”明细科目，不需要在“应交增值税”明细科目中设置上述专栏。

三、应交税费的主要账务处理。

（一）应交增值税的主要账务处理。

1. 小企业采购物资等，按照应计入采购成本的金额，借记“材料采购”或“在途物资”、“原材料”、“库存商品”等科目，按照税法规定可抵扣的增值税进项税额，借记本科目（应交增值税——进项税额），按照应付或实际支付的金额，贷记“应付账款”、“银行存款”等科目。购入物资发生退货的，做相反的会计分录。

购进免税农业产品，按照购入农业产品的买价和税法规定的税率计算的增值税进项税额，借记本科目（应交增值税——进项税额），按照买价减去按照税法规定计算的增值税进项税额后的金额，借记“材料采购”或“在途物资”等科目，按照应付或实际支付的价款，贷记“应付账款”、“库存现金”、“银行存款”等科目。

2. 销售商品（提供劳务），按照收入金额和应收取的增值税销项税额，借记“应收账款”、“银行存款”等科目，按照税法规定应交纳的增值税销项税额，贷记本科目（应交增值税——销项税额），按照确认的营业收入金额，贷记“主营业务收入”、“其他业务收入”等科目。发生销售退回的，做相反的会计分录。

随同商品出售但单独计价的包装物，应当按照实际收到或应收的金额，借记“银行存款”、“应收账款”等科目，按照税法规定应交纳的增值税销项税额，贷记本科目（应交增值税——销项税额），按照确认的其他业务收入金额，贷记“其他业务收入”科目。

3. 有出口产品的小企业，其出口退税的账务处理如下：

（1）实行“免、抵、退”管理办法的小企业，按照税法规定计算的当期出口产品不予免征、抵扣和退税的增值税额，借记“主营业务成本”科目，贷记本科目（应交增值税——进项税额转出）。按照税法规定计算的当期应予抵扣的增值税额，借记本科目（应交增值税——出口抵减内销产品应纳税额），贷记本科目（应交增值税——出口退税）。

出口产品按照税法规定应予退回的增值税款，借记“其他应收款”科目，贷记本科目（应交增值税——出口退税）。

（2）未实行“免、抵、退”管理办法的小企业，出口产品实现销售收入时，应当按照应收的金额，借记“应收账款”等科目，按照税法规定应收的出口退税，借记“其他应收款”科目，按照税法规定不予退回的增值税额，借记“主营业务成本”科目，按照确认的销售商品收入，贷记“主营业务收入”科目，按照税法规定应交纳的增值税额，贷记本科目（应交增值税——销项税额）。

4. 购入材料等按照税法规定不得从增值税销项税额中抵扣的进项税额，其进项税额应计入材料等的成本，借记“材料采购”或“在途物资”等科目，贷记“银行存款”等科目，不通过本科目（应交增值税——进项税额）核算。

5. 将自产的产品等用作福利发放给职工，应视同产品销售计算应交增值税的，借记“应付职工酬薪”科目，贷记“主营业务收入”、本科目（应交增值税——销项税额）等科目。

6. 购进的物资、在产品、产成品因盘亏、毁损、报废、被盗，以及购进物资改变用途等原因按照税法规定不得从增值税销项税额中抵扣的进项税额，其进项税额应转入有关科目，借记“待处理财产损溢”等科目，贷记本科目（应交增值税——进项税额转出）。

由于工程而使用本企业的产品或商品，应当按照成本，借记“在建工程”科目，贷记“库存商品”科目。同时，按照税法规定应交纳的增值税销项税额，借记“在建工程”科目，贷记本科目（应交增值税——销项税额）。

7. 交纳的增值税，借记本科目（应交增值税——已交税金），贷记“银行存款”科目。

（二）应交消费税的主要账务处理。

1. 销售需要交纳消费税的物资应交的消费税，借记“营业税金及附加”等科目，贷记本科目（应交消费税）。

2. 以生产的产品用于在建工程、非生产机构等，按照税法规定应交纳的消费税，借记“在建工程”、“管理费用”等科目，贷记本科目（应交消费税）。

随同商品出售但单独计价的包装物，按照税法规定应交纳的消费税，借记“营业税金及附加”科目，贷记本科目（应交消费税）。出租、出借包装物逾期未收回没收的押金应交的消费税，借记“营业税金及附加”科目，贷记本科目（应交消费税）。

3. 需要交纳消费税的委托加工物资，由受托方代收代缴税款（除受托加工或翻新改制金银首饰按照税法规定由受托方交纳消费税外）。小企业（受托方）按照应交税款金额，借记“应收账款”、“银行存款”等科目，贷记本科目（应交消费税）。

委托加工物资收回后，直接用于销售的，小企业（委托方）应将代收代缴的消费税计入委托加工物资的成本，借记“库存商品”等科目，贷记“应付账款”、“银行存款”等科目；委托加工物资收回后用于连续生产，按照税法规定准予抵扣的，按照代收代缴的消费税，借记本科目（应交消费税），贷记“应付账款”、“银行存款”等科目。

4. 有金银首饰零售业务的以及采用以旧换新方式销售金银首饰的小企业，在营业收入实现时，按照应交的消费税，借记“营业税金及附加”科目，贷记本科目（应交消费税）。有金银首饰零售业务的小企业因受托代销金银首饰按照税法规定应交纳的消费税，借记“营业税金及附加”科目，贷记本科目（应交消费税）；以其他方式代销金银首饰的，其交纳的消费税，借记“营业税金及附加”科目，贷记本科目（应交消费税）。

有金银首饰批发、零售业务的小企业将金银首饰用于馈赠、赞助、广告、职工福利、奖励等方面的，应于物资移送时，按照应交的消费税，借记“营业外支出”、“销售费用”、“应付职工薪酬”等科目，贷记本科目（应交消费税）。

随同金银首饰出售但单独计价的包装物，按照税法规定应交纳的消费税，借记“营业税金及附加”科目，贷记本科目（应交消费税）。

小企业因受托加工或翻新改制金银首饰按照税法规定应交纳的消费税，于向委托方交货时，借记“营业税金及附加”科目，贷记本科目（应交消费税）。

5. 需要交纳消费税的进口物资，其交纳的消费税应计入该项物资的成本，借记“材料采购”或“在途物资”、“库存商品”、“固定资产”等科目，贷记“银行存款”等科目。

6. 小企业（生产性）直接出口或通过外贸企业出口的物资，按照税法规定直接予以免征消费税的，可不计算应交消费税。

7. 交纳的消费税，借记本科目（应交消费税），贷记“银行存款”科目。

（三）应交营业税的主要账务处理。

1. 小企业按照营业额和税法规定的税率，计算应交纳的营业税，借记“营业税金及附加”等科目，贷记本科目（应交营业税）。

2. 出售原作为固定资产管理的不动产应交纳的营业税，借记“固定资产清理”等科目，贷记本科目（应交营业税）。

3. 交纳的营业税，借记本科目（应交营业税），贷记“银行存款”科目。

（四）应交城市维护建设税和教育费附加的主要账务处理。

1. 小企业按照税法规定应交的城市维护建设税、教育费附加，借记“营业税金及附加”科目，贷记本科目（应交城市维护建设税、应交教育费附加）。

2. 交纳的城市维护建设税和教育费附加，借记本科目（应交城市维护建设税、应交教育费附加），贷记“银行存款”科目。

（五）应交企业所得税的主要账务处理。

1. 小企业按照税法规定应交的企业所得税，借记“所得税费用”科目，贷记本科目（应交企业所得税）。

2. 交纳的企业所得税，借记本科目（应交企业所得税），贷记“银行存款”科目。

（六）应交资源税的主要账务处理。

1. 小企业销售商品按照税法规定应交纳的资源税，借记“营业税金及附加”科目，贷记本科目（应交资源税）。

2. 自产自用的物资应交纳的资源税，借记“生产成本”科目，贷记本科目（应交资源税）。

3. 收购未税矿产品，按照实际支付的价款，借记“材料采购”或“在途物资”等科目，贷记“银行存款”等科目，按照代扣代缴的资源税，借记“材料采购”或“在途物资”等科目，贷记本科目（应交资源税）。

4. 外购液体盐加工固体盐：在购入液体盐时，按照税法规定所允许抵扣的资源税，借记本科目（应交资源税），按照购买价款减去允许抵扣的资源税后的金额，借记“材料采购”或“在途物资”、“原材料”等科目，按照应支付的购买价款，贷记“银行存款”、“应付账款”等科目；加工成固体盐后，在销售时，按照销售固体盐应交纳的资源税，借记“营业税金及附加”科目，贷记本科目（应交资源税）；将销售固体盐应交资源税抵扣液体盐已交资源税后的差额上交时，借记本科目（应交资源税），贷记“银行存款”科目。

5. 交纳的资源税，借记本科目（应交资源税），贷记“银行存款”科目。

（七）应交土地增值税的主要账务处理。

1. 小企业转让土地使用权应交纳的土地增值税，土地使用权与地上建筑物及其附着物一并在“固定资产”科目核算的，借记“固定资产清理”科目，贷记本科目（应交土地增值税）。

土地使用权在“无形资产”科目核算的，按照实际收到的金额，借记“银行存款”科目，按照应交纳的土地增值税，贷记本科目（应交土地增值税），按照已计提的累计摊销，借记“累计摊销”科目，按照其成本，贷记“无形资产”科目，按照其差额，贷记“营业外收入——非流动资产处置净收益”科目或借记“营业外支出——非流动资产处置净损失”科目。

2. 小企业（房地产开发经营）销售房地产应交纳的土地增值税，借记“营业税金及附加”科目，贷记本科目（应交土地增值税）。

3. 交纳的土地增值税，借记本科目（应交土地增值税），贷记“银行存款”科目。

（八）应交城镇土地使用税、房产税、车船税、矿产资源补偿费、排污费的主要账务处理。

1. 小企业按照规定应交纳的城镇土地使用税、房产税、车船税、矿产资源补偿费、排污费，借记“营业税金及附加”科目，贷记本科目（应交城镇土地使用税、应交房产税、应交车船税、应交矿产资源补偿费、应交排污费）。

2. 交纳的城镇土地使用税、房产税、车船税、矿产资源补偿费、排污费，借记本科目（应交城镇土地使用税、应交房产税、应交车船税、应交矿产资源补偿费、应交排污费），贷记“银行存款”科目。

（九）应交个人所得税的主要账务处理。

1. 小企业按照税法规定应代扣代缴的职工个人所得税，借记“应付职工薪酬”科目，贷记本科目（应交个人所得税）。

2. 交纳的个人所得税，借记本科目（应交个人所得税），贷记“银行存款”科目。

（十）小企业按照规定实行企业所得税、增值税、消费税、营业税等先征后返的，应当在实际收到返还的企业所得税、增值税（不含出口退税）、消费税、营业税等时，借记“银行存款”科目，贷记“营业外收入”科目。

四、本科目期末贷方余额，反映小企业尚未交纳的税费；期末如为借方余额，反映小企业多交或尚未抵扣的税费。

2231 应付利息

一、本科目核算小企业按照合同约定应支付的利息费用。

二、本科目应按照贷款人等进行明细核算。

三、应付利息的主要账务处理。

（一）在应付利息日，小企业应当按照合同利率计算确定的利息费用，借记“财务费用”、“在建工程”等科目，贷记本科目。

（二）实际支付的利息，借记本科目，贷记“银行存款”等科目。

四、本科目期末贷方余额，反映小企业应付未付的利息费用。

2232 应付利润

一、本科目核算小企业向投资者分配的利润。

二、本科目应按照投资者进行明细核算。

三、应付利润的主要账务处理。

（一）小企业根据规定或协议确定的应分配给投资者的利润，借记“利润分配”科目，贷记本科目。

（二）向投资者实际支付利润，借记本科目，贷记“库存现金”、“银行存款”科目。

四、本科目期末贷方余额，反映小企业应付未付的利润。

2241 其他应付款

一、本科目核算小企业除应付账款、预收账款、应付职工薪酬、应交税费、应付利息、应付利润等以外的其他各项应付、暂收的款项，如应付租入固定资产和包装物的租金、存入保证金等。

二、本科目应按照其他应付款的项目和对方单位（或个人）进行明细核算。

三、其他应付款的主要账务处理。

（一）小企业发生的其他各种应付、暂收款项，借记“管理费用”等科目，贷记本科目。

（二）支付的其他各种应付、暂收款项，借记本科目，贷记“银行存款”等科目。

小企业无法支付的其他应付款，借记本科目，贷记“营业外收入”科目。

四、本科目期末贷方余额，反映小企业应付未付的其他应付款项。

2401 递延收益

一、本科目核算小企业已经收到、应在以后期间计入损益的政府补助。

二、本科目应按照相关项目进行明细核算。

三、递延收益的主要账务处理。

（一）小企业收到与资产相关的政府补助，借记“银行存款”等科目，贷记本科目。

在相关资产的使用寿命内平均分配递延收益，借记本科目，贷记“营业外收入”科目。

（二）收到的其他政府补助，用于补偿本企业以后期间的相关费用或亏损的，应当按照收到的金额，借记“银行存款”等科目，贷记本科目。在发生相关费用或亏损的未来期间，应当按照应补偿的金额，借记本科目，贷记“营业外收入”科目。

用于补偿本企业已发生的相关费用或亏损的，应当按照收到的金额，借记“银行存款”等科目，贷记“营业外收入”科目。

四、本科目期末贷方余额，反映小企业已经收到、但应在以后期间计入损益的政府补助。

2501 长期借款

一、本科目核算小企业向银行或其他金融机构借入的期限在 1 年以上的各项借款本金。

二、本科目应按照借款种类、贷款人和币种进行明细核算。

三、长期借款的主要账务处理。

（一）小企业借入长期借款，借记“银行存款”科目，贷记本科目。

（二）在应付利息日，应当按照借款本金和借款合同利率计提利息费用，借记“财务费用”、“在建工程”等科目，贷记“应付利息”科目。

（三）偿还长期借款本金，借记本科目，贷记“银行存款”科目。

四、本科目期末贷方余额，反映小企业尚未偿还的长期借款本金。

2701 长期应付款

一、本科目核算小企业除长期借款以外的其他各种长期应付款项。包括：应付融资租入固定资产的租赁费、以分期付款方式购入固定资产发生的应付款项等。

二、本科目应按照长期应付款的种类和债权人进行明细核算。

三、长期应付款的主要账务处理。

（一）小企业融资租入固定资产，在租赁期开始日，按照租赁合同约定的付款总额和在签订租赁合同过程中发生的相关税费等，借记“固定资产”或“在建工程”科目，贷记本科目等科目。

（二）以分期付款方式购入固定资产，应当按照实际支付的购买价款和相关税费（不包括按照税法规定可抵扣的增值税进项税额），借记“固定资产”或“在建工程”科目，按照税法规定可抵扣的增值税进项税额，借记“应交税费——应交增值税（进项税额）”科目，贷记本科目。

四、本科目期末贷方余额，反映小企业应付未付的长期应付款项。

所有者权益类

3001 实收资本

一、本科目核算小企业收到投资者按照合同协议约定或相关规定投入的、构成注册资本的部分。

小企业（股份有限公司）应当将本科目的名称改为“3001 股本”科目。

小企业收到投资者出资超过其在注册资本中所占份额的部分，作为资本溢价，在“资本公积”科目核算，不在本科目核算。

二、本科目应按照投资者进行明细核算。

小企业（中外合作经营）根据合同规定在合作期间归还投资者的投资，应在本科目设置“已归还投资”明细科目进行核算。

三、实收资本的主要账务处理。

（一）小企业收到投资者的出资，借记“银行存款”、“其他应收款”、“固定资产”、“无形资产”等科目，按照其在注册资本中所占的份额，贷记本科目，按照其差额，贷记“资本公积”科目。

（二）根据有关规定增加注册资本，借记“银行存款”、“资本公积”、“盈余公积”等科目，贷记本科目。

根据有关规定减少注册资本，借记本科目、“资本公积”等科目，贷记“库存现金”、“银行存款”等科目。

小企业（中外合作经营）根据合同规定在合作期间归还投资者的投资，应当按照实际归还投资的金额，借记本科目（已归还投资），贷记“银行存款”等科目；同时，借记“利润分配——利润归还投资”科目，贷记“盈余公积——利润归还投资”科目。

四、本科目期末贷方余额，反映小企业实收资本总额。

3002 资本公积

一、本科目核算小企业收到投资者出资超出其在注册资本中所占份额的部分。

二、资本公积的主要账务处理。

（一）小企业收到投资者的出资，借记“银行存款”、“其他应收款”、“固定资产”、“无形资产”等科目，按照其在注册资本中所占的份额，贷记“实收资本”科目，按照其差额，贷记本科目。

（二）根据有关规定用资本公积转增资本，借记本科目，贷记“实收资本”科目。

根据有关规定减少注册资本，借记“实收资本”科目、本科目等科目，贷记“库存现金”、“银行存款”等科目。

三、本科目期末贷方余额，反映小企业资本公积总额。

3101 盈余公积

一、本科目核算小企业（公司制）按照公司法规定在税后利润中提取的法定公积金和任意公积金。

小企业（外商投资）按照法律规定在税后利润中提取储备基金和企业发展基金也在本科目核算。

二、本科目应当分别“法定盈余公积”、“任意盈余公积”进行明细核算。

小企业（外商投资）还应当分别“储备基金”、“企业发展基金”进行明细核算。

小企业（中外合作经营）根据合同规定在合作期间归还投资者的投资，应在本科目设置“利润归还投资”明细科目进行核算。

三、盈余公积的主要账务处理。

（一）小企业（公司制）按照公司法规定提取法定公积金和任意公积金，借记“利润分配——提取法定盈余公积、提取任意盈余公积”科目，贷记本科目（法定盈余公积、任意盈余公积）。

小企业（外商投资）按照规定提取储备基金、企业发展基金、职工奖励及福利基金，借记“利润分配——提取储备基金、提取企业发展基金、提取职工奖励及福利基金”科目，贷记本科目（储备基金、企业发展基金）、“应付职工薪酬”科目。

（二）用盈余公积弥补亏损或者转增资本，借记本科目，贷记“利润分配——盈余公积补亏”或“实收资本”科目。

小企业（中外合作经营）根据合同规定在合作期间归还投资者的投资，应当按照实际归还投资的金额，借记“实收资本——已归还投资”科目，贷记“银行存款”等科目；同时，借记“利润分配——利润归还投资”科目，贷记本科目（利润归还投资）。

四、本科目期末贷方余额，反映小企业（公司制）的法定公积金和任意公积金总额，小企业（外商投资）的储备基金和企业发展基金总额。

3103 本年利润

一、本科目核算小企业当期实现的净利润（或发生的净亏损）。

二、本年利润的主要账务处理。

（一）期（月）末结转利润时，小企业可以将“主营业务收入”、“其他业务收入”、“营业外收入”科目的余额，转入本科目，借记“主营业务收入”、“其他业务收入”、“营业外收入”科目，贷记本科目；将“主营业务成本”、“其他业务成本”、“营业税金及附加”、“销售费用”、“管理费用”、“财务费用”、“营业外支出”、“所得税费用”科目的余额，转入本科目，借记本科目，贷记“主营业务成本”、“其他业务成本”、“营业税金及附加”、“销售费用”、“管理费用”、“财务费用”、“营业外支出”、“所得税费用”科目。将“投资收益”科目的贷方余额，转入本科目，借记“投资收益”科目，贷记本科目；如为借方余额，做相反的会计分录。

结转后本科目的贷方余额为当期实现的净利润；借方余额为当期发生的净亏损。

（二）年度终了，应当将本年收入和支出相抵后结出的本年实现的净利润，转入“利润分配”科目，借记本科目，贷记“利润分配——未分配利润”科目；如为净亏损，做相反的会计分录。

结转后本科目应无余额。

3104 利润分配

一、本科目核算小企业利润的分配（或亏损的弥补）和历年分配（或弥补）后的余额。

二、本科目应按照“应付利润”、“未分配利润”等进行明细核算。

三、利润分配的主要账务处理。

（一）小企业根据有关规定分配给投资者的利润，借记本科目（应付利润），贷记“应付利润”科目。

（二）用盈余公积弥补亏损，借记“盈余公积”科目，贷记本科目（盈余公积补亏）。

小企业（中外合作经营）根据合同规定在合作期间归还投资者的投资，应按照实际归还投资的金额，借记“实收资本——已归还投资”科目，贷记“银行存款”等科目；同时，借记本科目（利润归还投资），贷记“盈余公积——利润归还投资”科目。

四、年度终了，小企业应当将本年实现的净利润，自“本年利润”科目转入本科目，借记“本年利润”科目，贷记本科目（未分配利润）；为净亏损的，做相反的会计分录。同时，将“利润分配”科目所属明细科目（应付利润、盈余公积补亏）的余额转入本科目明细科目（未分配利润）。结转后，本科目除“未分配利润”明细科目外，其他明细科目应无余额。

五、本科目年末余额，反映小企业的未分配利润（或未弥补亏损）。

成本类

4001 生产成本

一、本科目核算小企业进行工业性生产发生的各项生产成本。包括：生产各种产品（产成品、自制半成品等）、自制材料、自制工具、自制设备等。

小企业对外提供劳务发生的成本，可将本科目改为“4001 劳务成本”科目，或单独设置“4002 劳务成本”科目进行核算。

二、本科目可按照基本生产成本和辅助生产成本进行明细核算。

三、生产成本的主要账务处理。

（一）小企业发生的各项直接生产成本，借记本科目（基本生产成本、辅助生产成本），贷记“原材料”、“库存现金”、“银行存款”、“应付职工薪酬”等科目。

各生产车间应负担的制造费用，借记本科目（基本生产成本、辅助生产成本），贷记“制造费用”科目。

（二）辅助生产车间为基本生产车间、管理部门和其他部门提供的劳务和产品，可在月末按照一定的分配标准分配给各受益对象，借记本科目（基本生产成本）、“销售费用”、“管理费用”、“其他业务成本”、“在建工程”等科目，贷记本科目（辅助生产成本）；也可在提供相关劳务和产品时，借记本科目、

“销售费用”、“管理费用”、“其他业务成本”、“在建工程”等科目，贷记“原材料”、“库存现金”、“银行存款”、“应付职工薪酬”等科目。

（三）小企业已经生产完成并已验收入库的产成品以及入库的自制半成品，可在月末，借记“库存商品”等科目，贷记本科目（基本生产成本）。

四、本科目期末借方余额，反映小企业尚未加工完成的在产品成本。

4101 制造费用

一、本科目核算小企业生产车间（部门）为生产产品和提供劳务而发生的各项间接费用。

小企业经过1年期以上的制造才能达到预定可销售状态的产品发生的借款费用，也在本科目核算。

小企业行政管理部门为组织和管理生产经营活动而发生的管理费用，在“管理费用”科目核算，不在本科目核算。

二、本科目应按照不同的生产车间、部门和费用项目进行明细核算。

三、制造费用的主要账务处理。

（一）生产车间发生的机物料消耗和固定资产修理费，借记本科目，贷记“原材料”、“银行存款”等科目。

（二）发生的生产车间管理人员的工资等职工薪酬，借记本科目，贷记“应付职工薪酬”科目。

（三）生产车间计提的固定资产折旧费，借记本科目，贷记“累计折旧”科目。

（四）生产车间支付的办公费、水电费等，借记本科目，贷记“银行存款”、“应付利息”等科目。

（五）发生季节性和修理期间的停工损失，借记本科目，贷记“原材料”、“应付职工薪酬”、“银行存款”等科目。

（六）小企业经过1年期以上的制造才能达到预定可销售状态的产品在制造完成之前发生的借款利息，在应付利息日根据借款合同利率计算确定的利息费用，借记本科目，贷记“应付利息”科目。制造完成之后发生的利息费用，借记“财务费用”科目，贷记“应付利息”科目。

（七）将制造费用分配计入有关的成本核算对象，借记“生产成本——基本生产成本、辅助生产成本”等科目，贷记本科目。

（八）季节性生产小企业制造费用全年实际发生额与分配额的差额，除其中属于为下一年开工生产做准备的可留待下一年分配外，其余部分实际发生额大于分配额的差额，借记“生产成本——基本生产成本”科目，贷记本科目；实际发生额小于分配额的差额，做相反的会计分录。

四、除季节性的生产性小企业外，本科目期末应无余额。

4301 研发支出

一、本科目核算小企业进行研究与开发无形资产过程中发生的各项支出。

二、本科目应按照研究开发项目，分别“费用化支出”、“资本化支出”进行明细核算。

三、研发支出的主要账务处理。

（一）小企业自行研究开发无形资产发生的研发支出，不满足资本化条件的，借记本科目（费用化支出），满足资本化条件的，借记本科目（资本化支出），贷记“原材料”、“银行存款”、“应付职工薪酬”、“应付利息”等科目。

（二）研究开发项目达到预定用途形成无形资产的，应按本科目（资本化支出）的余额，借记“无形资产”科目，贷记本科目（资本化支出）。

月末，应将本科目归集的费用化支出金额转入“管理费用”科目，借记“管理费用”科目，贷记本科目（费用化支出）。

四、本科目期末借方余额，反映小企业正在进行的无形资产开发项目满足资本化条件的支出。

4401 工程施工

一、本科目核算小企业（建筑业）实际发生的各种工程成本。

二、本科目应按照建造合同项目分别“合同成本”和“间接费用”进行明细核算。

三、工程施工的主要账务处理。

（一）小企业进行合同建造时发生的人工费、材料费、机械使用费以及施工现场材料的二次搬运费、生产工具和用具使用费、检验试验费、临时设施折旧费等其他直接费用，借记本科目（合同成本），贷记“应付职工薪酬”、“原材料”等科目。

发生的施工、生产单位管理人员职工薪酬、财产保险费、工程保修费、固定资产折旧费等间接费用，借记本科目（间接费用），贷记“累计折旧”、“银行存款”等科目。

期（月）末，将间接费用分配计入有关合同成本，借记本科目（合同成本），贷记本科目（间接费用）。

（二）确认合同收入和合同费用时，借记“应收账款”、“预收账款”等科目，贷记“主营业务收入”科目；按照应结转的合同成本，借记“主营业务成本”科目，贷记本科目（合同成本）。

四、本科目期末借方余额，反映小企业尚未完工的建造合同成本和合同毛利。

4403 机械作业

一、本科目核算小企业（建筑业）及其内部独立核算的施工单位、机械站和运输队使用自有施工机械和运输设备进行机械作业（含机械化施工和运输作业等）所发生的各项费用。

小企业及其内部独立核算的施工单位，从外单位或本企业其他内部独立核算的机械站租入施工机械发生的机械租赁费，在“工程施工”科目核算，不在本科目核算。

二、本科目应按照施工机械或运输设备的种类等进行明细核算。

小企业内部独立核算的机械施工、运输单位使用自有施工机械或运输设备进行机械作业所发生的各项费用，应按照成本核算对象和成本项目进行归集。

成本项目一般分为：职工薪酬、燃料及动力费、折旧及修理费、其他直接费用、间接费用（为组织和管理机械作业生产所发生的费用）。

三、机械作业的主要账务处理。

（一）小企业发生的机械作业支出，借记本科目，贷记“原材料”、“应付职工薪酬”、“累计折旧”等科目。

（二）期（月）末，小企业及其内部独立核算的施工单位、机械站和运输队为本企业承包的工程进行机械化施工和运输作业的成本，应转入承包工程的成本，借记“工程施工”科目，贷记本科目。

对外单位、专项工程等提供机械作业（含运输设备）的成本，借记“生产成本（或劳务成本）”科目，贷记本科目。

四、本科目期末应无余额。

损益类

5001 主营业务收入

一、本科目核算小企业确认的销售商品或提供劳务等主营业务的收入。

二、本科目应按照主营业务的种类进行明细核算。

三、主营业务收入的主要账务处理。

小企业销售商品或提供劳务实现的收入，应当按照实际收到或应

收的金额，借记“银行存款”、“应收账款”等科目，按照税法规定应交纳的增值税额，贷记“应交税费——应交增值税（销项税额）”科目，按照确认的销售商品收入，贷记本科目。

发生销货退回（不论属于本年度还是属于以前年度的销售），按照应冲减销售商品收入的金额，借记本科目，按照实际支付或应退还的金额，贷记“银

行存款”、“应收账款”等科目。涉及增值税销项税额的，还应进行相应的账务处理。

四、月末，可将本科目的余额转入“本年利润”科目，结转后本科目应无余额。

5051 其他业务收入

一、本科目核算小企业确认的除主营业务活动以外的其他日常生产经营活动实现的收入。包括：出租固定资产、出租无形资产、销售材料等实现的收入。

二、本科目应按照其他业务收入种类进行明细核算。

三、其他业务收入的主要账务处理。

小企业确认的其他业务收入，借记“银行存款”、“其他应收款”等科目，贷记本科目。涉及增值税销项税额的，还应进行相应的账务处理。

四、月末，可将本科目余额转入“本年利润”科目，结转后本科目应无余额。

5111 投资收益

一、本科目核算小企业确认的投资收益或投资损失。

二、本科目应按照投资项目进行明细核算。

三、投资收益的主要账务处理。

（一）对于短期股票投资、短期基金投资和长期股权投资，小企业应当按照被投资单位宣告分派的现金股利或利润中属于本企业的部分，借记“应收股利”科目，贷记本科目。

（二）在长期债券投资或短期债券投资持有期间，在债务人应付利息日，按照分期付息、一次还本的长期债券投资或短期债券投资的票面利率计算的利息收入，借记“应收利息”科目，贷记本科目；按照一次还本付息的长期债券投资票面利率计算的利息收入，借记“长期债券投资——应计利息”科目，贷记本科目。

在债务人应付利息日，按照应分摊的债券溢折价金额，借记或贷记本科目，贷记或借记“长期债券投资——溢折价”科目。

（三）出售短期投资、处置长期股权投资和长期债券投资，应当按照实际收到的价款或收回的金额，借记“银行存款”或“库存现金”科目，按照其账面余额，贷记“短期投资”、“长期股权投资”、“长期债券投资”科目，按照尚未领取的现金股利或利润、债券利息收入，贷记“应收股利”、“应收利息”科目，按照其差额，贷记或借记本科目。

四、月末，可将本科目余额转入“本年利润”科目，本科目结转后应无余额。

5301 营业外收入

一、本科目核算小企业实现的各项营业外收入。包括：非流动资产处置净收益、政府补助、捐赠收益、盘盈收益、汇兑收益、出租包装物和商品的租金收入、逾期未退包装物押金收益、确实无法偿付的应付款项、已作坏账损失处理后又收回的应收款项、违约金收益等。

小企业收到出口产品或商品按照规定退回的增值税款，在“其他应收款”科目核算，不在本科目核算。

二、本科目应按照营业外收入项目进行明细核算。

三、营业外收入的主要账务处理。

（一）小企业确认非流动资产处置净收益，比照“固定资产清理”、“无形资产”等科目的相关规定进行账务处理。

（二）确认的政府补助收入，借记“银行存款”或“递延收益”科目，贷记本科目。

（三）小企业按照规定实行企业所得税、增值税（不含出口退税）、消费税、营业税等先征后返的，应当在实际收到返还的企业所得税、增值税、消费税、营业税等时，借记“银行存款”科目，贷记本科目。

（四）确认的捐赠收益，借记“银行存款”、“固定资产”等科目，贷记本科目。

（五）确认的盘盈收益，借记“待处理财产损溢——待处理流动资产损溢、待处理非流动资产损溢”科目，贷记本科目。

（六）确认的汇兑收益，借记有关科目，贷记本科目。

（七）确认的出租包装物和商品的租金收入、逾期未退包装物押金收益、确实无法偿付的应付款项、违约金收益等，借记“其他应收款”、“应付账款”、“其他应付款”等科目，贷记本科目。

（八）确认的已作坏账损失处理后又收回的应收款项，借记“银行存款”等科目，贷记本科目。

四、月末，可将本科目余额转入“本年利润”科目，结转后本科目应无余额。

5401 主营业务成本

一、本科目核算小企业确认销售商品或提供劳务等主营业务收入应结转的成本。

二、本科目应按照主营业务的种类进行明细核算。

三、主营业务成本的主要账务处理。

（一）月末，小企业可根据本月销售各种商品或提供各种劳务实际成本，计算应结转的主营业务成本，借记本科目，贷记“库存商品”、“生产成本”、“工程施工”等科目。

（二）本月发生的销售退回，可以直接从本月的销售数量中减去，得出本月销售的净数量，然后计算应结转的主营业务成本，也可以单独计算本月销售退回成本，借记“库存商品”等科目，贷记本科目。

四、月末，可将本科目的余额转入“本年利润”科目，结转后本科目应无余额。

5402 其他业务成本

一、本科目核算小企业确认的除主营业务活动以外的其他日常生产经营活动所发生的支出。包括：销售材料的成本、出租固定资产的折旧费、出租无形资产的摊销额等。

二、本科目应按照其他业务成本的种类进行明细核算。

三、其他业务成本的主要账务处理。

小企业发生的其他业务成本，借记本科目，贷记“原材料”、“周转材料”、“累计折旧”、“累计摊销”、“银行存款”等科目。

四、月末，可将本科目余额转入“本年利润”科目，结转后本科目应无余额。

5403 营业税金及附加

一、本科目核算小企业开展日常生产经营活动应负担的消费税、营业税、城市维护建设税、资源税、土地增值税、城镇土地使用税、房产税、车船税、印花税和教育费附加、矿产资源补偿费、排污费等相关税费。

与最终确认营业外收入或营业外支出相关的税费，在“固定资产清理”、“无形资产”等科目核算，不在本科目核算。

二、本科目应按照税费种类进行明细核算。

三、营业税金及附加的主要账务处理。

小企业按照规定计算确定的与其日常生产经营活动相关的税费，借记本科目，贷记“应交税费”等科目。

四、月末，可将本科目余额转入“本年利润”科目，结转后本科目应无余额。

5601 销售费用

一、本科目核算小企业在销售商品或提供劳务过程中发生的各种费用。包括：销售人员的职工薪酬、商品维修费、运输费、装卸费、包装费、保险费、广告费和业务宣传费、展览费等费用。

小企业（批发业、零售业）在购买商品过程中发生的费用（包括：运输费、装卸费、包装费、保险费、运输途中的合理损耗和入库前的挑选整理费等），也在本科目核算。

二、本科目应按照费用项目进行明细核算。

三、销售费用的主要账务处理。

小企业在销售商品或提供劳务过程中发生的销售人员的职工薪酬、商品维修费、运输费、装卸费、包装费、保险费、广告费、业务宣传费、展览费等费用，借记本科目，贷记“库存现金”、“银行存款”等科目。

小企业（批发业、零售业）在购买商品过程中发生的运输费、装卸费、包装费、保险费、运输途中的合理损耗和入库前的挑选整理费等，借记本科目，贷记“库存现金”、“银行存款”、“应付账款”等科目。

四、月末，可将本科目余额转入“本年利润”科目，结转后本科目应无余额。

5602 管理费用

一、本科目核算小企业为组织和管理生产经营发生的其他费用。包括：小企业在筹建期间内发生的开办费、行政管理部门发生的费用（包括：固定资产折旧费、修理费、办公费、水电费、差旅费、管理人员的职工薪酬等）、业务招待费、研究费用、技术转让费、相关长期待摊费用摊销、财产保险费、聘请中介机构费、咨询费（含顾问费）、诉讼费等费用。

小企业（批发业、零售业）管理费用不多的，可不设置本科目，本科目的核算内容可并入“销售费用”科目核算。

二、本科目应按照费用项目进行明细核算。

三、管理费用的主要账务处理。

（一）小企业在筹建期间内发生的开办费（包括：相关人员的职工薪酬、办公费、培训费、差旅费、印刷费、注册登记费以及不计入固定资产成本的借款费用等费用），在实际发生时，借记本科目，贷记“银行存款”等科目。

（二）行政管理部门人员的职工薪酬，借记本科目，贷记“应付职工薪酬”科目。

（三）行政管理部门计提的固定资产折旧费和发生的修理费，借记本科目，贷记“累计折旧”、“银行存款”等科目。

（四）行政管理部门发生的办公费、水电费、差旅费，借记本科目，贷记“银行存款”等科目。

（五）小企业发生的业务招待费、相关长期待摊费用摊销、技术转让费、财产保险费、聘请中介机构费、咨询费（含顾问费）、诉讼费等，借记本科目，贷记“银行存款”、“长期待摊费用”等科目。

（六）小企业自行研究无形资产发生的研究费用，借记本科目，贷记“研发支出”科目。

四、月末，可将本科目的余额转入“本年利润”科目，结转后本科目应无余额。

5603 财务费用

一、本科目核算小企业为筹集生产经营所需资金发生的筹资费用。包括：利息费用（减利息收入）、汇兑损失、银行相关手续费、小企业给予的现金折扣（减享受的现金折扣）等费用。

小企业为购建固定资产、无形资产和经过 1 年期以上的制造才能达到预定可销售状态的存货发生的借款费用，在“在建工程”、“研发支出”、“制造费用”等科目核算，不在本科目核算。

小企业发生的汇兑收益，在“营业外收入”科目核算，不在本科目核算。

二、本科目应按照费用项目进行明细核算。

三、财务费用的主要账务处理。

（一）小企业发生的利息费用、汇兑损失、银行相关手续费、给予的现金折扣等，借记本科目，贷记“应付利息”、“银行存款”等科目。

（二）持未到期的商业汇票向银行贴现，应当按照实际收到的金额（即减去贴现息后的净额），借记“银行存款”科目，按照贴现息，借记本科目，按照商业汇票的票面金额，贷记“应收票据”科目（银行无追索权情况下）或“短期借款”科目（银行有追索权情况下）。

（三）发生的应冲减财务费用的利息收入、享受的现金折扣等，借记“银行存款”等科目，贷记本科目。

四、月末，可将本科目余额转入“本年利润”科目，结转后本科目应无余额。

5711 营业外支出

一、本科目核算小企业发生的各项营业外支出。包括：存货的盘亏、毁损、报废损失，非流动资产处置净损失，坏账损失，无法收回的长期债券投资损失，无法收回的长期股权投资损失，自然灾害等不可抗力因素造成的损失，税收滞纳金，罚金，罚款，被没收财物的损失，捐赠支出，赞助支出等。

二、本科目应按照支出项目进行明细核算。

三、营业外支出的主要账务处理。

（一）小企业确认存货的盘亏、毁损、报废损失，非流动资产处置净损失，自然灾害等不可抗力因素造成的损失，借记本科目、“生产性生物资产累计折旧”、“累计摊销”等科目，贷记“待处理财产损溢——待处理流动资产损溢、待处理非流动资产损溢”、“固定资产清理”、“生产性生物资产”、“无形资产”等科目。

（二）根据小企业会计准则规定确认实际发生的坏账损失、长期债券投资损失，应当按照可收回的金额，借记“银行存款”等科目，按照应收账款、预付账款、其他应收款、长期债券投资的账面余额，贷记“应收账款”、“预付账款”、“其他应收款”、“长期债券投资”等科目，按照其差额，借记本科目。

（三）根据小企业会计准则规定确认实际发生的长期股权投资损失，按照可收回的金额，借记“银行存款”等科目，按照长期股权投资的账面余额，贷记“长期股权投资”科目，按照其差额，借记本科目。

（四）支付的税收滞纳金、罚金、罚款，借记本科目，贷记“银行存款”等科目。

（五）确认被没收财物的损失、捐赠支出、赞助支出，借记本科目，贷记“银行存款”等科目。

四、月末，可将本科目余额转入“本年利润”科目，结转后本科目应无余额。

5801 所得税费用

一、本科目核算小企业根据企业所得税法确定的应从当期利润总额中扣除的所得税费用。

小企业根据企业所得税法规定补交的所得税，也通过本科目核算。

小企业按照规定实行企业所得税先征后返的，实际收到返还的企业所得税，在“营业外收入”科目核算，不在本科目核算。

二、所得税费用的主要账务处理。

年度终了，小企业按照企业所得税法规定计算确定的当期应纳税税额，借记本科目，贷记“应交税费——应交企业所得税”科目。

三、年度终了，应将本科目的余额转入“本年利润”科目，结转后本科目应无余额。

三、财务报表

小企业的财务报表包括资产负债表、利润表、现金流量表和附注。

（一）财务报表种类和格式

编号	报表名称	编报期
会小企 01 表	资产负债表	月报、年报
会小企 02 表	利润表	月报、年报
会小企 03 表	现金流量表	月报、年报

（二）小企业资产负债表格式及编制说明

资产负债表

会小企 01 表

编制单位：　　　　＿＿＿＿年＿＿月＿＿日　　　　单位：元

资产	行次	期末余额	年初余额	负债和所有者权益	行次	期末余额	年初余额
流动资产：				流动负债：			
货币资金	1			短期借款	31		
短期投资	2			应付票据	32		
应收票据	3			应付账款	33		
应收账款	4			预收账款	34		
预付账款	5			应付职工薪酬	35		
应收股利	6			应交税费	36		
应收利息	7			应付利息	37		
其他应收款	8			应付利润	38		
存货	9			其他应付款	39		
其中：原材料	10			其他流动负债	40		
在产品	11			流动负债合计	41		
库存商品	12			非流动负债：			
周转材料	13			长期借款	42		
其他流动资产	14			长期应付款	43		
流动资产合计	15			递延收益	44		
非流动资产：				其他非流动负债	45		
长期债券投资	16			非流动负债合计	46		
长期股权投资	17			负债合计	47		

（续表）

资产	行次	期末余额	年初余额	负债和所有者权益	行次	期末余额	年初余额
固定资产原价	18						
减：累计折旧	19						
固定资产账面价值	20						
在建工程	21						
工程物资	22						
固定资产清理	23						
生产性生物资产	24			所有者权益（或股东权益）：			
无形资产	25			实收资本（或股本）	48		
开发支出	26			资本公积	49		
长期待摊费用	27			盈余公积	50		
其他非流动资产	28			未分配利润	51		
非流动资产合计	29			所有者权益（或股东权益）合计	52		
资产总计	30			负债和所有者权益（或股东权益）总计	53		

小企业（中外合作经营）根据合同规定在合作期间归还投资者的投资，应在“实收资本（或股本）”项目下增加“减：已归还投资”项目单独列示。

1．本表反映小企业某一特定日期全部资产、负债和所有者权益的情况。

2．本表“年初余额”栏内各项数字，应根据上年末资产负债表“期末余额”栏内所列数字填列。

3．本表“期末余额”各项目的内容和填列方法：

（1）“货币资金”项目，反映小企业库存现金、银行存款、其他货币资金的合计数。本项目应根据“库存现金”、“银行存款”和“其他货币资金”科目的期末余额合计填列。

（2）“短期投资”项目，反映小企业购入的能随时变现并且持有时间不准备超过1年的股票、债券和基金投资的余额。本项目应根据“短期投资”科目的期末余额填列。

（3）“应收票据”项目，反映小企业收到的未到期收款也未向银行贴现的应收票据（银行承兑汇票和商业承兑汇票）。本项目应根据“应收票据”科目的期末余额填列。

（4）“应收账款”项目，反映小企业因销售商品、提供劳务等日常生产经营活动应收取的款项。本项目应根据“应收账款”的期末余额分析填列。如“应收账款”科目期末为贷方余额，应当在“预收账款”项目列示。

（5）“预付账款”项目，反映小企业按照合同规定预付的款项。包括：根据合同规定预付的购货款、租金、工程款等。本项目应根据“预付账款”科目的期末借方余额填列；如“预付账款”科目期末为贷方余额，应当在“应付账款”项目列示。

属于超过1年期以上的预付账款的借方余额应当在“其他非流动资产”项目列示。

（6）“应收股利”项目，反映小企业应收取的现金股利或利润。本项目应根据“应收股利”科目的期末余额填列。

（7）“应收利息”项目，反映小企业债券投资应收取的利息。小企业购入一次还本付息债券应收的利息，不包括在本项目内。本项目应根据“应收利息”科目的期末余额填列。

（8）“其他应收款”项目，反映小企业除应收票据、应收账款、预付账款、应收股利、应收利息等以外的其他各种应收及暂付款项。包括：各种应收的赔款、应向职工收取的各种垫付款项等。本项目应根据“其他应收款”科目的期末余额填列。

（9）“存货”项目，反映小企业期末在库、在途和在加工中的各项存货的成本。包括：各种原材料、在产品、半成品、产成品、商品、周转材料（包装物、低值易耗品等）、消耗性生物资产等。本项目应根据“材料采购”、“在途物资”、“原材料”、“材料成本差异”、“生产成本”、“库存商品”、“商品进销差价”、“委托加工物资”、“周转材料”、“消耗性生物资产”等科目的期末余额分析填列。

（10）“其他流动资产”项目，反映小企业除以上流动资产项目外的其他流动资产（含1年内到期的非流动资产）。本项目应根据有关科目的期末余额分析填列。

（11）“长期债券投资”项目，反映小企业准备长期持有的债券投资的本息。本项目应根据“长期债券投资”科目的期末余额分析填列。

（12）“长期股权投资”项目，反映小企业准备长期持有的权益性投资的成本。本项目应根据“长期股权投资”科目的期末余额填列。

（13）“固定资产原价”和“累计折旧”项目，反映小企业固定资产的原价（成本）及累计折旧。这两个项目应根据“固定资产”科目和“累计折旧”科目的期末余额填列。

（14）“固定资产账面价值”项目，反映小企业固定资产原价扣除累计折旧后的余额。本项目应根据“固定资产”科目的期末余额减去“累计折旧”科目的期末余额后的金额填列。

（15）“在建工程”项目，反映小企业尚未完工或虽已完工，但尚未办理竣工决算的工程成本。本项目应根据“在建工程”科目的期末余额填列。

（16）“工程物资”项目，反映小企业为在建工程准备的各种物资的成本。本项目应根据“工程物资”科目的期末余额填列。

（17）“固定资产清理”项目，反映小企业因出售、报废、毁损、对外投资等原因处置固定资产所转出的固定资产账面价值以及在清理过程中发生的费用等。本项目应根据“固定资产清理”科目的期末借方余额填列；如“固定资产清理”科目期末为贷方余额，以“-”号填列。

（18）“生产性生物资产”项目，反映小企业生产性生物资产的账面价值。本项目应根据“生产性生物资产”科目的期末余额减去“生产性生物资产累计折旧”科目的期末余额后的金额填列。

（19）“无形资产”项目，反映小企业无形资产的账面价值。本项目应根据“无形资产”科目的期末余额减去“累计摊销”科目的期末余额后的金额填列。

（20）“开发支出”项目，反映小企业正在进行的无形资产研究开发项目满足资本化条件的支出。本项目应根据“研发支出”科目的期末余额填列。

（21）“长期待摊费用”项目，反映小企业尚未摊销完毕的已提足折旧的固定资产的改建支出、经营租入固定资产的改建支出、固定资产的大修理支出和其他长期待摊费用。本项目应根据“长期待摊费用”科目的期末余额分析填列。

（22）“其他非流动资产”项目，反映小企业除以上非流动资产以外的其他非流动资产。本项目应根据有关科目的期末余额分析填列。

（23）“短期借款”项目，反映小企业向银行或其他金融机构等借入的期限在 1 年内的、尚未偿还的各种借款本金。本项目应根据“短期借款”科目的期末余额填列。

（24）“应付票据”项目，反映小企业因购买材料、商品和接受劳务等日常生产经营活动开出、承兑的商业汇票（银行承兑汇票和商业承兑汇票）尚未到期的票面金额。本项目应根据“应付票据”科目的期末余额填列。

（25）“应付账款”项目，反映小企业因购买材料、商品和接受劳务等日常生产经营活动尚未支付的款项。本项目应根据“应付账款”科目的期末余额填列。如“应付账款”科目期末为借方余额，应当在“预付账款”项目列示。

（26）“预收账款”项目，反映小企业根据合同规定预收的款项。包括：预收的购货款、工程款等。本项目应根据“预收账款”科目的期末贷方余额填列；如“预收账款”科目期末为借方余额，应当在“应收账款”项目列示。

属于超过 1 年期以上的预收账款的贷方余额应当在“其他非流动负债”项目列示。

（27）“应付职工薪酬”项目，反映小企业应付未付的职工薪酬。本项目应根据“应付职工薪酬”科目期末余额填列。

（28）“应交税费”项目，反映小企业期末未交、多交或尚未抵扣的各种税费。本项目应根据“应交税费”科目的期末贷方余额填列；如“应交税费”科目期末为借方余额，以“－”号填列。

（29）“应付利息”项目，反映小企业尚未支付的利息费用。本项目应根据“应付利息”科目的期末余额填列。

（30）“应付利润”项目，反映小企业尚未向投资者支付的利润。本项目应根据“应付利润”科目的期末余额填列。

（31）“其他应付款”项目，反映小企业除应付账款、预收账款、应付职工薪酬、应交税费、应付利息、应付利润等以外的其他各项应付、暂收的款项。包括：应付租入固定资产和包装物的租金、存入保证金等。本项目应根据“其他应付款”科目的期末余额填列。

（32）“其他流动负债”项目，反映小企业除以上流动负债以外的其他流动负债（含 1 年内到期的非流动负债）。本项目应根据有关科目的期末余额填列。

（33）“长期借款”项目，反映小企业向银行或其他金融机构借入的期限在 1 年以上的、尚未偿还的各项借款本金。本项目应根据“长期借款”科目的期末余额分析填列。

（34）“长期应付款”项目，反映小企业除长期借款以外的其他各种应付未付的长期应付款项。包括：应付融资租入固定资产的租赁费、以分期付款方式购入固定资产发生的应付款项等。本项目应根据“长期应付款”科目的期末余额分析填列。

（35）“递延收益”项目，反映小企业收到的、应在以后期间计入损益的政府补助。本项目应根据“递延收益”科目的期末余额分析填列。

（36）“其他非流动负债”项目，反映小企业除以上非流动负债项目以外的其他非流动负债。本项目应根据有关科目的期末余额分析填列。

（37）“实收资本（或股本）”项目，反映小企业收到投资者按照合同协议约定或相关规定投入的、构成小企业注册资本的部分。本项目应根据“实收资本（或股本）”科目的期末余额分析填列。

（38）“资本公积”项目，反映小企业收到投资者投入资本超出其在注册资本中所占份额的部分。本项目应根据“资本公积”科目的期末余额填列。

（39）“盈余公积”项目，反映反映小企业（公司制）的法定公积金和任意公积金，小企业（外商投资）的储备基金和企业发展基金。本项目应根据“盈余公积”科目的期末余额填列。

（40）“未分配利润”项目，反映小企业尚未分配的历年结存的利润。本项目应根据“利润分配”科目的期余额填列。未弥补的亏损，在本项目内以

"－"号填列。

4. 本表中各项目之间的勾稽关系为：

行15＝行1＋行2＋行3＋行4＋行5＋行6＋行7＋行8＋行9＋行14；

行9≥行10＋行11＋行12＋行13；

行29＝行16＋行17＋行20＋行21＋行22＋行23＋行24＋行25＋行26＋行27＋行28

行20＝行18－行19；

行30＝行15＋行29；

行41＝行31＋行32＋行33＋行34＋行35＋行36＋行37＋行38＋行39＋行40；

行46＝行42＋行43＋行44＋行45；

行47＝行41＋行46；

行52＝行48＋行49＋行50＋行51；

行53＝行47＋行52＝行30。

（三）小企业利润表格式及编制说明

利润表

会小企02表

编制单位：　　　　　　　　　　　年＿月＿日　　　　　　　　　　　单位：元

项目	行次	本年累计金额	本月金额
一、营业收入	1		
减：营业成本	2		
营业税金及附加	3		
其中：消费税	4		
营业税	5		
城市维护建设税	6		
资源税	7		
土地增值税	8		
城镇土地使用税、房产税、车船税、印花税	9		
教育费附加、矿产资源补偿费、排污费	10		
销售费用	11		
其中：商品维修费	12		
广告费和业务宣传费	13		
管理费用	14		
其中：开办费	15		

（续表）

项目	行次	本年累计金额	本月金额
业务招待费	16		
研究费用	17		
财务费用	18		
其中：利息费用（收入以“－”号填列）	19		
加：投资收益（损失以“－”号填列）	20		
二、营业利润（亏损以“－”号填列）	21		
加：营业外收入	22		
其中：政府补助	23		
减：营业外支出	24		
其中：坏账损失	25		
无法收回的长期债券投资损失	26		
无法收回的长期股权投资损失	27		
自然灾害等不可抗力因素造成的损失	28		
税收滞纳金	29		
三、利润总额（亏损总额以“－”号填列）	30		
减：所得税费用	31		
四、净利润（净亏损以“－”号填列）	32		

1．本表反映小企业在一定会计期间内利润（亏损）的实现情况。

2．本表“本年累计金额”栏反映各项目自年初起至报告期末止的累计实际发生额。

本表“本月金额”栏反映各项目的本月实际发生额；在编报年度财务报表时，应将“本月金额”栏改为“上年金额”栏，填列上年全年实际发生额。

3．本表各项目的内容及其填列方法：

（1）“营业收入”项目，反映小企业销售商品和提供劳务所实现的收入总额。本项目应根据“主营业务收入”科目和“其他业务收入”科目的发生额合计填列。

（2）“营业成本”项目，反映小企业所销售商品的成本和所提供劳务的成本。本项目应根据“主营业务成本”科目和“其他业务成本”科目的发生额合计填列。

（3）“营业税金及附加”项目，反映小企业开展日常生产活动应负担的消费税、营业税、城市维护建设税、资源税、土地增值税、城镇土地使用税、房产税、车船税、印花税和教育费附加、矿产资源补偿费、排污费等。本项目应根据“营业税金及附加”科目的发生额填列。

（4）“销售费用”项目，反映小企业销售商品或提供劳务过程中发生的费用。本项目应根据“销售费用”科目的发生额填列。

（5）“管理费用”项目，反映小企业为组织和管理生产经营发生的其他费用。本项目应根据“管理费用”科目的发生额填列。

（6）“财务费用”项目，反映小企业为筹集生产经营所需资金发生的筹资费用。本项目应根据“财务费用”科目的发生额填列。

（7）“投资收益”项目，反映小企业股权投资取得的现金股利（或利润）、债券投资取得的利息收入和处置股权投资和债券投资取得的处置价款扣除成本或账面余额、相关税费后的净额。本项目应根据“投资收益”科目的发生额填列；如为投资损失，以“－”号填列。

（8）“营业利润”项目，反映小企业当期开展日常生产经营活动实现的利润。本项目应根据营业收入扣除营业成本、营业税金及附加、销售费用、管理费用和财务费用，加上投资收益后的金额填列。如为亏损，以“－”号填列。

（9）“营业外收入”项目，反映小企业实现的各项营业外收入金额。包括：非流动资产处置净收益、政府补助、捐赠收益、盘盈收益、汇兑收益、出租包装物和商品的租金收入、逾期未退包装物押金收益、确实无法偿付的应付款项、已作坏账损失处理后又收回的应收款项、违约金收益等。本项目应根据“营业外收入”科目的发生额填列。

（10）“营业外支出”项目，反映小企业发生的各项营业外支出金额。包括：存货的盘亏、毁损、报废损失，非流动资产处置净损失，坏账损失，无法收回的长期债券投资损失，无法收回的长期股权投资损失，自然灾害等不可抗力因素造成的损失，税收滞纳金，罚金，罚款，被没收财物的损失，捐赠支出，赞助支出等。本项目应根据“营业外支出”科目的发生额填列。

（11）“利润总额”项目，反映小企业当期实现的利润总额。本项目应根据营业利润加上营业外收入减去营业外支出后的金额填列。如为亏损总额，以“－”号填列。

（12）“所得税费用”项目，反映小企业根据企业所得税法确定的应从当期利润总额中扣除的所得税费用。本项目应根据“所得税费用”科目的发生额填列。

（13）“净利润”项目，反映小企业当期实现的净利润。本项目应根据利润总额扣除所得税费用后的金额填列。如为净亏损，以“－”号填列。

4. 本表中各项目之间的勾稽关系为：

行21＝行1－行2－行3－行11－行14－行18＋行20；

行3≥行4＋行5＋行6＋行7＋行8＋行9＋行10；

行11≥行12＋行13；

行14≥行15＋行16＋行17；

行18≥行19；

行30 = 行21 + 行22 - 行24；
行22≥行23；
行24≥行25 + 行26 + 行27 + 行28 + 行29；
行32 = 行30 - 行31。

（四）小企业现金流量表格式及编制说明

现金流量表

会小企03表

编制单位： ________年____月____日 单位：元

项目	行次	本年累计金额	本月金额
一、经营活动产生的现金流量：			
销售产成品、商品、提供劳务收到的现金	1		
收到其他与经营活动有关的现金	2		
购买原材料、商品、接受劳务支付的现金	3		
支付的职工薪酬	4		
支付的税费	5		
支付其他与经营活动有关的现金	6		
经营活动产生的现金流量净额	7		
二、投资活动产生的现金流量：			
收回短期投资、长期债券投资和长期股权投资收到的现金	8		
取得投资收益收到的现金	9		
处置固定资产、无形资产和其他非流动资产收回的现金净额	10		
短期投资、长期债券投资和长期股权投资支付的现金	11		
购建固定资产、无形资产和其他非流动资产支付的现金	12		
投资活动产生的现金流量净额	13		
三、筹资活动产生的现金流量：			
取得借款收到的现金	14		
吸收投资者投资收到的现金	15		
偿还借款本金支付的现金	16		
偿还借款利息支付的现金	17		
分配利润支付的现金	18		
筹资活动产生的现金流量净额	19		
四、现金净增加额	20		

（续表）

项目	行次	本年 累计金额	本月 金额
加：期初现金余额	21		
五、期末现金余额	22		

1. 本表反映小企业一定会计期间内有关现金流入和流出的信息。

2. 本表“本年累计金额”栏反映各项目自年初起至报告期末止的累计实际发生额。

本表“本月金额”栏反映各项目的本月实际发生额；在编报年度财务报表时，应将“本月金额”栏改为“上年金额”栏，填列上年全年实际发生额。

3. 本表各项目的内容及填列方法如下：

（1）经营活动产生的现金流量

①“销售产成品、商品、提供劳务收到的现金”项目，反映小企业本期销售产成品、商品、提供劳务收到的现金。本项目可以根据“库存现金”、“银行存款”和“主营业务收入”等科目的本期发生额分析填列。

②“收到其他与经营活动有关的现金”项目，反映小企业本期收到的其他与经营活动有关的现金。本项目可以根据“库存现金”和“银行存款”等科目的本期发生额分析填列。

③“购买原材料、商品、接受劳务支付的现金”项目，反映小企业本期购买原材料、商品、接受劳务支付的现金。本项目可以根据“库存现金”、“银行存款”、“其他货币资金”、“原材料”、“库存商品”等科目的本期发生额分析填列。

④“支付的职工薪酬”项目，反映小企业本期向职工支付的薪酬。本项目可以根据“库存现金”、“银行存款”、“应付职工薪酬”科目的本期发生额填列。

⑤“支付的税费”项目，反映小企业本期支付的税费。本项目可以根据“库存现金”、“银行存款”、“应交税费”等科目的本期发生额填列。

⑥“支付其他与经营活动有关的现金”项目，反映小企业本期支付的其他与经营活动有关的现金。本项目可以根据“库存现金”、“银行存款”等科目的本期发生额分析填列。

（2）投资活动产生的现金流量

①“收回短期投资、长期债券投资和长期股权投资收到的现金”项目，反映小企业出售、转让或到期收回短期投资、长期股权投资而收到的现金，以及收回长期债券投资本金而收到的现金，不包括长期债券投资收回的利息。本项目可以根据“库存现金”、“银行存款”、“短期投资”、“长期股权投资”、“长

期债券投资”等科目的本期发生额分析填列。

②“取得投资收益收到的现金”项目，反映小企业因权益性投资和债权性投资取得的现金股利或利润和利息收入。本项目可以根据“库存现金”、“银行存款”、“投资收益”等科目的本期发生额分析填列。

③“处置固定资产、无形资产和其他非流动资产收回的现金净额”项目，反映小企业处置固定资产、无形资产和其他非流动资产取得的现金，减去为处置这些资产而支付的有关税费等后的净额。本项目可以根据“库存现金”、“银行存款”、“固定资产清理”、“无形资产”、“生产性生物资产”等科目的本期发生额分析填列。

④“短期投资、长期债券投资和长期股权投资支付的现金”项目，反映小企业进行权益性投资和债权性投资支付的现金。包括：企业取得短期股票投资、短期债券投资、短期基金投资、长期债券投资、长期股权投资支付的现金。本项目可以根据“库存现金”、“银行存款”、“短期投资”、“长期债券投资”、“长期股权投资”等科目的本期发生额分析填列。

⑤“购建固定资产、无形资产和其他非流动资产支付的现金”项目，反映小企业购建固定资产、无形资产和其他非流动资产支付的现金。包括：购买机器设备、无形资产、生产性生物资产支付的现金、建造工程支付的现金等现金支出，不包括为购建固定资产、无形资产和其他非流动资产而发生的借款费用资本化部分和支付给在建工程和无形资产开发项目人员的薪酬。为购建固定资产、无形资产和其他非流动资产而发生借款费用资本化部分，在“偿还借款利息支付的现金”项目反映；支付给在建工程和无形资产开发项目人员的薪酬，在“支付的职工薪”项目反映。本项目可以根据“库存现金”、“银行存款”、“固定资产”、“在建工程”、“无形资产”、“研发支出”、“生产性生物资产”、“应付职工薪酬”等科目的本期发生额分析填列。

（3）筹资活动产生的现金流量

①“取得借款收到的现金”项目，反映小企业举借各种短期、长期借款收到的现金。本项目可以根据“库存现金”、“银行存款”、“短期借款”、“长期借款”等科目的本期发生额分析填列。

②“吸收投资者投资收到的现金”项目，反映小企业收到的投资者作为资本投入的现金。本项目可以根据“库存现金”、“银行存款”、“实收资本”、“资本公积”等科目的本期发生额分析填列。

③“偿还借款本金支付的现金”项目，反映小企业以现金偿还各种短期、长期借款的本金。本项目可以根据“库存现金”、“银行存款”、“短期借款”、“长期借款”等科目的本期发生额分析填列。

④“偿还借款利息支付的现金”项目，反映小企业以现金偿还各种短期、

长期借款的利息。本项目可以根据“库存现金”、“银行存款”、“应付利息”等科目的本期发生额分析填列。

⑤“分配利润支付的现金”项目，反映小企业向投资者实际支付的利润。本项目可以根据“库存现金”、“银行存款”、“应付利润”等科目的本期发生额分析填列。

4. 本表中各项目之间的勾稽关系为：

行7 = 行1 + 行2 - 行3 - 行4 - 行5 - 行6；

行13 = 行8 + 行9 + 行10 - 行11 - 行12；

行19 = 行14 + 行15 - 行16 - 行17 - 行18；

行20 = 行7 + 行13 + 行19；行22 = 行20 + 行21。

（五）附注

附注是财务报表的重要组成部分。小企业应当按照小企业会计准则规定披露附注信息，主要包括下列内容：

1. 遵循小企业会计准则的声明

小企业应当声明编制的财务报表符合小企业会计准则的要求，真实、完整地反映了小企业的财务状况、经营成果和现金流量等有关信息。

2. 短期投资、应收账款、存货、固定资产项目的说明。

(1) 短期投资的披露格式如下：

项目	期末账面余额	期末市价	期末账面余额与市价的差额
1. 股票			
2. 债券			
3. 基金			
4. 其他			
合计			

(2) 应收账款按账龄结构披露的格式如下：

账龄结构	期末账面余额	年初账面余额
1年以内（含1年）		
1年至2年（含2年）		
2年至3年（含3年）		
3年以上		
合计		

(3) 存货的披露格式如下：

存货种类	期末账面余额	期末市价	期末账面余额与市价的差额
1. 原材料			

（续表）

存货种类	期末账面余额	期末市价	期末账面余额与市价的差额
2. 在产品			
3. 库存商品			
4. 周转材料			
5. 消耗性生物资产			
……			
合计			

（4）固定资产的披露格式如下：

项目	原价	累计折旧	期末账面价值
1. 房屋、建筑物			
2. 机器			
3. 机械			
4. 运输工具			
5. 设备			
6. 器具			
7. 工具			
……			
合计			

3. 应付职工薪酬、应交税费项目的说明。

（1）应付职工薪酬的披露格式如下：

应付职工薪酬明细表

会小企 01 表附表 1

编制单位：　　　　________年____月____日　　　　单位：元

项目	期末账面余额	年初账面余额
1. 职工工资		
2. 奖金、津贴和补贴		
3. 职工福利费		
4. 社会保险费		
5. 住房公积金		
6. 工会经费		
7. 职工教育经费		
8. 非货币性福利		
9. 辞退福利		
10. 其他		
合计		

（2）应交税费的披露格式如下：

应交税费明细表

会小企01表附表2

编制单位：　　　　　　________年____月____日　　　　　　单位：元

项目	期末账面余额	年初账面余额
1. 增值税		
2. 消费税		
3. 营业税		
4. 城市维护建设税		
5. 企业所得税		
6. 资源税		
7. 土地增值税		
8. 城镇土地使用税		
9. 房产税		
10. 车船税		
11. 教育费附加		
12. 矿产资源补偿费		
13. 排污费		
14. 代扣代缴的个人所得税		
……		
合计		

4. 利润分配的说明。

利润分配表

会小企01表附表3

编制单位：　　　　　　________年____月____日　　　　　　单位：元

项目	行次	本年金额	上年金额
一、净利润	1		
加：年初未分配利润	2		
其他转入	3		
二、可供分配的利润	4		
减：提取法定盈余公积	5		
提取任意盈余公积	6		
提取职工奖励及福利基金 *	7		
提取储备基金 *	8		
提取企业发展基金 *	9		
利润归还投资 * *	10		
三、可供投资者分配的利润	11		

（续表）

项目	行次	本年金额	上年金额
减：应付利润	12		
四、未分配利润	13		

* 提取职工奖励及福利基金、提取储备基金、提取企业发展基金这 3 个项目仅适用于小企业（外商投资）按照相关法律规定提取的 3 项基金。

* * 利润归还投资这个项目仅适用于小企业（中外合作经营）根据合同规定在合作期间归还投资者的投资。

5. 用于对外担保的资产名称、账面余额及形成的原因；未决诉讼、未决仲裁以及对外提供担保所涉及的金额。

6. 发生严重亏损的，应当披露持续经营的计划、未来经营的方案。

7. 对已在资产负债表和利润表中列示项目与企业所得税法规定存在差异的纳税调整过程。

参见《中华人民共和国企业所得税年度纳税申报表》。

8. 其他需要说明的事项。

财政部关于《公司法》施行后有关企业财务处理问题的通知

（财企〔2006〕67号）

各省、自治区、直辖市、计划单列市财政厅（局），新疆生产建设兵团财务局，国务院各部委、各直属机构，各中央管理企业：

我国第三次修订通过的《公司法》于2006年1月1日起施行，现就有关企业财务处理问题通知如下：

一、关于以非货币资产作价出资的评估问题

根据《公司法》第27条的规定，企业以实物、知识产权、土地使用权等非货币资产出资设立公司的，应当评估作价，核实资产。国有及国有控股企业以非货币资产出资或者接受其他企业的非货币资产出资，应当遵守国家有关资产评估的规定，委托有资格的资产评估机构和执业人员进行；其他的非货币资产出资的评估行为，可以参照执行。

二、关于公益金余额处理问题

从2006年1月1日起，按照《公司法》组建的企业根据《公司法》第167条进行利润分配，不再提取公益金；同时，为了保持企业间财务政策的一致性，国有企业以及其他企业一并停止实行公益金制度。企业对2005年12月31日的公益金结余，转作盈余公积金管理使用；公益金赤字，依次以盈余公积金、资本公积金、以前年度未分配利润弥补，仍有赤字的，结转未分配利润账户，用以后年度实现的税后利润弥补。

企业经批准实施住房制度改革，应当严格按照财政部《关于企业住房制度改革中有关财务处理问题的通知》（财企〔2000〕295号）及财政部《关于企业住房制度改革中有关财务处理问题的补充通知》（财企〔2000〕878号）的相关规定执行。企业按照国家统一规定实行住房分配货币化改革后，不得再为职工购建住房，盈余公积金不得列支相关支出。

尚未实行分离办社会职能或者主辅分离、辅业改制的企业，原属于公益金

使用范围的内设职工食堂、医务室、托儿所等集体福利机构所需固定资产购建支出，应当严格履行企业内部财务制度规定的程序和权限进行审批，并按照企业生产经营资产的相关管理制度执行。

企业停止实行公益金制度以后，外商投资企业的职工奖励及福利基金，经董事会确定继续提取的，应当明确用途、使用条件和程序，作为负债管理。

三、关于股份有限公司收购本公司股票的财务处理问题

股份有限公司根据《公司法》第 143 条规定回购股份，应当按照以下要求进行财务处理：

（一）公司回购的股份在注销或者转让之前，作为库存股管理，回购股份的全部支出转作库存股成本。但与持有本公司股份的其他公司合并而导致的股份回购，参与合并各方在合并前及合并后如均属于同一股东最终控制的，库存股成本按参与合并的其他公司持有本公司股份的相关投资账面价值确认；如不属于同一股东最终控制的，库存股成本按参与合并的其他公司持有本公司股份的相关投资公允价值确认。

库存股注销时，按照注销的股份数量减少相应股本，库存股成本高于对应股本的部分，依次冲减资本公积金、盈余公积金、以前年度未分配利润；低于对应股本的部分，增加资本公积金。

库存股转让时，转让收入高于库存股成本的部分，增加资本公积金；低于库存股成本的部分，依次冲减资本公积金、盈余公积金、以前年度未分配利润。

（二）因实行职工股权激励办法而回购股份的，回购股份不得超过本公司已发行股份总额的百分之五，所需资金应当控制在当期可供投资者分配的利润数额之内。

股东大会通过职工股权激励办法之日与股份回购日不在同一年度的，公司应当于通过职工股权激励办法时，将预计的回购支出在当期可供投资者分配的利润中作出预留，对预留的利润不得进行分配。

公司回购股份时，应当将回购股份的全部支出转作库存股成本，同时按回购支出数额将可供投资者分配的利润转入资本公积金。

（三）库存股不得参与公司利润分配，股份有限公司应当将其作为所有者权益的备抵项目反映。

四、本通知自 2006 年 4 月 1 日起施行。执行中有何问题，请随时向我部反映。

财政部

2006 年 3 月 12 日

公开发行证券的公司信息披露规范问答第2号

——中高层管理人员激励基金的提取

（2001年6月29日　证监会计字〔2001〕15号）

各上市公司、有关会计师事务所：

为规范上市公司计提用于奖励中高层管理人员的激励基金的行为，我们制定了《公开发行证券的公司信息披露规范问答第2号——中高层管理人员激励基金的提取》，现予发布，请遵照执行。

背景

近来有些上市公司（以下简称公司）拟将或已经按照税后利润的一定比例计提激励基金，用于奖励中高层管理人员。其中，有的公司将这一行为视作利润分配予以会计处理，有的公司则计入成本费用。《公司法》第177条规定的利润分配方式中不包括对公司管理人员的奖励。根据国际会计准则的有关条款，公司股东权益的减少，除非属于对股东的利润分配，均应确认为费用。但我国现行财务、会计准则和制度对此并没有明确的规定，我会也无相关的披露要求。为此，我会进行了认真的研究，并发函征询财政部的意见。近日财政部就此问题复函答复。

相关规定

《公司法》第177条，财政部“关于上市公司提取激励基金会计处理征求意见的复函”（财办会〔2001〕3号）等。

问题

公司可否从税后利润中提取激励基金？若以税后利润为考核依据提取激励基金，应如何进行会计处理？如何履行信息披露义务？

解答

一、根据财政部的复函，公司能否奖励中高层管理人员，奖励多少，由公司董事会根据法律或有关规定作出安排。从会计角度出发，公司奖励中高层管理人员的支出，应当计入成本费用，不能作为利润分配处理。

二、公司发生设立中高层管理人员激励基金的行为，应当在公开披露文件中披露有关的决策程序、实际决策情况以及激励基金的发放情况，并在财务报表附注相关部分对会计处理情况作出说明。